普通高等教育“十二五”规划教材

全国普通高等教育基础医学类系列教材

供基础、临床、预防、口腔、护理等医学类专业使用

医学机能实验学

（第二版）

张　晓　主编

科学出版社
北京

内 容 简 介

医学机能实验学是一门独立的实验课程，它把生理学、药理学和病理生理学三门实验课的内容进行有机的融合、优化和重组，实现了学科间的互相交叉渗透，克服了传统学科的实验分散、重复开设、综合效果较差、实验资源浪费等缺点，实现了教学设备和资源的共享。

本书共分为四篇：第一篇是基础篇，系统介绍了机能实验学的基本原理、常用实验仪器和操作技术；第二篇是基本实验篇，按照人体系统详细介绍了生理学、药理学和病理生理学的实验原理和方法；第三篇是综合实验篇，详细介绍了生理学、药理学和病理生理学学科交叉产生的实验；第四篇是实验设计篇，不仅介绍了实验设计的基本思路，而且介绍了专业设计、统计设计和实验动物设计等方面的内容。全书深入浅出，循序渐进，内容丰富，图文并茂，章节编排合理，不仅可作为机能实验学的教学和参考资料，同时也对从事生理学、药理学、病理学和毒理学的技术人员具有一定的参考价值。

图书在版编目(CIP)数据

医学机能实验学/ 张晓主编. —2 版. —北京：科学出版社，2015. 6

全国普通高等教育基础医学类系列教材

ISBN 978 - 7 - 03 - 044393 - 9

Ⅰ. ①医… Ⅱ. ①张… Ⅲ. ①实验医学—医学院校—教材 Ⅳ. ①R - 33

中国版本图书馆 CIP 数据核字(2015)第 110908 号

责任编辑：潘志坚　谭宏宇
责任印制：韩　芳

科学出版社 出版
北京东黄城根北街 16 号
邮政编码：100717
http：//www. sciencep. com

南京展望文化发展有限公司排版
北京虎彩文化传播有限公司印刷
科学出版社发行　各地新华书店经销

*

2013 年 10 月第　一　版　开本：889×1194　1/16
2015 年 6 月第　二　版　印张：15 3/4
2019 年 6 月第五次印刷　字数：473 000

定价：40.00 元

专家指导委员会

主任委员

侯一平

副主任委员

孙　俊　王应雄　胡华强

委　员

（以姓氏笔画为序）

王应雄（重庆医科大学）
王建伟（重庆医科大学）
左　丽（贵阳医学院）
龙汉安（泸州医学院）
阮永华（昆明医科大学）
孙　俊（昆明医科大学）
李　华（四川大学华西基础医学与法医学院）
吴玉章（第三军医大学）
张　波（川北医学院）
张　晓（成都医学院）
欧刚卫（遵义医学院）
胡华强（中国科技出版传媒股份有限公司）
侯一平（四川大学华西基础医学与法医学院）
高永翔（成都中医药大学）

《医学机能实验学》
编辑委员会

主　编

张　晓

副主编

余华荣　郑　倩　韩毅

委　员

（以姓氏笔画为序）

王　英（成都军区总医院）
王顺蓉（四川医科大学）
刘　华（川北医学院）
许　薇（川北医学院）
杨　拯（成都医学院）
杨榆青（云南中医学院）
余华荣（重庆医科大学）
辛志伟（成都医学院）
张　英（四川医科大学）
张　晓（成都医学院）
张　颖（昆明医科大学）
陆　杰（重庆医科大学）
陈　蓉（四川医科大学）
郑　倩（川北医学院）
俞志成（昆明医科大学）
海青山（云南中医学院）
曹弟勇（川北医学院）
章　乐（石河子大学医学院）
梁　楠（成都医学院）
韩　毅（昆明医科大学）
廖　红（重庆医科大学）

秘书　钟占琼（成都医学院）

前　言

现代医学已经由经验科学转变为实验科学，高等医学教育的显著变化是强调学生综合素质的提高和创新意识的培养。因此，在基础医学教育阶段，更加重视实验教学，培养和训练学生的实践能力、动手能力和自主学习能力是全面提高教学质量的重要环节。机能实验学是一门研究人体正常机能、疾病发生机制和药物作用规律的新兴的基础医学实验课程，它继承和发展了生理学、生物化学、药理学和病理生理学等专业实验课程的核心内容，更加强调学科之间的交叉融合，更加重视新技术的应用，更加注重学生创新能力的培养。同时，机能实验技术也广泛应用于生命科学的各个领域和医学实验的研究工作中。因此，机能实验学对于临床医学实践和医学科学研究具有重要的指导意义。

本书邀请生理学、药理学和病理生理学等领域的专家和教授参加编写和审阅。全书分为四篇：第一篇是基础篇，系统介绍了机能实验学的基本原理、常用实验仪器和操作技术；第二篇是基本实验篇，按照人体系统详细介绍了生理学、药理学、病理生理学的实验原理和方法；第三篇是综合实验篇，详细介绍了生理学、药理学和病理生理学学科交叉产生的实验；第四篇实验设计篇是本书的特点，系编者结合设计性实验教学的实践经验而撰写，不仅介绍了实验设计的基本思路，还介绍了实验设计的基本组成包括专业设计、统计设计和动物设计等方面，具有很好的参考价值。

本书是在高等医学院校全面提高教学质量，树立以学生为本，知识传授、能力培养、素质提高协调发展的背景下完成的。目前，转变实验教学观念，以能力培养为核心，从传统的验证性实验向培养高素质和创新型人才的综合实验和创新实验转变已经成为医学实验教学改革的主旋律。以皮亚杰为代表的建构主义学习理论认为，知识是个体与环境在相互作用的过程中逐渐建构的结果，个体在实践中不断与环境接触，建构知识和行为策略。在这个过程中，实践在知识的建构中有决定性的作用，一方面学生受个人兴趣和需要的推动表现为主动性和选择性；另一方面受外部环境对认知的塑造和影响，在对知识信息的加工上表现为独立性和创造性。本书的编著者将“知识建构”和“实践创新”观念贯穿于实验教学的各个环节，引导学生通过能动的建构过程学习知识，建构起有利于培养学生创新能力和实践能力的教学新模式。该书适应于当前医学教学模式的转变，希望此书对当前医学院校机能实验的教学改革和发展起到促进和推动作用。

主　编
2015年6月

目 录

第二篇 基本实验篇

第十一章 药物作用实验 136

第三篇 综合实验篇

第十二章 综合实验 160

第四篇 实验设计篇

第十三章 专业设计 194

绪　论

一、机能实验学概述

机能实验学是为了适应高等医学院校的教学改革和提高素质教育的需要而开设的一门新型的独立的实验课程。机能实验学打破了学科界限，把生理学、药理学和病理生理学三门实验课的内容进行有机的融合、优化和重组，实现了学科间教学内容的互相交叉渗透，克服了传统学科的实验分散、重复开设、综合效果较差和实验资源浪费等缺点，实现了设备和资源的共享。它不仅是医学生必修的医学基础实验课程，而且是基础医学实验课程体系改革的重要内容。机能实验学教学主要分为三个方面：

第一，基本知识与基本实验技能：通过介绍机能实验学的基本知识与基本实验技能，使同学们掌握基本的实验操作技术，学习常用仪器的正确使用方法，了解规范而严格的基本实验操作技能，详细介绍生理学、药理学和病理生理学基本实验的原理和方法。本阶段的学习是机能实验学的基础，规范的基本实验操作技能是得到真实的实验现象和准确的实验结果的前提。

第二，综合性实验：综合性实验以各种疾病的动物模型为实验对象，观测实验动物在模拟的病理生理和救治过程中的机能变化，使同学们联系临床学会融会贯通生理学、药理学和病理生理学的理论知识，全面培养学生的独立思考能力、综合分析能力和科学思维能力。

第三，设计性和探索性实验：设计性实验的目的是激发学生求知欲，点燃学生心中创新的火花，让学生了解科学研究的过程，学会创新思维。学生在教师指导下自主学习，通过选题、实验设计、实验实施、统计处理实验数据和撰写实验论文的实践过程，培养学生的实验设计能力、对实验结果进行统计分析的能力、独立解决问题的能力、书面表达的能力和团结协作的能力，提高学生的主动性和创造性，培养学生的创新意识与开拓精神，最终为提高学生的综合素质打下坚实的基础。

当今社会科学技术飞速发展，知识超速积累，各方面都呈现出变化速度加快和价值多元化的倾向。健康问题是人类面临的一大挑战，这对未来的医务工作者提出了更高的要求，他们需要有基础医学知识与实践能力，更需要有对新问题的判断能力、在多种可能性面前的选择能力和对未知领域的探索能力。探索未知世界是人生最大的快乐，探索需要不断开拓，勇于创新，创新是民族的灵魂，创新是学习的动力，创新是学习的方向。

机能实验学从医学人才培养目标的整体出发，建立以培养能力为主线，以科学创新精神为核心，分层次、多模块、多学科相互衔接的实验教学体系，与理论教学既有机结合又相对独立；与科研工作和临床实践密切联系又相互配合，形成良性互动，实现基础与前沿、经典与现代的有机结合。同时，在机能实验的教学内容中引入了现代生物技术和信息技术，改进传统的实验教学内容和实验技术方法，加强综合性、设计性和创新性实验；建立新型的实验教学模式，建立多元化的实验考核方法，以适应培养学生的创新能力的需要，推进学生自主学习、合作学习和研究性学习，提高学生的整体综合素质。因此，机能实验学是一门在传承中发展，在变革中创新的基础医学课程。

二、机能学实验的基本要求

1. 实验前　由于机能学实验融合了生理学、药理学和病理生理学三门实验学科的知识，因此在实验前应作好预习，仔细阅读实验指导和实验讲义，了解实验的目的和要求，领会实验原理，熟悉实验方法，结合实验内容，预习相关理论。

2. 实验中

(1) 遵守课堂纪律，不得迟到、早退，有事应提前向老师请假。

(2) 不得将不必要的物品带进实验室，保持实验室的整齐和整洁，做到实验器材的安放整齐和有条不紊。

(3) 保持实验室安静，不得高声谈笑，不得进行与实验无关的活动。

(4) 仪器设备如果出现故障应及时报告老师进行处理。

(5) 按照实验指导要求认真操作，节约使用药品；注意保护实验动物和标本。

(6) 注意安全，严防触电、火灾，防止被动物咬伤及中毒事故的发生。

(7) 仔细、耐心地观察实验过程中出现的现象，真实客观地记录实验结果，实验中的每项结果都应随时记录，并加上必要的文字标注，以免发生遗漏。对实验中取得的结果作如下思考：① 取得了什么实验结果？② 为何出现这样的实验结果？③ 这种实验结果有什么理论或实际意义？④ 出现非预期实验结果的原因何在？

3. 实验后

(1) 将实验用品整理就绪，所用器械擦洗干净，按实验前的布局整理归位，检查仪器的性能状况，填写使用单，如有损坏或缺少，应立即报告实验室管理老师。临时借用的实验器械或物品，实验完毕后清点并归还借用处。将动物尸体以及废物放到指定的位置，并将实验室打扫干净，离开实验室时，关闭门窗水电。

(2) 整理实验记录，得出实验结论，认真填写实验报告。

三、实验结果的处理

学生在实验后通过科学方法将所观察、检测及计算出的实验结果进行分析、统计和整理，转变为可定性或定量的数据或图表，以便研究其内在的各种变化规律。

对实验所得的结果，凡属可以记录定量检测的资料，如长度、高度、速度、质量等，均应以正确的单位和数值表示。凡可以记录到曲线的实验项目，应采用曲线来表示实验结果，在曲线上应有标注或说明，有些实验结果可采用表格或绘图。制表时，可将观察的项目列在表内左侧，右侧按顺序填写各项结果变化的数值，加上简要说明。绘图时，以横坐标表示各种刺激条件，纵坐标表示所得到的各种反应，坐标轴要有适当的标注，包括剂量单位。选择大小适宜的坐标以便作图，根据图的大小确定坐标轴的长短。绘制通过各点的曲线或折线要光滑，如果不是连续性变化，也可以用柱形的图来表示，图下注明实验条件、实验名称等。对需要统计学处理的实验数据，应选择适当的统计学方法进行处理，才能对实验结果进行评价。

四、实验报告的写作要求

(1) 每次实验均要撰写实验报告，并按时上交。

(2) 撰写报告时应注意文字简练、通顺，书写清楚、整洁，图表清晰，具体项目如下：

1) 一般项目：姓名、班级、组别、日期、地点、实验环境、实验序号与题目。

2) 实验目的：简要说明实验教学大纲的目标。

3) 实验方法：记录实验的操作方法和步骤。

4) 实验结果：是实验报告最重要的部分。根据实验原始记录，将实验过程中观察到的现象，真实、详细地整理记录。

5) 讨论和分析：实验结果的讨论是根据实验现象和结果，用已知的理论知识进行解释和推理分析，判断实验结果是否为预期结果，并考虑和分析其可能的原因。

6) 结论：实验结论是从实验结果中归纳出的一般的、概括性的判断，也就是这一实验所验证的概念、原理或理论的简要总结。结论中一般不必罗列具体的结果，在实验中未得到充分证据的理论分析不应写入结论。

实验的结论和讨论的书写是富有创造性的工作，应严肃认真，不要满足或拘泥于书本的解释，更不能盲目抄袭书本；教师应鼓励和提倡学生对实验中出现的现象提出的假设。讨论和分析结论中所参考的文献资料，应注明出处。

五、机能实验学考核

包括机能实验基本知识、基本实验和综合性实验，考核由以下四方面构成。

1. 平时成绩(10%)　为了体现既重视考试，又重视平时表现的特点，防止考试前突击复习现象的发生，我们加重了对学生平时表现的考核，占总成绩的 10%。根据学生在实验课上的综合表现评定成绩。

2. 实验报告(10%)　此项重在考核学生对实验结果的分析能力，占总成绩的 10%。每次实验报告，以 1 分记，最后相加。实验报告书写认真、格式规范、内容完整、结果正确者，1 分起记；在上述基础上，能查阅有关理论书籍，对实验结果进行客观而正确的分析，从中获取有效信息者，则以 4 分记。

3. 实验操作考试(10%)　为锻炼学生动手能力，加强理论与实践相结合，强化基本技能训练，除书面考试外，操作考试的考核也占较大比例，为总成绩的 10%。操作考试事先给出范围，考试时采取抽签形式。技术操作基本规范，可在规定的时间内成功完成者，记 5 分；自信、动作流畅、操作规范、无失误者，记 3 分；每位独立完成单项操作的同学，记 2 分。

4. 理论考试(50%)　考试内容以与实验有关的理论知识为主，兼顾实验基本知识。卷面成绩以百分记，最后成绩乘以 50%。

5. 机能实验设计(20%)　机能实验设计占总成绩的 20%。

（张　晓）

第一篇

基础篇

第一章

BL－420 生物信号采集处理系统的原理与使用

第一节　BL－420 生物信号采集处理系统

一、生物信号采集与处理的原理

生物信号是生物体在生命活动中产生的信号。生物信号一般可分为两类：一类是生物电信号，如心电、脑电、肌电和细胞电活动(动作电位和静息电位)；另一类是非生物电信号，如体温、血压、呼吸、心音、肌肉的收缩、二氧化碳分压、氧分压、pH 等。在生物信号的采集与处理系统中，电信号的采集需要合适的电极引导，非电信号的采集需要合适的换能器将其转换成电信号。生物信号的采集与处理是生物机能科学研究中要解决的重要问题。

传统的生物信号采集与处理系统是由功能不同的电子仪器及手工测量工具组合而成，它包括前置放大器、示波器、记录仪、分割规尺和计算器等。近年来由于计算机的飞速发展，特别是计算机生物信号采集与处理软件的开发，使得经过放大的生物电信号输入计算机后进行观察、测量、处理和储存成为可能。与传统的生物信号采集与处理系统相比，计算机生物信号采集与处理系统所记录和分析的生物信号在准确性、实时性和可靠性等方面有了很大的提高。而且，计算机生物信号采集与处理软件可以灵活设置各种实验参数，所采集的数据能够共享和进行复杂的多维处理，从而大大提高了系统的性能和实验质量，简化了实验过程。因此，生物信号采集与处理系统逐渐变为以计算机和相应软件为采集处理核心的数字化系统。

生物信号采集与处理系统的基本原理包括以下几个部分(图 1－1)。

1. *引导*　首先将原始的生物机能信号，从有机体中引导出来。

2. *放大*　将引入的生物信号进行放大。从有机体中引导出来的原始的生物机能信号，包括通过引导电极引入的生物电信号和通过传感器引入的非生物电信号。有些生物信号非常微弱，比如减压神经放电，其信号为微伏级信号，如果不进行信号的前置放大，难以记录和观察，因此首先需要对原始的信号进行放大处理。

3. *滤波*　由于在生物信号中夹杂有众多的声、光和电等干扰信号，比如电网中交流电的 50 Hz 信号等，这些干扰信号的强度可能大于实验中需要观察的有用生物信号，如果不将各种干扰信号衰减或滤除，将造成生物信号观察和处理的困难。滤波就是要将夹杂在生物信号中的声、光、电等干扰信号滤除。

4. *模数转换*　滤波后，通过模数转换将记录到的生物信号转换为数字信号，通过特定的计算机接口，比如 USB 接口将数字化的生物信号传输到计算机内部。

5. *计算机处理*　计算机通过专用的生物机能实验系统软件接收传入的数字信号，然后对这些信号进行实时处理。一方面实时显示生物机能信号波形，一方面存贮采集到的生物机能信号，另外，生物机能实验系统软件还可以根据使用者的命令对数据进行指定的处理和分析，比如平滑滤波、微积分和频谱分析等。实验

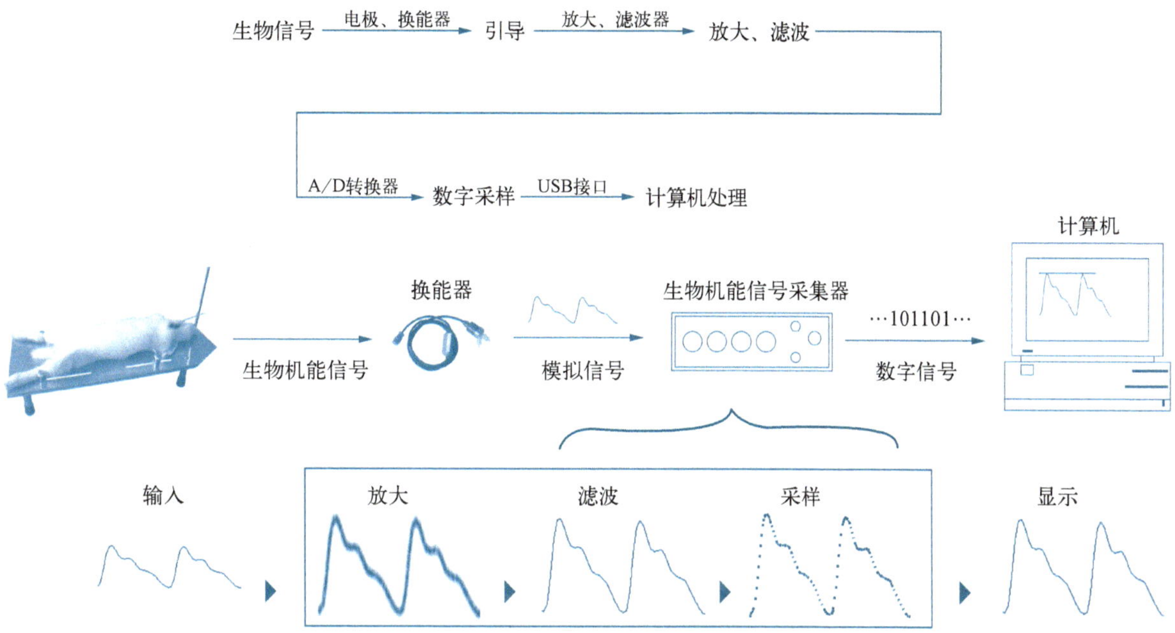

图 1-1 生物信号采集与处理系统原理

人员还可利用生物机能实验系统软件对存贮在计算机内部的实验数据进行后期观察和分析。

因此,一套完整的生物信号采集与处理系统一般包括:生物信号的引导、放大和滤波、A/D 转换和传输以及计算机处理四部分。即:

(一) 生物信号的引导

生物信号的表现形式有多种多样,既有声、光、电、气体分压等物理信号,又有浓度和 pH 等化学信号。这些生物信号的特点是微弱、非线性、高内阻和干扰因素多。因此,电极和各种换能器是生物医学测量中必不可少的关键部分,它们的特性决定了测量系统的质量。

1. 电极 电极是连接测量系统和生物体的元件,采集生物电信号时需要合适的电极,电极的性能优良与否,电极的类型选择是否合适将直接影响电信号采集的质量。

(1) 电极的种类:电极的种类很多。根据安放的位置,可分为体表电极、皮下电极以及植入电极;根据电极的粗细,可分为粗(宏)电极与微电极;根据制作材料,可分为金属电极、玻璃电极和乏极化电极等。在生物电信号的引导中,根据各种实验的不同要求选用不同类型的电极。

(2) 常用的电极

1) 普通金属电极:这类电极一般用铂(白金)、金、银、合金(镍、铜、锌)和不锈钢等金属制作而成。金属电极的外形可以根据实验要求制成各种形状。心电、脑电、肌电及神经干复合电位等的检测一般均用此类电极。

2) 极化电极:当极化电极进入生物体组织或与生物的组织表面相接触时,会在电极和组织之间出现半电池电动势。如果电极中有电流流过,则还会出现极化电位。极化电位可随电极中流过电流的大小而变化,电流越大,极化电位越大。半电池电位与极化电位的总和电位差称之为电极电位。这种电位影响生物信号的检测,使波形畸变、失真,也影响刺激的精度等。

3) 微电极:微电极是用于测量细胞生物电活动的微型电极。微电极的尖端直径仅为 0.5~5 μm。微电极有两种类型:一类是金属微电极,金属微电极多采用 0.3~0.5 mm 不锈钢丝或钨丝,经过特殊方法处理而制成。这种电极除尖端外,其他部分是绝缘的;另一类是充灌了电解质溶液的玻璃微电极,玻璃微电极由微电极拉制仪拉制而成,其内一般充以 3 mol/L KCl 溶液作为电解质,微电极通常有很高的电阻,一般在 5~40 MΩ 范围。玻璃微电极一般选用高熔点、高电阻率和膨胀系数低的硬质毛细玻璃管,通常采用 Pyrex 和 GG-17 毛细玻璃管。玻璃微电极通常用来测量低频生物电信号,而金属微电极一般用来作为刺激电极和测量高频生物电信号。

2. 换能器　换能器又称传感器，是将生物体的能量从一种形式转换成另一种形式的传感元件，生物换能器在性能和结构上必须满足下列要求：

(1) 换能器应具有良好的技术性能，灵敏度和信噪比高，线性好，零点漂移低。

(2) 换能器对被测对象的影响应该较小，不会给被测对象的生理活动带来负担，其形状和结构应该符合被测对象的解剖结构。

(3) 换能器应具有足够的绝缘和耐腐蚀性，不会给生物体带来有害影响。

(二) 生物电信号的放大和滤波

大多数生物电信号的电位幅值很小，所以通常需要经过放大才能被观察和记录仪器检测和记录。因此，在生物信号的采集过程中必须对引导的生物信号进行放大。

1. 放大器的选择　用于生物电信号放大的任何一个放大器，必须考虑其频率响应、噪声水平及输入阻抗三个基本技术参数。这三个参数是保证原始信号清晰和真实的前提。在实际测量时，应根据被测信号的性质选择合适的放大器。例如，使用微电极记录生物电信号时，应选择低噪声、高输入阻抗(大于1 000 MΩ)的放大器。其次，根据需要放大信号的大小、性质，选择恰当的灵敏度、时间常数和高频滤波，才能不失真地把生物电信号放大，并记录下来。

2. 放大器的灵敏度、时间常数和高频滤波

(1) 灵敏度：放大器的灵敏度由观测仪器对信号的分辨率确定。

(2) 放大倍数：放大倍数(G)是指生物信号采集系统的放大倍数，BL－420生物信号采集处理系统的放大倍数为2～5万倍。放大倍数的大小应依据实验的灵敏度来选择。

(3) 时间常数：时间常数(T)是决定放大器低端频率衰减的主要指标，它的作用是衰减生物信号中的低频成分，而允许高频信号通过。例如，当我们选择0.01 s的时间常数时，16 Hz以下的信号成分至少被衰减了原来的30%及以上，越低频率的信号衰减的幅度越大。正确选择时间常数，可以减少信号的低频波动，比如减少心电信号中夹杂的呼吸干扰。一般测量快速交变信号时选择较小的时间常数，测量慢速交变信号时选择较大的时间常数。

(4) 高频滤波：高频滤波(F)的作用是将所检测的生物电信号中不需要的高频成分或噪声衰减，高频滤波又称为低通滤波。正确选择放大器的高频滤波，可减少信号中高频噪声水平，使图像更为清晰。一般情况下，高频滤波的选择应是输入信号高频端的两倍左右。

在测量生物电信号时，放大器的灵敏度、时间常数及高频滤波的选择可参考表1－1。

表1－1　部分生物电信号测量时放大器的灵敏度、时间常数、高频滤波的选择

生物电信号	灵　敏　度	时间常数(s)	高频滤波(kHz)
EMG	100 μV/cm	0.01～0.1	5
ECG	0.5～1 mV/cm	0.1～5	0.1
脑自发电位	25～200 μV/cm	0.1～5	0.1
脑诱发电位	50～100 μV/cm	0.01～0.1	1
植物性神经冲动	25～200 μV/cm	0.001～0.01	1～5
减压神经传入冲动	100～200 μV/cm	0.001～0.01	1～5
膈神经传出冲动	50～100 μV/cm	0.001～0.01	1～5
蛙坐骨神经动作电位	2～5 mV/cm	0.01～0.1	5～10
骨骼肌细胞动作电位	0.5～2 mV/cm	0.01～0.1	5～10
心室肌细胞动作电位	5～10 mV/cm	∞(直流)	5～10
耳蜗电信号	0.5～1 μV/cm	0.1	10

(三) 生物电信号的采集

在传统的生物信号处理系统中，经过放大的生物电信号可输送到示波器或记录仪中观察、记录和测量。为了能正确重现被测生物信号，示波器和记录仪应具有足够高的频率响应、合适的振幅动态范围、良

好的线性、适当的阻尼特性及足够高的灵敏度与良好的稳定性。记录器可选用墨水式记录仪、喷墨笔式记录仪、光线示波器或X-Y记录仪，也可选用多通道磁带记录仪、示波器等。在进行数据采集时，需注意以下问题：

1. *采样频率(f_s)的选择* 采样时间间隔的倒数为采样频率，即 $f_s = 1/T$。为使信号采样后能不失真的还原，应该使采样的频率不低于信号最高频率的两倍，即：$f_s \geqslant 2f_H$。例如：生物信号的频率范围是20 Hz～20 kHz，对其采样时，选取的采样频率应满足：$f_s \geqslant 40$ kHz。

2. *多路采样时通道数与采样频率的关系* 由于计算机对多通道信号采集和处理是分时进行的，因此，通道数越多，同样的情况下每个通道可选择的最高采样频率就越低。

3. *分辨率与输入信号的范围关系* 分辨率是生物信号采集与处理系统所能测出信号的最小变化量，该变化量越小，则称分辨率越高。因此，分辨率越高，可测量信号的最大值就越小，即信号的输入范围越小。

（四）生物信号的处理与记录

把生物信号转换成数字信号输入计算机，由计算机对数字信号进行处理的过程就是生物信号采集处理系统的数据处理，常用的信号处理方法：

1. *微分和积分* 使用运算放大器，可实现模拟电路对信号的微分或积分，用计算机通过某种运算完成对信号的微分或积分处理则更为简单和直接。

2. *迭加平均* 生物信号测量中常常出现信号幅值很小而噪声很大的情况，使有用的信号淹没在噪声之中，难以测量和处理。如果信号和噪声频谱不一致，可以用滤波的方法分离出有效信号，但如果信噪比太小，效果可能不好；如果噪声和信号频谱重叠，滤波不再适用。这种情况使用迭加平均的方法可以抑制噪声，提高信噪比。迭加平均是对具有确定参考点的重复信号多次迭加，然后取平均值。这种方法使用的条件是：噪声具有随机特性，信号具有重复特性，两者互不相关。由于信号是有规律的，所以，迭加后信号增强，而噪声是随机的，所以，迭加后大部分相互抵消。迭加 N 次后，信号幅度增加 N 倍，而噪声则衰减到原来的 $1/N$。迭加平均法一般用于诱发生物电的测量。

3. *冻结显示* 所谓冻结显示是指使某一段波形在显示屏上做任意时间的停留。这种显示方式有利于屏幕上的数据分析和图形测量。

4. *频谱分析* 任何信号都可以看成是不同频率的正弦波的叠加，频谱分析是以组成信号的正弦波的频率为变量研究信号特性的方法。

在测量生物信号时，我们所记录到的多数信号都是随时间变化的信号，在生物医学工程上称为时域信号。频谱分析中的信号是频域信号，在频域里分析信号可使一些在时域中无明显特征的信号出现明显特征，这是频域分析的最大优点。除此之外，频域分析还有使复杂计算简单化的优点。对于离散时间信号，从时域到频域的转换要进行繁琐的叠加计算，而使用计算机进行快速傅里叶变换(FFT)可方便完成这一运算过程。频域分析广泛用于生物医学信号的处理之中，如脑电图的检查、心电信号的分析等。信号经过计算机处理以后，可将处理结果输出到打印机，打印实验数据或图形。

计算机内部的存储器可存储实验数据，并可随时输出、显示或用于计算，使被测信号能容易地进行多次处理、显示和比较，因此，与传统的信号处理方式相比，生物信号采集与处理系统的数据处理更加快捷、精确和灵活。

（五）生物信号干扰的处理

干扰是生物信号采集过程经常遇到的问题，尤其是在电生理实验中常见的、对生物电信号测量有着很大影响的电现象。轻者可使被测信号畸形，重者可导致实验无法正常进行，因此，排除干扰是电生理实验中经常遇到的、非常重要的工作之一。干扰的种类很多，排除干扰的基本原则是准确寻找干扰源，然后采取相应的措施加以排除。

电磁干扰是电生理实验中最常见的干扰之一，解决电磁干扰的最好办法是采用金属屏蔽。可将实验对象置于屏蔽装置之中，也可将实验仪器置于屏蔽装置之中。其次，测量仪器良好的接地和采取合适的滤波也是解决电磁干扰的有效方法。在BL-420生物信号采集处理系统中，通常采用抑制50 Hz的交流电电磁干扰来实现。

二、生物信号采集系统的使用

我们首先认识 BL－420 生物信号采集处理系统的显示与处理软件的主界面(图 1－2)。

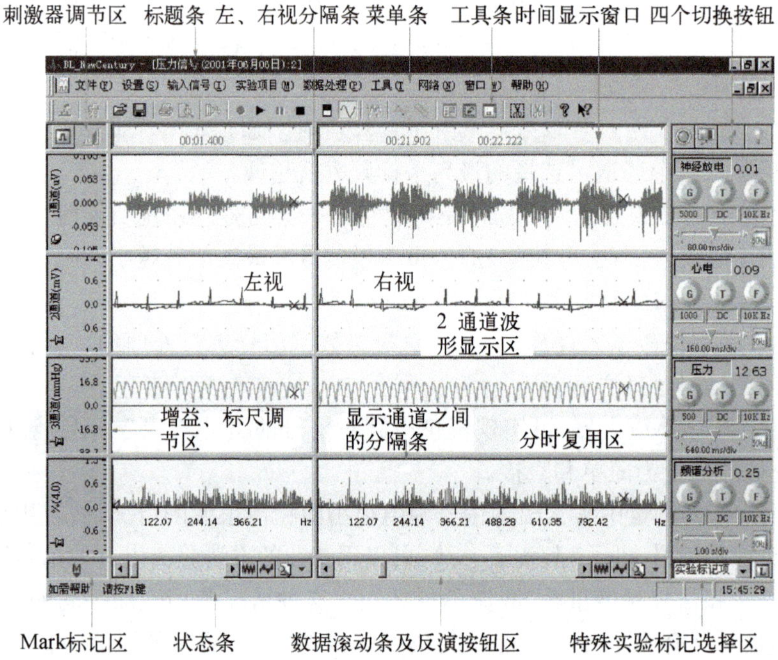

图 1－2　BL－420 生物信号显示与处理软件主界面

BL－420 生物信号采集处理系统的显示与处理软件的主界面功能说明(表 1－2)。

表 1－2　BL－420 软件主界面上各部分功能一览表

名　称	功　能	备　注
1. 标题条	显示 BL－420 软件的名称以及实验标题等信息	
2. 菜单条	显示所有的顶层菜单项，您可以选择其中的某一菜单项以弹出其子菜单。最底层的菜单项代表一条命令	菜单条中一共有 9 个顶层菜单项
3. 工具条	一些最常用命令的图形表示集合，它们使常用命令的使用变得方便与直观	共有 21 个工具条命令
4. 刺激器调节区	调节刺激器参数及启动、停止刺激	包括两个按钮
5. 左、右视分隔条	用于分隔左、右视，也是调节左、右视大小的调节器	左、右视面积之和相等
6. 时间显示窗口	显示记录数据的时间	在数据记录和反演时显示
7. 四个切换按钮	用于在四个分时复用区中进行切换。在实时实验过程中观察	
8. 增益、标尺调节区	调节硬件增益，在数据反演时调节软件放大倍数。选择标尺单位及调节标尺基线位置	
9. 波形显示窗口	显示生物信号的原始波形或数据处理后的波形，每一个显示窗口对应一个实验采样通道	
10. 显示通道之间的分隔条	用于分隔不同的波形显示通道，也是调节波形显示通道高度的调节器	4 个显示通道的面积之和相等
11. 分时复用区	包含硬件参数调节区、显示参数调节区以及通用信息区和专用信息区四个分时复用区域	这些区域占据屏幕右边相同的区域
12. Mark 标记区	用于存放 Mark 标记和选择 Mark 标记	Mark 标记在光标测量时使用
13. 状态条	显示当前系统命令的执行状态或一些提示信息	
14. 数据滚动条及反演按钮区	用于实时实验和反演时快速数据查找和定位，同时调节四个通道的扫描速度	实时实验中显示简单刺激器调节参数
15. 特殊实验标记选择区	用于编辑特殊实验标记，选择特殊实验标记，然后将选择的特殊实验标记添加到波形曲线旁边	包括特殊标记选择列表和打开特殊标记编辑对话框按钮

1. 标题条　显示BL－420软件的名称以及实验标题等信息。

2. 菜单条　显示所有的顶层菜单项，您可以选择其中的某一菜单项以弹出其子菜单。最底层的菜单项代表一条命令(图1－3)。

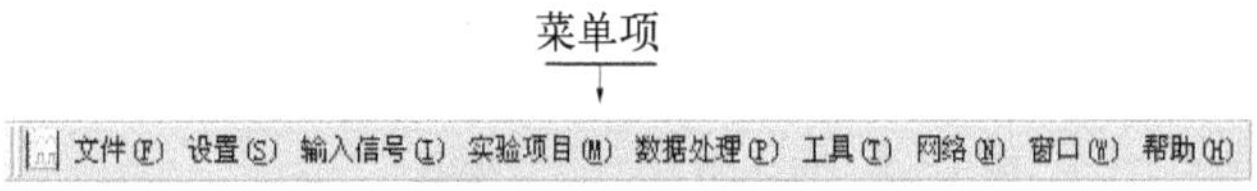

图1－3　顶级菜单条

图1－4　打开对话框

在顶级菜单条上一共有9个菜单选项，它们是：文件、设置、输入信号、实验项目、数据处理、工具、网络、窗口及帮助。下面我们将对每一个菜单项作详细的介绍。

(1) 文件菜单

1) 打开：选择此命令，将弹出"打开"对话框。开始反演前，首先在"打开"对话框中选择一个文件名，然后按"打开"按钮，即可打开反演数据文件并启动反演(图1－4)。

2) 打印：选择该命令，首先会弹出"定制打印"对话框。根据自己的要求选择打印参数，我们可以指定图形在打印纸上的位置，也可以实现在一张打印纸上同时打印4份相同的图形。学生实验时，一组实验通常为多名学生协作完成，每位同学均需要一份实验报告，这样可以有效地节约打印纸。"4张/组"参数只有在打印比例为50%时有效，设置这个参数，将在一张打印纸上打印出4幅相同的图形。

(2) 设置菜单：鼠标单击顶级菜单条上的"设置"菜单项时，"设置"下拉式菜单将被弹出(图1－5)。

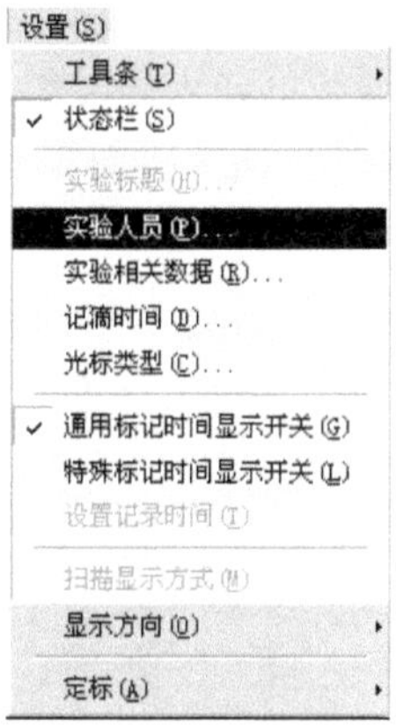

图1－5　设置菜单

1) 实验标题：选择该命令后，将弹出"设置实验标题"对话框。操作者可以通过该命令来改变实验标题，并且可以为同一个实验设置第二个实验标题。用通用信号输入方式来开始实验时，可为该通用实验定义实验标题，以便于打印资料存档。如果操作者想为实验添加第二个实验标题，那么在"标题2"中输入即可(图1－6)。

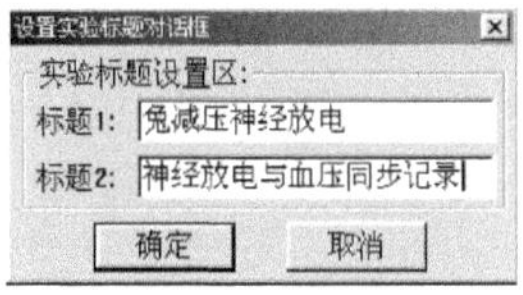

图1－6　设置实验标题对话框

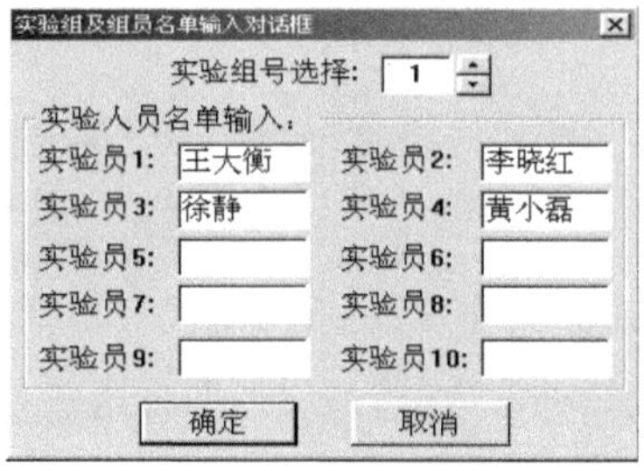

图1－7　实验组及组员名单输入对话框

2) 实验人员：选择该命令，将弹出"实验组及组员名单输入"对话框。该对话框用来输入实验人员的名字和实验组号(图1－7)。

3) 实验相关数据：可通过该命令来设置一些与实验相关的数据。选择该命令后，会弹出"实验相关参数设置"对话框。

在"实验相关参数设置"对话框中，可设置实验中使用的动物名称、动物体重、麻醉方法、麻醉剂和麻醉剂剂量等参数，也可在动物名称下拉式列表框中选择一个动物名称，也可以自己直接输入，动物名称限定在5个汉字以内。而麻醉方法和麻醉剂则限定在10个汉字以内(图1－8)。

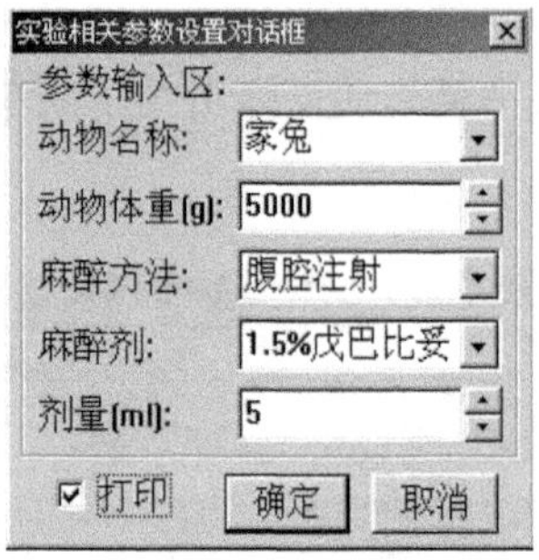

图 1-8 实验相关参数设置对话框

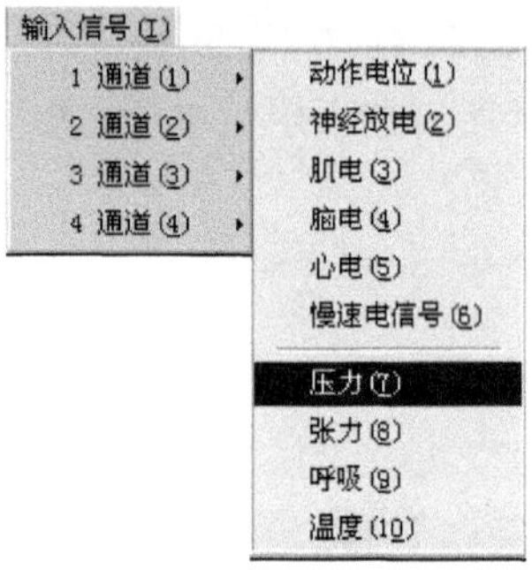

图 1-9 输入信号下拉式菜单

如果选中对话框下面的“打印”复选框,实验数据将被打印输出。

(3) 输入信号菜单:用鼠标单击顶级菜单条上的“输入信号”菜单项时,“输入信号”下拉式菜单将被弹出。信号输入菜单中包括有 1 通道、2 通道、3 通道、4 通道 4 个菜单项,每一个菜单项有一个输入信号选择子菜单。该命令后,会向右弹出一个输入信号选择子菜单,用于具体指定特定通道的输入信号类型。选定了 1 通道的输入信号类型后,可以再通过“输入信号”菜单继续选择其他通道的输入信号,所有通道的输入信号类型选定后,使用鼠标单击工具条上的“开始”命令按钮,就可启动数据采样,观察生物信号的波形变化(图 1-9)。

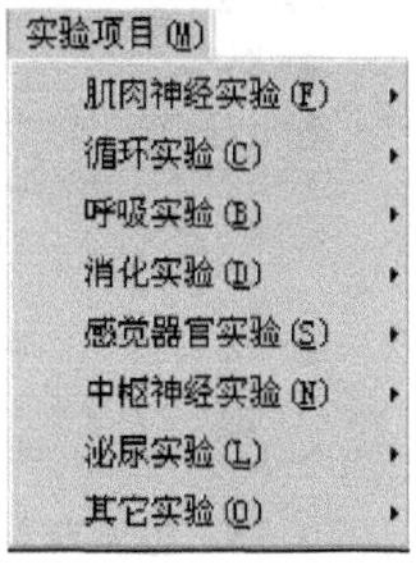

图 1-10 实验项目下拉式菜单

(4) 实验项目菜单:用鼠标单击顶级菜单条上的“实验项目”菜单项,“实验项目”下拉式菜单将被弹出(图 1-10)。

实验项目下拉式菜单中包含有 8 个菜单项,它们分别是肌肉神经实验、循环实验、呼吸实验、消化实验、感觉器官实验、中枢神经实验、泌尿实验以及其他实验。这些实验项目组将生理学及药理学实验按性质分类,在每一组分类实验项目下又包含有若干个具体的实验模块,选择某一类实验,则会向右弹出一个包含该类中具体实验模块的子菜单。操作者可根据自己的需要从中选择一个实验模块。实验模块选定后,系统将自动设置该实验所需的各项参数,包括信号采样通道、采样率、增益、时间常数、滤波以及刺激器参数等,并且将自动启动数据采样,使系统直接进入实验状态。

3. *工具条菜单说明* 工具条菜单由一些常用命令的图形集合组成,共有 21 个工具条命令(图 1-11)。这些命令(从左向右)分别代表着系统复位、零速采样、打开、另存为、打印、打印预览、打开上一次实验设置、数据记录、开始、暂停、停止等命令。本章介绍常用的几个命令(图 1-11)。

图 1-11 工具条

 **系统复位命令:** 该工具条按钮代表系统复位命令,选择系统复位命令将对 BL-420 生物机能实验系统的所有硬件及软件参数进行复位,即将这些参数设置为默认值。

 **打开文件:** 该工具条按钮代表打开反演数据文件命令。该命令与“文件”菜单中的“打开”命令功能相同(图 1-12)。

 **另存为:** 该工具条按钮代表另存为命令。该命令与“文件”菜单中的“另存为”命令功能相同。选择该命令后,将弹出“另存为”对话框,实验者可为欲存贮的数据取一个有意义的名字,默认的文件名是“Temp.bmp”。

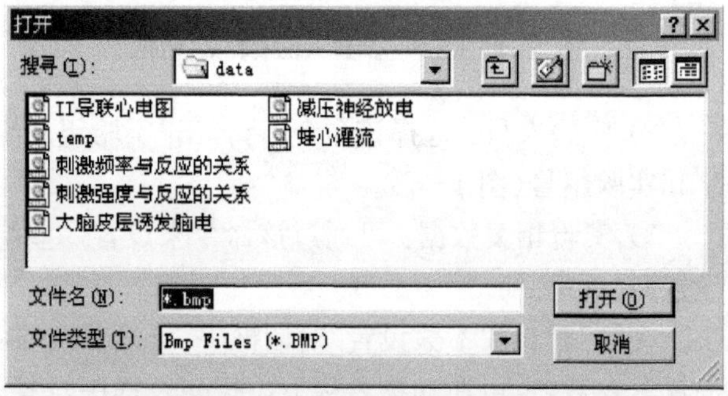

图 1-12 打开显示窗口

打开上一次实验设置：该工具条按钮代表打开上一次实验设置命令，该命令与“文件”菜单中的“打开上一次实验设置”命令功能相同。

实时数据记录：该工具条按钮代表实时数据记录命令，“记录”命令是一个双态命令，所谓双态命令是指每执行该命令一次，其所代表的状态就改变一次，这就好像是一盏电灯的开关，这种命令通过按钮标记的按下和弹起表示两种不同的状态。当记录命令按钮的红色实心圆标记处于按下状态时说明系统现在正处于记录状态，否则系统仅处于观察状态而不进行观察数据的记录。

开始实验：该工具条按钮代表开始实验命令，选择该命令，将启动数据采集，并将采集到的实验数据显示在计算机屏幕上；如果数据采集处于暂停状态，选择该命令，将继续启动波形显示。在反演时，该命令用于启动波形的自动播放。

暂停实验：该工具条按钮代表暂停实验命令，选择该命令后，将暂停数据采集与波形动态显示；反演时，该命令用于暂停波形的自动播放。

停止实验：该工具条按钮代表停止实验命令，选择该命令，将结束当前实验，同时发出“系统参数复位”命令，使整个系统处于开机时的默认状态，但该命令不会复位您设置的屏幕参数，如通道背景颜色，基线显示开关等。

通道背景颜色：该工具条按钮代表切换显示通道背景颜色命令，选择该命令，显示通道的背景颜色将在黑色和白色这两种颜色中进行切换。

删除、添加背景标尺格线：该工具条按钮代表删除、添加背景标尺格线命令，这是一个双态命令，当波形显示背景没有标尺格线时，单击此按钮可以添加背景标尺格线；当波形显示背景有标尺格线时，单击此按钮可以删除背景标尺格线。

添加通用标记：该工具条按钮代表添加通用标记命令，在实时实验过程中，单击该命令，将在波形显示窗口的顶部添加一个通用实验标记，其形状为向下的箭头，箭头前面是该标记的数值编号，编号从 1 开始顺序进行，如 20↓，箭头后面则显示添加该标记的时间。

两点测量：该工具条按钮代表两点测量命令，该命令与“数据处理”菜单中的“两点测量”命令功能相同。

区间测量：该工具条按钮代表区间测量命令，该命令与“数据处理”菜单中的“区间测量”命令功能相同。

打开参数设置窗口：该工具条按钮代表打开参数设置窗口命令，该命令与“窗口”菜单中的“参数设置窗口”命令功能相同。

进入图形剪辑窗口：该工具条按钮代表进入图形剪辑窗口命令，该命令与“窗口”菜单中的“图形剪辑窗口”命令功能相同。

图形剪辑：该工具条按钮代表图形剪辑命令，该命令代表图形剪辑功能。

数据剪辑：该工具条按钮代表数据剪辑命令。该命令代表数据剪辑功能。

图形剪辑命令具有将通道显示窗口中选择所需的实验结果，如一段波形连同从这段波形中测出的数据，粘贴到 BL-420 软件的剪辑窗口中的功能。具体操作步骤如下：

(1) 实时实验过程或数据反演中，按下“暂停”按钮使实验处于暂停状态，此时，工具条上的图形剪辑按钮处于激活状态，按下该按钮将使系统处于图形剪辑状态；

(2) 选择一段感兴趣的波形区域，可只选择一个通道的图形或同时选择多个通道的图形；

(3) 区域选择后，图形剪辑窗口出现，所选择的图形将自动被粘贴到图形剪辑窗口中。

(4) 选择图形剪辑窗口右边工具条上的退出按钮退出图形剪辑窗口；

(5) 重复步骤1、2、3、4剪辑其他波形段的图形，然后拼接成一幅整体图形，此时可打印或存盘，也可把该图形复制到其他应用程序，如Word、Excel中(图1-13)。

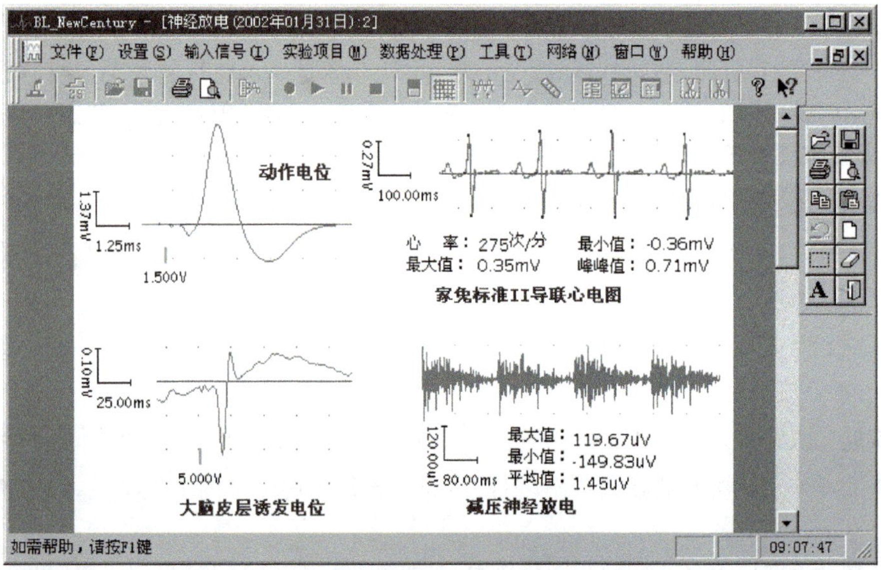

图1-13 图形剪辑显示窗口

4. 时间显示窗口说明 BL-420在工具条和通道显示窗口之间加入了一个时间显示窗口，用于显示记录波形的时间(图1-14)。在没有进行数据记录时，时间显示窗口将不会显示时间变化；开始实验记录后，时间显示窗口将显示记录时间。这样，在反演时波形显示的时间就与实际实验中的时间相一致，可观察波形随时间的变化。这里所指的时间是一个相对时间，即相对于记录开始时刻的时间，记录开始时刻的时间为0。

图1-14 时间显示窗口

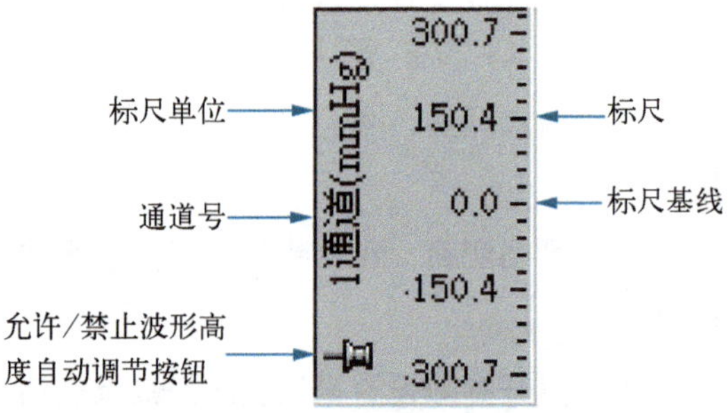

图1-15 增益、标尺调节区

时间显示窗口显示的时间格式为：分：秒：毫秒。

时间显示窗口除了具有时间显示功能之外，还具有区域选择的功能。

5. 标尺调节区说明 BL-420软件显示通道的最左边为标尺调节区。每一个通道均有一个标尺调节区，用于实现调节标尺零点的位置以及选择标尺单位等功能(图1-15)。其详细说明如下：

允许/禁止波形高度自动调节按钮是一个开关型按钮，它用于启动或禁止波形的自动调节，可使波形的显示大小随波形显示窗口的大小而改变，使波形的最大值始终不会超过波形显示窗口的顶部，这样，无论窗口的大小如何改变，我们始终可以观察到波形的全貌。

标尺单位选择快捷菜单分为上、中、下三个部分，最上面的13个命令用于选择标尺类型；中间的“标尺设置”命令用于设置单位刻度的标尺大小；下面的三个命令用于光标测量时选择光标在波形上的位置。可供选择的标尺单位有mV、μV、g、mg、kPa、mmHg、cmH_2O、℃、mL、Hz等，在任何实验中，我们均可以根据自己的需要任意选择以上单位中的任何一种作为我们当前使用的标尺单位，标尺的值会根据各种单位不同的定标值自动调节，如果您已经对各种单位精确定标，那么将会得到在该单位下的精确测量值。

6. 分时复用区说明 在 BL－420 软件主界面的最右边是一个分时复用区，在该区域内包含有四个不同的分时复用区域：控制参数调节区、显示参数调节区、通用信息显示区和专用信息显示区，它们通过分时复用区顶部的切换按钮进行切换。按钮用于切换到控制参数调节区，按钮用于切换到显示参数调节区，按钮用于切换到通用信息显示区，按钮用于切换到专用信息显示区。如果不采用这种技术，那么控制区和信息区会占据多一倍的屏幕资源，使主要信息的波形显示窗口变窄（图 1－16）。

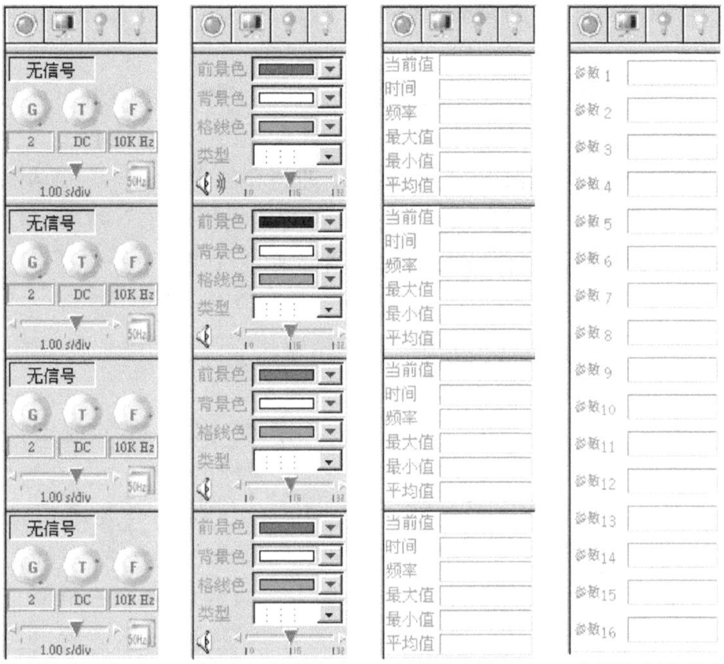

图 1－16 分时复用区

（1）控制参数调节区：控制参数调节区是 BL－420 软件用来设置 BL－420 系统的硬件参数以及调节扫描速度的区域，每一个通道有一个控制参数调节区，用来调节该通道的控制参数（图 1－17）。

控制参数调节区从上至下分为三个部分，它们分别是：信息显示区、硬件参数调节区和扫描速度调节区。信息显示区包括通道信号类型显示和简单测量信息显示两个部分；硬件参数调节区则包括增益调节旋钮、时间常数调节旋钮、滤波旋钮、50 Hz 滤波按钮四个调节器。下面依次对控制参数调节区的各个要素进行介绍。

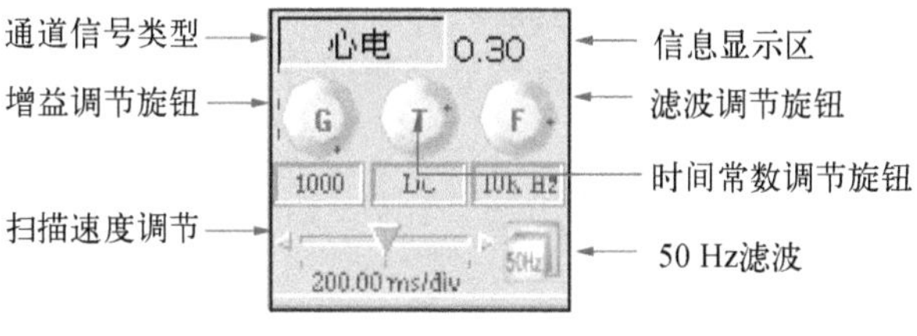

图 1－17 一个通道的控制参数调节区

1）通道信号类型：用于显示当前通道显示波形的类型，如心电、压力、张力等。当通道关闭时，通道信号类型显示为“无信号”。在进行生物机能实验或反演时，如果该通道为采样通道，那么通道信号类型区显示为该通道设置的信号类型，如神经放电、张力、压力等。

2）增益调节旋钮：增益调节旋钮用于调节通道增益（放大倍数）档位。具体的调节方法是：在增益调节旋钮上单击鼠标左键将增大一档该通道的增益，而单击鼠标右键则减小一档该通道的增益。BL－420 生物信号采集处理系统的硬件增益分为 14 档，从小到大分别是：2、5、10、20、50、100、200、500、1 000、2 000、5 000、10 000、20 000、50 000 倍。需要说明的是：增益调节旋钮在实时实验和数据反演过程中所起的作用不同，在实时实验过程中，这个旋钮的作用是调节 BL－420 生物信号采集处理系统的硬件增益，即通过向 BL－420 信号采集、放大硬卡发送指令来实现硬卡放大倍数的调节。在数据反演的状态下，由于根本没有启动数据采样，此时放大器也不工作，所有的数据均是以前实验结果的保存，这些数据的大小已经不能通过控制硬件增益的方式进行改变。所以，此时按下增益调节旋钮，是对获得的实验波形的软件进行放大。软件放大不能改变原始波形数据的放大倍数，仅通过调节屏幕映射方式，实现波形的放大或缩小。所以，在进行实时实验时，增益调节实现的是硬放大，而数据反演时增益调节实现的则是软放大。

3）时间常数调节旋钮：时间常数调节旋钮用于调节时间常数的档位。具体的调节方法是：在时间常数调节旋钮上单击鼠标左键将减小一档该通道的时间常数，而单击鼠标右键则增大一档该通道的时间常数。某一通道的时间常数值更改后，时间常数调节旋钮下的时间常数显示区将显示时间常数的当前值。BL－420生物信号采集处理系统的时间常数分为5挡，它们从小到大分别是：0.001 s、0.01 s、0.1 s、5 s、DC。

4）滤波调节旋钮：滤波调节旋钮用于调节高频滤波的档位。BL－420生物信号采集处理系统的高频滤波分为8档，从小到大分别是：0.3、3、30、100、300、1 K、3.3 K、10 K，单位是Hz。

5）50 Hz滤波按钮：50 Hz滤波按钮用于启动50 Hz抑制和关闭50 Hz抑制功能。50 Hz信号是交流电源中最常见的干扰信号，如果50 Hz干扰过大，会造成有效的生物机能信号被50 Hz干扰淹没，无法观察到正常的生物信号。此时，需要使用50 Hz滤波来削弱电源带来的50 Hz干扰信号。如果滤除掉50 Hz波形，会造成有效生物机能信号波形发生畸变。

图1－18 扫描速度调节器

6）扫描速度调节器：扫描速度调节器的功能是改变通道显示波形的扫描速度（图1－18）。

每个通道分别有扫描速度调节器，因此，不同通道波形显示的扫描速度可以不同。这有什么好处呢？在BL－420生物信号采集处理系统中，不同的通道的扫描速度分别设置，可在同一台仪器上观察记录要求不同扫描速度的波形了。当然，如果需要两道波形的记录时间统一，则使用相同的扫描速度即可。如果想改变某个通道的扫描速度，则将鼠标指示器指在该通道的扫描速度调节器的绿色向下三角形上，按下鼠标左键，然后用鼠标左右拖动这个绿色的三角形即可。右移绿色三角形，扫描速度将增大，反之则减小；在绿色三角形的右边单击鼠标左键，扫描速度将增加一档，在绿色三角形的左边单击鼠标左键，扫描速度将减小一档。扫描速度改变后，指示当前扫描速度的绿色三角形将移动到新的位置，同时，扫描速度调节器下面显示的扫描速度值也将随之而发生变化。对不同的输入信号BL－420生物信号采集处理系统软件预先设定有不同的扫描速度档位。

（2）显示参数调节区：显示参数调节区从上到下分为5个区域，它们分别是：前景色选择区、背景色选择区、标尺格线色选择区、标尺格线类型选择区和监听音量调节区，其中监听音量调节区包括监听音量调节选择按钮和监听音量调节器两部分（图1－19）。

图1－19 显示参数调节区

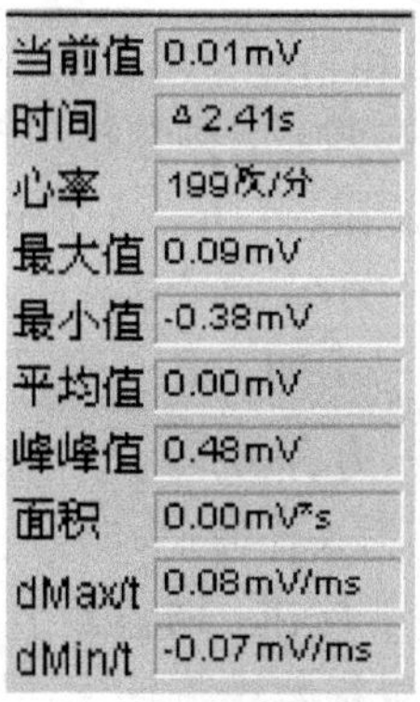

图1－20 通用信息显示区

（3）通用信息显示区：用来显示每个通道的数据测量结果（图1－20）。

每个通道的通用信息显示区显示的测量类型是相同的，测量的参数包括：当前值、时间、心率、最大值、最小值、平均值、峰值、面积、最大上升速度（dMax/t）和最大下降速度（dMin/t）。使用区域测量或区间测量时，将测得除当前值之外的其他9个参数。在实时实验过程中，每隔2 s系统将对每个采样通道的当前屏数据做一次测量，并将结果及时地显示在通用信息显示区中。

(4) 专用信息显示区：专用信息显示区用来显示某些实验模块专用的数据测量结果。有些实验模块，如血流动力学实验模块、心肌细胞动作电位实验模块等，需要测量的参数是专门设计。这样，针对特殊实验模块，不仅可以测量它们的通用信息，还可以测得它们的某些特殊的实验指标。

7. 特殊实验标记选择区　特殊实验标记选择区位于分时复用区的下方，即屏幕的右下角。特殊实验标记选择区中包含有一个特殊实验标记选择列表和一个打开特殊实验标记编辑框按钮(图 1-21)。

图 1-21　特殊实验标记选择区

如果某个实验模块本身预先设置有特殊实验标记组，当选择这个实验模块时，特殊实验标记选择列表就会列出这个实验模块中所有预先设定的特殊实验标记(图 1-22)。如果某个实验没有预先设定有特殊实验标记组，可通过特殊实验标记选择列表旁边的“打开特殊实验标记编辑对话框”按钮打开特殊实验标记编辑对话框。具体方法是：在特殊实验标记编辑对话框中选择一个已经编辑好的特殊实验标记组，或者自己新建一个特殊实验标记组，然后按“确定”按钮选择该组特殊标记(图 1-23)。

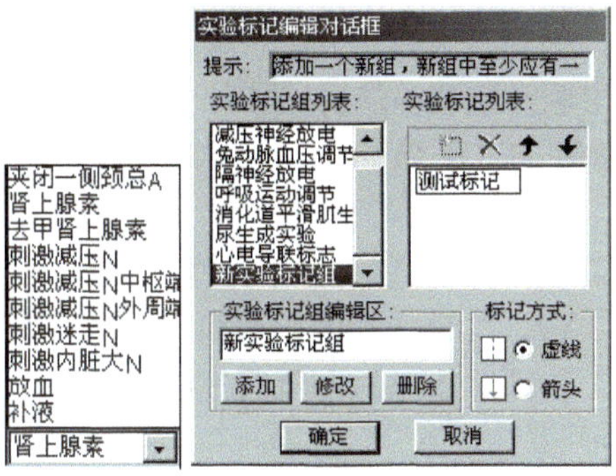

图 1-22　特殊实验标记选择列表及实验标记编辑对话框

(1) 实验标记编辑对话框：特殊实验标记组的添加、修改和删除由对话框中的三个对应功能按钮完成，实验标记列表框内还配有 4 个功能按钮，它们依次是：添加、删除、上移和下移功能按钮。

 添加按钮，用于在数据列表框中添加一个列表数据项，它在这里的作用是添加一个组内特殊标记。选择添加按钮后，在实验

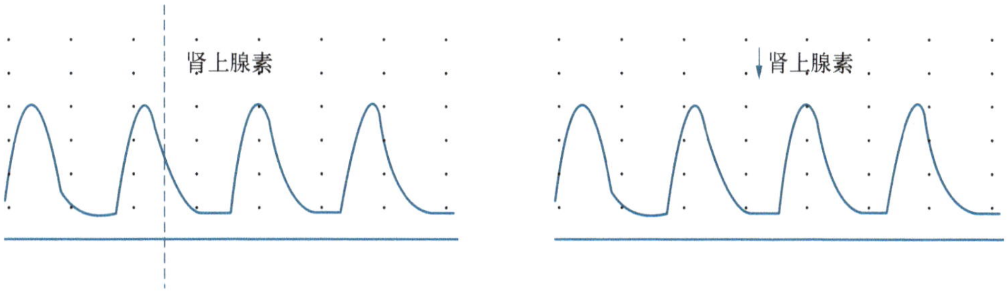

图 1-23　特殊实验标记的标记方式

标记列表框最后一行将出现一个空白的编辑框，并且其中有一个文本编辑光标在闪动，表示现在可以编辑这个新添加的特殊实验标记。

 删除按钮，用于删除列表框中的一个列表数据项，只需选择要删除的特殊标记，当前选择的特殊标记以蓝底白字形式显示，然后按下删除按钮即可删除该特殊标记。

 上移按钮，将当前选择的特殊标记上移一个位置。这个按钮和下面讲的下移按钮一起可以对实验标记组内的特殊标记列表顺序进行重新排列，可将这个实验组中常用的实验标记排列在列表的上面，不常用的实验标记则排列在列表的下面。

 下移按钮，将当前选择的特殊标记下移一个位置。

(2) 标记方式：特殊实验标记在标记处除了有文字说明之外，还有一个标记点指示，您可以选择以虚线或箭头方式进行标记。

8. 刺激器设置　☞ 刺激器调节区，☞ 刺激器参数介绍，☞ 设置属性页，程控属性页。

(1) 刺激器调节区：刺激器调节区位于 BL-420 软件主界面左上角，在工具条的下方，其内部包含两个与刺激器调节相关的按钮，分别是“打开刺激器调节对话框按钮”和“启动刺激器按钮”，。

 打开刺激器调节对话框按钮用于打开或关闭刺激器调节对话框。

 启动刺激器按钮用于启动或停止刺激，如果选择的刺激方式为单刺激、双刺激或串刺激，每单击该按钮一次，BL－420 生物信号采集处理系统将发出一次刺激；如果选择的刺激方式为连续刺激，那么单击该按钮，BL－420 生物信号采集处理系统将连续发出刺激，直到再次按下这个按钮时才会停止连续刺激，即此时这个按钮变成了停止刺激器按钮，其状态为按下状态。当没有进行实时实验或系统处于数据反演状态时，启动刺激器按钮将处于灰色，表明在这种状态下这个按钮不可使用。

（2）刺激器参数：t_1（延时）刺激脉冲发出之前的初始延时（范围：0～6 s，单位：ms）。t_2（波间隔）双刺激或串刺激中两个脉冲波之间的时间间隔（范围：0～6 s，单位：ms）。t_3（延时 2）在连续刺激中，连续刺激脉冲之间的时间间隔，可与 t_1 相等，也可以不等（范围：0～6 s，单位：ms）。

W（波宽）：刺激脉冲的宽度（范围：0～200 ms，单位：ms）。

H_1（强度 1）：单刺激、串刺激中的刺激脉冲强度，或双刺激中第一个刺激脉冲的强度（范围：0～35 V，单位：V）。如果您选择的刺激模式为电流刺激，那么它表示第一个刺激脉冲的电流强度（范围：0～10 mA，单位：mA）。

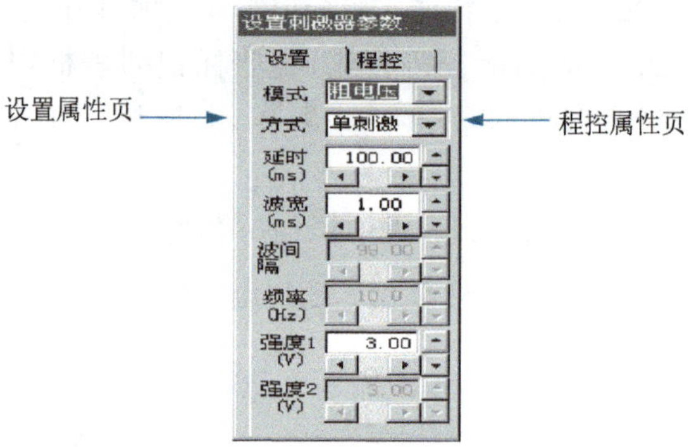

图 1－24　设置刺激器参数对话框中的设置属性页

H_2（强度 2）：双刺激中第二个刺激脉冲的强度（范围：0～35 V，单位：V）。如果选择的刺激模式为电流刺激，那么它表示第二个刺激脉冲的电流强度（范围：0～10 mA，单位：mA）。

（3）设置属性页（图 1－24）

1）模式：有四种刺激器模式可供选择，他们分别是粗电压、细电压、粗电流及细电流。粗电压刺激模式的刺激范围为 0～35 V，步长为 50 mV；细电压刺激模式的刺激范围为 0～5 V，步长为 5 mV；粗电流刺激模式的刺激范围为 0～10 mA，步长为 10 μA；细电流刺激模式的刺激范围为 0～1 mA，步长为 1 μA。

2）方式：调节刺激器的刺激方式。根据不同的实验有五种刺激方式可供选择，它们分别是：单刺激（为默认选择）、双刺激、串刺激、连续单刺激与连续双刺激。

3）延时：调节刺激器第一个刺激脉冲出现的延时。延时的单位为 ms，其范围从 0～6 s 可调。每调节粗调按钮一次，其值改变 5 ms，调节微调按钮一次，其值改变 0.05 ms。

4）波宽：调节刺激器脉冲的波宽。波宽的单位为 ms，其范围从 0～200 ms 可调。每调节粗调按钮一次，其值改变 0.5 ms，调节微调按钮一次，其值改变 0.05 ms。

5）波间隔：调节刺激器脉冲之间的时间间隔（适用于双刺激和串刺激）。波间隔的单位为 ms，其范围从 0～6 s 可调。每调节粗调按钮一次，其值改变 0.5 ms，调节微调按钮一次，其值改变 0.05 ms。波间隔的有效范围还受到刺激频率的影响。

6）频率：调节刺激频率（适用于串刺激和连续刺激方式）。频率的单位为 Hz，其范围从 0～2 000 Hz 可调。每调节粗调按钮一次，其值改变 10 Hz，调节微调按钮一次，其值改变 0.1 Hz，但刺激器的频率受到波宽和波间隔（在串刺激和连续双刺激时波间隔才起作用）的影响，因此，如果所调节的波宽较长，刺激频率将不能调节到 2 000 Hz，计算机会自动计算出当时可以调节的最高刺激频率。

7）强度 1：调节刺激器脉冲的电压幅度（当刺激类型为双刺激时，则是调节双脉冲中第一个脉冲的幅度）或电流强度。电压幅度的单位为 V，其范围从 0～35 V 可调。在粗电压模式下，每调节粗调按钮一次，其值改变 500 mV，调节微调按钮一次，其值改变 50 mV；在细电压模式下，每调节粗调按钮一次，其值改变50 mV，调节微调按钮一次，其值改变 5 mV。电流强度的单位为 mA，其范围从 0～10 mA 可调。在粗电流模式下，每调节粗调按钮一次，其值改变 100 μA，调节微调按钮一次，其值改变 10 μA；在细电流模式下，每调节粗调按钮一次，其值改变 10 μA，调节微调按钮一次，其值改变 1 μA。

8) 强度 2：当刺激类型为双刺激时，它用来调节双脉冲中第二个脉冲的幅度。当刺激器类型为串刺激时，它用来调节串刺激的脉冲个数。强度 2 的电压幅度或电流强度的范围和调节方式与强度 1 完全相同。如果该参数用来调节串刺激的脉冲个数，脉冲个数的单位为个，其有效范围从 0～200 个可调。每调节粗调按钮一次，其值改变 10，调节微调按钮一次，其值改变 1。

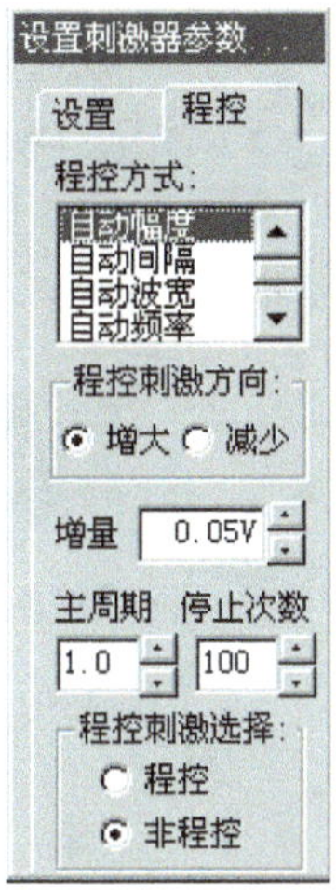

图 1-25 设置刺激器参数的对话框中的程控属性页

(4) 程控属性页：程控属性页中包括：程控方式、程控刺激方向、增量、主周期、停止次数和程控刺激选择 6 个部分：

1) 程控方式：该命令为程控刺激方式选择子菜单，包括：自动幅度、自动间隔、自动波宽、自动频率和连续串刺激五种程控刺激方式(图 1-25)。

自动幅度方式按照设定的主周期自动对单刺激的刺激幅度进行改变；

自动间隔方式按照设定的主周期自动对双刺激的刺激波间隔进行改变；

自动波宽方式按照设定的主周期自动对单刺激的刺激波宽进行改变；

自动频率方式按照设定的主周期自动对串刺激的刺激频率进行改变；

连续串刺激方式按照设定的主周期自动、连续的发出串刺激波形。

2) 程控刺激方向：程控刺激方向包括增大、减小两个选择按钮，它们控制着程控刺激器参数增大或减小的方向。如果程控刺激器的方向为增大，则如果参数增大到最大时，系统自动将其设定为初始值；如果程控刺激器的方向为减小，则如果参数减小到最小时，系统自动将其设定为初始值。

3) 程控增量：程控刺激器在程控方式下每次发出刺激后程控参数的增量或减量。

4) 主周期：程控刺激器的主周期，单位为 s。主周期是指程控刺激两次刺激之间的时间间隔。

5) 停止次数：停止次数是指停止程控刺激的次数，在程控刺激方式下，每发出一个刺激将计数一次，所发出的刺激数达到停止次数后，将自动停止程控刺激。也就是说在停止次数是停止程控刺激的一个条件。

6) 程控刺激选择：程控刺激选择包括“程控”和“非程控”两个选择按钮，实验者可通过这个选择按钮的选择，在程控刺激器和非程控刺激器之间进行选择。在任何时候，实验者都可以选择程控按钮来将刺激器设置为程控刺激器；也可以选择非程控按钮随时停止程控刺激器。

第二节 常用仪器设备使用方法

一、换能器

换能器又称传感器，是将非电生理信号转换为电信号的实验装置。各种非电生理信号的测量，一般须先将其转换成电信号的形式，才便于系统的测量与处理。因此，换能器在各种生理信号的测量中有着重要的作用。换能器的种类很多，原理、性能各不相同，机能学实验中最常用的换能器是把机械能转换成电能的机—电换能器。在实际工作中常根据实验的目的和用途的不同，选用适合的换能器。

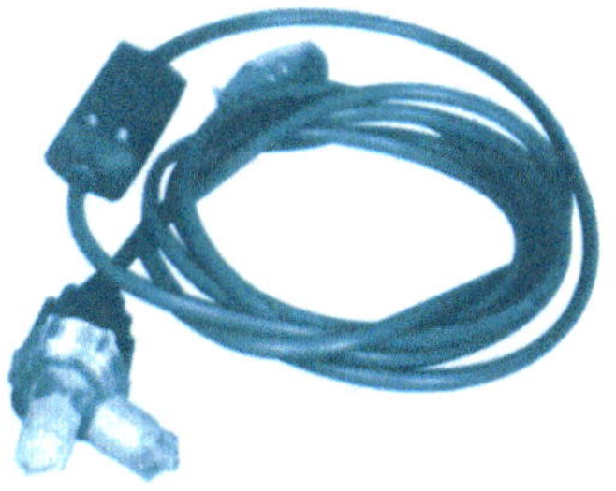
图 1-26 压力换能器

本节主要介绍几种在教学、科研实验中常用的换能器：

1. 压力换能器 是机能实验中最常用的一种换能器，主要用于测量动物的动脉和静脉血压，还可用于胸膜腔负压的测量等(图 1-26)。

(1) 使用方法：

1) 将换能器与放大器相连，并固定在铁支架上。

2) 将动脉插管与换能器相连，并用盛满肝素生理盐水的注射器(容量不少于 10 mL)通过三通管将换能器腔内和动脉插管内的空气完全排出。

3) 调零,定标。

(2) 注意事项:① 确保换能器腔内和动脉插管内没有气泡。② 当换能器不用的时候,确保换能器腔内与大气相通。③ 固定动脉插管时,结扎要适度,以免将动脉插管压扁,影响实验结果。④ 避免撞击换能器,以免损坏换能器。

图 1-27 肌肉张力换能器

2. 肌肉张力换能器 也是一种实验经常使用的换能器,主要用于测量肌肉张力、呼吸等生理信号。根据量程不同又分为 0～10 g、0～30 g、0～50 g、0～100 g 等几种型号(图 1-27)。

(1) 使用方法:① 将换能器与放大器相连,并固定在铁支架台上。② 将换能器与被测对象相连,并使连接线保持适当的张力。③ 调零,定标。

(2) 注意事项:① 换能器与被测对象相连接时禁用暴力,前负荷要适度,以免损坏换能器。② 防止液体进入换能器内和避免碰撞。③ 根据实验要求选用适当量程的换能器,以免过负荷而损坏换能器。

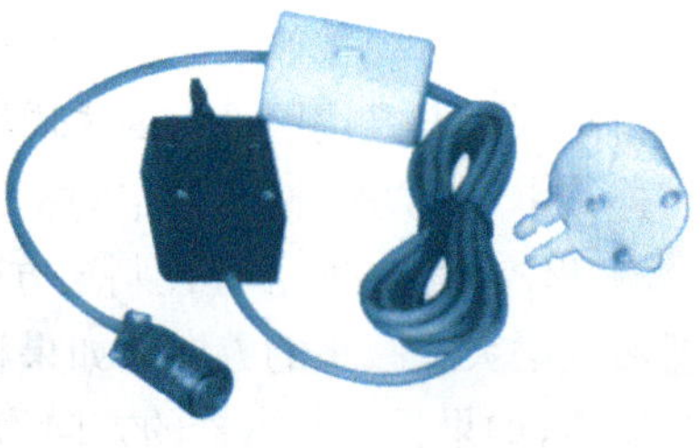

图 1-28 呼吸流量换能器

3. 呼吸流量换能器 主要用于测量动物的呼吸、呼吸流量。本换能器由呼吸流量头和差压换能器组成。量程有 0～±5 kPa 和 0～±10 kPa 两种(图 1-28)。

注意事项:根据实验动物的不同选用不同量程的换能器。

4. 呼吸换能器 本换能器是基于压电装置的呼吸换能器,不要求激励或前置设备。该换能器产生与长度变化呈线性的电压,适合动物和人体呼吸波的测量(图 1-29)。

图 1-29 呼吸换能器

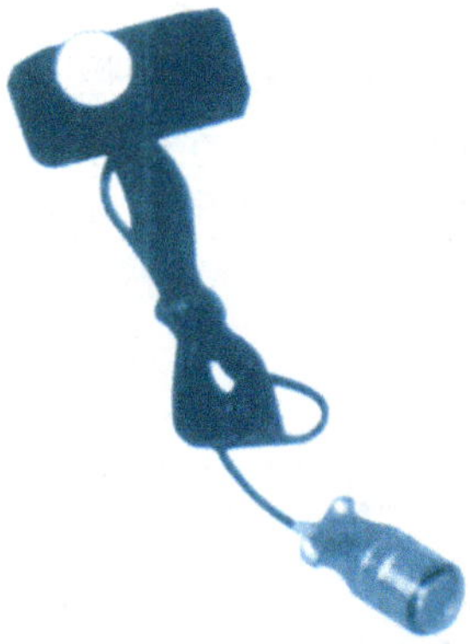

图 1-30 脉搏换能器

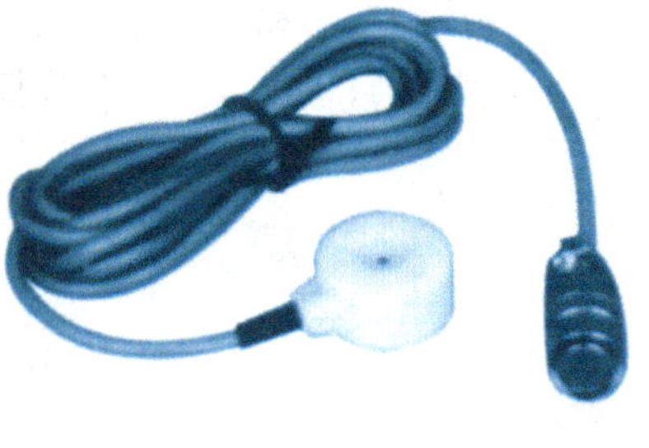

图 1-31 心音换能器

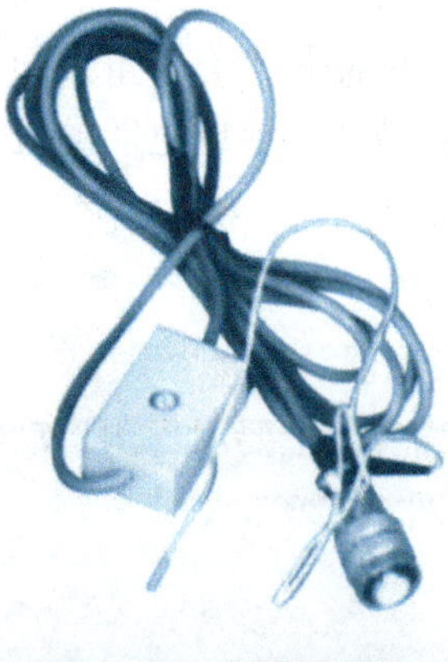

图 1-32 体温传感器

5. 脉搏换能器 是一种小型带压脉带的压电式脉搏换能器,可测量脉搏率、科罗特夫氏音或小动物的呼吸活动。该换能器是无源换能器,使用时将换能器绕在手指上即可,安全、方便、无创伤,特别适合在教室使用(图 1-30)。

6. 心音换能器 该换能器主要用于测量心音、心尖后搏动等生物信号(图 1-31)。

7. 体温传感器 属换能器的一种类型,是热敏电阻型的温度传感器,主要用于测量动物的体内和体表温度(图 1-32)。

8. 胃肠运动换能器 主要用于测量胃肠蠕动收缩活动,测量环形肌活动时,将换能器平放在胃的环形肌上,与纵形肌垂直,测量十二指肠等与测量胃的方法相同(图 1-33)。

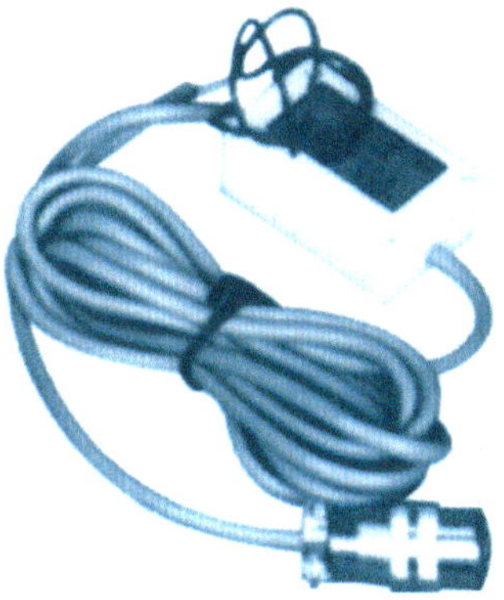

图 1－33　胃肠运动换能器

图 1－34　握力换能器

9. 握力换能器　主要用于康复测试以及运动员训练测试等。测量范围有 0～600 N、0～800 N、0～1 000 N三种类型(图 1－34)。

二、DW－5 脑立体定位仪

DW－5 型脑立体定位仪是成都泰盟科技有限公司自主研制、开发的用于教学、科研实验的实验仪器，它适用于鼠类动物的脑立体定位，借助该仪器可将刺激电极、记录电极、注射导管、灌流导管等放置在大鼠脑的一定部位(图 1－35)。该公司生产的 DW－5 型脑立体定位仪可用于各类大鼠的脑部实验，仪器操作方便，电极或导管放置位置精确。

DW－5 脑立体定位仪特点：用于大鼠、小鼠、豚鼠的脑部定位；适用于各种电极或导管的放置；超宽的调节范围，精确的调节精度；分辨率为 0.01 mm 高精度调节；简便，舒适的安装和调节方式。

1. 底座　水平摆放大鼠。
2. 耳杆调节器　固定大鼠耳部两侧，防止其在 Z 轴上移动。
3. 三维调节器　精确调节电极或导管位置。
4. 上颚固定器　固定大鼠上颚，使大鼠头部处于水平零平面位置。
5. 电极安装架　固定电极或导管。
6. 旋转器　上下旋转电极安装架。

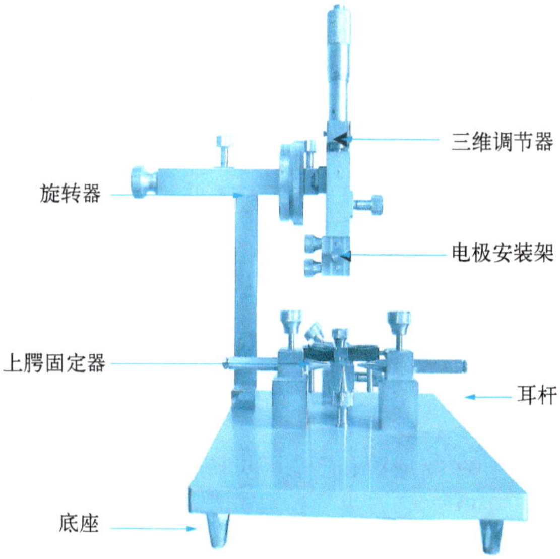

图 1－35　DW－5 脑立体定位仪整体结构图

(张　晓)

第二章

常用实验动物的选择

第一节 常用实验动物的生物学特性及其选择应用

在实验动物设计时，要充分了解实验动物的生物学特性，这是选择实验动物的重要依据。不同的实验研究目的要选用不同的实验动物，例如，小鼠适用于需用大量动物进行的实验，如各类药物的初筛、药物效价的比较、半数致死剂量测定等；豚鼠适用于平喘药和抗组织胺药的研究和筛选抗过敏药；兔适用于解热药研究，研究环境因素引起体温过高或过低的反应。此外，不同种属的动物对毒物或药物的反应有质与量的差别，所以选用动物的种属差异愈大愈好。在亚急性和慢性实验时，也至少采用两种动物，其中包括一种非啮齿类动物。评定毒物或药物的毒性时，至少要用大鼠、家犬两种动物。下面介绍常用实验动物的主要生物学特性及其在机能实验中的选择应用。

一、小鼠

（一）主要生物学特性

（1）繁殖周期短、产仔多、生长快、饲养方便；性成熟早、性周期短、繁殖力强；动情周期不同阶段阴道黏膜上皮可发生典型变化。

（2）小鼠对各种疾病易感，射线可引起造血系统损伤，对致癌物敏感，可形成自发性、诱发性和移植性肿瘤。

（3）洋地黄和乌头碱可诱发心律失常、体温调节不稳定。

（4）气管及支气管腺不发达，只有喉部有气管腺，支气管以下无气管腺；无呕吐反应；对钩端螺旋体不敏感；不易形成动脉粥样硬化病变。

（二）机能实验中的选择应用

（1）应用最多最广的动物，适用于需用大量动物进行的实验，如各类药物的初筛、药物效价的比较、半数致死剂量测定等。

（2）用于血吸虫病、脑炎、狂犬病以及其他许多细菌性疾病的感染研究及实验研究。

（3）避孕药与雌激素研究，卵巢功能测定，放射病研究，建立肿瘤动物模型，复制快速性心律失常模型。

（4）不适用于研究体温变化方面的问题，不适宜做慢性支气管炎模型及祛痰平喘药的疗效实验，不宜做呕吐实验，不宜做钩端螺旋体病的研究，不宜做动脉粥样硬化实验研究。

二、大鼠

（一）主要生物学特性

（1）产仔多、生长快、体型大小合适、性情温驯易饲养；对炎症反应灵敏，特别是踝关节对炎症反应更敏感。

(2) 垂体—肾上腺系统功能发达，应激反应灵敏；肝脏再生能力强，切除 60%～70%肝叶仍有再生能力；血压反应灵敏；动情周期不同阶段阴道黏膜上皮可发生典型变化；射线可引起造血系统损伤。

(3) 磨牙的解剖形态与人类的相似，给致龋菌种和致龋食物可产生与人一样的龋损。

(4) 对巴西日本圆线虫、肺吸虫易感；洋地黄和乌头碱能诱发心律失常；注射四氧嘧啶、链脲佐菌素可引起持续性高血糖。

(5) 体温调节不稳定；气管及支气管腺不发达，只在喉部有气管腺；支气管以下无气管腺；无胆囊；无呕吐反应；对钩端螺旋体不敏感；不易形成动脉粥样硬化病变。

(二) 机能实验中的选择应用

(1) 进行高级神经活动，营养学、心血管药理学实验，复制肿瘤动物模型，流感病毒传代及细菌学实验等多发性关节炎、化脓性淋巴腺炎，中耳疾病、内耳炎等的研究，药物抗炎作用实验，关节炎药物研究。

(2) 应激反应及垂体、肾上腺、卵巢等内分泌实验研究；肝外科实验；直接描记血压、进行降血压药研究。

(3) 卵巢功能测定；放射病研究；建立龋齿的动物模型。

(4) 复制巴西日本圆线虫模型及肺吸虫模型；复制快速性心律失常模型；复制糖尿病模型。

(5) 不适用于研究体温变化；不适宜做慢性支气管炎模型及祛痰平喘药的疗效实验；不能用做胆囊功能的研究；不能做呕吐实验；不宜做钩端螺旋体病研究；不宜做动脉粥样硬化实验研究。

三、豚鼠

(一) 主要生物学特性

(1) 对结核杆菌、布氏杆菌、白喉杆菌、Q 热病毒、淋巴细胞脉络丛脑膜炎病毒等敏感易被抗原性物质所致敏，对组织胺特别敏感。

(2) 体内缺乏合成维生素 C 的酶，不能合成维生素 C，缺乏可出现败血症，症状之一是后肢出现半瘫痪，补充维生素 C，则症状消失。

(3) 血管反应敏感；耳蜗对声波变化敏感；对强心甙敏感；皮肤对刺激物的反应接近于人；对各型钩端螺旋体敏感；苯胺及其衍生物引起豚鼠的病理变化与人相似，产生变性血红蛋白。

(4) 乌头碱、洋地黄类药物可诱发心律失常；腺苷可诱发出典型的Ⅱ度或Ⅱ度以上传导阻滞；呕吐反应不敏感。

(5) 气管及支气管腺不发达，只有喉部有气管腺；支气管以下无气管腺；易感染、皮厚而不易注射，血管神经不易分离。

(二) 机能实验中的选择应用

(1) 用于结核、布氏杆菌病、白喉、Q 热、淋巴细胞性脉络丛脑膜炎等方面的研究。

(2) 用于平喘药和抗组织胺药的研究，观察药物的致敏作用，筛选抗过敏药。

(3) 用于维生素 C 缺乏症的实验研究。出血性实验，血管通透性实验。听觉方面的实验研究。用离体心脏作强心苷研究。研究毒物对皮肤的局部作用。用 120～180 g 幼年豚鼠作钩端螺旋体研究。

(4) 用于苯胺及其衍生物的毒理学研究；复制心律失常模型；复制传导阻滞模型。

(5) 不宜做致呕吐作用的实验；不适宜做慢性支气管炎模型及祛痰平喘药的疗效实验；急性功能实验应用较少。

四、金黄地鼠

(一) 主要生物学特性

颈部颊囊是缺少组织相容性抗原的免疫学特殊区，可进行肿瘤移植，组织培养。对钩端螺旋体感染率高，病变典型。磨牙解剖形态与人类相似，给致龋菌丛和致龋食物可产生与人牙一样的龋损；对病毒敏感。

(二) 机能实验中的选择应用

用于肿瘤学、免疫学的实验研究。钩端螺旋体病原体的分离研究。龋齿动物模型的复制。病毒研究的重要实验材料。

五、兔

（一）主要生物学特性

（1）繁殖力高，抗病力强，较温驯，易饲养，耳静脉便于注射给药及采血。体温调节稳定、反应灵敏。

（2）典型的刺激性排卵动物，经交配刺激才能排卵，胸腔被纵隔分为互不相通的左右两半，心脏又有心包胸膜隔开，当开胸和打开心包胸膜暴露心脏时，只要不弄破纵膈膜，动物不需做人工呼吸。心脏在离体条件下仍可搏动很久。颈部的交感神经，迷走神经和主动脉减压神经独立行走甲状旁腺分布较散，除甲状腺周围外，有的甚至分布到主动脉弓附近，摘除甲状腺不影响甲状旁腺功能。

（3）注射四氧嘧啶后可形成持久性高血糖。食用高胆固醇、高脂肪饲料后易形成动脉粥样硬化病变。皮肤对刺激物的反应接近于人。对日本血吸虫易感染。对各种病毒和致病菌敏感。洋地黄和乌头碱可以诱发心律失常。对射线十分敏感，照射后常发生休克样反应。眼球大，便于手术操作和观察。

（4）呕吐反应不敏感。缺乏咳嗽反射。

（二）机能实验中的选择应用

（1）在科研工作中广泛应用于急性实验、内分泌实验、物质代谢研究、遗传学研究、药理学实验。

（2）用于解热药研究，注射液中热原的检查，研究环境因素引起体温过高或过低的反应。避孕药研究中观察药物对排卵的影响。开胸及心脏实验，观察药物对心脏的直接作用。观察减压神经对心脏的影响。

（3）复制糖尿病模型。复制动脉粥样硬化与高脂血症模型。日本血吸虫病模型。心律失常模型。眼科动物模型。

（4）不适于观察致呕吐作用的实验研究。不适于观察致咳嗽作用的实验研究。不适于作放射病研究。

六、犬

（一）主要生物学特性

（1）体型较大，具有发达的神经系统和循环系统，高级神经活动较发达，对药物的反应性与人类接近；消化过程与人类相似；毒理方面的反应与人相近，通过训练可与人合作；甲状旁腺位于甲状腺表面，位置比较固定；胰腺小。

（2）射线照射后症状明显。呕吐反应敏感。胃小，相当于人胃长径的一半，容易做胃瘘。乌头碱和洋地黄类药物可诱发心律失常。注射四氧嘧啶可形成持久性高血糖。苯胺及其衍生物能在犬身上引起与人相似的病理变化，产生变性血红蛋白。

（3）对日本血吸虫易感染。十二指肠钩口线虫和美洲板口线虫可通过犬完成全部生活周期，十二指肠钩口线虫可通过犬接种传代。肺吸虫囊蚴在小犬体内发育为成虫，获得虫卵率高。一些病毒性疾病与人相似。

（4）红绿色盲。汗腺不发达。减压神经不单独行走，而行走于迷走、交感神经中。不易形成动脉粥样硬化病变。

（二）机能实验中的选择应用

（1）用于高级神经活动的研究，药物对高级神经活动的影响，血液循环系统研究，消化生理、生理学、毒理学、营养学、实验外科学研究适于做条件反射、高血压、放射病等慢性实验研究及用手术做成胃瘘、肠瘘观察药物对胃蠕动和分泌的影响等。

（2）观察药物对冠脉流量的影响，外科手术训练。甲状旁腺摘除实验。胰腺摘除术适于做呕吐实验。胃肠道的生理研究。

（3）复制心律失常模型。复制糖尿病模型。复制肺吸虫病模型。

（4）不能以红绿色作为条件刺激物，进行条件反射实验放射病研究。不宜用作发汗实验。不宜观察减压神经对心脏等的作用。不宜做动脉粥样硬化实验研究。

七、猴

（一）主要生物学特性

(1) 高级神经活动发达，对药物的反应性与人类接近功能、代谢、结构与人类近似，能感染和人体类似的疾病与人的生殖生理极接近，月经周期约 28 d。心血管结构、功能及血液生化特征最接近于人类，给予高胆固醇、高脂肪饲料后易诱发高脂血症与动脉粥样硬化病变。

(2) 气管腺数量多，三级支气管中部仍有腺体存在体内缺乏合成维生素 C 的酶。对脊髓灰质炎病毒易感染。磨牙的解剖形态与人类相似，给予致龋菌和致龋食物可以产生与人牙一样的龋损。

(3) 价格贵、数量少、饲养难。

（二）机能实验中的选择应用

(1) 用于药物对高级神经活动的影响研究，新药物使用前的毒性实验。用于生理学、药理学、病理学和毒理学等研究。避孕药研究，药物对生殖生理的影响。复制动脉粥样硬化与高脂血症模型。慢性支气管炎模型。

(2) 用于维生素 C 的实验研究。建立龋齿模型。制造与检测脊髓灰质炎疫苗的唯一实验动物。

(3) 不宜广泛采用。

第二节　实验动物的选择原则

在机能动物实验中，首先要考虑的问题是实验动物的选择和实验准备。实验动物种类繁多，实验动物的选择是一个内容复杂的问题，不同的实验有不同的目的和要求，而各种动物又有各自的生物学特性和解剖生理特征，因而不能随便选一种动物来进行某项实验研究。事实上，每项科学实验都有其最适合的实验动物，如果选择得当，则可节约人力、动物和时间，以最小的代价最大限度地获得可靠的实验结果。否则，不仅会造成不必要的浪费，而且会影响实验结果的判断。因此，掌握正确的实验动物选择方法非常重要，正确选择实验动物应遵循以下的基本原则。

一、相似性原则

在动物实验中，动物的选择通常依据对实验品的敏感程度，实验品在体内的代谢转归与人体的相似性来确定。

1. 结构、功能和代谢的相似性　机能实验研究的目的是探索人类疾病的发生和发展变化的规律，因此，要选择结构、功能和代谢等方面与人类相似的动物进行实验。一般来说，实验动物进化层次越高，其功能、结构和反应越接近人类。猴、猩猩、狒狒和长臂猿等灵长类动物是与人最类似的实验动物，它们是研究人类脊髓灰质炎、脑炎、痢疾、肝炎和麻疹等传染病的理想动物。但是，大型灵长类动物数量少，价格昂贵，不易获得，而且遗传和微生物控制较困难，在生物医学实验中未能普及使用。近年来发现的一种小型灵长类动物，体重仅 200～250 g 的树鼬，在新陈代谢方面与人类更相似，在乙型肝炎、睡眠生理、疱疹病毒等研究中有重要用途。

2. 年龄的近似性　选择实验动物时要了解实验动物的寿命，不同种属实验动物的寿命长短不一，但是，大多数动物比人的寿命短。要考虑实验动物与人的某年龄时期相对应进行实验研究。例如，大鼠 24 月龄相当人的衰老早期，因此，24 月龄以上的大鼠是研究老年病学首选的动物。

3. 群体分布的相似性　用群体作为研究对象时，要选择群体的基因型和表型与人相似的实验动物。如药物安全性评价、药物筛选时，要考虑人类与实验动物群体在代谢类型上的差异，通常以封闭群模拟自然群体基因型动物作为实验研究对象。

二、差异性原则

在动物实验设计时，要考虑各种实验动物在基因型、组织型、代谢型和易感性等特点上的差别，当科学研究要求以实验动物的差异为条件时，要选用不同种系实验动物的某些特殊反应来满足不同研究目的的需求。如：利用豚鼠研究平喘药和抗组织胺药，观察药物的致敏作用，筛选抗过敏药；利用离体兔耳、心研究环境因素引起体温过高或过低的反应。

三、重复性和均一性原则

科研实验最重要的特点是重复性和均一性，若实验结果不能再现或不稳定，则不能被公认。在机能实验中只有选用标准化的实验动物，才能排除因遗传上的不均质引起的个体反应差异，排除动物所携带微生物、寄生虫和潜在疾病对实验结果的影响，获得可靠的实验结果，有利于在国际上与同类研究进行比较和交流。

四、相容或相匹配原则

在动物实验设计时，要遵循所选用的实验动物与实验方法相容或相匹配原则，要避免应用精密的仪器、先进的技术方法、高纯度的试剂与低质量、非标准化、反应性能低的动物相匹配，或利用低性能的测试手段与高反应性能的动物相匹配。

五、可获得性原则

可获得性原则要求在不影响实验质量的前提下，选用最易获得、最经济和最易饲养管理的实验动物。灵长类实验动物，虽然在许多方面有着不可替代的优越性，但由于繁殖周期长、繁殖率低、饲养管理困难、价格昂贵等因素而影响了其易获性，不能得到普及使用。许多啮齿类实验动物，因其繁殖周期短，具有多胎性、饲养繁殖容易、遗传和微生物控制方便等特点，在机能实验中应用广泛。

（张　晓，王　英）

第三章

常用实验动物技术

第一节　动物的抓取固定法、分组编号和标记方法

一、常用实验动物的抓取、固定

抓取与固定动物的目的是为了便于操作，使其保持在安静状态下，顺利地进行各项实验。动物在不安定的状态下，实验无法进行或造成数据不准确。实验人员在进行动物实验时，必须正确抓取动物，以免被动物咬伤或造成动物的伤亡和应激反应。抓取与固定动物的原则是保证实验人员的安全，防止动物意外损伤，禁止对动物采取突然、粗暴的动作。在抓取与固定时，首先应慢慢友好地接近动物，并注意观察其表情，让动物有一个适应过程。抓取动作应准确、迅速、熟练，力争在动物感到不安之前抓取好。

不同种类的实验动物的抓取与固定方法不尽相同。同样动物的抓取与固定方法也可以不同。另外，不同实验者的操作习惯上也存在差异。以下按动物种类分别叙述。

（一）蛙和蟾蜍的抓取法

通常以左手握持，用食指和中指夹住左前肢，用拇指压住右前肢，将下肢拉直，用无名指及小指夹住。

（二）小鼠的抓取与固定

小鼠属于小型啮齿类动物，性情比较温顺，一般不会主动咬人，但抓取不当也易被其咬伤。由于小鼠体型小、难抓住，所以，用手抓取时需要稳、准。接近小鼠笼时，应先了解笼内小鼠的活动情况。一些年轻的近交系小鼠非常活跃，当笼门被打开后，会纷纷向外蹦蹿。在小鼠较安静时，取走盖子，先用右手将鼠尾部抓住并提起，放在表面较粗糙的台面或笼具盖上，轻轻地用力向后拉鼠尾。当其向前挣脱时，用左手拇指和食指抓住小鼠两耳和头颈部皮肤，让它的头部不能动，然后将鼠体置于左手心中，翻转抓住颈背部皮肤的左手，右手拉住小鼠尾部，将后肢拉直，并用左手无名指和小指压紧尾巴和后肢，以手掌心夹住背部皮肤，使小鼠整个呈一条直线，即可作注射或其他操作。熟练的实验人员，可采用左手一手抓取法，这样做起来更为方便，右手不必放下注射器等用具。不论采用什么方法用手抓取时都要注意，过分用力会使动物窒息或颈椎脱臼，力量太小小鼠头部能反转来咬伤实验者的手。如果只想挪动小鼠，就用两手把动物捧起来即可。

需取尾血或进行尾静脉注射时，可将小鼠装入有机玻璃、木制或金属制的小鼠固定盒内，或固定在小鼠固定板上。此外，目前有市售的固定器，使用也较为方便。

在进行外科手术时，往往需要使用固定板。固定板可以自制。可使用一个 15～20 cm 的方木板，木板前方边缘楔入 1 个钉子，左右边缘各楔入 2 个钉子，消毒后即可使用。使用时，首先，在无麻醉的情况下根据上述方法用左手将小鼠固定。用乙醚麻醉后，用长 20～30 cm 的线绳分别捆在小鼠四肢上。然后，把捆在四肢的线绳系到固定台左右边缘的钉子上，并在头部上颚切齿上牵一根线绳系在前方边缘的钉子上，以达到完全固定。

有些操作，如尾静脉给药时，在缺乏固定装置下，可采用简易的办法。倒放一个烧杯或其他容器，把小鼠

扣在里面，只露出尾巴。这种容器的大小和重量要适当，以便能够压住尾部不让其活动，同时起到压迫血管的作用。

（三）大鼠的抓取与固定

大鼠不像小鼠那样性情温顺，大鼠牙齿很尖锐，在抓取时要小心，既要做到稳和准，又不能粗暴，不然容易被其咬伤。用手从笼内取出 4～5 周龄以内的大鼠时，同小鼠一样抓住尾部提起来。周龄较大的大鼠需抓住大鼠尾巴的基部，不能捉尾尖，也不能让大鼠悬在空中时间过长，否则易激怒大鼠，并易致尾部皮肤脱落，抓取较大的时，最好用左手从背部中央到胸部捏住，但用力不宜过大。抓取大鼠时，最好带防护手套，但手套不宜过厚，有经验者可不戴。

若是灌胃、腹腔注射、肌肉或皮下注射，抓取大鼠可采用与抓取小鼠相同的手法，即右手抓住鼠尾根部向后拉，用左手拇、食指捏住鼠耳及头颈部皮肤，余下三指紧捏背部皮肤置于掌心中，小指和无名指挟住尾部牢牢固定。调整大鼠在手中的姿势后即可操作。

另一种方法是，张开左手虎口，迅速将拇指和食指插入大鼠的腑下，虎口向前，其余三指及掌心握住大鼠身体中段，并将其保持仰卧位，然后调整左手拇指位置，紧抵在下颌骨上即可进行实验操作。

如需进行尾静脉取血或注射时，可将大鼠固定于固定器内，将鼠尾留在外面进行操作。如若要采血、解剖或进行外科手术时，则将鼠固定在固定板上或用特制的固定架固定。用固定板固定大鼠时，和小鼠一样，使用木制板和线绳，或市售固定器。

（四）豚鼠的抓取与固定

豚鼠是性情非常温顺、好奇的动物。除非激怒，一般不伤人。当受惊时，会在笼子内急转，易造成自伤。抓取豚鼠既需要稳、准，又需要迅速。抓取时，不能太粗野，更不能抓腰腹部，这样容易造成肝破裂而引起死亡。抓取幼小的豚鼠时，可用两手捧起来。抓取较大的豚鼠时，可将手轻轻地伸进笼子，先用手掌扣住豚鼠的背部，抓住其肩胛上方，将右手张开，用手指抓住颈部再慢慢将其提起。怀孕或体重较大的豚鼠，应以左手托其臀部。在实验操作过程中，豚鼠会不停地挣扎，操作者的手会越握越紧，加之豚鼠胆小紧张，很容易导致动物呼吸困难，甚至死亡。如果用纱布将豚鼠头部轻轻包起，或把豚鼠置于实验台上，操作人员轻轻扶住豚鼠，然后进行实验操作，则效果更好。

另一种抓取方法是，把左手的食指和中指放在颈背部的两侧，拇指和无名指放在肋部，分别用手指挟住左右前肢，抓起来。然后反转左手，用右手的拇指和食指挟住右后肢，用中指和无名指挟住左后肢，使鼠体伸直成一条直线。也可坐下来，把用右手拿着的豚鼠的后肢挟在大腿处，用大腿代替右手挟住。

用固定器固定豚鼠，和大、小鼠的基本一样，用木制板和线绳固定，或者按不同的实验要求进行固定。

（五）家兔的抓取与固定

家兔易于驯服，一般不会咬人，但脚爪较锐利。抓取时，家兔会使劲挣扎，要特别注意其四肢，防止被其抓伤。由于家兔的耳朵非常敏感，不要抓兔耳提取家兔，虽然家兔两耳较长，但并不能承担全身重量，家兔可能因疼痛而挣扎，易造成抓不稳而落地摔伤。若兔耳损伤，则给兔耳静脉采血或注射等实验带来极大的不便。也不要拖拉家兔的四肢，以免实验者被其抓伤或造成怀孕母兔的流产。提抓腰部也会造成动物双侧肾脏的损害。所以，抓兔的耳朵、腰部或四肢都不是正确的方法。正确的抓取方法是：先轻轻打开笼门，当兔在笼内安静下来时，用右手抓住颈部的被毛和皮肤，轻轻把动物提起，把兔拉至笼门口，头朝外。然后，迅速用左手托起兔的臀部，给家兔以舒适安全感。这时家兔的身体重量大部分落在抓取者的左手掌心上，这样家兔就比较安静。

经口给药时，用手固定的方法是，坐在椅子上用一只手抓住兔颈背皮肤，另一只手抓住两后肢挟在大腿之间。大腿挟住兔的下半身，用空着的手抓住两前肢将兔固定。抓住颈背部的手，同时捏着两个耳朵，不让其头部活动，即可操作。

对兔作注射、采血或做热原实验时，可用目前市售的兔用固定器固定。但由于操作的部位不同，固定器的形式有差异，应根据实验需要选用。

如要对兔作腹部手术、测量血压等时，需将家兔固定在兔手术固定台上。家兔固定在一般实验台上时，需用粗棉带系住四肢，头部可用兔头固定夹固定。棉带应打成活结，以便能迅速松解。

（六）狗的抓取与固定

狗性情凶恶、咬人，但很通人性。如果是自繁自养已驯服的狗，或实验前经一段时间（两周左右）调教，捕捉就比较容易，但对刚购入的狗要特别小心，避免被其咬伤。做慢性实验时，实验者若每日亲自喂养，逐渐驯服，在实验时可达到充分合作的目的。对一些无刺激、无疼痛的实验，狗也会服从配合。

对必须强制固定的狗，捕捉时，先用特制的长柄狗头钳夹住狗颈部，将它按压在地，由助手将其四肢固定好。有链绳的狗，拉紧狗颈部的链绳，调节好皮带使狗头固定，其松紧度以皮带圈与颈部间隙只能通过并列两指为宜。然后用长棉带打一空结圈，由狗背面或侧面将绳圈套在其嘴面部，迅速拉紧结，将结打在颌上。最后绕到下颌打第二个结，再将棉带引至头后在颈背侧部打第三个结，把带子固定好。麻醉后的狗可用粗棉带捆住四肢，固定于实验台两侧的木钩上，头部用狗头固定器固定。在进行捆绑过程中，要求动作轻巧、迅速，捆绑松紧要合适。麻醉后（尤其用乙醚麻醉），应及时解去嘴上的带子，以利动物呼吸，避免由于鼻腔被黏液阻塞而造成窒息。

（七）猕猴的抓取与固定

在笼内捕捉猕猴时，饲养人员应以右手持短柄网罩，左臂紧靠门侧，以防笼门敞开时猕猴逃出笼外。右手将网罩塞入笼内，由上而下罩捕。在猴被罩到后，应立即将网罩翻转取出笼外，罩猴在地，由罩外抓住猴的颈部，轻掀网罩，再提取猴的手臂反背握住，此时猴即无法脱逃。

在室内或大笼内捕捉时，则需两人合作，用长柄网罩，最好 1 次罩住，因为猴受惊后，第 2 次捕捉更为困难。网罩可用麻线编成，先将 1 cm 粗的圆铁弯成腰圆形，长约 40 cm，宽约 30 cm，木柄长 30 cm。在室内捉取用的网罩，其木柄可以酌情加长。

二、分组编号和标记方法

动物标记的目的在于根据动物的记号或特征编号来进行个体识别。良好的标记方法应保证号码清楚、简便易认和耐久适用。最好用对动物无毒性，操作简单且长时间能够识别的方法。现介绍几种常用的标记方法：

（一）染色法

染色法是用化学药品在动物明显体位被毛上进行涂染，并用不同颜色来区别各组动物，也是实验室最常用且容易掌握的方法。涂染时，应根据实验动物被毛颜色的不同，选择不同化学药品。

给大鼠、小鼠、豚鼠背部标号，最常用的是 80%～90%苦味酸酒精饱和溶液或 3.5%～5%的苦味酸溶液，涂成黄色（可识别 2～3 个月），其次是 0.5%中性品红或碱性品红溶液。其他染色剂如甲基蓝（蓝色），持续时间较短。标记时，用标记笔、棉签或卷着纱布的玻璃棒蘸取上述溶液，在动物体的不同部位逆着被毛排列的方向，涂上有色斑点，以示不同号码。编号的原则是：先左后右，从前到后。一般把涂在左前腿上的计为 1 号，左侧腹部为 2 号，左后腿为 3 号，头部为 4 号，腰背部为 5 号，尾基部为 6 号，右前腿为 7 号，右侧腹部为 8 号，右后腿为 9 号。若动物编号超过 10 或更大数字时，可使用上述两种不同颜色的溶液，即把一种颜色作为个位数，另一种颜色作为十位数。这种交互使用可编到 99 号。例如，红色记为十位数，黄色记为个位数，那么右后腿黄斑，头顶红斑，则表示是 49 号，其余类推。这种方法简单，动物无痛苦和损伤，但由于动物之间互相摩擦、舔毛，尿、水浸渍被毛或脱毛等原因，容易混淆，不宜用于长期实验。

给兔、猫、狗等动物标记的染色液最常用的是 2%硝酸银溶液，其次为苦味酸溶液。对其背部被毛上标记的一般方法是：用毛笔蘸取不同颜色的化学药品溶液，直接在动物右侧背部标上号码，放在动物笼内即可。若涂用硝酸银溶液，则需在日光下暴露 10 min 左右，才可在涂写处见到清晰的咖啡色号码字样。咖啡色的深浅，决定于在日光下作用时间的长短和日光的强弱。涂写时，实验者最好戴上线手套，以免硝酸银溶液沾到手上，使皮肤着色很难洗去。沙鼠的短期标记虽然可用染色剂涂布，但却不是理想的方法。

（二）烙印法

对于大、中型动物大多采用烙印钳将号码烙压在动物无体毛或明显的部位，如耳、面、鼻部、四肢等，然后用酒精为溶剂的染料涂布。此类方法应注意烙号部位的污染和预防感染。

(三) 针刺法

对兔人工针刺号标记时,先用手拔去兔耳的被毛,采用人工针刺号码打号,刺后涂以酒精黑墨即可。有条件可采用手动刻印或电动加墨器,在耳内侧血管不走行的部位稍稍按压一下印上墨汁印迹。操作时,先调整加墨器的数字,然后在要打墨的耳朵内侧用酒精棉球消毒,并适度挤压沾有墨的加墨器,然后擦去多余的墨。

(四) 挂牌法

首先,将号码冲压在圆形或方形金属牌上。金属牌常用铝板或不锈钢制作,可长期使用不生锈。目前也有市售打好号码和记号的铝制牌。然后,将金属薄片固定在动物的耳部、腿部、颈部或笼盒上。给狗、猴、猫等大动物挂牌编号时,可用铁丝穿过金属牌上的小孔,固定在链条上。亦可将号码直接烙在拴动物的皮带圈上,将此圈固定在狗或猴的颈部。此种方法简便、实用,但挂牌时应注意避开血管。

(五) 穿耳孔法

穿耳孔法是以动物编号专用耳孔机直接在动物耳朵的不同部位打一小孔或打成缺口来表示一定号码的方法。由打孔的位置和孔的数量来代表编号。用剪刀在耳缘剪缺口也可代替此方法。此法需使用专门的打孔器,是小鼠标记的常用方法之一。一般习惯在耳缘内侧打一小孔,按前、中、后分别表示为 1、2、3 号,在耳缘部打成一缺口,则分别表示 4、5、6 号,打成双缺口状则表示 7、8、9 号。右耳表示个位,左耳表示十位数。再加上右耳中部打一孔表示 100,左耳中部打一孔表示 200,按此法可编至 400 号。打孔法应注意防止孔口愈合,多使用滑石粉涂抹在打孔局部。

(六) 断趾编号

小鼠可用此法来标记,将小鼠左右前肢的脚趾按不同排列代表不同的数字。后肢从左到右表示 1~10 号,前肢从左到右表示 20~90 号,例如 22 号为左前第 1 趾左后第 2 趾,按此法可剪成 1~99 号。断趾编号方法的优点是各种毛色的小鼠都能使用,避免了黑色小鼠用颜色涂擦被毛后不易分辨的缺点。但此法亦有缺点。在一些长期实验中,若小鼠脚趾剪去太少,实验后期小鼠长出新生脚趾会不易区分。若脚趾剪去太多,则动物容易因失血过多导致健康状况不良,影响实验结果。一般剪趾后,用沾有硝酸银棉签放在流血的爪趾上几秒钟,以烧烙血管。或用干棉球止血后,再用碘酒消毒。

(七) 剪尾编号

主要用于大、小鼠的分组。此法简单易行,不需特殊工具。但此法仅限于两组动物之间的区分,无法给每只动物编号,而且需尾尖部取血时不能使用。

(八) 被毛剪号

用剪刀在动物背部的被毛上剪毛,用于标记。此法编号清楚、可靠,便于实验者观察,用大动物做实验时常采用。

(九) 笼子编号

这是一种替代方法。不在动物身上作记号,而把笼号作为个体号。

第二节 动物的给药、取血、处死法

实验动物常用的给药方法有摄入法给药(用于消化道)和注射法给药两种方法。此外,还有涂布法给药(用于皮肤)、吸入法给药(用于呼吸道)等。

一、动物的给药法

(一) 摄入法给药

受试物质经口给药,有自动口服给药和强制灌胃给药两种方式,自动口服给药是将受试物质添加入饲料或饮水中,而强制灌胃给药是用金属制灌胃管将受试物质强制灌入动物胃中。

1. 自动口服给药 把药物放入饲料或溶于饮水中让动物自动摄取。此法简单方便，不费工夫，也不会因操作失误而导致动物死亡。但由于动物状态和嗜好的不同，饮水和饲料的摄取量不同，不能保证给药量准确。另外，室温下有些药物会分解，药物投入量很小时，也很难准确平均添加。该方法一般适用于动物疾病的防治、药物的毒性观察、某些与食物有关的人类疾病动物模型的复制等。

一般情况下，把药物和粉末饲料均一混合在一起，直接以粉料饲喂，但有的情况下是做成小球状饲喂。为防止粉料饲喂时食槽中的饲料里混入尿液或粪便，应使用特制的玻璃或不锈钢制的器具。

2. 强制灌胃给药 为准确掌握给药量，可采用强制灌胃方法。强制灌胃时，实验者能掌握给药时间，并能发现和记录症状出现的时间及经过。但是每天强制性操作和定时给药会对动物造成一定程度的机械性损伤和心理上的影响。要减少这些不良影响，必须充分掌握灌胃技术。

操作前，将灌胃针或管安在注射器上，先大致测试一下从口腔至胃内的位置(最后一根肋骨后边)的长度，根据此距离估计灌胃针头插入的深度。成年动物插入食道的深度一般是：小鼠 3 cm，大鼠或豚鼠 5 cm，兔约 15 cm，犬约 20 cm。操作时，用手固定动物头部，强迫张开口腔，把灌胃针头的前端放进动物口腔，灌胃针压在舌根部，顺着上颚部插入咽部，沿咽后壁慢慢插入食道，动物应取垂直体位。经口给药应注意动物的反应，插的时候动作不要太猛，需轻轻拿着注射器安静、认真地进行。若挣扎厉害，应拔出胃管，检查动物食管是否有损伤，并重新操作。同时应注意胃管是否确实插入食道，以免误将药液投入气管内。一般每次灌胃量：小鼠 0.1～0.25 mL/10 g，大鼠 1～2 mL/100 g，兔 80～150 mL，犬 200～500 mL。

给大、小鼠等灌胃时，灌胃针头的前端通过喉部后有抵触感，应轻轻移动灌胃针头的前端，沿着鼠的食道纵行插入。进入食道后没有抵抗感，然后把灌胃针头插入需要到达的位置，缓慢注入药液。注射完毕后，轻轻取出灌胃针头。

给兔、犬等中型动物灌胃时，应使用开口器，避开动物臼齿和犬齿，以免咬坏胃管。给兔灌胃时，让助手坐在椅子上用左手抓住兔颈背部皮肤，两大腿夹住兔后半身，左手抓住两耳，右手一起抓住两前肢。实验者的拇指和中指在兔的两颊部从下颚处紧紧挤压，从两口角按向口腔内。用右手将开口器从一侧口角插入口腔，使兔咬住开口器。兔舌在开口器下方稍出来一点，使开口器接近口角，将开口器两端的布条绕过头后部捆在耳根部，固定开口器。事先将待插胃管泡在水或生理盐水中，这样容易插入而不损伤食道。胃管另一端接注射器，抽出注射器内筒，注入药液。为避免胃管内残留药液，需再注入 5 mL 生理盐水，然后拔出胃管。

有时可不使用灌胃管，在人工辅助下让动物自己吞咽药物。如给豚鼠喂药时，把豚鼠放在台上，实验者用左手从背部向头部用力固紧豚鼠，并用拇指和食指分别对准左右口角处，让它开口。实验者把药物放在豚鼠舌根部，让它闭嘴咽下。

3. 注入直肠给药 家兔常用此法给药。操作时，根据动物大小选择不同的导尿管，在导尿管头部涂上凡士林，由助手使兔蹲卧在实验台上，以左臂及左腋轻轻按住兔头及前肢，以左手拉住兔尾，露出肛门，并用右手轻握后肢。实验者将导尿管对准肛门，待肛门括约肌放松后，缓慢送入。用力不宜粗暴，深度为 7～9 cm。如为雌性，注意不要误插阴道，紧挨尾根的为肛门。药物灌入后，需抽吸生理盐水将导尿管内的药液全部冲入直肠内。药液灌完，将导尿管在肛门内保留一会，然后再拔。

(二) 注射法给药

1. 皮内注射 皮内注射是将药液注入皮肤的表皮与真皮之间。此法可用于观察皮肤血管的通透性变化，或观察皮内反应，多用于接种、过敏实验等。操作时，先将动物注射部位及其周围的被毛剪去，酒精棉球消毒局部。豚鼠及兔应在剪毛后用硫化钡或除毛霜除毛，除毛后要间隔 1 d 以上才能给药。然后用左手将皮肤捏成皱襞，右手持带 4 号细针头的卡介苗注射器，将针头与皮肤呈 30°角，让注射针头的横断面朝上，沿皮肤浅表层刺入皮肤内。进针要浅，避免进入皮下。随之慢慢注入一定量的药液，会感到有很大阻力。当溶液注入皮内时，可见到注射部位皮肤表面马上会鼓起，呈小丘疹状隆起的小泡，同时因注射部位局部缺血，皮肤上的毛孔极为明显。此小泡如不很快消失，则证明药液确实注射在皮内，注射正确。如很快消失，就可能注在皮下，应该重新更换部位注射。如果注射完毕后马上拔针，药液会从针孔漏出，所以需注射后 5 min 再拔。由于雄性动物皮肤紧密，皮内注射时较雌性动物难度大，实验者应有所注意。

2. *皮下注射* 皮下注射较为简单，一般都取颈背、腋下、侧腹或后腿皮下。小鼠、大鼠、沙鼠和豚鼠一般用手固定。兔则放在实验台上，用左手抓住两耳和颈部皮肤进行固定。

小鼠皮下注射时，通常选在颈背部皮肤处(从头上方看，由于固定牵拉和躯干部形成的三角形部位)。操作时，先用酒精棉球消毒需注射部位的皮肤，再将皮肤提起，注射针头取一钝角角度穿刺入皮下。针刺时，先沿纵轴从头部方向刺入皮肤，再沿体轴方向将注射针推进 5～10 mm。把针尖轻轻向左右摆动，容易摆动则表明已刺入皮下。然后，轻轻抽吸，如无回流就缓慢地注射药物。注射完毕后，缓慢拔出注射针，稍微用手指压一下针刺部位，以防止药液外漏。熟练者可把小鼠放在金属网上，一只手拉住鼠尾，小鼠以其习惯向前方移动，在此状态下，易将注射针刺入背部皮下，注射药物。这种方法可用于大批量动物注射。皮下注射量为 0.1～0.3 mL/10 g(体重)。

家兔皮下注射时，先用酒精棉球消毒需注射部位的皮肤，然后用左手拇指及中指将兔的背部皮肤提起使成一皱折，并用食指按压皱折的一端，使成三角体，增大皮下空隙。右手持注射器，自皱折下刺入。证实在皮下时，松开皱折，将药液注入。

豚鼠、大鼠、狗、猫等背部皮肤较厚，注射器针头不易进入，强行刺入容易折断针头。所以，给这些动物作皮下注射时，不应选用背部皮肤，一般狗、猫多在大腿外侧，豚鼠在后大腿内侧，大鼠可在左侧下腹部。

3. *肌肉注射* 肌肉注射比皮下和腹腔注射用得较少，但当给动物注射不溶于水而混悬于油或其他溶剂中的药物时，常采用肌肉注射。动物肌肉注射时，应选择肌肉发达、血管丰富的部位，如大、小鼠的股部，兔、猫、狗、猴的两侧臀部或股部。肌肉注射吸收快，又因肌肉内感觉神经比皮下少，故比皮下注射疼痛轻。

注射时，固定动物勿使其活动，将臀部注射部位被毛剪去，右手持注射器使注射器与肌肉呈 60°角，一次刺入肌肉中。为防止药物进入血管，注射药液之前，要回抽针栓，如无回血则可注药。小动物因血管小，血量少，无回血，一般不需要回抽针栓。注射完毕后用手轻轻按摩注射部位，帮助药液吸收。

大鼠、小鼠、豚鼠因其肌肉较小，不常作肌肉注射。如需肌注，可注射入大腿外侧肌肉。用 5～6 号针头注射，小鼠每腿不超过 0.3 mL。对豚鼠作肌肉注射时，一般先让助手把豚鼠放在膝上，左手掌将豚鼠从颈部前方蒙住头颈部，然后注射。对兔的大腿部作肌肉注射时，也先让助手将兔放在膝盖上，右手抓住两前肢，左手抓住两后肢，转动兔使其腹部朝上，后肢对着实验者，然后注射。

4. *腹腔注射* 用大、小鼠作腹腔注射时，以左手捉拿动物，使腹部向上，右手持注射器将针头刺入左(或右)下腹部皮下，将针头向前推 0.5～1.0 cm，再以 45°角斜穿过腹肌，缓慢注入药液。家兔、犬、小型猪的腹腔注射点应选择腹白线侧方。

给大、小鼠腹腔注射时，左手抓取并固定好动物，将腹部朝上，头部略低于尾部，右手持注射器将针头在下腹部腹白线稍向左的位置，从下腹部朝头方向几乎平行地刺入皮肤，针头到达皮下后，再向前进针 3～5 mm，针尖能自由活动则说明刺到了皮下。接着把针竖起，使注射针与皮肤呈 45°角斜刺入腹肌，穿过腹肌进入腹腔内。针尖穿过腹肌进入腹腔后抵抗感消失。然后，固定针头，保持针尖不动。回抽针栓，如无回血或尿液，可以一定的速度慢慢地注入药液。若注射针头刺入腹腔内深部，或摆动针头，都可能刺伤内脏或导致注射液从穿刺部位漏出来。为避免刺破内脏，可将动物头部放低，使脏器移向横膈处。小鼠的一次注射量为 0.1～0.2 mL/10 g(体重)。大鼠一次注射量为 1～2 mL/100 g(体重)。

大鼠腹腔内注射，可由助手抓住动物，使其腹部向上，注射部位都大致相似。兔在腹部近腹白线约 1 cm 处，狗在脐后腹白线侧边 1～2 cm 注射。

5. *静脉注射* 静脉注射应根据不同动物的种类选择注射的血管部位。大、小鼠多选用尾静脉注射，兔多选用耳缘静脉注射，犬多选用后肢小隐静脉或前肢内侧皮下静脉注射，豚鼠多选用耳静脉或后肢小隐静脉注射。因为静脉注射是通过血管内给药，所以只限于液体药物。如果是混悬液可能会因悬浮粒子较大而引起血管栓塞。

(1) 尾静脉注射：主要用于大、小鼠。大、小鼠尾静脉共有 3 条(上、左、右)，一般常选用两侧的静脉。注射前，把动物固定在可露出尾部的固定器内。一般以市售透明的有机玻璃固定器(小鼠用直径 10 cm，大鼠用 15～20 cm)，也可用烧杯、铁丝罩或粗管等物代替。拔去尾部静脉走向的毛，置尾巴于 45～50℃的温水中浸泡 1～2 min 或用 75%酒精棉球反复擦拭尾部，以达到消毒、血管扩张及软化表皮角质的目的。如果还不行的话，就用台灯在动物尾部照射一会。注射时，先以拇指和食指握住尾根部，转动尾部使其侧面朝上，并使血管更加扩张，尾部静脉显得更清楚，再以无名指和小指夹住尾端部，以中指从下面托起尾巴，使尾巴固定。一般尽量选用尾静脉下 1/3 处，采用 4 号针头注射，因为此处皮薄，血管较易注入。然后对准血管中央以 30°左右角度进针，再将针头轻轻抬起，尽量采取与尾部血管平行的角度刺入。当针头在尾静脉内平行推进少许后，左手的三指捏住尾巴，并连针头和鼠尾一起捏住，不要晃动，以防动物活动时针头脱出，或造成出血形成血肿，或溶液溢出。开始注药时应尽量缓慢，仔细观察。如果针头确已在血管内，则药液进入无阻。如果隆起发白出现皮丘，说明未穿刺入血管，应拔出针头，重新向尾部方向移动针头，再次穿刺，直至注射时无皮丘出现，才能正式注射药物。注射药物的同时，可见静脉血被注射进去的药液向前推进。注射完毕后，随即用左手拇指按住注射部位，右手放下注射器，取一棉球或纱布用力按压住注射部位并轻轻揉动，使血液和药液不致回流。有的实验需连日反复尾静脉注射给药时，应尽可能从尾端开始，按次序向尾根部移动更换血管位置注射。另外，血管也应左右交换地选择使用。一次注射量为 0.05～0.1 mL/10 g。

(2) 耳缘静脉注射：主要用于兔、豚鼠等。兔耳部静脉清晰，皮肤薄嫩。兔耳中央是动脉，耳缘是静脉。给兔注射前，先将兔放入固定盒内固定好，拔去注射部位的毛，用酒精棉球涂擦耳部边缘静脉，并用手指弹动或轻轻揉擦兔耳，使静脉充盈。然后用左手食指和中指夹住静脉近心端，拇指和小指夹住耳边缘部分，以左手无名指、小指放在耳下作垫，待静脉显著充盈后，右手持注射器尽量从静脉末端刺入，并与血管平行方向刺入 1 cm。选用带 6 号针头的注射器，刺入远端方向。刺入静脉后回一下血，放松对耳根处血管的压迫，推入药物。注射完毕后，用棉球压住针眼，拔去针头，继续压迫数分钟，以防流血。

给豚鼠耳缘静脉注射时，先将豚鼠用固定器固定，然后让助手用拇指和食指夹住其耳翼并压住豚鼠的头部，右手按住豚鼠腰部，实验者便可操作。

(3) 前肢皮下头静脉或后肢小隐静脉注射：主要用于狗、豚鼠等。给狗静脉注射前，先将注射部位毛剪去，用碘酒和酒精消毒皮肤，在静脉向心端处用橡皮带绑紧(或用手捏住)，使血管充血。将针头向血管旁的皮下先刺入，然后与血管平行刺入静脉。回抽针栓，如有回血，放松对静脉近端的压迫，尽量缓慢地注入药液。

(4) 浅背侧足中静脉注射：主要用于大鼠、豚鼠、沙鼠等。如给大鼠进行左后肢的静脉注射时，让助手先用右手蒙住大鼠的颈背部，拇指按住右前肢的后方，中指同样按住左前肢后方。这时食指按住左前肢的前方，无名指抓住头颈部背侧皮肤，中指、无名指和手掌抓住背部皮肤。将动物抓起来呈仰卧位，用左手的拇指和食指挟住大鼠的左后肢的大腿部，同时用左手的中指和无名指挟住动物的尾部。然后用酒精棉球清洗、消毒后肢背面，再对准扩张的血管中央刺针。

(5) 股静脉或颈外静脉注射：大鼠、狗有时采用，但必须在麻醉状态下进行。切开皮肤，直接对股静脉或颈外静脉注射给药。

6. 脑内注射　脑内注射常用于微生物学实验。将病原体接种于被检动物脑内，然后观察接种后的各种变化。

给大、小鼠脑内注射时，用左手拇指及食指抓住鼠两耳及头皮，将动物腹位固定，酒精消毒其额部。注射针进针部位在两耳连线与两眼连线的中间，也就是在两眼窝后缘连线稍偏离正中线的头盖骨上。垂直刺入 2～3 mm 深，缓慢注射。一次注射量为 0.02～0.03 mL。

给豚鼠、兔、狗等脑内注射时，需先用穿颅钢针在头盖骨的注射部位开一小孔。然后将动物用乙醚麻醉，剪去注射部位的毛并消毒皮肤，在上述部位把皮肤向一方拉紧，用手术刀切开长度为 1～2 mm 的切口，钻孔后再用注射器针头垂直刺入 5 mm 左右，缓慢注入药物。注射速度一定要慢，避免引起颅内压急剧升高。注射完毕后，涂上碘酒消毒。由于该操作是把皮肤向一方拉紧切开的，注射后放松皮肤可覆盖头盖骨的小孔，能防止污染。

7. 椎管内注射　椎管内注射主要用于椎管麻醉和抽取脑脊液。在兔、狗等动物中有时用。操作时，先剪去兔腰骶部的毛，用碘酒和酒精消毒(术者手也应消毒)。然后，按常规的固定方法把动物俯卧于实验台上，用左手肘关节及左肋夹住动物头部及其身体，使之固定不动，再用左手将其尾端向腹侧弯曲，使腰骶部突出，以增大脊突间隙。注射器针头自第一骶骨前面正中轻轻刺入。当刺到椎管时，有刺透硬膜的感觉。此时动物尾巴随针刺而动，或后肢跳动，即证明穿刺针已进入椎管。这时不要再往下刺，以免损伤脊髓。若刺不中时，不必拔出针头，以针尖不离脊柱中线将针头稍稍撤出一点，换方向再刺。当证实针头确在椎管内时，即注射药物。一般一只兔注射药量为 0.5～1.0 mL。

8. *椎动脉注射* 给兔椎动脉注射时，先麻醉动物，在其剑突上 6 cm 处自胸骨左缘向外作横切口 4～5 cm，分束切断胸大肌、胸小肌，找出锁骨下静脉双线结扎，于两线间剪断静脉。分离出锁骨下动脉，沿其走向分离出内乳动脉、椎动脉、颈深支、肌皮支。除椎动脉外，分别结扎锁骨下动脉分支及其近心端。于椎动脉上方结扎锁骨下动脉远心端，在结扎前选择适当位置(靠近肌皮支处为宜)剪一小口，插一腰穿刺针直至椎动脉分支前，结扎，固定，给药。给狗或猫椎动脉注射时，可不必开胸。在颈下部切口找出右颈总动脉，向下追踪到锁骨下动脉，结扎其上覆盖的颈外静脉，在其向内转弯处向下分离，可见发自锁骨下动脉的右侧椎动脉向上经肌层进入椎体腔内，插管给药。

9. *关节腔内注射* 关节腔内注射一般用于中型或大动物。例如，给兔作膝关节注射，将兔仰卧固定于兔台上，剪去关节部位被毛，消毒后用左手从下方和两旁将关节固定，在膑韧带附着点外上方约 0.5 cm 处进针。针头从上前方向下后方倾斜刺进，直至针头遇阻力变小为止，然后针头稍后退，以垂直方向推到关节腔中。针头进入关节腔时，通常有好像刺破薄膜的感觉，表示针头已进入关节腔内，即可注入药液。

10. *淋巴囊内注射* 蛙及蟾蜍皮下有数个淋巴囊，注入药物容易吸收，故淋巴囊注射常作为蛙类的给药途径。一般可注入颌下、胸、腹及大腿等淋巴囊内。由于蛙皮肤薄，缺乏弹性，如果用注射针刺入，抽针后药液易自动从注射处流出。因此，注射胸淋巴囊时，应从口角入口腔底部刺入肌层再进入皮下，针尖进入胸淋巴囊后，再行注射。注射腹淋巴囊时，针尖从胸淋巴囊刺入，进入腹淋巴囊才注射。注射大腿淋巴囊时，针尖从下腿皮肤刺入，通过膝关节进入大腿淋巴囊。注射量 0.25～1 mL/只。

(三) 涂布法给药

为了鉴定药物经皮肤的吸收作用、局部作用或致敏作用等，均需采用涂布皮肤方法给药。

大、小鼠可采用浸尾方式经尾皮给药，主要目的是定性地判断药物经皮肤的吸收作用。先将动物放入特制的固定盒内，露出尾巴，再将尾巴通过小试管软木塞小孔，插入装有药液或受检液体的试管内，浸泡 2～6 h，并观察其中毒症状。如果是毒物，实验时要特别注意，避免人员因吸入受检液所形成的有毒蒸气而中毒。为此，要将试管的软木塞塞紧，必要时可将受检液表面加上一层液状石蜡。为了完全排除吸入的可能性，可在通风橱的壁上钻一个相当于尾根部大小的小孔，将受检液置于通风橱内，动物尾巴通过小孔进行浸尾实验，而身体部分仍留在通风橱以外。

家兔及豚鼠经皮肤给药的部位常选用脊柱两侧的背部皮肤。选定部位后，用脱毛剂脱去被毛，洗净脱毛剂后，放回笼内，至少待 24 h 后才可使用。脱毛过程中应特别注意不要损伤皮肤。次日，仔细检查处理过的皮肤是否有刀伤或过度腐蚀的创口，以及有无炎症和过敏等现象。如有，应暂缓使用，待动物完全恢复。如皮肤准备合乎要求，便可将动物固定好，在脱毛区覆盖一面积相仿的钟形玻璃罩，罩底用凡士林，胶布固定封严。用移液管沿罩柄加入一定剂量的药物，塞紧罩柄上口。待受检液与皮肤充分接触并完全吸收后解开(一般 2～6 h)，然后将皮肤表面仔细洗净。观察时间视实验需要而定。如果是一般的药物，如软膏和各种化妆品，可直接涂抹在皮肤上。药物与皮肤接触的时间根据药物性质和实验要求而定。

二、常用实验动物采血法

实验动物的采血方法较多，按采血部位不同常用的有：尾尖采血、耳部采血、眼部采血、心脏采血、大血管采血等。不同动物采血部位与采血量存在着密不可分的关系。一次采血过多或连续多次采血都可影响动物健康，造成贫血或导致死亡，必须给予注意。

(一) 尾尖采血 主要用于大、小鼠采血，当所需血量很少时可采用本法。

1. *剪尾尖或切开尾静脉* 把动物固定或麻醉后，露出鼠尾，将尾巴置于 45～50℃热水中浸泡数分钟，也可用酒精或二甲苯等化学药物反复擦拭，使尾部血管扩张。擦干鼠尾后，剪去尾尖(小鼠为 1～2 mm，大鼠 5～10 mm)，血自尾尖流出，让血液滴入盛器或直接用血红蛋白吸管吸取。也可用试管等接住，自尾根部向尾尖按摩，血液会自尾尖流入试管。还可采用切割尾静脉法，用锐利刀片切割尾静脉一段，用试管等物接住血液。两种方法均可反复多次使用。

如需多次采取鼠尾尖部血液，每次采血时，将鼠尾剪去很小一段，取血后，先用棉球压迫止血并立即用6%液体火棉胶涂于尾巴伤口处，使伤口外结一层火棉胶薄膜，保护伤口。也可采用切割尾静脉的方法采血，三根尾静脉可交替切割，并自尾尖向尾根方向切割，每次可取0.2～0.3 mL血，切割后用棉球压迫止血。这种采血方法在大鼠进行较好，可以在较长的间隔时间连续取血，进行血常规检查。

2. 针刺尾静脉　按尾静脉内给药方法准备器械。固定动物后，用酒精棉球对尾部消毒。注意若穿刺部位弄湿后，血液就易漏出，造成采血困难并且易产生溶血，故要用消毒纱布将酒精擦干。操作时，从尾尖部向上数厘米处用拇指和食指抓住，对准尾静脉用注射针刺入后立即拔出。采血后用局部压迫、烧烙等方法进行止血。

(二) 眼部采血　用于小鼠、大鼠、沙鼠的采血。

1. 眼眶后静脉丛采血　当需要中等量血液，而又避免动物死亡时可采用此法。首先用乙醚等将动物浅麻醉，采用侧眼向上固定体位。然后，左手拇食和食指从背部较紧地握住小鼠或大鼠的颈部(应防止动物窒息)。取血时，用左手的拇指及食指轻轻压迫动物的颈部两侧，使头部静脉血液回流困难，眼球充分外突，眶后静脉丛充血。右手持带7号针头的1 mL注射器或长颈(3～4 cm)硬质玻璃滴管(毛细管内径0.5～1 mm)，将采血器与鼠面成45°角，在泪腺区域内，用采血器由眼内角在眼睑和眼球之间向喉头方向刺入。若为针头，其斜面先向眼球，刺入后再转180°角使斜面对着眼眶后界。刺入深度：小鼠为2～3 mm，大鼠为4～5 mm。当达到蝶骨感到有阻力时，再稍后退0.1～0.5 mm，边退边抽。把取血管保持水平位，稍加旋转并后退吸引。由于血压的关系，血液即自动流入玻璃管中。得到所需的血量后，即除去加于颈部的压力，同时拔出采血器，以防止术后穿刺孔出血。并用消毒纱布压迫眼球止血30 s。若手法恰当，体重20～30 g小鼠每次可采血0.2～0.3 mL，体重200～300 g大鼠每次可采血0.4～0.6 mL。左右眼可交替使用，反复采血。间隔3～5 d采血部位大致可以修复。采血中可使用微量检查用玻璃毛细管，或自制玻璃管(内径4～5 mm的玻璃管加热后拉长至10～20 mm，前端外径成1.4～1.8 mm)。

2. 眶动脉和眶静脉取血(摘眼球法)　这种方法多用于小鼠，所采血液为眶动脉和眶静脉的混合血，当需要采取较大量的血液可采用此法。该方法可避免断头取血时因组织液混入所导致的溶血现象。操作时，用左手抓住动物颈部皮肤，并将动物轻压在实验台上，取稍侧卧位，左手拇、食指尽量将动物眼周皮肤往颈后压，使动物眼球突出充血后，以弯头眼科镊迅速夹去眼球，并将鼠倒置，头向下，眼眶内很快流出血液。让血液滴入盛器，直至不流为止。此法由于取血过程中动物未死，心脏不断在跳动，因此取血量比断头法多，一般可取约为小鼠体重4%～5%的血液量，是一种较好的取血方法。但该方法易导致动物死亡，只能一次采血。如果需要反复多次采取血样时，就不能采用此法。

(三) 耳部采血

1. 耳缘静脉取血　多用于家兔，中等量采血，可反复采取。采血时，将兔固定于盒内，或由助手固定，选静脉较粗、清晰的耳朵，拔去采血部位的被毛，消毒。为使血管扩张，可用手指揉搓血管局部，或用电灯照射加热，或用二甲苯涂擦耳郭，用5.5号针头沿耳缘静脉末梢端刺入血管。静脉采血时，应逆血流方向进针。也可以刀片在血管上切一小口，让血液自然流出即可。取血后，用棉球压迫止血。此法一次可采血5～10 mL。

2. 耳中央动脉取血　在兔耳的中央有一条较粗、颜色较鲜红的中央动脉。采血时，用左手固定兔耳，右手持注射器，在中央动脉末端，沿着动脉平行的方向刺入动脉，刺入方向应朝近心端。不要在近耳根部进针，因其耳根部组织较厚，血管游离、位置略深、不清晰，易刺透血管造成皮下出血。由于兔耳中央动脉在受刺激时有痉挛反应，因此刺入血管后稍等片刻或在痉挛前迅速抽血。一般用6号针头采血。此法一次可取血10～15 mL。取血完毕后注意止血。

兔耳中央动脉抽血时要注意：由于兔在其进化过程中，形成胆小易惊的习性，其外周血液循环对外界环境刺激极为敏感，耳中央动脉易发生痉挛性收缩，因此，抽血前必须先让兔耳充分充血，当动脉扩张，未发生痉挛性收缩前立即抽血。若注射针刺入后尚未抽血，血管已发生痉挛性收缩，应将针头放在血管内固定不动，待痉挛消失血管舒张后，再抽。若在血管痉挛时强行抽吸，会导致管壁变形，针头很易刺破管壁，形成血肿。

豚鼠也可采用耳缘动脉采血。采血前，负责固定的人从背面用左手固定其背部，用食指和中指夹住豚鼠的颈部，用右手的无名指和小指夹住右后腿，用食指和大拇指抓住右前腿。然后，用同样方法固定左前后腿。用左右手的中指压住肩胛骨处的脊柱，使豚鼠颈部不能活动。采血时，先用酒精棉球擦拭耳缘处，消毒并使血管充盈，并用消毒纱布拭干。然后在动脉左右分叉处刺向耳根部，立即拔出针头，用微量毛细吸管采集。采血后用消毒纱布压迫止血 5～10 s。

（四）心脏采血

心脏采血是用注射针头刺入心腔的一种采血方法，多用于兔、犬等中型动物。小动物因心脏搏动很快、心腔小、位置较难固定，较少使用，但可作开胸腔一次性采血。穿刺采血时，用指尖探明心搏动最明显之处进针。进针角度与胸部垂直，刺入胸腔后，仔细感觉针尖在随心搏动。若先将注射器抽成负压，血液可自动流入注射器。心脏采血时，动作应迅速，缩短留针时间，以防止血液凝固。若针头已刺入心腔但又抽不出时，应将针头稍微轴向转动一下或稍后退一点，但切不可使针头在心脏内横向摆动。

1. 大、小鼠心脏采血　将动物仰卧固定在固定板上，剪去胸前区部位的被毛，用碘酒酒精消毒皮肤。在左侧第 3～4 肋间，用左手食指摸到心搏处，右手持带有 4～5 号针头的注射器，选择心搏最强处穿刺。当针穿刺心脏时，血液由于心脏跳动的力量自动进入注射器。此法要求实验者：① 要迅速而直接插入心脏，否则心脏将从针尖移开。② 如第一次没刺准，将针头抽出重刺，不要在心脏周围乱探，以免损伤心、肺。③ 要缓慢而稳定地抽吸，否则太多的真空反而使心脏塌陷。若不需保留动物存活时，也可麻醉后切开动物胸部，将注射器直接刺入心脏抽吸血液。操作时，先用乙醚等麻醉剂深麻醉后将动物固定在橡胶板上，剖开胸腔。开胸时要尽可能减少出血。然后将注射器针头刺入右心房后立即抽血。

2. 豚鼠心脏采血　豚鼠心脏采血一般可采用不开胸而直接穿刺的方法进行部分或全部采血。操作时，先按一般的方法固定豚鼠，然后将胸部消毒后用手指找出心脏搏动的位置。定位后，从该位置正中经左侧肋骨间进针，穿刺针稍倾斜刺入 2 cm 左右。轻轻回吸注射器即有血液流出，随着心脏的搏动轻轻回吸。如动物躁动，要立即拔出穿刺针，固定后重新穿刺。

3. 兔心脏采血　兔心脏采血和大、小鼠心脏采血方法类似，且更易掌握。将兔仰卧固定在手术台上，找出心脏搏动最强点，以这一点为中心将周围被毛剪去，并用碘酒酒精消毒皮肤，选择心搏最明显处，经肋间向心脏穿刺，约 3 cm 即可，刺入心脏后手能感到心脏搏动。针头刺入心脏后即有血液涌入注射器。取得所需血量后，迅速将针头拔出，穿刺部位用消毒纱布盖好。这样心肌上的穿孔易于闭合。采血中回血不好或动物躁动时，应拔出注射器，重新确认心脏搏动后再次穿刺采血。经 6～7 d 后，可以重复进行心脏采血。

（五）大血管采血

颈静脉、颈动脉、股静脉、股动脉或腹主动脉等大血管采血时，先将麻醉的动物取仰卧位固定，分离暴露血管，拉一牵引线在静脉血管近心端（动脉为远心端），提牵这一牵引线可阻断静（动）脉血流。左手提牵引线，右手持注射器逆血管走向向其远心端（近心端）穿刺采血。如果动物血管太细，无法穿刺，可剪断血管直接用注射器或吸管吸取。

另外，可采用非开放性颈动（静）脉采血法对中型以上动物采血。采血时，局部剪毛、消毒后，用左手压迫颈部观察血充盈部位，确定穿刺点，右手持注射器，将针头沿血管平行方向刺入血管。由于皮肤易滑动，进针时可先刺入皮肤再对准血管垂直刺入。刺入后宜将针头轴向旋转，抽动注射器，血液即流入注射器内。

1. 大、小鼠大血管采血　大、小鼠可从颈动（静）脉、股动（静）脉或腋下动（静）脉采血。在这些部位取血均需麻醉后固定动物，然后作动（静）脉分离手术，使其暴露清楚后，用注射器沿大血管平行方向刺入，抽取所需血量。或直接用剪刀剪断大血管吸取，但切断动脉时，要防止血液喷溅。

小鼠、大鼠、沙鼠还可从腹主动脉采血。操作时，先用乙醚等麻醉剂对动物进行深麻醉，然后将动物仰卧位固定在橡胶板上，打开腹腔。开腹时，要尽可能减少出血。打开腹腔后，将肠管向左或向右推向一侧，然后用手指轻轻分开脊柱前的脂肪，暴露出腹主动脉。在腹主动脉远心端打一结，再在腹主动脉用阻断器（或拉线）阻断腹主动脉，然后在其间平行刺入，并松开近心端的阻断，立即采血。也可在远心端不打结，只在近心端阻断，然后在髂总动脉分叉处向血管平行刺入，刺入后立即抽血。抽血时，要注意保持动物安静。若动物躁动，要停止抽血，追加麻醉。

2. 兔的颈动脉采血　用1.5%戊巴比妥钠将兔麻醉后，仰卧位固定。以颈正中线为中心广泛剃毛，并用酒精消毒，从距头颈交界处5～6 cm的部位用直剪刀剪开皮肤，将颈部肌肉用无钩镊子推向两侧，显露气管，即可看到平行于气管的白色迷走神经和白桃色的颈动脉。分离颈动脉，但应注意不要损伤迷走神经和营养气管的小血管。然后，先结扎动脉的远心端并在近心端放一缝合线，在缝线处用动脉阻断钳夹紧动脉，在结扎线和近心端缝线之间用眼科剪刀呈“T”或“V”形部分剪开血管，并将尖端呈斜形的塑料导管经切开处向心脏方向插入1～2 cm。然后结扎近心端的缝线，将塑料管的另一端放入采血的容器中。缓慢松开动脉阻断血钳，血液便会流出。

（六）其他采血方法

1. 大小鼠断头取血　当需要较大量的血液而又不需要动物继续存活时，可采用此法。左手捉取动物，使其头略向下倾，右手持剪刀迅速剪掉动物头部，立即将动物颈朝下，血液流入准备好的容器中。小鼠可采血0.8～1.0 mL，大鼠可采血5～8 mL。

2. 豚鼠背中足静脉取血　由助手固定动物，并将其后肢膝关节伸直到操作者面前，操作者将动物脚面用酒精消毒，并找出背中足静脉后，以左手的拇指和食指拉住豚鼠的趾端，右手拿注射器刺入静脉。拔针后会立即出血，并可见刺入部位呈半球状隆起，应用纱布或脱脂棉压迫止血。反复取血时，两后肢交替使用。

3. 狗的取血法　狗常从前肢皮下头静脉、后肢小隐静脉取血，其操作步骤与静脉注射相似，但技术需熟练，不适合连续采血。在新生仔狗、小型狗大量取血时，可从颈静脉处进行。

三、实验动物处死方法

实验动物的处死，有的是因中断实验而淘汰动物的需要，有的是因实验结束后做进一步检查的需要，有的是为保护健康动物而处理患病动物的需要。处死实验动物应遵循动物安乐死的基本原则，注意：① 保证操作人员安全。当用乙醚或三氯甲烷处死动物时，从人的安全及实验室条件来看还有不少问题，尽量不要使用。② 不能影响实验检查的结果，且处死方法易于操作。③ 尽可能缩短致死时间，即处死开始到动物意识消失的时间。④ 确认动物是否已被处死不能只看呼吸是否停止，还要看神经反射、肌肉松弛等状况。⑤ 尽量避免动物产生惊恐、挣扎、叫喊，尽量减少动物的疼痛、痛苦。⑥ 处死动物是一件令人不愉快的事情，禁止无关人员参加。

实验动物处死的方法很多，常用的无痛苦死亡的处死方法有颈椎脱臼法、过量麻醉法。此外，还有断头法、毒气法、放血法、空气栓塞法等。实验人员可根据实验目的、动物种类等因素选择不同的处死方法。

（一）颈椎脱臼法

所谓颈椎脱臼法，就是使动物的颈椎脱臼，使动物的脊髓断裂导致死亡。看起来很残酷，但能使动物很快丧失意识，被认为是一种很好的安乐死方法。颈椎脱臼法是大、小鼠最常用的处死方法。

小鼠、大鼠脱臼时，先将动物放在笼盖上，待动物安静后，用拇指和食指用力往下按住鼠头，或用直剪刀或镊子快速压住动物的颈部，另一只手抓住鼠尾，用力稍向后上方一拉，使之颈椎脱臼，造成脊髓与脑髓断离，动物立即死亡。由于破坏脊髓，所以体内脏器未受损坏，与断头法一样，脏器可用来取样。

大鼠脱臼时，基本上与小鼠的方法相同。只是需要更大的力量，要抓住大鼠的尾根，旋转用力拉。

兔的脱臼一般限于1 kg以下的小兔。操作时，将右手除拇指以外的四指放在耳后，左手紧紧握住兔的后腿，用右手拇指压住头后部，其余四指快速将颈推向上方，兔很快就会死亡。

（二）空气栓塞法

主要用于大动物的处死，用注射器将空气急速注入静脉，可使动物致死。当空气注入静脉后，可在右心随着心脏的跳动使空气与血液相混致血液呈泡沫状，随血液循环到全身。如进入肺动脉，可阻塞其分支。如进入心脏冠状动脉，造成冠状动脉阻塞，发生严重的血液循环障碍，动物很快致死。一般兔、猫需注入空气10～20 mL，狗需注入空气70～150 mL。

（三）急性大失血法

用粗针头一次采取大量心脏血液，可使动物致死。豚鼠与猴等皆可采用此法。大、小鼠可采用摘眼球大量放血致死。狗和猴等需在麻醉状态下，暴露出动物的颈动脉，在两端用止血钳夹住，插入套管。然后放松心脏侧的钳子，轻轻压迫胸部，能大量放血致死。狗还可采用股动脉放血法处死。硫喷妥钠 20～30 mg/kg 静脉注射，狗则很快入睡，然后暴露股三角区，用利刀在股三角区作一个约 10 cm 的横切口，将股动静脉全部切断，立即喷出血液，用一块湿纱布不断擦去股动脉切口处的血液和凝块同时不断用自来水冲洗流血，使股动脉切口保持通畅，动物 3～5 min 内可致死。

（四）巴比妥类快速注射法

这种方法最多用于处死豚鼠和兔，而小鼠、大鼠和沙鼠等不常用。一般使用苯妥英钠，也可使用硫喷妥钠、硫戊巴比妥等。投药量为深麻醉剂量的 25 倍左右。豚鼠常用静脉和心脏内给药，但操作要求技术熟练，初学者最好用腹腔内给药。一般按 90 mg/kg 的剂量，10～15 min 死亡。

（五）CO_2 吸入法

乙醚类易引起火灾，三氯甲烷对人的肝、肾及心脏有较大毒性，故最好使用 CO_2。CO_2 的比重是空气的 1.5 倍，不燃，无气味，对人很安全并且处死动物效果确切。动物吸入后没有兴奋期即死亡，对各种实验动物都是适用的。一般使用液态 CO_2 高压瓶或固体 CO_2。

操作时，准备 5 倍笼盒大小的透明塑料袋或专用容器。把装动物的笼盒放入透明塑料袋内，将塑料袋包紧、封好，并将输送 CO_2 用的胶管末端放入塑料袋内。然后慢慢将 CO_2 气体放入塑料袋内。塑料袋内充满气体后，动物很快就会被麻醉而倒下，继续充气 15 s 左右，然后将胶管拔出，封好袋口，放置一段时间后确认动物是否死亡。放 CO_2气体时，不宜过快。如果过快，CO_2气体会冻结，致死效果就会减弱。使用固体 CO_2气体时，将 CO_2凝固块放入塑料袋内，使 CO_2气体蒸发，动物吸入后立即会死亡。

（六）断头法

断头虽然残酷，但因是一瞬间的经过，且脏器含血量少，便于取样检查，故也被列为安乐死方法的一种。

给小鼠和沙鼠断头时，可用直剪刀。剪刀要求较大而锋利。操作时，用左手拇指和食指夹住小鼠的肩胛部，固定。将直剪刀垂直放在动物颈部，一次剪断。

给大鼠和豚鼠断头时，可使用断头器。将断头器固定在实验台上，用左手按住动物的脊背部，拇指放在右腋下部，用食指和中指夹住左前腿。将动物的颈部放在断头器的开口部，慢慢放下刀柄。当接触到动物时，用力按下刀柄切断其颈部，要注意这时有血液喷出。

第三节　常用手术器械操作技术

在机能学实验中所使用的手术器械，基本上与人用外科手术器械相同，但也有一些特殊器械。现将常用的手术器械及其用法简介如下：

1. *手术刀*　主要常用于切开和解剖组织。根据手术部位与性质不同更换大小不同的刀片。手术刀片有圆、尖、弯刃及大小、长短之分。手术刀柄也有大小及长短之分。另有一类手术刀柄与刀片连在一起的，也有圆刃、尖头及眼科手术刀(柳叶刀)之分。正常的执刀方法有四种。

(1) 执弓式：最常用的一种执刀方式，动作范围广而灵活，用于腹部、颈部或股部的皮肤切口。

(2) 执笔式：用于切割短小的切口，用力轻柔而操作精确。如解剖血管、神经、作腹膜小切口等。

(3) 握持式：用于切割范围较广，用力较大的切口，如截肢、切开较长的皮肤切口等。

(4) 反挑式：用于向上挑开，以免损伤深部组织。

2. *手术剪*　手术剪分尖头剪和钝头剪两种，其尖端有直、弯之别。主要用于剪皮肤或肌肉等粗软组织。此外也可用来分离组织，即利用剪刀的尖端插入组织间隙，分离无大血管的结缔组织等；另外还有一种小型手术剪叫眼科剪，主要用于剪血管或神经等柔软组织。眼科剪也有直头与弯头之分，正确的执剪姿势，即用拇指与无名指持剪，食指置于手术剪上方。

3. *粗剪刀*　用于剪实验动物皮毛以及蛙类的骨、肌肉和皮肤等粗硬组织。

4. 手术镊　手术镊分有齿和无齿两种,且长短不一。主要用于夹住或提起组织,以便于剥离、剪断或缝合。有齿镊用于夹持较坚韧的组织,如皮肤、筋膜、肌肉等。无齿镊用于夹持较脆弱的组织,如血管、神经、黏膜等。正确的执镊方法,即以拇指对食指和中指,轻稳和用力适当地把持。

5. 血管钳(止血钳)　主要用于钳夹血管或出血点,以达到止血的目的。也用于分离组织,牵引缝线,把持和拔出缝针等。

执血管钳的姿势与手术剪姿势相同。开放血管钳的手法是:利用右手已套入血管钳环口的拇指与无名指相对挤压,继而以旋开的动作开放血管钳。

血管钳按手术所需分直、弯、有齿、无齿、长柄以及大中小等各类型。直血管钳用于浅部位或皮下止血;弯血管钳用于较深部止血;蚊式血管钳用于精确止血和分离组织。

6. 骨钳　打开颅腔和骨髓腔时用于咬切骨质。

7. 颅骨钻　开颅时钻孔。

8. 金属探针　专门用来毁坏蛙类脑和脊髓的器械。

9. 玻璃分针　专门于分离神经与血管等组织。

10. 蛙心夹　使用时一端夹住心尖,另一端借缚线连于杠杆或换能器,以进行心脏活动的描记。

11. 蛙板　约为 20 cm×15 cm 的木板,用于固定蛙类,可用大头针将蛙腿钉在板上,以便进行实验。

12. 动脉夹　用于阻断动脉血流。

13. 气管插管　急性动物实验时插入气管,以保证呼吸畅通。

14. 动脉插管　在急性动物实验时一端插入动脉,另一端接压力换能器,以记录血压,插管腔内不可有气泡,以免影响结果。

注意:各种手术器械使用结束后,都应及时清洗,齿间和轴节间的血迹或污物用小刷在水中刷洗干净后用干布擦干,忌用火焰烘干或作重击用,以免镀层脱落生锈,久置不用的金属器械应擦油加以保护。

第四节　常用实验手术方法

一、基本操作技术

(一) 切开

切开时,先绷紧皮肤,将刀刃与皮肤垂直,用力要得当,切开皮及皮下组织时,要按解剖层次逐层切开,注意止血,避免损伤深层的组织器官。

(二) 止血

止血是手术中的重要环节,直接影响手术部位的显露和操作,且关系到术后动物的安全,切口愈合的好坏及是否造成并发症等,故术中止血必须准确、迅速、可靠。常见的止血方法有:

1. 预防性止血　术前 1～2 h 内使用可提高血液凝固性的药物,如 10%氯化钙溶液、10%氯化钠溶液等,以减少术中出血。

另外局部麻醉时,可加用肾上腺素(1 000 mL 普鲁卡因溶液中加入 0.1%肾上腺素 2 mL),利用其收缩血管的作用,减少手术部位的出血。

2. 术中止血

(1) 压迫止血:用无菌纱布或拧干的温热盐水纱布压片刻,注意切勿用纱布擦拭出血部位,以减少组织损伤。

(2) 钳夹止血:用止血钳与血流方向垂直夹住血管断端,一段时间后取下。

(3) 结扎止血:常用于压迫无效或较大血管的出血。出血点用纱布压迫蘸吸后,用止血钳逐个夹住血管断端,应尽量少夹周围组织,再用丝线结扎止血。注意结扎时,先竖起止血钳,将结扎线绕过钳夹点之下,再将钳放平后钳尖稍翘起，打第 1 个结时边扎紧边轻轻松开止血钳，再打第 2 个结。

(4) 烧烙止血：以烧热的烙铁烧烙血管断端，使血液和组织凝固，止血。

(5) 药物止血：当内脏出血时，可用纱布吸净积血后，将止血粉、云南白药或凝血酶等药物涂撒于创面，稍压 5～10 s 即可。

(三) 组织分离法

1. **锐性分离法**　用刀、剪等锐性器械作直接切割，该法用于皮肤、黏膜、各种组织的精细解剖和紧密粘连的分离。

2. **钝性分离法**　用刀柄、止血钳、剥离器或手指等分离肌肉、筋膜间隙的疏松结缔组织的方法。

软组织分离要求按解剖层次逐层分离，保持视野干净、清楚，原则上以钝性分离为主，必要时也可使用刀、剪。

结缔组织的分离：用止血钳插入撑开，作钝性分离。对薄层筋膜，确认没有血管时可使用刀剪。对厚层筋膜，因内含血管不易透见，不要轻易使用刀剪。使用止血钳作钝性分离时，应慢慢地分层，由浅入深，避开血管，若需用锐器，应事先用两把血管钳作双重钳夹，再在两钳之间切断。

肌肉组织的分离：应在整块肌肉与其他组织之间，一块与另一块肌肉分界处，顺肌纤维方向作钝性分离，肌肉组织内含小血管，若需切断，应事先用血管钳作双重钳夹，结扎后才可剪断。

血管神经的分离：顺其直行方向，用玻璃分针小心分离，切忌横向拉扯。

(四) 缝合法

主要有单纯缝合、内翻缝合和外翻缝合三种类型，上述三种缝合又可区分为间断缝合和连续缝合。间断缝合中最常用的基本形式是结节缝合，用于皮肤、肌肉、筋膜等张力大的组织缝合。结节缝合中一种特殊形式是减张缝合，用于缝合皮肤，可与普通结节缝合并用，其特点是缝线的进出孔距创缘较远(2～4 cm)，或在打结前装上纱布圆枕，以减少组织张力，防止组织被缝线撕裂。

注意：缝合前应彻底止血，并清除腔内异物，凝血块及坏死组织。缝针的入孔和出孔要对称，距创缘 0.5～1 cm 左右。缝线松紧适宜，打结最好集中于创缘的同一侧。必要时考虑作减张缝合和留排液孔。缝合时须遵守无菌常规。外部创口缝线经一定时间后(7～14 d)，均需拆除。创口化脓时，根据需要拆除全部或部分缝线。拆线前，在缝合处，尤其在缝线和针孔上，需用碘酒、酒精消毒。

二、颈部手术

(一) 切开及气管插管术

在动物实验中以兔为实验对象的较多，故以兔为例进行介绍。

图 3-1　兔气管插管示意图

将兔麻醉，仰卧位固定在兔台上，剪去颈部的毛，在其颈中线从甲状软骨下到胸骨上沿做长度为 5～8 cm 的切口。用止血钳纵向钝性分离皮下组织，可见胸骨舌骨肌；沿左、右两侧胸骨舌骨肌肌间隙分离骨骼肌，并将两条肌束向两外侧牵拉，充分暴露气管；用止血钳将气管与背侧结缔组织和食管分离，游离气管，气管下穿线备用。用手术剪于甲状软骨下 3～4 软骨环处做一横切口，再向头端做一纵行切口，使之呈倒“T”形，切口不宜过大、过小。如气管内有出血或分泌物可用棉球擦净，将气管插管由切口处向胸腔方向插入气管腔内，用备用的线结扎导管，并固定在气管插管分叉处，以防导管滑脱。如发现气管插管内有出血或分泌物，应拔出插管清除干净后重新插管(图 3-1)。

(二) 颈外静脉的分离及静脉插管

沿颈正中线从甲状软骨下到胸骨上沿做长度为 5～7 cm 的切口，方法为用组织镊或止血钳轻轻提起两侧皮肤，沿颈正中线切开颈部皮肤约 1 cm，用止血钳向上、向下钝性分离皮下组织，再用手术剪剪开皮肤达到所需的切口长度。轻轻提起皮肤，用手指从皮肤外将皮肤外翻，即可见到颈外静脉。沿血管走向用止血钳钝性分离浅筋膜，暴露血管 3～5 cm 并穿两根线备用。用动脉夹夹闭血管近心端，待血管充盈后再结扎远心端，于结扎线前用眼科剪呈 45°角做 V 形切口剪开血管管径的 1/3～1/2，用玻璃分针或眼科镊插入血管内挑起血管；将已经准备就绪的静脉导管插入 2～3 cm，用备用线结扎导管并固定在导管的胶布上，以防滑脱，最后取下动脉夹。兔颈外静脉位置如图 3-2 所示。

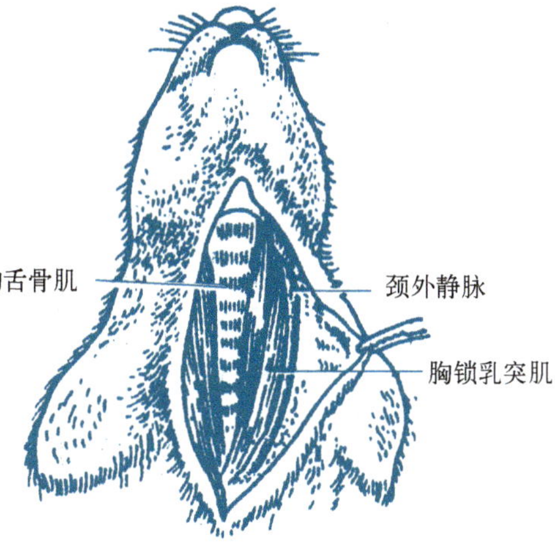

图 3-2　兔颈外静脉位置示意图

（三）分离颈总动脉和神经

在气管的一侧用拇指和食指将皮肤和骨骼肌提起并外翻，同时用另外三指在皮肤外向上顶，便可看见与气管平行的颈动脉鞘。用浸润了 0.9%氯化钠注射液的棉球顺血管走向拭去血液后分离鞘膜，观察与其伴行的神经。迷走神经最粗且明亮、交感神经次之，光泽较暗、最细的是减压神经（从迷走神经节上分出的一支心脏抑制支，只有兔才独立出来）。减压神经位于迷走神经和交感神经之间，常与交感神经紧贴在一起，其位置变异较大，应仔细辨清后用玻璃分针小心将其分离出，并在下面穿线备用。用同样方法将交感神经、迷走神经分离出 1～2 cm，穿线备用。再游离出一段颈总动脉，穿线备用（图 3-3、3-4）。

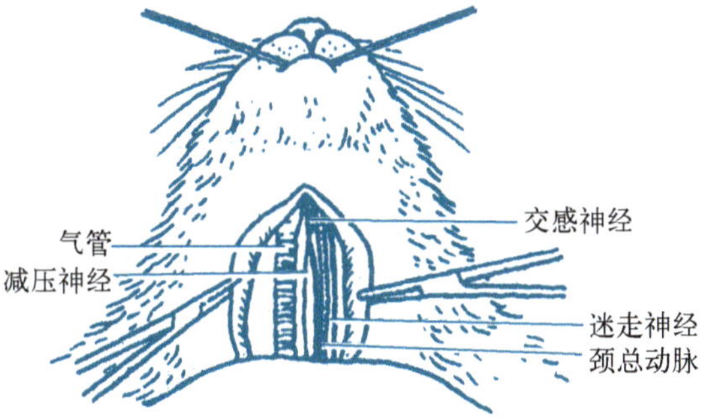

图 3-3　兔颈部血管神经示意图

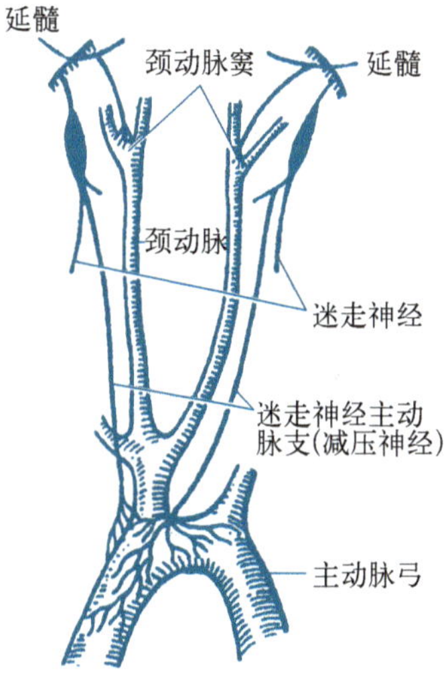

图 3-4　兔减压神经分布示意图

（四）颈总动脉插管

1. 术前准备　选择合适的动脉插管，将压力换能器及动脉插管内充满抗凝剂（肝素加 0.9%氯化钠注射液），并排净空气。

2. 动脉插管　将分离好的颈总动脉在远心端结扎，近心端夹闭血管。在结扎处用左手拇指和中指拉住结扎线头，食指从血管背后将血管轻轻托起，右手持眼科剪作 V 形切口，剪开血管直径的 1/3。将已备好的动脉插管从切口处沿向心方向插入合适的长度，打双结结扎，再固定于导管的胶布上，松开动脉夹可见导管内液体随心跳而搏动。如渗血说明结扎不紧，应重新结扎或加固。

3. 对在术中可能会出现的意外作适当的处理

（1）血管破裂：常因操作不当造成导管刺破血管壁，或因兔挣扎将血管拉断等。应看破口的位置，将导管继续送入血管并超过破口处，在破口近心端再结扎并固定。如血管已断，则应立即用温生理盐水纱布压迫止血，放开纱布并看清出血处，将断端的血管结扎，避免动物大出血。然后根据情况，完成实验操作。

（2）导管内凝血：如是小凝血块可从换能器推入肝素冲开后继续实验。如血凝块反复阻住导管口或凝血块太大应将导管拔出，将凝血块排出后重新插管。

（五）左心室插管

选择合适的左心室插管，其他术前准备同颈总动脉插管。打开计算机，实验项目选血压调节或血流动力学均可，进入实验监视状态。

将插管前端约 12 cm 抹液体石蜡减少摩擦，按颈总动脉插管的方法从右颈总动脉插入血管后放开动脉夹，此时可在生物信号显示屏上看到动脉血压的波形。继续插入，当接近主动脉瓣时可感到脉搏样搏动，放开导管也可看到导管随心跳而搏动。此时将导管再向前推进至搏动消失，生物信号显示屏上看到动脉血压的波形被左心室血压波形代替，表示已进入左心室，结扎血管并固定。

注意：麻醉应适度，过深易造成动物死亡，过浅动物躁动影响插管；导管内应充满肝素溶液，防止导管内凝血；插入动作要轻柔，遇到阻力时稍退后并改变导管方向重插；固定好导管，既不能让导管退出心室，也要避免导管口顶住心室壁或在室内弯曲过度，甚至刺破心脏造成实验失败。

三、胸部手术

有些实验需打开胸腔，为保证呼吸正常，必须用呼吸机。麻醉后固定好动物，做气管插管，调试好呼吸机，将呼吸机的进出管与气管插管的两侧管接好后即可。

（一）夹闭后腔静脉

将右侧胸壁手术野的毛剪去，沿胸骨右沿做 6～7 cm 的长切口，钝性分离骨骼肌，暴露第 7～9 肋骨。用长止血钳从 9、10 肋间隙垂直插入胸腔，然后倒向，向上从 6、7 肋间隙穿出并夹紧。再如上法平行夹上另一把长止血钳，用粗剪刀于两钳之间剪断 7～9 肋骨。将两钳向两侧拉开，暴露心脏，于其背下方找到后腔静脉，用套上胶管保护的纹式止血钳或动脉夹将后腔静脉的大部分或全部夹闭。

（二）夹闭冠状动脉分支

开胸方法同前，但应在左侧靠近胸骨沿做切口，或在胸骨体上做切口（此法不破坏胸腔膜）。开胸后暴露心脏，用眼科镊夹起心包，并用眼科剪剪开。借助于手术无影灯的光，看清兔心冠状动脉前降支和左室支，用纹式止血钳将其夹闭，也可用缝针穿线结扎血管。这样可造成心肌梗死，通过心电图了解梗死情况。

四、腹部手术

腹部手术多用于输尿管插管和肠系膜微循环观察等。膀胱插管、输尿管插管和尿道插管都用于收集尿液。它们各有特点，用于不同的动物和不同的实验，以下分别介绍：

（一）膀胱插管

将动物麻醉后仰卧位固定，剪去耻骨联合以上下腹部的被毛，于耻骨联合上缘 0.5 cm 处沿正中线做皮肤切口，长度为 3～5 cm，即可看见腹白线，沿腹白线切开或用止血钳或镊子在腹白线两侧夹住骨骼肌轻轻提起，用手术剪剪开一小口。然后，左手食指和中指从小口伸入腹腔并分开，右手用手术剪在两指间向上、向下剪开腹壁，长度为 3～4 cm。此时如膀胱充盈极好辨认，如膀胱空虚则可根据解剖位置和形状找到。轻轻将膀胱移出腹腔，在膀胱顶部血管少的地方做一小横切口，将准备好的膀胱插管插入膀胱，尽量使漏斗状的插管口对准输尿管的开口。然后，在膀胱外于漏斗状的缩小处结扎稳妥，并将膀胱插管的另一端接到受滴器上。

（二）输尿管插管

输尿管插管也是收集尿液的常用方法之一。按膀胱插管的手术步骤找到膀胱，用手轻轻将膀胱拉出腹腔（也可用镊子夹住膀胱顶将其向前向下翻移出腹腔），于膀胱底部膀胱三角的两侧找到输尿管。如周围脂肪太多，可用手触摸到输尿管后，再用玻璃分针仔细分离出一段输尿管并穿线备用。用左手小指托起输尿管，右手持眼科剪与输尿管成锐角做 V 形切口剪开输尿管的壁，将已经充满液体的输尿管插管向肾方向插入并结扎固定。

注意：准确找到输尿管，要记清解剖位置和比邻关系，切勿将输精（卵）管、血管误当输尿管。手术操作应轻柔、快捷，准确无误地将输尿管插管插入输尿管管腔。注意保持输尿管通畅，避免输尿管扭曲，如有出血现象，为防止凝血块阻塞输尿管插管，可向内注入一点肝素溶液。术后用温热盐水纱布覆盖切口，避免损伤性尿闭的发生。

（三）尿道插管

尿道插管是收集尿液最简单的方法，可用于反映较长一段时间尿量变化的实验。雄兔比雌兔更易操作，先选择合适的导尿管，在其头端长度约 12 cm 涂上液体石蜡，以减小摩擦。在兔尿道口滴几滴丁卡因（地卡因）进行表面麻醉，然后将导尿管从尿道口插入，见尿后再进一点，用线或胶布固定导尿管。中途若发现无尿流出，可将导尿管改变方向，或向外、向内进退一点以保证尿流通畅。

（四）肠系膜微循环标本的制备

在左侧腹部腋前线处做长度约 6 cm 的纵切口，钝性分离腹肌，打开腹腔将大网膜推开，找出一段游离度较大的小肠襻，轻轻拉开放入装有 38℃ 0.9%氯化钠注射液的微循环恒温灌流盒内。将肠系膜平铺在凸形的有机玻璃观察台上，压上固定板，注意不要压住小肠。整个过程应动作轻柔，以免造成创伤性休克，尽量防止损伤血管，减少出血有利于对微循环的观察。腹部切口方法如图 3－5 所示。

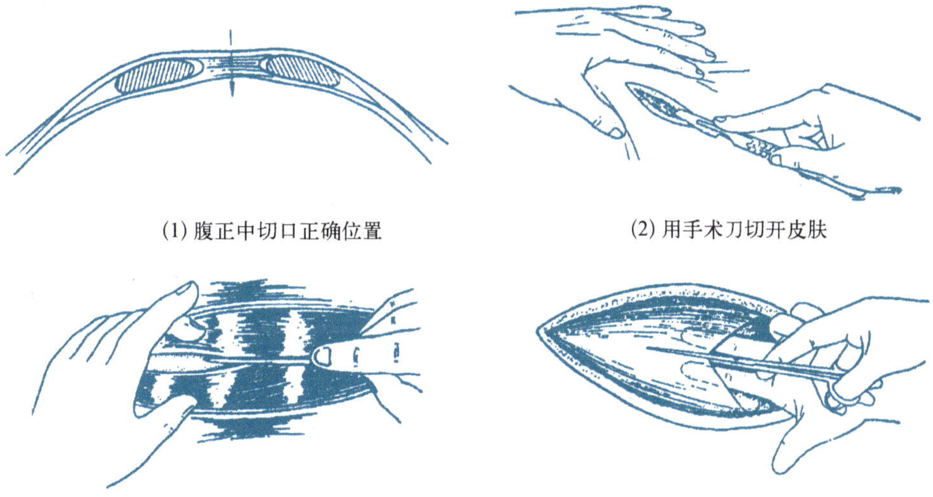

(1) 腹正中切口正确位置　(2) 用手术刀切开皮肤

(3) 沿腹白线开腹　(4) 用手术剪开腹手法

图 3－5　腹部切口方法示意图

五、股部手术

分离股动、静脉并插管，主要用于放血、输血、输液等。常规麻醉、固定、做颈部手术行气管插管。剪去股部皮肤上的被毛，在腹股沟部用手指触摸到股动脉搏动，沿动脉走向做长度为 3～5 cm 的皮肤切口。因股三角处皮下组织菲薄，切开皮肤即可看见由外向内排列的股神经、股动、静脉（图 3－6）。股动脉虽居中，但因位置靠背侧常被股神经、股静脉部分掩盖，需将股静脉稍向内移，分离出来，再分离股动脉就容易了。插管方法同颈部血管插管。注意：股动、静脉本身较细，手术刺激又容易引起血管痉挛，可局部滴普鲁卡因缓解。

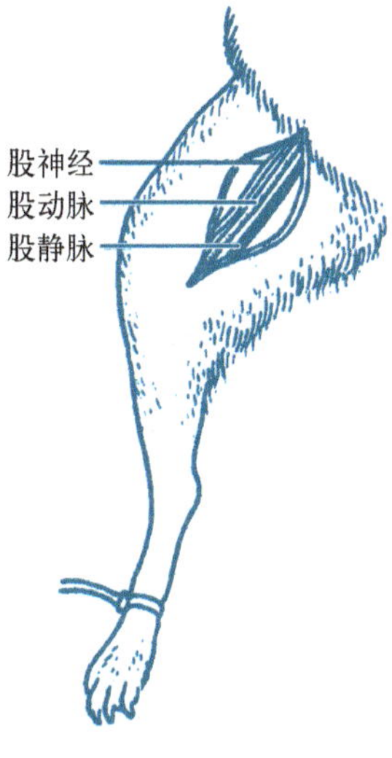

图 3－6　股部神经血管示意图

六、开颅手术

常规麻醉、固定、做颈部手术行气管插管，将动物改为俯卧位固定，再行头部手术。剪去颅顶兔毛，沿矢状线在两眉间至枕部切开皮肤，用手术刀柄钝性剥离头部骨骼肌和帽状腱膜，暴露颅骨。用骨钻在颅顶一侧钻一小圆孔，然后根据需要用咬骨钳扩大创口，如有出血可用骨蜡止血。术中常用手术器械如图 3－7、3－8所示。手术中应避免伤及矢状窦和横窦。

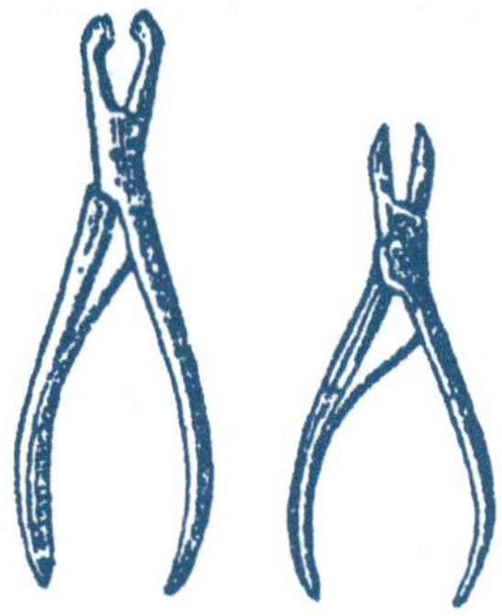

(1) 小蝶式　(2) 剪刀式

图 3-7　骨钳示意图

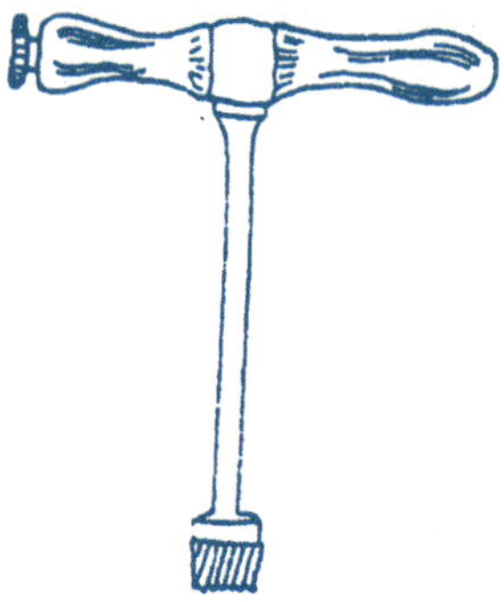

图 3-8　颅骨钻示意图

七、各种离体器官、组织制备方法

(一) 离体气管实验法

离体气管法是常用的筛选平喘药的实验方法之一。常用的实验动物中，豚鼠的气管对药物的反应敏感，且更接近于人的气管，故豚鼠的气管为常用的标本。

离体气管法常用的有气管片、气管环、气管连环、气管螺旋条和离体完整气管法。这几种方法基本相近，主要区别在于取下气管后，切或不切(即用切开的或完整的气管条)，切的方法及连接方式不同。另外，由于描记手段的更新，将原来的杠杆-记纹鼓描记改为换能器-记录仪装置描记，大大提高灵敏度。下面将主要叙述气管片和气管螺旋条制作的方法。

1. 离体气管片

【操作步骤】

取豚鼠 1 只，250～350 g，雌雄不限。处死后立即腹面正中切开颈部皮肤和皮下组织，分离气管，自甲状软骨下剪取全部气管，放入盛有克-亨氏营养液(Krebs-Henseleit)的平皿中，剪除周围结缔组织，在气管的腹面(软骨环面)纵行切开，再以 2～3 个软骨环的间隔行横切，将取下的气管平分 2～4 段，每段气管片在其纵切口处用针线缝上，相互连成一串，即成气管片标本(图 3-9)。

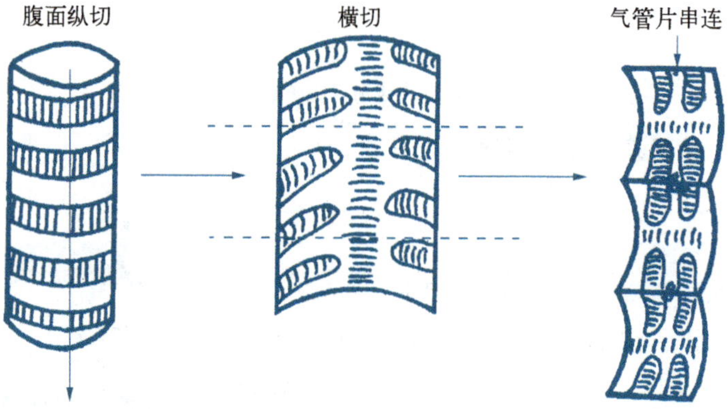

图 3-9　豚鼠气管片制备方法示意图

在气管片下端穿一短线固定于玻质支架上，上端穿一较长线，以备连至拉力换能器进行描记，将固定好的气管片放入盛有克-亨氏液的离体器官浴槽中固定，37℃恒温，供氧，稳定 20～30 min 后描记。待基线稳定后给药，观察并记录。每次加药后，观察反应 5 min，然后换液，待其基线恢复后给另一药液。

【注意事项】

(1) 分离气管及缝合气管片串时，要快、轻巧，切勿用镊子夹伤气管平滑肌。

(2) 供氧要充分，如基线升高不易恢复到原来水平时，可充分供氧，促使其恢复。

2. 气管螺旋条　该方法简便，可避免气管片、气管环等反应幅度小的缺陷，适于支气管平滑肌收缩和松弛剂的研究。

【操作步骤】

取豚鼠(雄性)1 只，250～350 g，击毙，立即腹面正中切开颈部皮肤和皮下组织，分离气管，自甲状软骨下剪取全部气管，放入盛有克-亨氏液的平皿中。剥离外周组织后，将气管由一端向另一端螺旋形剪成条状，每

2～3 个软骨环剪一个螺旋。其制备方法见图 3-10。

剪成的整个螺旋长条，可作一标本，也可以用半段螺旋条作一标本，将气管螺旋条连于描记装置。描记时必须加大负荷至 2～5 g，如负荷太轻会影响结果的准确性。标本固定于浴槽约 1 h 左右(换液 3～4 次)，给药，每次用药间隔 15 min，该标本对乙酰胆碱的敏感性较组胺大，乙酰胆碱的最低反应浓度为 10^{-7} g/mL，而组胺是 10^{-6} g/mL。

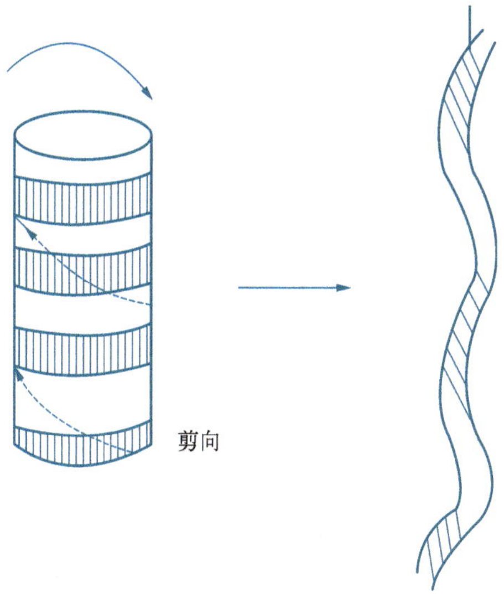

图 3-10　气管螺旋条制备法

(二) 离体心脏实验法

离体动物心脏，给予适宜的、恒定的灌流液，可在一定时间内，保持其自发节律的舒缩活动。离体心脏实验最常用的是 Straub 法，主要观察药物直接对心脏收缩力、传导与心输出量的影响。通过心脏杠杆或换能器记录心脏舒缩活动，依心跳曲线变化，分析心脏活动的程度。曲线的疏密，表示心跳频率；曲线的振幅，表示心舒缩强弱的程度；曲线的顶点水平，表示心脏收缩的程度；曲线的基线，表示心室舒张的程度。以下叙述 Straub 法离体心脏实验。

【实验对象】

两栖动物青蛙、蟾蜍、牛蛙等动物的离体心脏。

【操作步骤】

取青蛙 1 只，用脊髓破坏针从枕骨大孔插入破坏脊髓后，仰位固定于蛙板上。依次剪开胸前区皮肤，剪去胸骨，开胸暴露心脏。开胸不可太大，以免腹腔内脏翻出。用镊子提起心包膜，再用虹膜剪刀谨慎地剪破，使心脏完全暴露出来。结扎右主动脉，在左主动脉弓下穿一细线，打一松结备用。用镊子轻镊左主动脉，以虹膜剪刀朝向心端剪一"V"形切口，右手将盛有任氏液的蛙心插管从剪口处插入主动脉，按图 3-11 所示移动插管，使插管长轴与心脏轴一致，当插管进到主动脉球部后，即转向左后方，左手用镊子轻提房室沟周围的组织，右手小指或无名指轻推心室，使插管进入心室，切忌用力过大和插管过深，心脏收缩时可见血液在插管内上下移动。用滴管吸去蛙心套管内的血液，以任氏液冲洗 1～2 次，然后扎紧松结，剪断两主动脉弓，轻轻提起蛙心插管，再在心脏背面静脉窦与前后腔静脉之间用线结扎，结扎时务须注意勿扎及静脉窦，结扎后剪断血管，使心脏与蛙体分离。

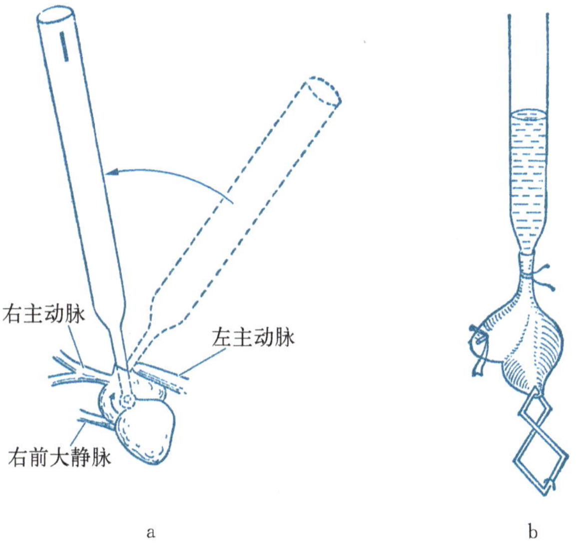

图 3-11　Straub 法插管插入要领示意图(a)与装置(b)

以滴管吸取任氏液换去蛙心插管内的血液数次，直到灌流液无色为止。然后将蛙心插管固定在铁支架上，用一端带有长线的蛙心夹夹住心尖，连在肌力传感器上或万能杠杆上。如用万能杠杆应调整心脏杠杆的位置，并使划笔杠杆与蛙心尖的线垂直相连，然后用胶泥调整划笔支点两端的重量，使之几乎相等，尽量减少对心脏的负荷。如用肌力换能器则连接多用生理记录仪或平衡记录仪。

待心脏活动稳定后，描记一段正常心脏活动曲线后，即可加试药液入插管中，记录收缩幅度变化和心率变化。

【注意事项】

(1) 在剪开左侧主动脉之前，应先用蛙心插管的细端尖置动脉球处与动脉平行来选择适宜的切口处，这样可避免剪口过高或过低。

(2) 插好套管的蛙心放在冰箱中，可供数日内应用。

（三）离体子宫实验法

【实验对象】

常用大鼠，易选择断乳后即与雄鼠隔笼饲养的健康大鼠，150～250 g，鼠龄≤3个月。用阴道涂片法选择动情前期动物供实验用，也可在实验前1～2 d，皮下注射二丙酸己烯雌酚0.1 mg/(kg·d)，人工造成动情期，提高子宫的敏感性。

【操作步骤】

颈椎脱臼法处死大鼠，剖腹取出子宫，立即置盛有洛氏液的玻璃平皿中，轻柔剥离附着于子宫壁上的结缔组织和脂肪组织。经典的方法：取一侧子宫角，两端分别用线结扎，将一端固定于营养管中的支架上，另一端通过结扎线缚在描记用的等张杠杆的短臂上。工作温度根据需要可以保持在(30～32)±(0.1～0.5)℃或(37～39)±(0.1～0.5)℃，在营养液中连续通入95% O_2和5% CO_2的混合气体。为了保证处理前子宫活动保持比较稳定状态，必须对子宫加予一定负荷，一般以1 g比较适宜。

【注意事项】

(1) 本方法不仅可定性，还可用于子宫药物的定量。

(2) 多次给药实验，每次加药的观察时间、更换新鲜营养液的次数和用量、两次加药的间隔时间均应尽可能保持一致。

(3) 制作标本的操作过程应避免过度用力牵拉以免损伤子宫组织。

(4) 子宫离体后宜迅速置于充氧营养液的玻璃平皿内，洗净血渍，标本操作时间越短越好。

（四）离体小肠平滑肌实验

消化道平滑肌除了具有与骨骼肌相同的某些性能(如兴奋性、收缩性)外，还具有自身的基本特性：不能随意运动，却能自动地有规律地收缩，收缩过程缓慢；对某些化学物质具有特殊敏感性；离体肠段仍然具有紧张性。本实验是通过观察化学物质、温度变化对离体小肠平滑肌运动的影响，加深对平滑肌某些基本特性的了解，并熟悉离体平滑肌运动的记录方法。

【实验对象】家兔离体肠段。

【器材与药品】

木槌，平滑肌恒温浴槽，BL-420生物信息采集系统，球胆，氧气，滴管，烧杯，普通剪刀，手术剪，镊子，热水，冰块，台氏液，肾上腺素(1∶10 000)，乙酰胆碱(1∶100 000)，氯化钙(1∶100)，NaOH(1 N)，HCl(1 N)。

【操作步骤】

(1) 制备标本：提起家兔后肢将其倒悬，用木槌猛击头部致其昏迷，立即剖开腹腔，在十二指肠及其邻近部位剪20～30 cm肠段。用台氏液冲洗肠段，然后剪成数小段(每段长约2 cm)，置于4～6℃台氏液中备用。

(2) 加热恒温浴槽：将台氏液加入恒温浴槽的中心管内，外部容器中装入温水(略低于38℃)，开启电源加热，浴槽温度便会自动控制在38℃左右。

(3) 调试BL-420生物信息采集系统：所用参数，高通滤波“DC”、低通滤波“10 Hz”。

(4) 放置标本，连接实验装置：将肠段钩挂在中心浴槽内，将浴槽充氧气，把标本缚线固定在张力换能器上即可。

【注意事项】

(1) 每次更换台氏液前要先在槽外加热至38℃左右。

(2) 每项实验出现作用后，要及时更换台氏液。

(3) 滴加药液时要有一定深度。

（五）神经-骨骼肌实验

蛙或蟾蜍等两栖类动物的一些基本生命活动和生理功能与恒温动物类似，但其体外组织所需的条件较简单，易于控制和掌握。在林格液的浸润下，神经-骨骼肌标本可进行较长时间的实验观察，此外，其体外神经-骨骼肌标本体现活组织的某些共同功能特性较为理想。因此，在生理实验中，常用蛙或蟾蜍坐骨神经-腓肠肌标本来观察研究神经-骨骼肌的兴奋性、刺激与反应的规律以及骨骼肌收缩的特点。本实验是掌握制备坐骨神经-腓肠肌标本的基本操作技术，为进行神经-骨骼肌实验打下基础。

【实验对象】

蛙或蟾蜍。

【操作步骤】

(1) 破坏脑脊髓：取蟾蜍1只，用水冲洗干净后用纱布包裹全身仅露头部。以左手环指和小指夹住蟾蜍的后肢，中指抵住蟾蜍的前肢，拇指抵住背，食指抵住头并使其向下弯曲，右手持杀蛙针从枕骨大孔垂直刺入，向前刺入颅腔，左右搅动捣毁脑组织，然后将杀蛙针退至皮下，倒转针尖向下刺入椎管捣毁脊髓，直至动物四肢松软。

(2) 剪除躯干上部及内脏并剥去皮肤：用粗剪刀在骶髂关节水平以上0.5～1 cm处剪断脊柱，左手握住蟾蜍后肢，用拇指压住骶骨，使蟾蜍头自然下垂。去掉内脏及其头、胸部，保留脊柱、后肢和坐骨神经。左手握脊柱断端，右手向下剥离全部后肢皮肤，剥皮后的标本放在玻璃板上。将手和手术器械冲洗干净。

(3) 游离坐骨神经：用粗剪刀沿脊柱正中将耻骨联合剪开成两半(注意勿伤及神经)，浸于盛有林格液的烧杯中。取一只腿放于玻板上，在坐骨神经起始端的脊柱处用玻钩轻轻游离坐骨神经，用丝线结扎，靠近脊柱端剪断，继续分离神经至大腿根部，在坐骨神经沟内找出坐骨神经，并沿神经分离两侧骨骼肌，剪断沿途分支直到腘窝。在膝关节周围剪去全部大腿骨骼肌，将股骨刮干净，在股骨近膝关节1 cm处剪断股骨。用线结扎跟腱后，剪断腓肠肌肌腱，游离腓肠肌至膝关节处，在膝关节以下将小腿其余部分剪去，即制成坐骨神经-腓肠标本。

(4) 用锌铜弓检查标本：做好的标本用锌铜弓的两极轻轻接触坐骨神经，如腓肠肌立即收缩一下，表示标本的兴奋性良好，将标本放入林格液中待其兴奋性稳定后再进行实验。

【注意事项】

(1) 已剥离的组织应避免接触蟾蜍皮肤毒液或其他不洁物。

(2) 分离神经时一定要用玻璃分针，不能随便用刀、剪等金属器械接触或夹持神经及骨骼肌，不要过分牵拉神经，以免造成损伤。

(3) 制备标本过程中，注意滴加林格液，以防标本干燥。

第五节 常用实验动物麻醉方法

实验动物麻醉方法对保证动物实验的顺利进行和获得满意的实验结果有着十分重要的作用，实验动物的麻醉有局部麻醉和全身麻醉，全身麻醉又有气体吸入和注射麻醉两种方式。麻醉方式和麻醉剂的选用，因实验目的、动物种类、日龄和动物健康状况不同而异。

动物在麻醉过程中最初表现为浅麻醉：表现为呼吸不规则、心率低、血压下降、眼球向内下方、眼睑对光反射存在、瞳孔收缩、流泪、咽喉反射存在、肌肉松弛、流涎、出汗、分泌增加。如麻醉前用阿托品，则分泌减少。此后，表现为中麻醉：表现为动物呼吸均匀、胸腹式呼吸、呼吸数和换气量减少、脉搏、心率、血压稳定、对光反射迟钝、瞳孔稍大、眼球居中、腹肌松弛、内脏牵引收缩反射消失。中麻醉期是手术最适宜时期。最后表现为深麻醉：表现为呈腹式呼吸甚至潮式呼吸、肺换气量明显减少、心搏减少、血压下降、对光反射和角膜反射消失、角膜干燥、腹肌异常运动。

药物麻醉虽可以长时间保持深麻醉期，但如不精确地考虑动物的种类(系)、周龄、性别以及健康状况而给药，就会导致动物死亡。吸入麻醉保持深麻醉期较短，必须以其他麻醉方法辅助，比较繁杂。不管什么情况，过深的麻醉会导致动物死亡，过浅又不能获得满意的效果。

实验动物的麻醉工作应在兽医师指导下进行。麻醉中应细心观察，严密监视，直至手术结束动物苏醒并使用镇痛剂后，人员才可离开动物。有关麻醉时可能需要使用的仪器设备，如麻醉机、气管插管等，麻醉前必须检查、准备好。此外，还应准备好急救药品和器械，以备抢救用。

一、术前准备

在手术前几天要注意观察动物的采食情况。术后需要单独饲养的动物，术前就应单独放在一个笼内，使其适应新的环境。对猫、狗、猪或非人灵长类大动物，在术前8～12 h应禁食，以免麻醉或手术过程中发生呕吐。家兔或啮齿类动物无呕吐反射，术前不需要禁食。被手术的动物在麻醉前可给予一定量饮水。

二、麻醉前给药

为减少动物对环境改变或手术的恐惧，减少麻醉药的用量，减少支气管的分泌，在麻醉前常给动物使用一些药物。这些药物包括：

1. **阿托品** 主要作用是减少支气管和唾液腺分泌，防止气道阻塞。阻断血管—迷走神经反射。其副反应：可使心率加快。一般用量：肌肉或皮下注射0.04 mg/kg。

2. **安定** 主要作用是产生镇静，可以加强麻醉药物的效果，并能使骨骼肌松弛。一般用量：腹腔注射2.5～5 mg/kg。

3. **吗啡** 主要作用是产生中度镇静和深度镇痛，但对呼吸中枢有较强的抑制作用，一般不使用。一般用量：皮下注射1～2 mg/kg，或肌肉注射10～20 mg/kg。

三、麻醉药物

（一）全身麻醉剂

1. **乙醚** 乙醚挥发性很强，有特殊气味，为易燃品。乙醚是最常用的吸入麻醉剂，各种动物均可使用（鸡除外）。乙醚的作用是抑制中枢神经系统。其特点是安全范围大，肌肉能完全松弛，对肝和肾的毒性较小，麻醉的诱导期和苏醒期较长。使用乙醚麻醉的优点除麻醉安全度大外，其麻醉深度也易于掌握，麻醉后恢复比较快。其副反应是对呼吸道和结膜刺激性强，胃肠道反应率较高。由于刺激黏膜，分泌物增加，易发生呼吸道阻塞，使用也应小心。常用挥发性全身麻醉剂除乙醚以外，还有三氟乙烷等，但使用三氟乙烷时需用汽化器。

2. **硫喷妥钠** 硫喷妥钠为超速效巴比妥类药物，作用时间短，一次用药仅可维持数分钟。因此，一般用作为诱导麻醉或基础麻醉。其副反应：对呼吸系统有明显的抑制作用，不宜与吗啡合用。

3. **戊巴比妥钠** 为中效巴比妥类药物。戊巴比妥钠是最常应用的麻醉剂，有兽用、人兽共用产品，需保存在阴凉处。一般作用时间可维持2～4 h。

4. **氯胺酮** 为速效非巴比妥类药物，常用其盐酸盐。静脉或肌肉给药后，很快起到麻醉作用，但维持时间较短，一般仅10～20 min。为了延长时间，可重复给药。其副反应：兴奋心血管系统，使心率加快，血压升高，有时还可引起动物呕吐等。

5. **水合氯醛** 作用特点与巴比妥类药物相似，是一种安全有效的镇静催眠药，能起到全身麻醉作用，其麻醉量与中毒量很接近，故安全范围小，使用时应注意。其副反应：对皮肤和黏膜有较强的刺激作用。

6. **乌拉坦** 也称氨基甲酸乙酯。乌拉坦通过抑制乙酰胆碱脂酶的活性，也能造成乙酰胆碱的积累，影响了实验动物正常的神经传导而起麻醉作用。

（二）局部麻醉剂

常用的局部麻醉剂有普鲁卡因（奴佛卡因）、地卡因（丁卡因）和利多卡因（昔罗卡因）。

1. **普鲁卡因** 为对氨苯甲酸酯，是无刺激性的快速局部麻醉药。对皮肤和黏膜的穿透力较弱，需注射给药才能产生局麻作用。注射后1～3 min内产生麻醉，可维持30～45 min。它可使血管轻度舒张，容易被吸收入血而失去药效。为了延长其作用时间，常在溶液中加入少量肾上腺素（每100 mL加入0.1%肾上腺素0.2～0.5 mL）能使局麻醉时间延长至1～2 h。常用1%～2%盐酸普鲁卡因溶液阻断神经纤维传导，剂量应根据手术范围和麻醉深度而定。其副反应：在大量药物被吸收后，表现出中枢神经系统先兴奋后抑制。此作用可用巴比妥类药物预防。

2. **地卡因** 地卡因的化学结构与普鲁卡因相似，局麻作用比普鲁卡因强10倍，吸收后的毒性作用也相应加强,能穿透黏膜,作用迅速,1～3 min 发生作用,持续 60～90 min。

3. 利多卡因 利多卡因的化学结构与普鲁卡因不同,常用于表面、浸润、传导麻醉和硬脊膜外腔麻醉。作用效力和穿透力均比普鲁卡因强两倍,作用时间也较长。阻断神经纤维传导及黏膜表面麻醉浓度为 1%～2%。通常用 0.5%～1%的浓度。

四、麻醉方法

(一) 全身麻醉法

1. 吸入法 多选用乙醚作麻醉药。本法最适合于大、小鼠的短期操作实验的麻醉,当然较大的动物也可用,但需用麻醉口罩或较大的麻醉瓶。

用乙醚麻醉大鼠、小鼠、家兔或猫时,可将动物放入麻醉瓶内,该瓶应带有密封较好的盖,瓶底放入少量脱脂棉。将乙醚倒在棉花上,在室温下乙醚逐渐变成气体挥发。然后,把待麻醉动物投入,经过 1～2 min 左右,从动物后腿开始依次出现麻痹现象,最后动物失去运动能力,表明动物已进入麻醉状态。隔 4～6 min 即可将缸内动物麻醉。当动物麻醉倾斜后仍不能站立,而呈跌倒状态,说明已进入深麻醉期。立即取出动物,此时动物肌肉松弛,四肢紧张性明显降低,角膜反射迟钝,皮肤痛觉消失,可以进入手术程序。由于用乙醚麻醉在较短时间可恢复,为维持长时间的麻醉,可准备一个辅助麻醉瓶,内装有浸有乙醚的脱脂棉球。在动物麻醉变浅时,可将辅助麻醉瓶套在动物的口、鼻上,使其补吸麻药,追加麻醉。

麻醉瓶可以自制。使用密封透明的玻璃容器为好,容积根据动物的大小而定,一般 500～2 000 mL。麻醉前,将玻璃容器内放入深度约 1 cm 的乙醚,然后放入棉球,使乙醚浸入棉球内。再在棉球上放一直径与容器一样大小的铁网以避免乙醚与动物直接接触。盖好瓶盖待用。辅助麻醉瓶也可以自制。可用离心管、试管、小烧杯以及广口瓶等,其口径应根据动物的大小而定,只要能覆盖住动物的鼻子即可。如太大,麻醉剂就会漏掉,使麻醉效果下降。麻醉前,将棉球放入试管,用乙醚浸泡,即可使用。当麻醉的动物的四肢及胡须开始出现运动时,可将辅助麻醉瓶放在动物口、鼻部。当其运动消失后,要及时取下。否则,易造成动物死亡。

由于乙醚燃点很低,遇火极易燃烧。所以,在使用时,一定要远离火源。

2. 腹腔或静脉给药麻醉法 非挥发性麻醉剂可用作腹腔或静脉注射麻醉,其操作简便,是常采用的方法。腹腔给药麻醉多用于小鼠、大鼠、沙鼠和豚鼠。较大的动物,如兔、狗等则多用静脉给药进行麻醉。各种动物的静脉注射部位是:大鼠或小鼠由尾静脉注入,兔或猫由耳静脉注入,狗由后肢静脉注入,鸡由翼的腋下静脉注入。

由于各麻醉剂作用长短以及毒性的差别,在腹腔和静脉麻醉时,一定要控制药物的浓度和注射量。比如,以戊巴比妥钠给药时,应首先用生理盐水稀释,小鼠、大鼠和沙鼠稀释 10 倍,豚鼠和兔稀释 5 倍,然后根据给药途径给药。给药 2～3 分钟后,动物便倒下,全身无力,反应消失,这说明已达到适宜的麻醉效果,是手术最佳时期。接近苏醒时,动物四肢开始活动,胡须也开始抽动。这时,若手术还没完成,就要及时将辅助麻醉瓶放在动物口、鼻处,给予辅助吸入麻醉。手术中如果动物抽搐、排尿,说明麻醉过深,是死亡的前兆。手术完成后数分钟,动物若还不清醒,要注意保温,并促使其清醒,这是防止麻醉意外的关键。

(二) 局部麻醉法

局部麻醉方法很多,有表面麻醉、浸润麻醉和阻断麻醉等,使用最多的是浸润麻醉。浸润麻醉是将药物注射于皮内、皮下组织或手术视野的深部组织,以阻断用药局部的神经传导,使痛觉消失。常用的浸润麻药是 1%盐酸普鲁卡因。此药安全有效,吸收快、显效快,但失效也快。注射后 1～3 min 内开始作用,可维持 30～45 min。它可使血管轻度舒张,导致手术局部出血增加,且又容易被吸收入血而失效。

施行局部浸润麻醉时,先把动物抓取固定好,在将进行实验操作的局部皮肤区域,用皮试针头先作皮内注射,形成橘皮样皮丘。然后换局麻长针头,由皮点进针,放射到皮点四周继续注射,直至要求麻醉区域的皮肤都浸润到为止。可根据实验操作要求的深度,按皮下、筋膜、肌肉、腹膜或骨膜的顺序,依次分别注入麻药,以达到浸润神经末梢的目的。每次注射时,必须先回抽,以免把药注入血管内。

五、常规急救

在动物麻醉过程中,有时会遇到呼吸或血液循环方面的意外情况,需要抢救,下述药物有助于急救。

(一) 呼吸兴奋药

此类药物作用于中枢神经系统，对抗因麻醉药过量引起的中枢性呼吸抑制。

1. 戊四氮 戊四氮为延髓兴奋剂，能兴奋呼吸及血管运动中枢，对抗巴比妥类及氯丙嗪等药物过量所致的中枢性呼吸衰竭。每次用量 0.1 g，静脉或心内注射，可重复使用，但大剂量可导致惊厥。

2. 尼可刹米 尼可刹米又名可拉明。人工合成晶体，直接兴奋呼吸中枢，安全范围较大，适用于各种原因引起的中枢性呼吸衰竭，每次用量 0.25～0.5 g，静脉注射。大剂量可致血压升高、心悸、心律失常、肌颤等。

3. 美解眠 美解眠与戊四氮相似，作用短暂，安全范围比戊四氮宽，过量也可引起肌肉抽搐和惊厥，主要对抗巴比妥类和水合氯醛中毒。每次用量 50 mg，静脉缓慢注射。

(二) 心脏急救药物

1. 肾上腺素 肾上腺素用于提高心肌应激性，增强心肌收缩力，加快心率，增进心脏排血量。用于心跳骤停急救；每次 0.5～1 mg，静脉、心内或气管内注射。肾上腺素在氟烷麻醉中禁用。

2. 碳酸氢钠 碳酸氢钠是纠正急性代谢性酸中毒的主要药物。对于心跳停止的动物，可于首次注射肾上腺素以后立即静脉给药，因为酸中毒的心肌对儿茶酚反应不良。首次给药用 5%碳酸氢钠按 1～2 mL/kg 注射。

六、动物麻醉的注意事项

(1) 有些麻醉药物，如乙醚是挥发性很强的液体，属易燃品。使用时，应远离火源，避免引起火灾或爆炸。平时应装在棕色玻璃瓶中，储存于阴暗干燥的地方。不宜放在冰箱内，以免遇电火花而引起爆炸。

(2) 所有麻醉药使用均可引起中毒，应特别注意各种麻醉药的剂量和用药途径。应准确按体重计算麻醉剂量，由于动物存在个体差异，文献介绍的剂量仅能作参考使用。

(3) 注射时，一般要求缓慢，并随时观察动物的肌肉紧张性、角膜反射、呼吸频率、夹痛反射等指标。

(4) 动物麻醉后体温下降，要注意保温。

(5) 如果麻醉过量，应根据不同情况，积极采取措施，如施行人工呼吸、给予苏醒剂，或注射强心剂、咖啡因、肾上腺素、尼可刹米等，也可静脉注射 5%温热的葡萄糖溶液。

第六节 常用生理盐溶液、麻醉剂和药物剂量的换算

一、常用生理溶液的成分与配制

生理溶液(Physiologic salt solution, PSS)一般指用于温浴或灌流离体组织或器官的近似于生物组织液的液体。PSS 为离体标本提供近似体内的生理环境，其中包括适当的各种离子浓度和渗透压、适当而恒定的酸碱环境、足够的能量和氧气。PSS 的选择与配制是影响实验成败的最重要的因素之一，若 PSS 选择或配制不当，标本的反应性会出现异常甚至难以存活。

不同的动物、不同的组织需要不同的环境，因而人们研究出多种 PSS。表 3-1 列出常用的 PSS。

表 3-1 各种生理溶液的各成分的浓度(g/L)

	Ringer	Locke	Krebs	Krebs-Henseleit	Tyrode	Dejalon
NaCl	9.0	9.2	5.54	6.92	8.0	9.2
KCl	0.42	0.42	0.35	0.35	0.20	0.42
$CaCl_2$	0.24	0.24	0.28	0.28	0.20	0.06
Na_2CO_3	0.5	0.15	2.1	2.1	1.0	0.50

续表

	Ringer	Locke	Krebs	Krebs-Henseleit	Tyrode	Dejalon
NaH_2PO_4					0.05	
KH_2PO_4			0.16	0.16		
$MgCl_2$					0.1	
$MgSO_4 7H_2O$			0.29	0.29		
Glucose	1.0	1.0	2.0	2.0	1.0	0.5
供氧气体	空气	O_2+5% CO_2	O_2+5% CO_2	O_2+5% CO_2	O_2或空气	
适用组织	离体蛙心	哺乳心脏	肝、脑、肾、脾、肺	血管	肠管、心脏组织	子宫

PSS 的配制方法和注意事项：先将氯化钙和葡萄糖以外的成分一起配制成高 10 倍的贮存液，用时做 10 倍稀释；而后加氯化钙 10 倍贮存液，后加氯化钙可以防止 Ca^{2+} 与其他成分发生沉淀反应；临用前加入葡萄糖，最后定容。加 10 倍氯化钙贮存液时边加边搅拌，以免发生碳酸钙或磷酸钙沉淀，使 PSS 出现混浊或沉淀。含有 Na_2CO_3 或葡萄糖的溶液不宜放置过久。蒸馏水要新鲜，最好用重蒸水。蒸馏水放置时间过长，其中 CO_2 含量可能增高。

二、常用抗凝剂和麻醉剂的浓度或剂量

机能学实验中常需要抗凝剂防止血液凝固，以便实验顺利进行。如通过插管和导管记录血压或心室内压时，抗凝剂可以抑制血液凝固保证压力传送过程通畅及时准确；体外分离血小板测定其功能；制备血浆进行生化化验等等。常用的抗凝剂有肝素、枸橼酸钠等。肝素动物体内抗凝的剂量一般为 3～10 mg/kg，测定血压和心功能时动脉导管里所有的浓度为 0.05%；体外血液抗凝浓度为 0.1～0.2 mg/mL。枸橼酸钠一般仅用于体外抗凝，如分离血小板测定其功能，分离血浆等，其抗凝浓度一般为 0.1～0.2 mg/mL。

常用麻醉剂剂量及其给药途径：苯巴比妥钠 50～60 mg/kg 静脉注射或腹腔注射（大鼠、兔、犬等）；戊巴比妥钠 30 mg/kg 静脉注射或腹腔注射（大鼠、兔、犬等）；乌拉坦 0.8～1.0 g/kg 腹腔注射（适用于小鼠、大鼠）；安定 5 mg/kg 和氯胺酮 50 mg/kg 腹腔注射（大鼠）。上述麻醉剂用于不同动物时，用于不同实验目的时剂量可稍有增减。

三、药物剂量的换算

在药理学实验中常遇到给动物多大剂量的问题，解决方法有：参考类似药物的有关研究文献；如没有相关文献，可根据半数致死量（LD_{50}）或最大耐受量设计药效学实验，如可从 LD_{50} 或最大耐受量的 1/10 剂量开始探索有效剂量，也可以选择 LD_1 或 LD_5 开始药效学实验，然后根据药效强度和毒性反应情况适当增加或减小剂量。

有时已知某药对一种动物的有效剂量，但需要观察该药对另一种动物模型的作用，此时如何确定给该动物的剂量？某一药物对不同动物的等效剂量往往有一定差异，不宜将一种动物的有效剂量简单地用于另一种动物，但不同动物之间的等效剂量又存在一定的关系，可以按一定的公式进行换算。常用的方法有两种。

（一）按公斤体重换算

此种方法用已知某种动物的有效剂量乘以一定的折算系数来推算出另一种动物的有效剂量。从表 3-2 的横栏中找出已知有效剂量的动物，从竖栏中找出待求有效剂量的动物，两者的交叉点即为该两种动物的有效剂量折算系数。如已知某药对小鼠的有效剂量为 100 mg/kg，求该药对猫的等效剂量。查出小鼠与猫的折算系数为 0.3，则猫的等效剂量为 0.3×100＝30 mg/kg。

表 3-2　不同动物间等效剂量折算系数

	成年体重(kg)						
	小鼠 0.02	大鼠 0.2	豚鼠 0.4	家兔 1.5	猫 2.0	犬 12	人 60
小鼠 0.02	1.00	1.40	1.60	2.70	3.20	4.80	9.01
大鼠 0.2	0.70	1.00	1.14	1.88	2.30	3.60	6.25

续表

	成年体重(kg)						
	小鼠 0.02	大鼠 0.2	豚鼠 0.4	家兔 1.5	猫 2.0	犬 12	人 60
豚鼠 0.4	0.61	0.87	1.00	0.65	2.05	3.00	5.55
家兔 1.5	0.37	0.52	0.60	1.00	1.23	1.76	3.30
猫 2.0	0.30	0.42	0.48	0.81	1.00	1.44	2.70
犬 12	0.21	0.28	0.34	0.56	0.68	1.00	1.88
人 60	0.11	0.16	0.18	0.30	0.37	0.53	1.00

（二）按体表面积换算

不同种属动物体内的血药浓度和作用与体表面积成正相关，因而按体表面积折算的等效剂量更为接近。

表 3-3 不同动物间按体表面积折算等效剂量的系数

	成年体重(kg)						
	小鼠 0.02	大鼠 0.2	豚鼠 0.4	家兔 1.5	猫 2.0	犬 12	人 70
小鼠 0.02	1.00	7.00	12.25	27.8	29.7	124.2	387.9
大鼠 0.2	0.14	1.00	1.74	3.90	4.20	17.8	56.0
豚鼠 0.4	0.08	0.57	1.00	2.25	2.40	10.2	31.5
家兔 1.5	0.04	0.25	0.44	1.00	1.08	4.50	14.2
猫 2.0	0.03	0.23	0.41	0.92	1.00	4.10	13.0
犬 12	0.008	0.06	0.10	0.22	0.23	1.00	3.10
人 70	0.002 6	0.018	0.031	0.07	0.078	0.32	1.00

从表 3-3 的竖栏中找出已知有效剂量的动物，从纵栏中找出待求有效剂量的动物，两者的交叉点即为该两种动物间的体表面积折算系数。用此表计算等效剂量，首先计算出整只动物所用的量，然后除以成年动物的公斤体重即得每公斤体重的剂量。

如已知某药对大鼠的有效剂量为 100 mg/kg，求对犬的等效剂量。每只大鼠的用量为 100 mg/kg×0.2 kg(大鼠体重)＝20 mg。查表得大鼠与犬的体表面积折算系数为 17.8，则整只犬的用量为 20 mg×17.8＝356 mg，即等效剂量为 356 mg÷12 kg(犬体重)＝29.67 mg/kg。

注意：一般体重越大的动物其每公斤体重的等效剂量数值越小。

（杨　拯）

第四章

虚拟仿真实验系统

VBL-100 医学机能虚拟实验室系统(图 4-1)是医学机能学实验仿真软件,该软件使用计算机虚拟仿真与网络技术,采取客户-服务器的构架模式,共涵盖了 50 多个医学机能学模拟仿真实验。由于是模拟仿真实验,在开展过程中无须实验动物和实验准备,有利于帮助同学们理解实验操作的步骤和实验效果,因此可以作为医学机能学实验教学的有益补充。该系统由动物简介、基础知识、实验录像、模拟实验和实验考核等 5 部分组成,结构完整、内容丰富。

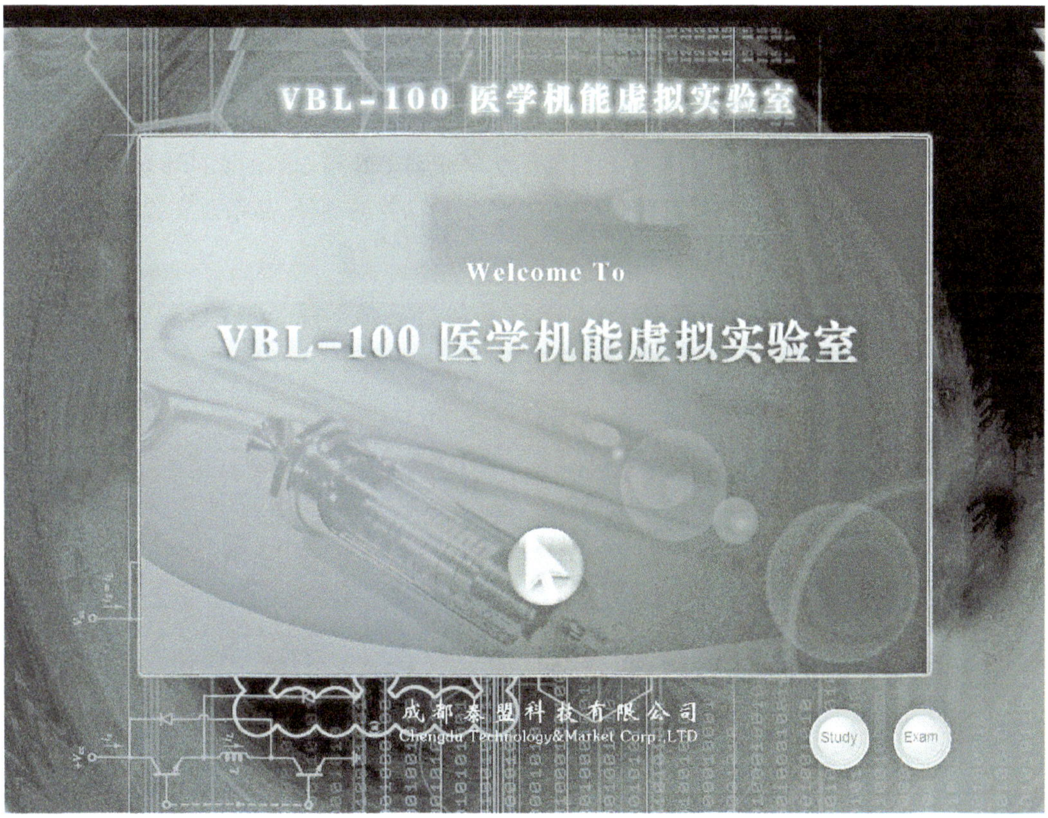

图 4-1　虚拟实验室示意图

第一节　VBL-100 的系统结构

一、总体结构

1. 系统采用服务器-客户机的架构模式,服务器主要用于存放素材并进行数据库管理,而客户机则主要是对素材的表达。

2. 客户机用于用户使用该系统进行学习，是用户直接与这套系统打交道的接口，客户机本身相当于一个浏览器，请求并解释从服务器得到的数据。

二、服务器结构

服务器作为虚拟实验系统的数据源，主要承担提供数据和修改数据两方面的工作。

1. *提供数据* 包括接受客户机的请求，从数据库中查找数据，得到数据和数据的详细位置，然后将数据分发给请求的客户机。

2. *修改数据* 包括修改数据、添加数据和检查数据 3 个部分内容，服务器上提供修改数据的界面，我们可以对数据的内容和访问路径等进行修改；添加数据主要用于添加新的实验内容或数据；检查数据是根据数据库的信息检查资源的可用性。

第二节 VBL-100 的使用

VBL-100 系统包括动物房、资料室、准备室、考试室和模拟实验室等几个部分。模拟实验室中的实验项目包括了教学大纲中的主要实验项目。

1. *动物房* 动物房通过生动的动物形象和精炼的文字介绍了常用实验动物的生物学特性、一般生理常数和生物医学科学研究中的应用。另外，这部分还包括了实验动物的品种、品系及实验动物的编号和选择等基本知识。

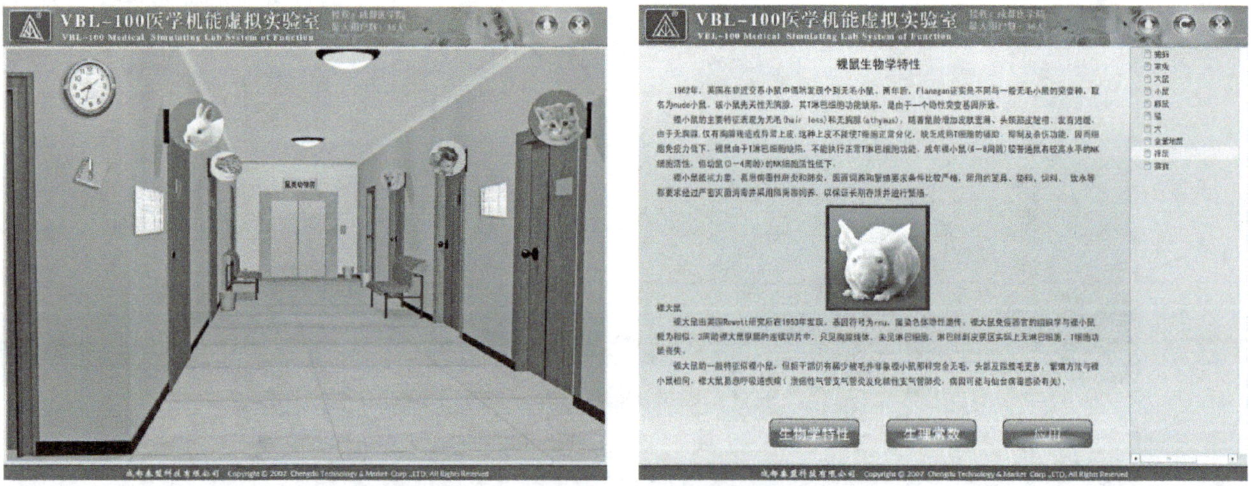

图 4-2 VBL-100 医学机能实验室

2. *资料室* 资料室的资源主要包括书本知识、实验录像和实验报告等。在资料室内可以阅读书架上的每一书本，也可观看实验操作的录像，桌上的实验报告也可以查阅。

书本知识方面，主要介绍了多种基本实验操作的讲解、信号采集与处理技术、传感器技术、生理学实验、病理生理学实验和药理学实验等基础知识的介绍。

实验录像方面，不但包括了气管插管、颈动脉插管和颈部神经分离等颈部手术，还有输尿管插管、肠系膜微循环标本制备等腹部手术的演示。

实验报告部分，通过一张模拟仿真的实验报告呈现了实验报告的构成内容；同时，学生可以通过单击相应项目查看撰写要求。

进入资料室后，书架上每本书都有相应的丰富内容，包括《机能学实验概述》、《机能学实验常用技术》、

《信号采集与处理技术》、《传感器技术》、《生理学实验》、《病理生理学实验》、《药理学实验》和《VBL-100 使用指南》等(图 4-3,图 4-4)。

图 4-3 资料室内容界面

3. 准备室 准备室内有一个储物柜,用于存放实验仪器、实验试剂及手术器械,用户可以通过单击观看相应实验素材的文字、图片及三维模型介绍,如同身处真实的实验室中一般。

在实验大厅单击“准备室”的实验室标牌即可进入该实验室(图 4-5)。

(1) 实验仪器:主要介绍了 BL-420F 生物机能实验系统、HX-300s 动物呼吸机、GL-2 离体心脏灌流系统、BI-2000 医学图像分析系统、HW-1000 超级恒温水浴系统、PV-200 足趾容积测量仪等仪器的原理及使用方法,包括软件界面的详细操作步骤,可以单击需要了解的按钮查看其功能介绍(图4-6)。

(2) 实验试剂:主要包括常用生理溶液、常用抗凝剂和常用麻醉剂的介绍(图 4-7)。

(3) 手术器械:以文字图片盒三维结构等形式演示了各种常用手术器械、蛙类手术器械和哺乳类手术器械的特点及使用方法(图 4-8)。

4. 考试室 考试室主要通过大量的机能学试题考查学生对知识掌握情况,学生可以在机房上机进行自测,系统自动生成测试结果及分数;教师还可以添加试题以充实题库内容,并可以灵活设置试卷格式及题型,系统自动生成考卷,可以节约大量人力、物力及时间资源。在实验大厅单击“考场”的实验室标牌进入该实验室(图 4-9)。

在考场内单击考桌上的考卷,即进入考试菜单,菜单内有多套试题可供选择,选择一套试题开始考试,考试过程中,当选择答案错误时系统会提示“错误”,而当选择到正确的答案后会显示对正确答案的解释。

5. 模拟实验室 模拟实验部分涵盖了生理学、病理生理学、药理学、人体实验等 50 多个实验模块,以系统、专业的机能学知识为基础,辅以各种多媒体表现手段。

在实验大厅单击“模拟实验室”的实验室标牌,进入模拟实验室电梯(图 4-10)。

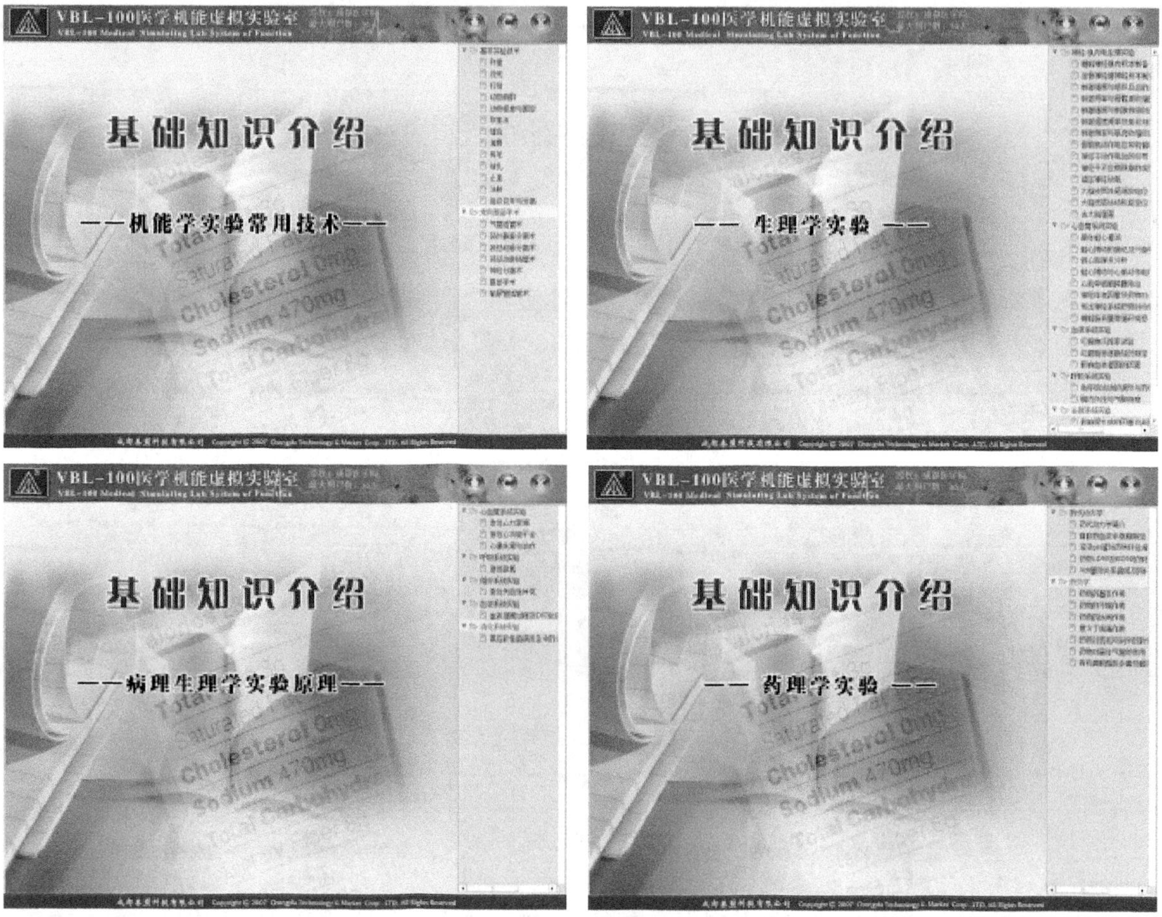

图 4-4　资料室相关资料简介

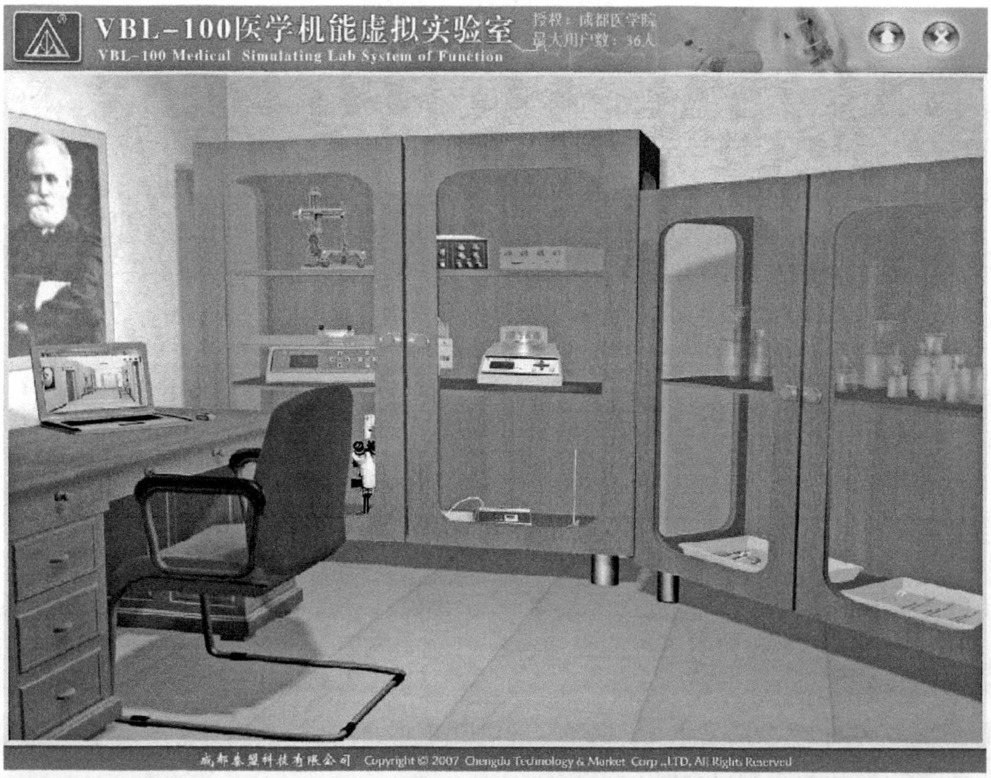

图 4-5　准备室陈设

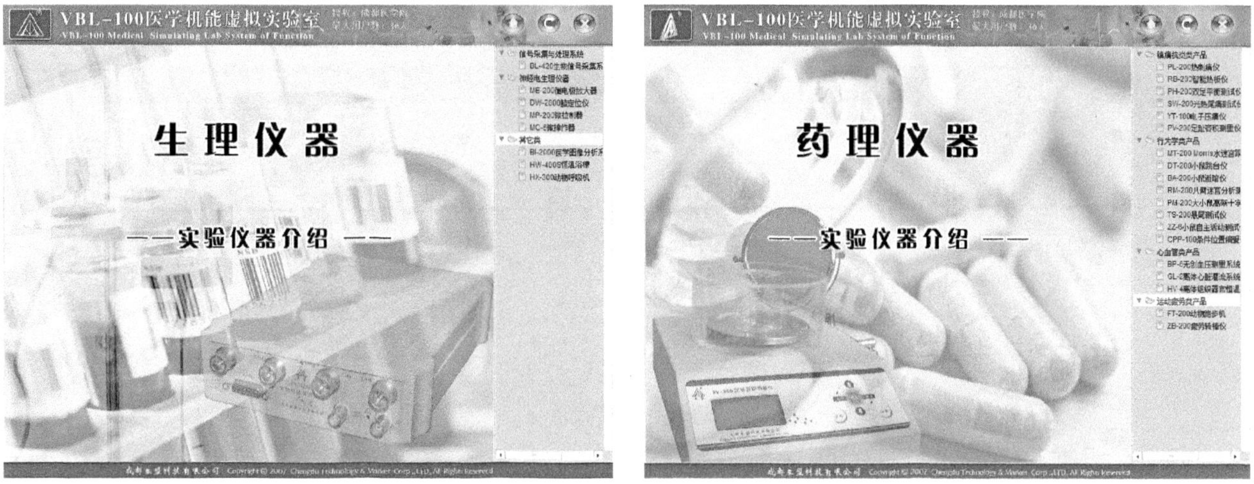

图 4-6　常用实验仪器介绍

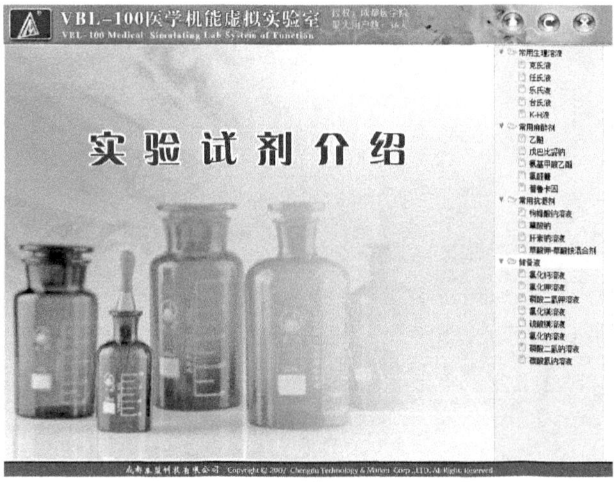

图 4-7　常用实验试剂介绍

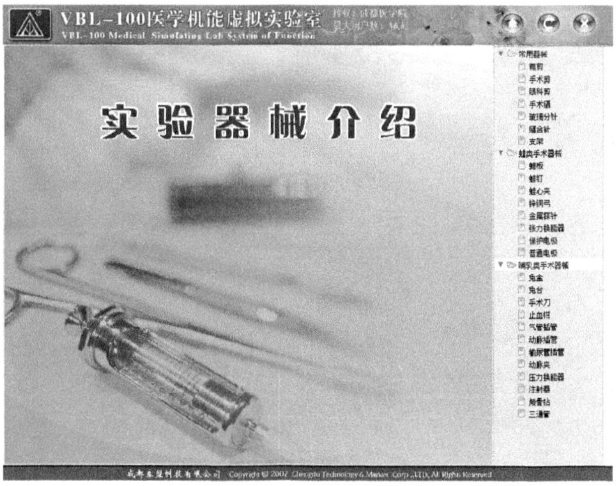

图 4-8　常用实验器械介绍

图 4-9　考场内部陈设

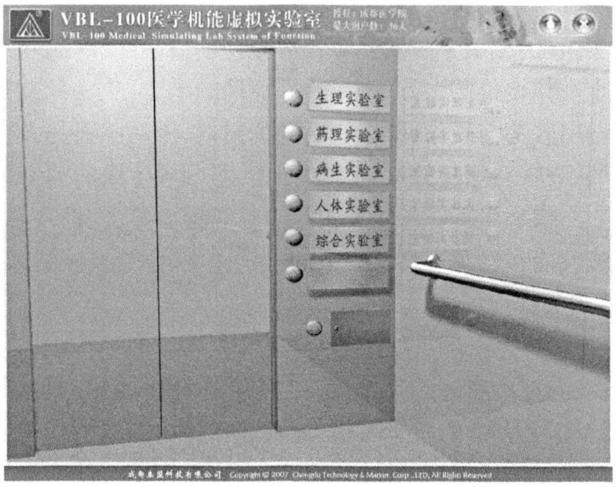

图 4-10　模拟实验室电梯

在电梯内单击相应按钮即可进入该实验室的菜单，包括生理实验室（图 4－11）、病理生理实验室（图 4－12）、药理实验室（图 4－13）、综合实验室（图 4－14）、人体实验室等。

图 4－11 生理实验室

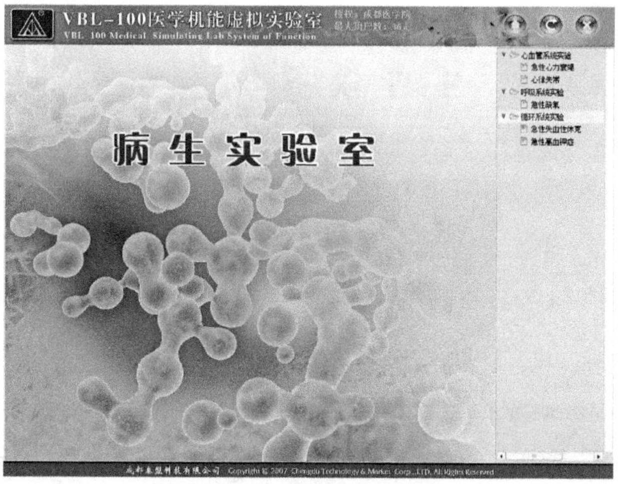

图 4－12 病理生理实验室

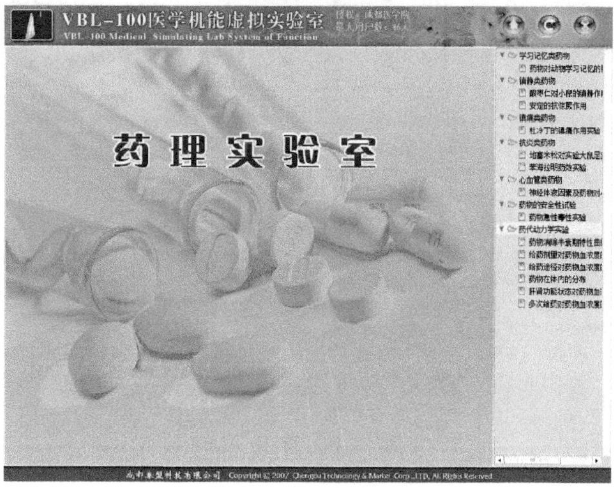

图 4－13 药理实验室

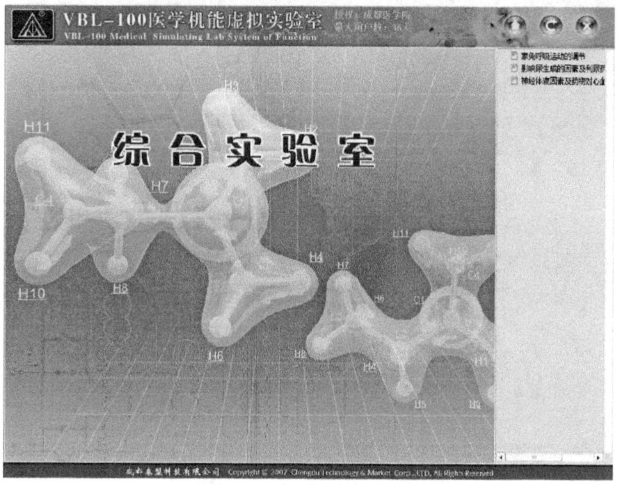

图 4－14 综合性实验室

生理学实验主要包括神经-肌肉电生理实验、心血管系统实验、呼吸系统实验、泌尿系统实验、血液系统实验、消化道系统实验等几部分。涵盖的实验项目：刺激强度与反应的关系、刺激频率与反应的关系、神经干动作电位的引导、神经干不应期的测定、兔大脑皮层诱发电位、离体心肌细胞动作电位、兔减压神经放电、期前收缩与代偿间歇、心电图的描记、兔动脉血压调节、离体蛙心灌流、膈肌电活动与呼吸运动、呼吸运动调节、吗啡对家兔呼吸的抑制作用、影响尿生成的因素、ABO 血型鉴定、离体肠肌运动等。

病理生理实验主要包括急性高钾血症、急性左心衰竭、急性右心衰竭、急性失血性休克及微循环变化、体液改变在家兔急性失血中的代偿作用、家兔血液酸碱度变化与血气分析、血浆胶渗压降低在水肿发生中的作用等实验项目。

药理学实验主要包括学习记忆类药物、镇静类药物、抗焦虑类药物、抗抑郁类药物、镇痛类药物、抗炎类药物、抗疲劳类药物、心血管类药物、药物的安全性试验等几大部分。涵盖的实验项目有：药物对动物学习记忆的影响（八臂迷宫法、避暗法）、药物的镇静作用实验、药物的抗焦虑作用实验、药物的抗抑郁作用实验、药物的镇痛作用实验（热板法、光热刺痛法）、地塞米松对实验大鼠足趾肿胀的影响、抗疲劳实验（转棒法、跑步机测试法）、药物的抗高血压实验、药物对离体兔心的作用、离体大鼠主动脉环实验、药物的急性毒性实验、注射剂的热原检查、尼克刹米对抗哌替啶抑制呼吸作用、药物对豚鼠离体气管条的作用、磺胺半衰期测定等。

综合性实验主要包括理化因子及药物对消化道平滑肌的生理特性的影响、神经体液因素及药物对心血管活动的影响、影响尿生成的因素及利尿药的作用、兔呼吸运动的调节与药物对呼吸的影响等实验项目(图4-14)。

人体实验主要包括人体指脉信号的测定、人体全导联心电信号的测量、人体肺功能的测定、人体前臂肌电的测定、人体眼电的测定、人体脑电的测定、人体握力的测定、人体指脉血流速度的测定、人体体温的测定等实验项目。

单击菜单中的实验项目,即进入该实验的模拟。每个模拟实验都包括实验简介、实验原理、模拟实验、实验录像、实验波形5部分,通过模拟实验页面右下方的按钮进行切换(图4-15,4-16,4-17,4-18,4-19)。

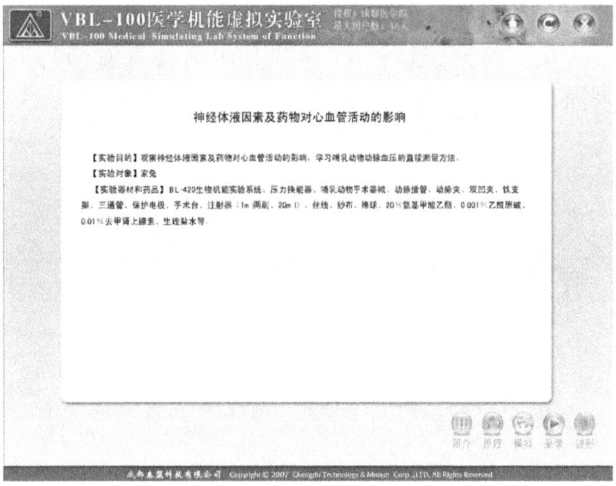

图4-15 虚拟实验简介

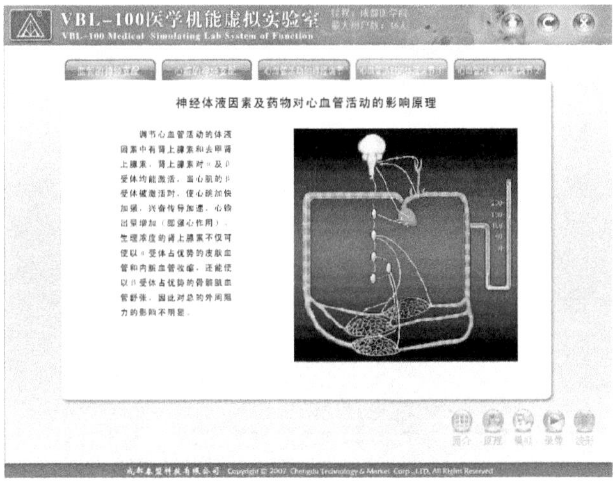

图4-16 虚拟实验原理

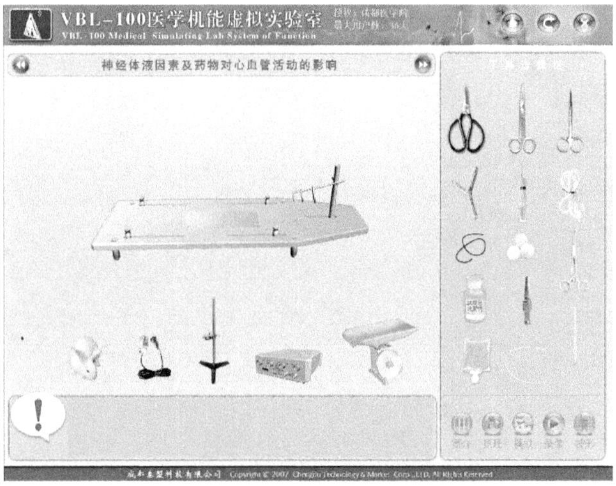

图4-17 模拟实验

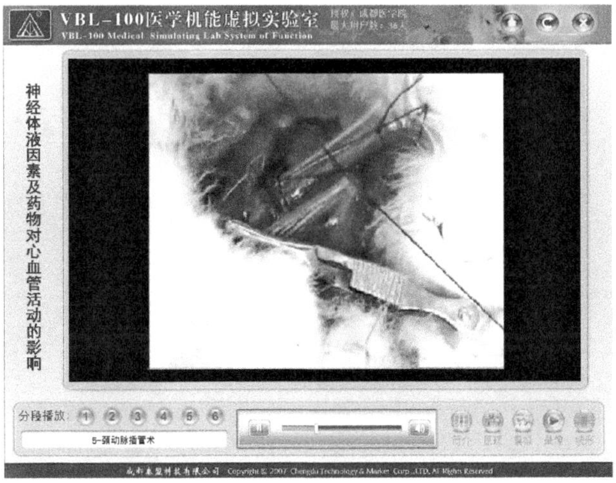

图4-18 实验过程录像

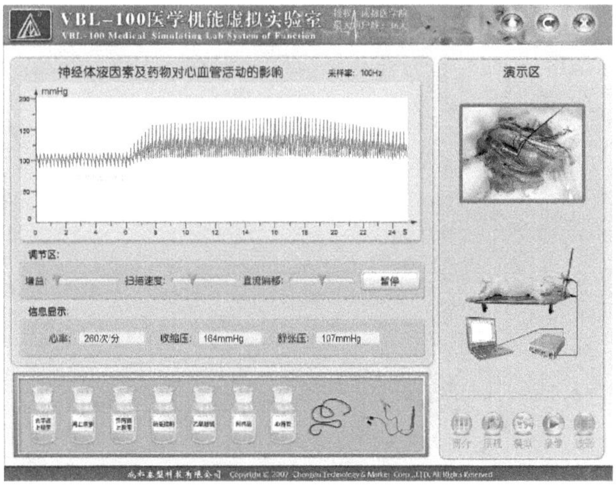

图4-19 实验结果波形

学生可以逐步单击相应的实验素材模拟实验操作过程,操作过程中穿插对药物及操作的考核。

实验结果的演示也是在学生进行相应操作后呈现,如给予不同频率电刺激后骨骼肌出现的完全强直性收缩与不完全强直性收缩波形、动脉血压调节实验中学生给予肾上腺素后血压的波形上升等。

在实验模拟过程中，学生如果需要查看药物剂量或者忘记手术操作步骤，可以适时单击观看演示及录像。

（杨　拯）

第二篇

基本实验篇

第五章

神经系统实验

实验一　电刺激强度、频率与骨骼肌收缩反应的关系

【实验目的】

本实验通过逐步增加对牛蛙坐骨神经干的刺激强度(幅度),或通过改变刺激频率的方法来观察刺激强度和频率对肌肉收缩的影响。

【实验原理】

首先制备牛蛙的坐骨神经—腓肠肌标本,然后利用生物信号采集处理系统刺激神经干引起动作电位,再通过动作电位在神经—肌肉接头处的传导,使牛蛙的腓肠肌产生动作电位,引起兴奋收缩耦联,最终产生了腓肠肌的收缩。

坐骨神经—腓肠肌标本上给一个阈刺激或阈上刺激时,肌肉即发生一次收缩反应,这是肌肉收缩的最简单的形式,称为单收缩。若我们采用方波脉冲,且保持波宽不变,就可以观察刺激强度对肌肉收缩的影响:当刺激小于阈值时,肌肉没有收缩反应,逐渐增加刺激强度,当肌肉产生收缩时,此时的刺激强度即为阈值。此后再增加刺激强度,肌肉的收缩反应会越来越强。

不同频率的电脉冲刺激神经时,肌肉会产生不同的收缩反应。当给出一个刺激时,肌肉将产生一次收缩,当刺激频率较低,且每次刺激的时间间隔超过肌肉单收缩的时程(包括收缩期和舒张期)时,肌肉的收缩表现为一连串的单个收缩。若刺激频率逐渐增加,刺激间隔逐渐缩短,当每次刺激的时间间隔处于肌肉收缩的舒张期时,肌肉表现为逐渐融合的收缩——不完全强直收缩。若刺激频率继续增加,刺激间隔明显缩短,当每次刺激的时间间隔处于肌肉收缩的收缩期时,肌肉收缩则表现为更为明显的融合——完全强直收缩。

【实验材料】

实验对象:牛蛙。

实验器材:蛙类手术器械,神经-肌肉标本槽,滤纸片,棉线,铁支架 1 个,双凹夹 3 个,蛙板,玻璃板,粗剪刀,手术剪,镊子,玻璃分针,滴管,培养皿,锌铜弓,生物信号处理系统,张力换能器。

药品与试剂:任氏液。

【实验方法与步骤】

(1) 破坏脑脊髓:取牛蛙一只,用自来水冲洗干净。左手握住牛蛙,用食指压住其头部前端使头前俯(图 5-1),右手持探针从枕骨大孔垂直刺入,然后向前刺入颅腔,左右搅动捣毁脑组织;将探针抽出再由枕骨大孔向后刺入脊椎管捣毁脊髓。若牛蛙的四肢松软,呼吸消失,表示脑脊髓已完全破坏,否则应按上法再行捣毁。

(2) 剪除躯干上部及内脏在骶髂关节水平以上 0.5～1 cm 处剪断脊柱,左手握牛蛙后肢,用拇指压住骶骨,使牛蛙头与内脏自然下垂,右手持粗剪刀,沿两侧剪除其一切内脏及头胸部注意勿损伤坐骨神经(图 5-2),仅留下后肢、骶骨、脊柱及由它发出的坐骨神经。

图 5-1 手持牛蛙的方法

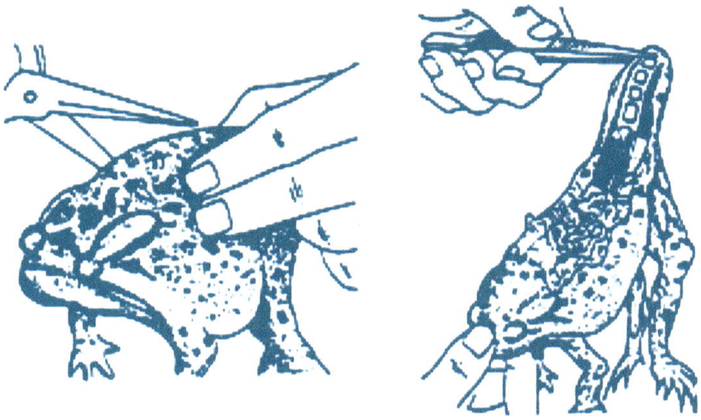

图 5-2 剪除躯干上部及内脏

(3) 剥皮：左手握脊柱断端(注意：不要握住或接触神经)，右手捏住其上的皮肤边缘，向下剥掉全部后肢皮肤，将标本放在盛有任氏液的培养皿中。

(4) 将手及用过的剪子、镊子等全部手术器械洗净，再进行下述步骤。

(5) 分离两腿：用镊子从背位夹住脊柱将标本提起，剪去向上突出的骶骨(注意：勿损伤坐骨神经)，然后沿正中线用剪刀将脊柱分为两半并从耻骨联合中央剪开两侧大腿，这样两腿即完全分离。将两条腿浸于盛有任氏液的培养皿中。

(6) 制作坐骨神经腓肠肌标本：取一腿放于蛙板上的玻璃板上。

1) 游离坐骨神经：用玻璃分针沿脊柱侧游离坐骨神经将标本背侧向上放置，把梨状肌及其附近的结缔组织剪断，再循坐骨神经沟(股二头肌及半膜肌之间的裂缝处)，找出坐骨神经之大腿部分，用玻璃分针小心剥离，用镊子夹住脊柱骨将神经轻轻提起，剪断坐骨神经的所有分支，将神经一直游离至腘窝为止(图 5-3)。

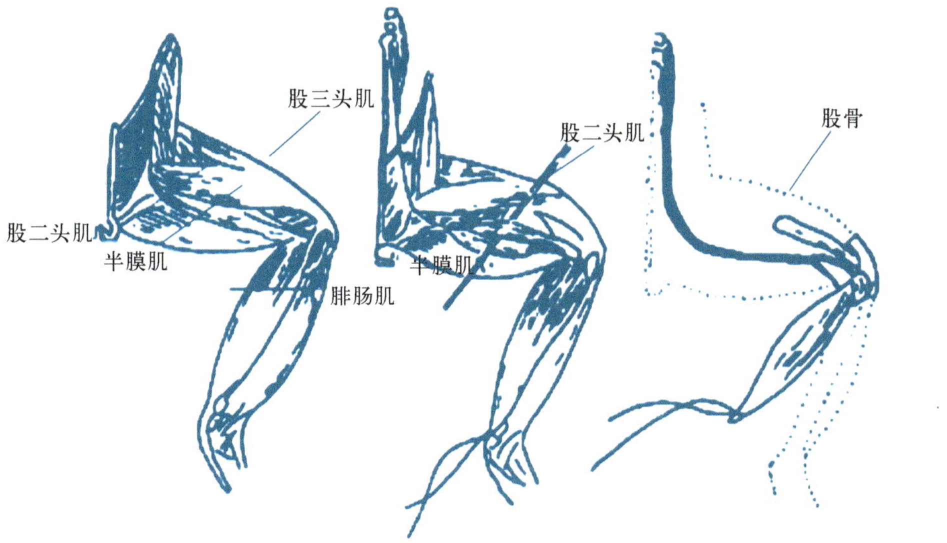

图 5-3 坐骨神经分离暴露后位置

2) 完成坐骨神经小腿标本：将游离干净的坐骨神经搭于腓肠肌上，在膝关节周围剪掉全部大腿肌肉并用粗剪刀将股骨刮干净，然后在股骨中部剪去上段股骨，保留的部分就是坐骨神经小腿标本(图 5-4)。

图 5-4 坐骨神经小腿标本及坐骨神经腓肠肌标本

3）完成坐骨神经腓肠肌标本：将上述坐骨神经小腿标本在跟腱处穿线结扎后剪断跟腱。游离腓肠肌至膝关节处，然后沿膝关节将小腿其余部分全部剪掉，这样就制得一个具有附着在股骨上的腓肠肌并带有支配腓肠肌的坐骨神经的标本（图 5-4）。

（7）用锌铜弓检查标本：用经任氏液沾湿的锌铜弓迅速接触坐骨神经，如腓肠肌发生明显而灵敏的收缩，则表示标本的兴奋性良好，即可将标本放在盛有任氏液的培养皿中，以备做实验之用（如无锌铜弓设备，可用中等强度单个电刺激检查标本的兴奋性）。

（8）将已制好的坐骨神经腓肠肌标本按（图 5-5）安装在肌槽上，腓肠肌一端的线与机械换能器相连。

（9）打开生物信号采集处理系统并调节好需要记录的信号通道，打开刺激器，选择为“自动幅度调节”，首幅度设为 0 V，增量设为 0.05 V，末幅度设为 2～3 V。设置结束后按“刺激开关”可观察到随刺激强度增加而收缩强度增加的肌肉收缩曲线。

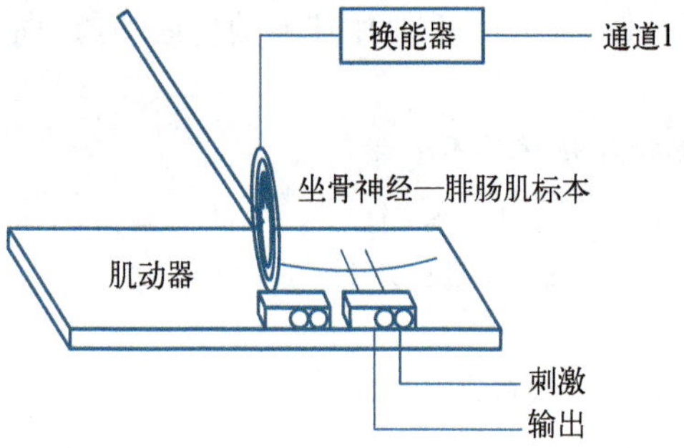

图 5-5 坐骨神经腓肠肌标本安装

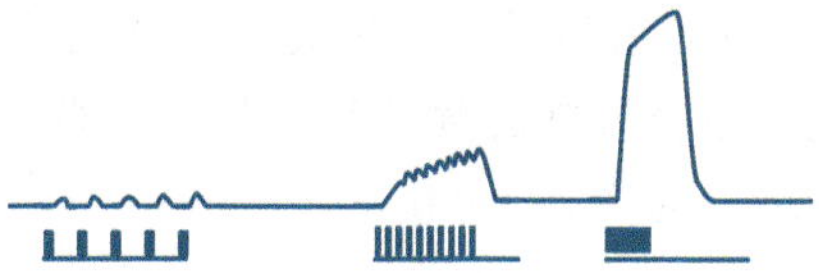

图 5-6 肌肉收缩形式

（10）选择“自动频率调节”，首频率设为 1 Hz，增量设为 3 Hz，末频率设为 10 V。设置结束后按“刺激开关”。可描记出单收缩、不完全强直收缩（即锯齿状波形）、完全强直收缩（曲线顶端近似平滑的曲线）（图 5-6）。

【实验小结】

当刺激小于阈值时，肌肉没有收缩反应，刺激强度达到阈值后，可产生肌肉收缩。且收缩力量随着刺激强度的增加而增加，但当刺激增加到某一数值时，肌肉的收缩强度将保持不变。

如给肌肉一串间隔较大的连续刺激，则肌肉将出现一连串各自分离的单收缩；若逐渐增加刺激频率，当连续刺激的间隔时间处于单收缩的舒张期时，前一次收缩的舒张期还没有结束时又给了第二次刺激，产生第二次收缩，这样画出的曲线呈锯齿状，称为不完全强直收缩。如果刺激频率较快，连续刺激的间隔时间处于单收缩的收缩期时，落在前一次收缩的收缩期内，前一次收缩的收缩期还没有结束时又给了第二次刺激，产生了新的收缩，发生收缩的叠加现象，这样画出的曲线顶端的锯齿消失，呈一直线，称为完全强直收缩，它产生的肌张力要比单收缩强 2～4 倍。而且在一定范围内，收缩的幅度随刺激频率而增大。

【讨论与思考】

（1）怎样判断牛蛙坐骨神经—腓肠肌标本的兴奋性？

（2）肌肉的收缩形式有哪些？怎样区别？

（3）刺激强度和刺激频率与肌肉收缩力、收缩形式之间有什么关系？

实验二 神经干动作电位的引导

【实验目的】

学习牛蛙坐骨神经干复合动作电位的细胞外记录方法，观察双相动作电位、单相动作电位的形状。

【实验原理】

神经组织具有可兴奋性，兴奋的客观的标志是动作电位。当神经接受刺激发生兴奋时，细胞膜在静息电位的基础上发生一次短暂的、可以扩布的电位波动，这种电位波动称为动作电位。动作电位在神经纤维上以一定的速度向远处传播，而兴奋部位本身在一次兴奋后其兴奋性要经过一系列变化才回到正常水平。将两个引导电极置于正常完整的神经干表面，当神经干一端受刺激兴奋后，兴奋波(动作电位)会向未兴奋处传导，先后通过两个引导电极时，便可记录到两个方向相反的电位偏转波形，此称为双相动作电位。如果将两个引导电极之间的神经组织损伤(或麻醉、低温处理等)，即破坏了神经结构上的连续性或功能上的完整性，可以阻滞动作电位的传导，兴奋波只能通过第一个引导电极，不能传导至第二个引导电极。这样就只能记录到一个方向的电位偏转波形，此称为单相动作电位。

【实验材料】

实验对象：牛蛙。

实验器材：蛙类手术器械、神经屏蔽盒、滤纸片、棉线、铁支架 1 个、双凹夹 3 个、蛙板、玻璃板、粗剪刀、手术剪、镊子、玻璃分针、滴管、培养皿、生物信号处理系统(图 5-7)。

药品与试剂：任氏液。

【实验方法与步骤】

1. 制备牛蛙坐骨神经腓神经标本　游离并取坐骨神经和与之相续的神经，在两端各扎一线，分离神经时，用剪刀小心剪开周围结缔组织和神经分枝，切忌撕扯，神经标本尽可能长些。

2. 标本放置　将制备好的坐骨神经标本从任氏液中取出，放置于神经屏蔽盒的电极上，注意将神经的近中枢端置于刺激电极上，远中枢端置于引导电极上，放置过程中不要使神经牵拉、折叠、缠绕。用任氏液保持神经湿润，过多的液体可用滤纸吸去(图 5-7)。

3. 刺激器参数设置　在“肌肉神经实验”选择实验项目中选择“神经干动作电位引导”，单击屏幕左下角“设置刺激器参数”放大框，调节刺激器参数以获取理想波形。使仪器处于触发采样状态，然后给予电刺激。从小到大增加刺激强度，观察刺激强度与动作电位幅度的关系。找出引起最大动作电位幅度的最小刺激强度(最大刺激强度)，即能够使神经干中全部纤维兴奋的最小有效刺激，仔细观察神经干动作电位的双相动作电位波形(图 5-8)。

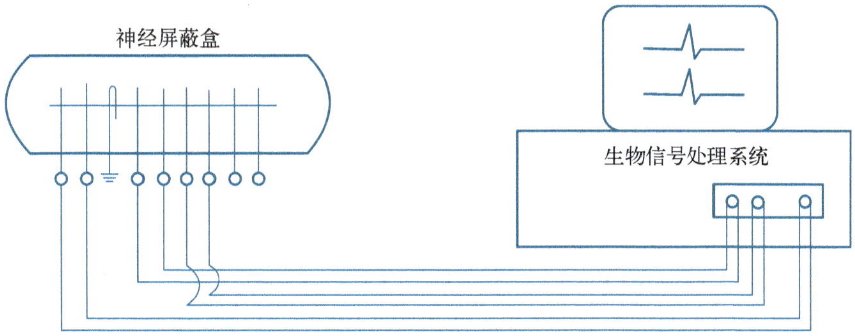

图 5-7　测定神经兴奋传导速度的装置

4. 观察单相动作电位　在远离刺激电极的一对引导电极之间作止血钳夹伤神经(不夹断)，可观察到这时电极原引导的双相动作电位变为单相动作电位。

【实验小结】

当牛蛙坐骨神经干动作电位传导正常时，记录到双相动作电位，而在引导电极之间用止血钳夹伤神经(不夹断)，可观察到电极原引导的双相动作电位变为单相动作电位。

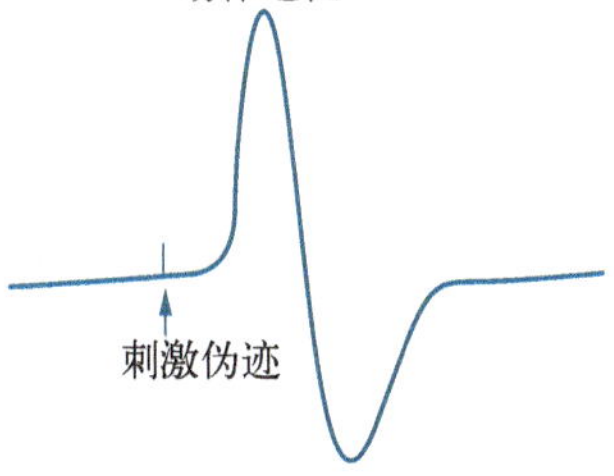

图 5-8　坐骨神经干双相动作电位

【讨论与思考】

1. 什么叫刺激伪迹？有何意义？

2. 牛蛙坐骨神经干动作电位的幅度与刺激的强度相关吗？为什么？

（韩　毅）

实验三　神经兴奋传导速度的测定

【实验目的】

通过引导牛蛙的坐骨神经干动作电位，掌握在体神经干动作电位传导速度测定的实验方法，熟悉生物信号采集处理系统的使用方法。

【实验原理】

神经组织具有可兴奋性。动作电位是兴奋的客观标志，当神经接受刺激发生兴奋时，细胞膜在静息电位的基础上发生一次短暂的、可以扩布的电位波动，这种电位波动称为动作电位，动作电位在神经纤维上以一定的速度向远处传播。

神经干一端受到刺激而兴奋后，其动作电位可像波一样沿细胞膜传导至另一端，其传导的速度取决于神经干的粗细、内阻、有无髓鞘等因素。测定神经干上动作电位传导的距离(S)与通过这段距离所用的时间(t)，即可根据 $V = S \div t$ 求出动作电位的传导速度(conduction velocity)。本实验的目的是通过电生理方法来了解神经兴奋传导速度测定的基本原理和方法。

【实验材料】

实验对象：牛蛙。

实验器材：蛙类手术器械、神经屏蔽盒、滤纸片、棉线、铁支架 1 个、双凹夹 3 个、蛙板、玻璃板、粗剪刀、手术剪、镊子、玻璃分针、滴管、培养皿、生物信号处理系统、张力换能器。

药品与试剂：任氏液。

【实验方法与步骤】

1. 制备牛蛙坐骨神经干标本

游离并取坐骨神经干和与之相续的胫、腓神经，在两端各扎一线。在分离神经时，用剪刀小心剪开周围结缔组织和神经分枝，切忌撕扯，神经标本尽可能长些。

2. 标本放置　将制备好的坐骨神经标本从任氏液中取出，放置于神经屏蔽盒的电极上，注意将神经的近中枢端置于刺激电极上，远中枢端置于引导电极上，放置过程中不要使神经牵拉、折叠、缠绕。用任氏液保持神经湿润，过多的液体可用滤纸吸去(图 5-7)。

3. 刺激器参数设置　在“肌肉神经实验”选择实验项目中选择“神经干动作电位引导”，单击屏幕左下角“设置刺激器参数”放大框，调节刺激器参数以获取理想波形(图 5-7)。使仪器处于触发采样状态，然后给予电刺激。从小到大增加刺激强度，观察刺激强度与动作电位幅度的关系。找出引起最大动作电位幅度的最小刺激强度(最大刺激强度)，即能够使神经干中全部纤维兴奋的最小有效刺激，仔细观察神经干动作电位的双相动作电位波形。

4. 观察神经干动作电位：将第一对和第二对引导电极分别输入生物信号处理系统的 Ch1、Ch2，以适当的强度连续刺激神经干，使之出现双相电位(图 5-8)。

5. 测定神经干动作电位的传导速度

(1) 调整扫描速度，使刺激伪迹与上、下线动作电位波形间有明显距离，分别记下刺激伪迹与上、下线动作电位起始点之间的距离，并算出该距离所代表的时程 T_1 和 T_2。

(2) 测出神经槽内两对引导电极第一极之间的距离 L。

(3) 计算神经干动作电位传导速度：$v = L/T$，其中 $T = T_1 - T_2$。

【实验小结】

利用生物信号处理系统，先记录两个通道上的牛蛙坐骨神经干双相动作电位，再利用物理学的原理 $v = L/T$，其中 $T = T_1 - T_2$ 可计算神经干动作电位传导速度。

【讨论与思考】

(1) 如果制备的牛蛙坐骨神经较短，只能记录第一对引导电极的双相动作电位，能否计算牛蛙坐骨神经上的传导速度？

(2) 如果生物信号处理系统已经记录到两对引导电极的双相动作电位，但没有记录到刺激伪迹，你能否计算出牛蛙坐骨神经上的传导速度？

（韩　毅）

实验四　神经干不应期的测定

【实验目的】

通过引导牛蛙的坐骨神经干动作电位并测定其不应期，掌握不应期的概念。

【实验原理】

神经组织是可兴奋组织，给予一定强度的刺激便可产生兴奋，即动作电位。可兴奋组织在接受一次刺激兴奋后，其兴奋性会发生规律性的时相变化，依次经过绝对不应期、相对不应期、超常期和低常期，然后再恢复到正常的兴奋性水平。基于这种规律，我们可以利用逐渐加大间隔的双刺激来观察神经干对相同的 2 个刺激所引起的动作电位的幅度变化，从而判定神经组织的兴奋性的变化。

【实验材料】

实验对象：牛蛙。

实验器材：蛙类手术器械、神经屏蔽盒、滤纸片、棉线、铁支架 1 个、双凹夹 3 个、蛙板、玻璃板、粗剪刀、手术剪、镊子、玻璃分针、滴管、培养皿、生物信号处理系统、张力换能器。

药品与试剂：任氏液。

【实验方法与步骤】

(1) 制备牛蛙坐骨神经干标本：游离并取坐骨神经干和与之相续的胫、腓神经，在两端各扎一线。在分离神经时，用剪刀小心剪开周围结缔组织和神经分枝，切忌撕扯，神经标本尽可能长些。

(2) 标本放置：将制备好的坐骨神经标本从任氏液中取出，放置于神经屏蔽盒的电极上，注意将神经的近中枢端置于刺激电极上，远中枢端置于引导电极上，放置过程中不要使神经牵拉、折叠、缠绕。用任氏液保持神经湿润，过多的液体可用滤纸吸去。

(3) 刺激器参数设置：在“肌肉神经实验”选择实验项目中选择“神经干动作电位引导”，单击屏幕左下角“设置刺激器参数”放大框，调节刺激器参数以获取理想波形。使仪器处于触发采样状态，然后给予电刺激。从小到大增加刺激强度，观察刺激强度与动作电位幅度的关系。找出引起最大动作电位幅度的最小刺激强度(最大刺激强度)，即能够使神经干中全部纤维兴奋的最小有效刺激，仔细观察神经干动作电位的双相动作电位波形。

(4) 保持此强度，打开刺激器，选择“双脉冲自动间隔调节”，首间隔设为 0.1 s，增量设为 0.05 s，末间隔设为 2 s，打开刺激开关，可引导出先后两个刺激波。但只有第一个刺激才能产生动作电位，第二个刺激没有引起动作电位。

(5) 绝对不应期的观察：随着两个刺激的间隔时间增加，从第二个刺激开始产生动作电位，此时第二个刺激与第一个刺激的间隔时间即为绝对不应期，此时期即使增强刺激强度，也不能引起第二个动作电位。

(6) 相对不应期的观察：随着两个电刺激的间隔时间继续增加，可见到两个动作电位逐渐离开，且第二个动作电位幅度不断增加，直到第二个刺激产生的动作电位幅度基本接近第一个动作电位，此时期为相对不应期。

(7) 恢复：当两个刺激的间隔时间超过一定数值后，第二个动作电位的幅度又与前一动作电位的幅度相等，则表明兴奋性已恢复。

【实验小结】

兴奋性的不应期包括绝对不应期、相对不应期、超常期、低常期，但本次实验的条件下，只观察到绝对不应期和相对不应期。

【讨论与思考】

细胞动作电位的兴奋性变化分别包括哪几个时期？

（韩　毅）

实验五　反射弧的分析

【实验目的】

分析反射弧的组成部分，探讨反射弧的完整性与反射活动的关系。

【实验原理】

在中枢神经系统参与下，机体对内、外环境变化所产生的具有适应意义的规律性应答称为反射。反射活动的结构基础是反射弧，包括感受器、传入神经、神经中枢、传出神经和效应器五部分。反射弧各部分同时保持结构和功能完整是完成反射活动的必要条件。反射弧的任一部分受到破坏，反射活动均不出现。

【实验材料】

实验对象：蟾蜍。

实验器材：蛙类手术器械一套、铁支架、铁夹、小烧杯、搪瓷杯、纱布。

药品与试剂：1%硫酸溶液。

图 5-9　固定脊蟾蜍

【实验方法】

1. 制备脊蟾蜍　取蟾蜍一只，用粗剪刀横向伸入口腔，从口角后缘处剪去颅脑部，保留脊髓和下颌部分。这种去掉了脑组织只保留了脊髓的蟾蜍称为脊蟾蜍。以棉球压迫创口止血。

2. 固定脊蟾蜍　用铁夹夹住蟾蜍下颌，将其悬挂在铁支架上(图 5-9)。

【观察项目】

(1) 观察双侧后肢屈曲反射：用小烧杯盛1%硫酸溶液，分别将蟾蜍后肢趾尖浸入硫酸溶液，可见双侧后肢均有屈曲反射出现。然后用搪瓷杯盛清水洗去脚趾皮肤上残留的硫酸，再用纱布轻轻揩干。

(2) 将蟾蜍左侧后肢趾尖浸入硫酸溶液中，观察屈曲反射。然后用搪瓷杯内清水洗去皮肤上的硫酸溶液，并用纱布擦干。

(3) 将左后肢的皮肤沿趾关节剪一环形切口，并将切口以下的皮肤全部剥去(趾尖皮肤应剥净)，再用1%硫酸溶液浸泡该侧趾尖，观察该侧后肢是否再出现与剥皮前相同的反应。深浸该侧小腿至环形切口以上的皮肤，观察此小腿是否出现屈曲反射。

(4) 在右侧大腿背侧纵行剪开皮肤，用玻璃分针在股二头肌和半膜肌之间分离，找出坐骨神经，在神经干下穿一细线备用。用1%硫酸溶液分别深浸两侧后肢，观察刺激侧及对侧后肢发生屈曲反射情况。

(5) 剪断右侧坐骨神经，再将该侧后肢深浸入硫酸液，观察双侧后肢屈曲反射情况。

(6) 深浸左侧后肢于硫酸液，观察两侧后肢屈曲反射情况。

(7) 用探针破坏蟾蜍脊髓，深浸左侧后肢于硫酸液，观察左侧屈曲反射情况。

【注意事项】

(1) 每用硫酸液刺激后，均应立即用清水洗净趾尖硫酸，擦干，以保持皮肤感受器的敏感性，防止冲淡硫酸溶液浓度。

(2) 每次浸入硫酸的趾尖范围应恒定。但浸入硫酸的后肢部位可根据情况深浸。

【讨论与思考】

(1) 反射的基本过程是怎样进行的？

(2) 分析切断右侧坐骨神经后屈曲反射变化的原因。

（余华荣）

实验六　大脑皮层运动机能定位

【实验目的】

本实验的目的是通过电刺激大脑皮层运动区引起躯体运动效应，观察皮层运动区机能定位现象，进一步领会皮层运动区对躯体运动的调节作用。

【实验原理】

大脑皮层运动区是动物调节躯体运动功能的最高级中枢。它通过锥体系和锥体外系下行通路，控制脑干和脊髓运动神经元的活动，从而控制肌肉运动。电刺激皮层后发生的效应在人和高等动物的中央前回最为明显，称为皮层运动区机能定位或运动的躯体定位结构。在较低等的哺乳动物，如兔和大鼠，大脑皮层运动机能定位已具一定雏形。

【实验材料】

实验对象：家兔。

实验器材：手术器械一套、颅骨钻、咬骨钳、电子刺激器、银丝电极、兔解剖台、脱脂棉、纱布、骨蜡、烧杯。

药品与试剂：0.9%生理盐水、20%乌拉坦。

【实验方法与步骤】

(1) 麻醉，兔称重，用20%乌拉坦以4 mL/kg，从兔耳缘静脉注入。待麻醉后让兔俯卧并固定于解剖台上。颈部手术，暴露动脉，穿线备用(以备必要时结扎止血)。

(2) 剪掉颅顶上的毛，沿头部正中线，由两眉间至头后部切开皮肤。用刀柄紧贴头骨剥离颞肌，把头皮和肌肉翻至颧弓下，暴露额骨和顶骨。

(3) 用颅骨钻在顶骨一侧钻孔开颅，并用咬骨钳逐渐将孔扩大，尽量暴露大脑半球的后部。若有出血，可用纱布吸去血液后迅速用骨蜡涂抹止血。在接近头骨中线和枕骨时，注意不要伤及矢状窦，以免大出血(图5-10)。

(4) 将一侧头骨打开后，用薄而钝的刀柄伸入矢状窦与头骨内壁之间，将矢状窦与头骨内壁附着处小心分离；待分开后，再用咬骨钳向侧头骨扩大开口，充分暴露大脑。

(5) 用针在矢状窦的前、后各穿一条线并结扎；提起脑膜用眼科剪作十字形切开，将脑膜向四周翻开，暴露脑组织。

(6) 在裸露的大脑皮层处，用浸有生理盐水的温热纱布覆盖或滴几滴石蜡油，以防止干燥。松解兔的头部和四肢。

(7) 用适宜强度的连续脉冲电刺激大脑皮层的不同部位，观察肌肉运动反应，并作详细记录。刺激参数：波宽 0.1～0.2 ms，刺激强度 10～20 V，频率 20～100 Hz、每次刺激持续 5～10 s，刺激大脑皮层的不同部位(由前到后，由内到外)，并仔细观察家兔头面部及双侧肢体的运动。刺激从弱开始.逐渐增强，以看到家兔的反应为止。但电压不能超过 20 V，每次刺激后休息约 1 min。

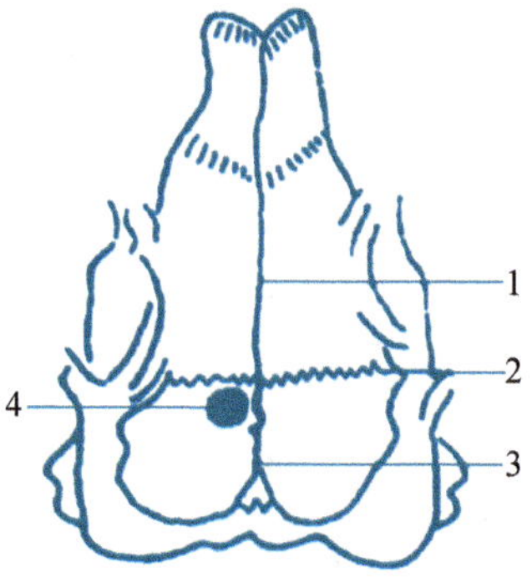

图 5-10　兔顶骨标志图

1. 矢状缝；2. 冠状缝；3. 人字缝；4. 钻孔处

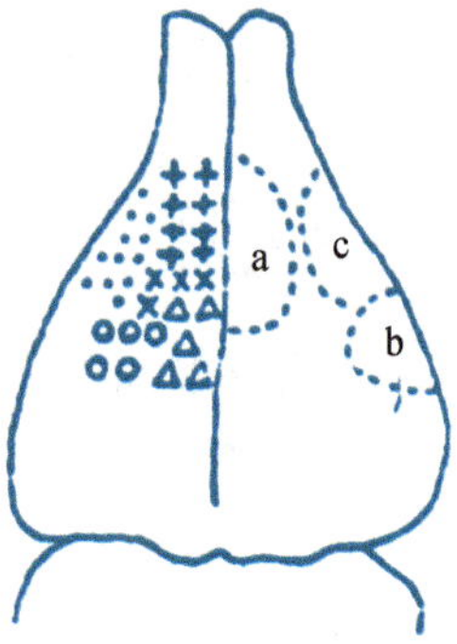

图 5-11　兔皮层机能定位图

a：中央后区；b：脑岛区；c：下颌运动区；○：头；●：下颌；△：前肢；+：颜面肌和下颌；×：前肢和后肢

【实验小结】

家兔皮层运动区机能定位特点与人不尽相同，人类的皮层机能定位呈现出左右交叉、倒置分布、区域大小与活动精细程度密切相关(成正比)。家兔在大脑进化上远不如人，故其皮层机能定位没有呈现明显的规律(图 5-11)。

【讨论与思考】

(1) 家兔皮层运动区机能定位有何特点？

(2) 去大脑僵直的机制是什么？

(韩　毅)

实验七　去大脑僵直

【实验目的】

观察去大脑僵直，了解脑干在调节肌紧张中的作用。

【实验原理】

正常情况下，中枢神经系统对伸肌的易化作用和抑制作用保持平衡，维持着肌体的正常姿势。如果在动物中脑的上、下丘之间横断脑干，则中枢神经系统抑制伸肌的紧张作用减弱，而易化作用就相对加强。动物表现为四肢僵直，头尾角弓反张的去大脑僵直现象。

【实验材料】

实验对象：家兔。

实验器材：手术器械一套、颅骨钻、咬骨钳、电子刺激器、银丝电极、兔解剖台、脱脂棉、纱布、骨蜡、烧杯。

药品与试剂工：0.9%生理盐水、20%乌拉坦。

【实验方法与步骤】

(1) 耳缘静脉注射乌拉坦(约 3 mL/kg)麻醉家兔(不宜偏深)，仰卧位固定在兔台上。颈部暴露动脉，穿线备用(以备必要时结扎止血)。

(2) 将动物改为俯卧固定，剪掉颅顶上的毛，沿头部正中线，由两眉间至头后部切开皮肤。用刀柄紧贴头骨剥离颞肌，把头皮和肌肉翻至颧弓下，暴露额骨和顶骨。在前囟附近开始，用骨钻(或钝手术刀代替)和咬骨钳开颅并扩大创口，尤其注意避免矢状缝、人字缝的血窦出血，需要时可用骨蜡止血。暴露出大脑皮层后，滴上少量液体石蜡。放松兔的前后肢。

(3) 将颅部创口向后扩展至暴露大脑半球后缘。左手托起动物头部，右手用手术刀柄将大脑半球的枕叶翻托起来，露出四叠体(上丘较粗大下丘较小)。用手术刀刀背在上下丘之间、略向前倾斜(约呈 45°角)向颅底左右划断脑干，即成为去大脑动物(图 5－12)。使兔侧卧，几分钟后可见动物的躯体和四肢慢慢变硬伸直(前肢比后肢更明显)，头后仰、尾上翘，呈角弓反张状态(图 5－13)。

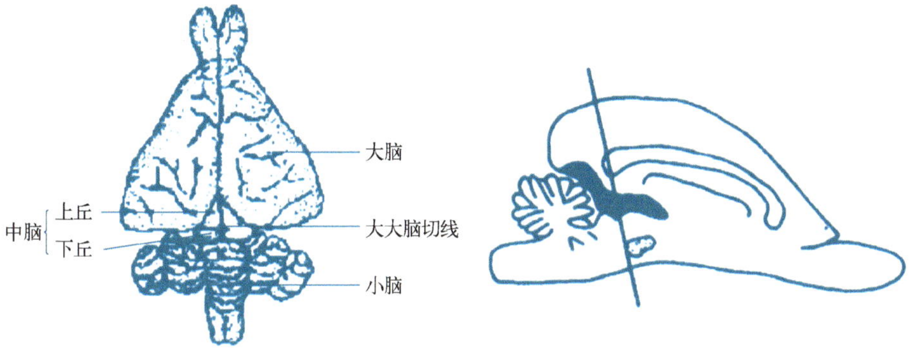

图 5－12　脑干切断线示意图

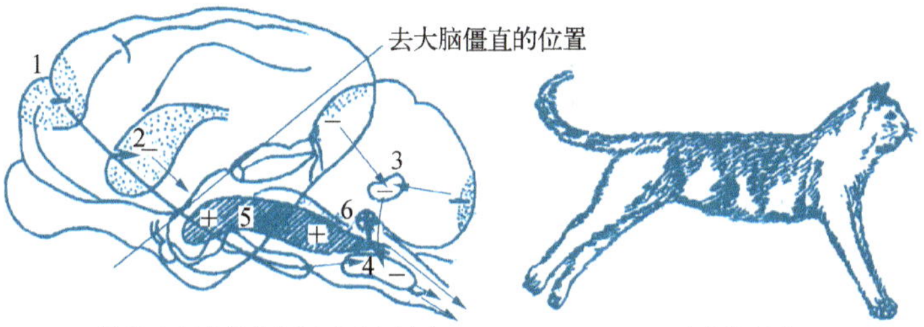

脑的各部位易化(+)和抑制区(−)　　去大脑僵直

图 5－13　去大脑僵直位置示意图和去大脑僵直现象

将动物侧卧，几分钟后，观察动物全身肌张力变化情况。

【实验小结】

动物中脑的上、下丘之间横断脑干，由于中枢神经系统中易化中枢损伤区域不大，但抑制中枢损伤区域较大，导致易化作用远远超过抑制作用，故动物出现全身伸肌的紧张性明显加强，动物表现为四肢僵直，头尾角弓反张的去大脑僵直现象。

【讨论与思考】

1. 有时切断脑干部位稍微偏低，立即引起动物呼吸停止，为什么？
2. 当去大脑动物肌紧张减弱时，刺激其前后肢，会有何变化？为什么？

(韩　毅)

第六章

血液和循环系统实验

实验八　血液凝固及其影响因素

【实验目的】

通过学习测定血液凝固时间的方法，了解钙离子和纤维蛋白在血液凝固中的作用，了解血液凝固的基本过程及加速和延缓血液凝固的因素。

【实验原理】

血液由流体状态变为不能流动的胶冻状凝块的过程称为血液凝固(blood coagulation)。血液凝固是由许多凝血因子参与的一系列顺序发生的酶促反应，其实质是血浆中的纤维蛋白原变成纤维蛋白。血液凝固的过程大体上可分为三个阶段：即凝血酶原酶复活物的形成；凝血酶原激活成凝血酶；纤维蛋白原转变成纤维蛋白。而凝血酶原酶复活物可通过内源性凝血途径和外源性凝血两种途径形成。内源性凝血途径(intrisic pathway)是指参与凝血过程的全部因子存在于血浆中，而外源性凝血途径(extrisic pathway)指在组织因子的参与下的血凝过程，凝血时间较前者短。

本实验在事先暴露血管的情况下直接从静脉取血，血液几乎没有和组织因子接触，其凝血过程基本上可看成主要由内源性凝血系统所发动。脑或肺组织中含有丰富组织因子，在血液中加入脑或肺组织悬液，观察外源性凝血系统的作用。

血液凝固过程受许多因素的影响。凝血因子可直接影响凝血过程，例如采用一定的办法除去血液中的钙离子或纤维蛋白，便可阻止血液凝固。此外，温度、接触面的光滑程度等也可影响血凝过程。

【实验材料】

实验对象：家兔。

实验器材：10 mL 注射器，竹签，小试管 11 支，秒表，水浴装置一套，冰块，棉花，石蜡油，吸管 6 支，小烧杯 2 个。

药品与试剂：富血小板血浆，少血小板血浆，兔脑粉悬液或兔肺组织悬液，1%肝素，2%草酸钾，稀释凝血酶溶液，抗凝全血，生理盐水，25 mmol/L $CaCl_2$。

【实验方法与步骤】

1. 前期准备　提前制备好富血小板血浆、少血小板血浆、肺组织悬液、凝血酶，置 4℃低温储存备用。

(1) 富血小板血浆的制备：取 1%乙二铵四乙酸钠或 0.1 mol/L 柠檬酸钠抗凝全血(1 份抗凝剂加 9 份静脉血)，以 1 000 r/min，离心 10 min，取上层血浆。

(2) 少血小板血浆的制备：取上述同样抗凝血以 4 000 r/min，离心 30 min，取上层血浆。

(3) 肺组织液的制备：取新鲜兔肺，剪成小块研磨成糊。加 2～3 倍体积的生理盐水，摇匀。静置 6 h 以上，离心，取其上清液。

(4) 凝血酶溶液的制备

1) 浓缩凝血酶溶液的制备：取新鲜血浆 100 mL，加蒸馏水至 1 000 mL，将 2%醋酸溶液 8.5 g 加入稀释的血浆中，使其 pH 约在 5.3 左右。此时产生白色混浊，离心后弃掉上清液。用 25 mL 生理盐水溶解沉淀物，加入 2% Na_2CO_3 0.25 mL，使其 pH 在 7 左右，再加 0.25 mol/L $CaCl_2$ 3 mL，立即用玻璃棒或竹签将凝结的纤维蛋白搅去，剩下的溶液即为凝血酶溶液。

2）稀释凝血酶溶液的制备：以生理盐水将上述浓凝血酶溶液稀释，使该稀释液 0.1 mL 能将 0.1 mL 正常血浆在 16～18 s 内凝固为度。

2. *观察纤维蛋白原在凝血过程中的作用* 取抗凝血 10 mL，注入两个小烧杯内，复钙(加入 25 mmol/L $CaCl_2$ 3～4 滴/mL 血)，轻轻摇匀，一杯静置，另一杯用竹签搅之，随后洗净竹签上纤维蛋白，观察洗净竹签上丝状纤维蛋白。比较两杯凝固情况，观察去除纤维蛋白后的血液是否还会发生凝固。

3. *观察内源性与外源性凝血过程* 取干洁小试管 3 个，编号，按表 6-1 分别加入试剂，最后同时加入 25 mmol/L $CaCl_2$ 溶液，摇匀。每隔 30 s 倾斜试管一次，分别记录三个试管的血液凝固时间并填入表 6-1 中。

表 6-1 内源性及外源性凝血的观察

	第一管	第二管	第三管
富血小板血浆	0.2 mL		
少血小板血浆		0.2 mL	0.2 mL
生理盐水	0.2 mL	0.2 mL	
肺组织悬液			0.2 mL
25 mmol/L $CaCl_2$ 溶液	0.2 mL	0.2 mL	0.2 mL
血浆凝固时间			

(1) 比较第二管和第三管的凝血时间，分析产生差别的原因。

(2) 比较第一管和第二管的凝血时间，说明血小板在凝血过程中所起的作用。

4. *凝血酶凝固时间的测定* 取少血小板血浆 0.2 mL，加入稀释凝血酶溶液 0.2 mL，摇匀后置于 37℃恒温水浴中，立即开始记录时间。每隔 5 s 倾斜试管一次，此血凝时间即凝血酶凝固时间，时间延长表示血浆中抗凝血酶物质增多或纤维蛋白原显著减少。

5. *血液凝固的加速和延缓* 取 6 支小试管，按表 6-2 不同的实验条件准备后，每试管加入抗凝血1～2 mL，立即计时，每 30 s 倾斜试管一次，记下凝固时间，填入表 6-2。

表 6-2 影响血液凝固的因素

实验条件	凝血时间	机制
棉花少许		
石蜡油润滑试管内表面		
37℃恒温水箱中		
0℃冰浴烧杯中		
加入肝素 8 U(摇匀)		
加入草酸钾 1～2 mg(摇匀)		

如果肝素管及草酸钾不出现血液凝固，两管各再加入 25 mmol/L $CaCl_2$ 溶液 2～3 滴，观察血液是否凝固。

【注意事项】

(1) 同一观察项目内的各试管应保持基本条件(试管口径、血量、温度等)相一致。

(2) 判断凝血的标准要力求一致。一般以倾斜试管达 45°时，试管内血液不见流动为准。

(3) 不要人为地手握加温或反复摇动，以防止外部条件影响实验结果。

(4) 勿过多震动或过频地倾斜试管，否则会延长凝血时间。

(5) 棉花不要压试管太紧，要松软。

(6) 用石蜡油将试管内表面全部湿润后，将石蜡油全部倒掉。

【讨论与思考】

(1) 内源性凝血系统和外源性凝血系统的主要区别有哪些？

(2) 实验中血浆加钙后为什么会发生凝固？

(3) 试述促进或延缓血液凝固的原理及意义。

(4) 临床上外科手术时用温热盐水纱布压迫出血部位止血的机制是什么？

（刘　华）

实验九　ABO 血型鉴定与交叉配血

【实验目的】

通过鉴定自己的血型，掌握 ABO 血型、Rh 血型的概念、分型及分型依据，同时熟悉交叉配血的方法及意义。

【实验原理】

ABO 血型鉴定是根据抗原抗体反应原理，用已知的凝集素去测定红细胞膜上未知的凝集原，从而确定其上特异抗原的类型，然后根据红细胞膜上的特异性抗原类型而确定血型。将受试者红细胞加入标准 A 型血清(含足量抗 B 凝集素)与加入标准 B 型血清(含足量抗 A 凝集素)中，观察有无凝集现象的发生，即可测知受试者红细胞膜上有无凝集原(A 或 B)的存在(表 6-3)。根据红细胞膜上所含凝集原的种类的有无将血型分为 A、B、AB、O 四种基本血型。

表 6-3　ABO 血型

红细胞血型	A 抗原	B 抗体
O	−	−
A	+	−
B	−	+
AB	+	+

“+”表示发生凝集　“−”未凝集

血型确定后，尚须在同型血之间进行交叉配血，如无凝集现象方可进行输血。交叉配血是将输血者的红细胞与血清分别同受血者的血清与红细胞混合，观察有无凝集现象。

【实验材料】

实验对象：人。

实验器材：一次性采血针，双凹玻片，一次性毛细管，棉球，玻璃铅笔，小试管刷，显微镜。

药品与试剂：标准 A、B 型血清，生理盐水，75%酒精，碘酒。

【实验方法与步骤】

一、玻片法

(1) 将已知的 A 型与 B 型标准血清各一滴，分别滴在双凹玻片凹内，标明 A 与 B 字样。

(2) 用 75%酒精棉球消毒第四指指腹或耳垂，用一次性针头刺破皮肤，挤一滴血，用滴管吸起并加入盛有 0.5 mL(约 8 滴)生理盐水的小试管中混匀，制成红细胞悬液。

(3) 用滴管吸取红细胞悬液，分别滴一滴于玻片两凹的血清上，轻轻插晃玻片使血清和血液混合，注意严防两种血清相接触混合。

(4) 10 min 后用肉眼观察有无凝集现象，如无凝集现象，再用牙签分别混合两端。30 min 后，再根据有无凝集现象判定血型。

(5) 肉眼观察后，必要时再在显微镜低倍镜下观察，最后确定血型。

二、试管法

试管法不操作，仅供参考。取小试管 2 只，分别标明 A、B 字样。各加入标准血清与受试者红细胞悬液各 1～2 滴，振荡混合后立即离心 1 min（1 000 转/min），取出试管后，用手指轻弹试管底，使沉淀物被弹起，在良好的光源下观察结果。轻弹管底时，若沉淀物成团漂起，表示发生凝集现象；若沉淀之间边缘呈烟雾状逐渐上升，最后试管恢复红细胞悬液状态，表示无凝集现象(图 6-1)。

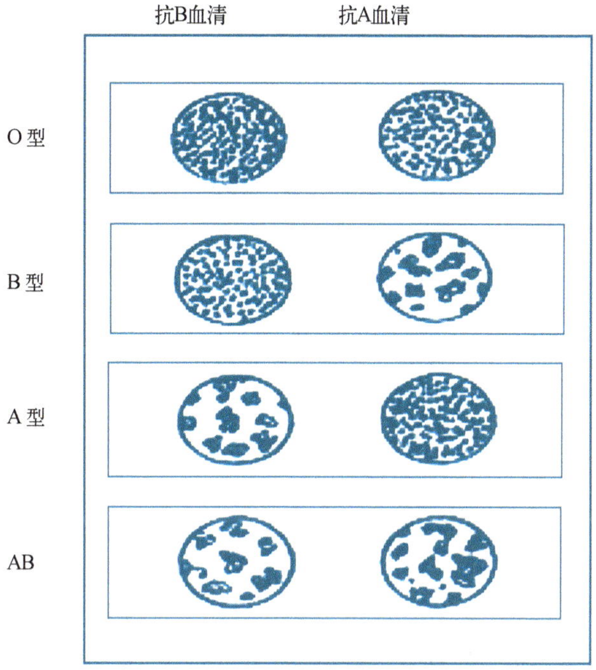

图 6-1　ABO 血型检查结果判断

三、注意事项

试管法较玻片法结果准确。肉眼看不清凝集现象时，应在显微镜下观察；红细胞悬液及血清须新鲜，因污染后可产生假凝集现象。

四、交叉配血(仅供参考，不操作)

(一) 玻片法

(1) 以碘酒、75%酒精棉球消毒皮肤后，用消毒干燥注射器抽取受血者静脉血 2 mL，取其 1～2 滴加入装有 2 mL 生理盐水的小试管中制成红细胞悬液。其余血液装入另一小试管中，待其凝固后，离心析出血清备用，(亦可将其余血液装入一盛有 0.4 mL 3.8%柠檬酸钠之小试管中混匀，离心沉淀，析出血浆备用)。

(2) 以同样方法制成输血者的红细胞悬液与血清(或血浆)。

(3) 于玻片的一端滴一滴受血者之血清(或血浆)，另一端滴一滴红细胞悬液，然后将输血者之红细胞悬液滴于受血者之血清(或血浆)内，称主侧。将输血者之血清(或血浆)滴于受血者之红细胞悬液内，称次侧。分别用牙签混匀，15 min 后观察结果。

(4) 如两端均无凝集现象，即可输血。

(二) 试管法

取 2 只试管，分别注明“主”(输血者)、“次”(受血者)字样，“主”试管内加入输血者红细胞悬液及受血者血清(或血浆)，“次”试管内滴入受血者红细胞悬液及输血者血清(或血浆)，混匀后离心 1 min（1 000 转/min），取出后观察结果，试管法比玻片法迅速(图 6-2)。

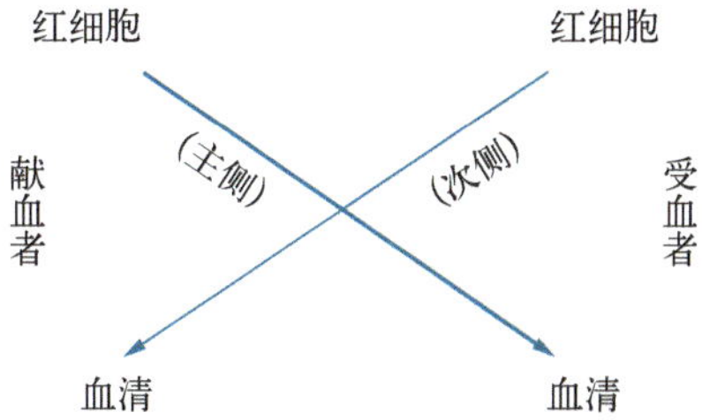

主　侧	次　侧	结　　果
−	−	配血相合
+	+	配血不合
+	−	配血不合
−	+	配血基本相合

图 6-2　交叉配血的结果判断

【实验小结】

为确保输血的安全，输血前必须认真做好血型鉴定及交叉配血试验，如果稍有疏忽，就会影响患者的生命安全，所以千万不可粗心大意。

【讨论与思考】

1. 血型鉴定的基本原理是什么？输血的原则是什么？
2. ABO 血型是怎样分型的？ABO 血型相同的供血者和受血者能进行输血吗？
3. 什么是交叉配血？交叉配血有何意义？

（韩 毅）

实验十 蛙心起搏点分析、期前收缩和代偿间歇和蛙心灌流

（一）蛙心起搏点分析

【实验目的】

1. 熟悉两栖类动物心脏的结构。
2. 利用局部加温法和结扎法观察蟾蜍心脏起搏点及心脏不同部位自律性的高低。

【实验原理】

两栖类动物的心特殊传导系统与哺乳类动物相似，因其有自律细胞所以心脏活动具有自律性(autorhythmicity)，但各部分的自律性高低不同。哺乳类动物正常生理情况下窦房结的自律性最高，因此窦房结(sino-atrial node)为心脏的正常起搏点(normal pacemaker)，窦房结发出的兴奋依次传给心房内优势传导通路(preferential pathway)、房室交界、房室束及其分支、蒲肯野纤维网，从而使整个心脏发生一次兴奋。其他部位的自律细胞称为潜在起搏点(latent pacemaker)，窦房结对潜在起搏点有“超速抑制”作用，因此正常时潜在起搏点只能随窦房结的兴奋节律而兴奋。当窦房结的兴奋传导受阻时，潜在起搏点可取代窦房结引发心房或心室活动。两栖类动物心脏结构的特点是两个心房和一个心室，在其背面还有一个静脉窦，它的自律性最高，由它发出的兴奋依次传给心房、心室，故两栖类动物的心脏正常起搏点为静脉窦。在哺乳动物，体温每升高 1℃，心率增加 12～18 次/min。心脏特殊传导系统的兴奋传播有赖于其结构功能的完整性。在心脏不同部位之间结扎，可阻断心脏内兴奋的正常传播。

本实验采用两种方法分析蛙心起搏点，Stannius 的结扎法是采用阻断心脏内兴奋传导，分析蟾蜍心脏兴奋传导顺序及不同部位自律性的高低。方法二是改变蛙心不同部位的局部温度所产生的不同结果，进一步证明静脉窦是蛙心的起搏点。

【实验材料】

实验对象：蟾蜍或蛙。

实验器材：蛙类手术器械一套，蛙心夹，滴管。

药品与试剂：任氏液。

【实验方法与步骤】

1. 破坏蟾蜍脑和脊髓后，使其仰卧于蛙板上。用镊子提起胸骨表面皮肤，用粗剪刀剪一小口，由切口处向上呈“V”形剪开胸骨表面皮肤，提起剑突，将粗剪刀伸入胸腔内，紧贴胸壁(避免损伤心脏和血管)沿中线剪开胸骨，剪断左右鸟喙骨和锁骨，将两前肢向外拉开用蛙钉固定，尽量打开胸腔。用眼科镊提起心包膜，并用眼科剪刀仔细剪开心包膜，暴露心脏。

2. 识别心脏结构，观察心脏各部位搏动顺序，如图 6-3、图 6-4 和图 6-5。从心脏腹面可见蟾蜍的心脏有一个心室，上方有两个心房，动脉圆锥和左右主动脉干，心室与左右主动脉相连，房室之间有一房室沟。

然后用玻璃分针将心尖轻轻翻向头端，暴露心脏背面，可见与心房相连的静脉窦，心房与静脉窦之间有一半月形白线，即窦房沟。仔细观察静脉窦、心房和心室的活动顺序并计数三者的跳动频率。用眼科镊在主动脉干下穿线备用。

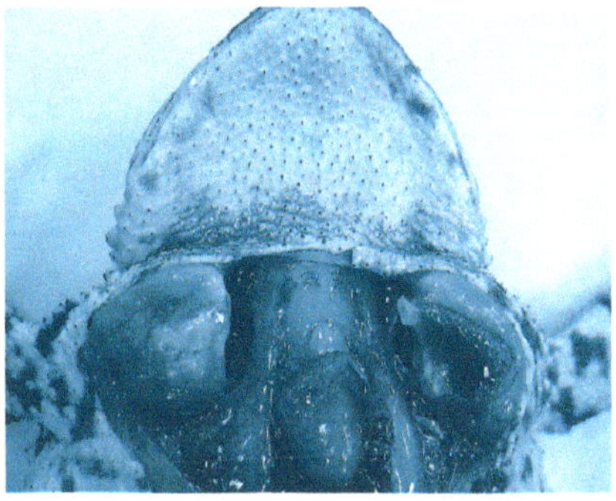

图 6-3　蟾蜍心脏正面观

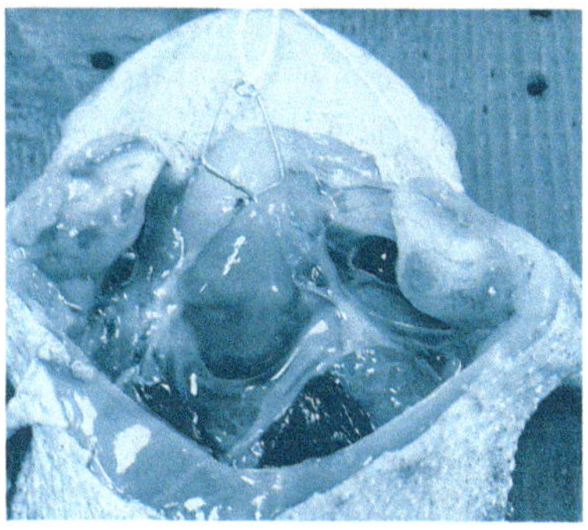

图 6-4　蟾蜍心脏背面观

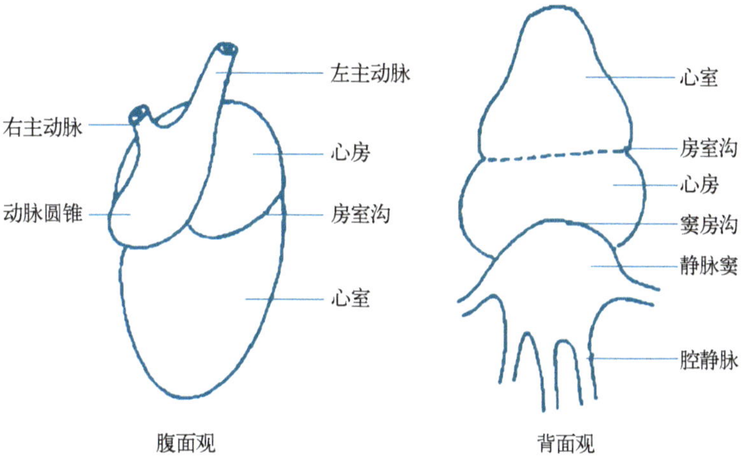

图 6-5　蟾蜍心脏结构示意图

3. 改变局部温度对心率的影响　用盛有 35～40℃热水的小试管或小冰块分别接触心室、心房和静脉窦约 30 s(或用热水加温小刀柄代替)，用只改变其中一处局部温度的方法，分别观察和记录对心率的影响(每次温度改变局部温度均用上述方法计数心脏三个部位的频率变化，结果填入表 6-4)。

4. 结扎阻断兴奋传导

(1) 观察静脉窦、心房、心室跳动顺序，并计数它们的跳动频率。

(2) 用玻璃分针将心尖翻向头端，将预先穿入的线沿窦房沟进行结扎，阻断静脉窦和心房之间的兴奋传导(斯氏第一结扎)，观察心房、心室、静脉窦活动情况(此时心房、心室立即停跳，而静脉窦仍照常搏动)。

(3) 待心房、心室恢复跳动后，分别计数静脉窦、心房、心室跳动频率。

(4) 在心房、心室的交界处(房室沟)做斯氏第二结扎，阻断心房和心室之间的兴奋传导，观察心房、心室活动变化情况。待心室恢复跳动后，分别计数静脉窦、心房、心室跳动的频率，填入表 6-4。

表 6-4　心脏各部分活动频率的观察

实验项目	静脉窦(次/min)	心房(次/min)	心室(次/min)
正常状态			
局部加温			
局部降温			
斯氏一扎			
斯氏二扎			

【注意事项】

1. 手术过程要小心，避免出血。

2. 剪胸骨和胸壁时，伸入胸腔的剪刀紧贴胸壁，以避免损伤心脏和血管。

3. 提起和剪开心包膜时，要避免损伤心脏。

4. 在改变心脏局部温度操作中，接触部位要准确，并可暂时不滴加任氏液，尽量减少该局部温度过快波及其他部位而影响实验结果。

5. 结扎应迅速、准确，扎紧，但不宜过紧，以能刚阻断兴奋传导为合适。

6. 实验中经常滴加任氏液，使心脏保持湿润。

7. 如果斯氏第一结扎后心室长时间不能恢复跳动，可做斯氏第二结扎使心室恢复跳动。

【讨论与思考】

1. 实验结果说明了什么问题？

2. 你能否设计另外的方法证明心脏各部具有高低不等的自律性？

3. 正常情况下，两栖类动物(或哺乳类动物)的心脏起搏点是心脏的哪一部分？为什么能控制潜在起搏点的活动？

4. 人工起搏时应注意什么问题？

（许　薇）

（二）期前收缩与代偿间歇

【实验目的】

学习在体蛙心心跳曲线的记录方法，通过在心脏活动的不同时期给予刺激，观察期前收缩与代偿间歇，了解心肌兴奋性的特点，验证心肌有效不应期特别长的特征，加深对心脏兴奋性周期变化规律和特点的认识。

【实验原理】

心肌细胞每发生一次兴奋，伴随膜电位的变化，Na^+通道经历激活、失活和复活等过程，其兴奋性也发生相应的周期性改变：① 有效不应期(effective refractory period, ERP)，② 相对不应期(relative refractory period, RRP)，③ 超常期(supernormal period, SNP)。心肌兴奋后兴奋性变化的特点是其有效不应期特别长，约相当于机械收缩的整个收缩期和舒张早期。在此期中，任何强大的刺激均不能引起心肌的兴奋而收缩；随后兴奋性逐渐恢复，故在此期心肌可以接受刺激产生兴奋和收缩。

在有效不应期之后，下一次窦房结的兴奋到达之前，受到一次“额外”的人工刺激，或窦房结以外传来“异常”兴奋，就可引起一次提前出现的收缩，称为期前收缩(premature systole)。期前收缩也有自己的有效不应期，如果正常窦房结的节律性兴奋正好落在心室期前收缩的有效不应期内，便不能引起心室的兴奋和收缩，出现一次兴奋“脱失”，心室停留在舒张状态，需待下一次正常节律性兴奋到达时，才能恢复正常的节律性收缩。因此，在期前收缩之后通常就会出现一个较长的心室舒张期，称为代偿间歇(compensatory pause)。

【实验材料】

实验对象：蟾蜍或蛙。

实验器材与药品：BL－420 生物信号采集处理系统，机械-电换能器，刺激电极，铁支架，双凹夹，蛙类手术器械一套，蛙板，蛙钉，蛙心夹，棉线，滴管，胶泥，任氏液。

【实验方法与步骤】

1. 暴露心脏　取蟾蜍 1 只，破坏蟾蜍的脑和脊髓，将其仰卧在蛙板上。从剑突下向上呈“V”形剪开皮肤，提起剑突，将粗剪刀伸入胸腔内，紧贴胸壁(避免损伤心脏和血管)沿中线打开胸腔，剪掉胸骨。将两前肢向外拉开用蛙钉固定，尽量打开胸腔。用眼科镊提起心包膜，并用眼科剪仔细剪开心包，暴露出心脏。

2. 连线　用蛙心夹在心室舒张期夹住心尖约 1 mm，将蛙心夹上线连与换能器感应片相连，换能器连入 BL－420 生物信号采集处理系统的输入通道。

3. 选择适当的刺激强度　用刺激电极刺激蟾蜍的腹壁肌肉，根据其是否产生收缩检测刺激强度的有效性。

4. 固定刺激电极 刺激电极固定于铁支架上，并使心室恰好处于刺激电极的两根极丝之间，无论心室收缩和舒张时，均能与两极接触，连接装置如图 6-6、图 6-7。

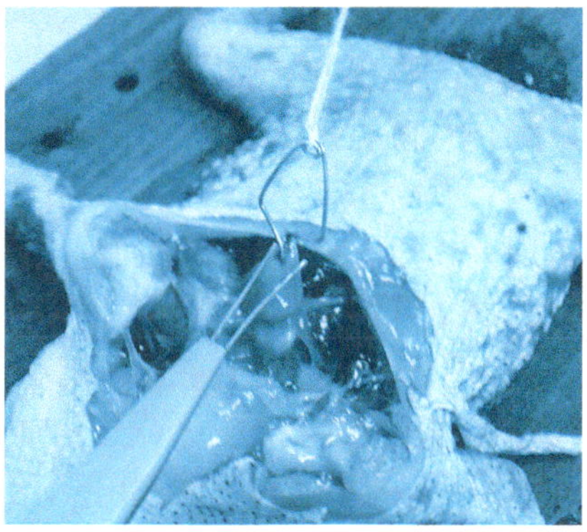

图 6-6 刺激电极与心室接触示意图

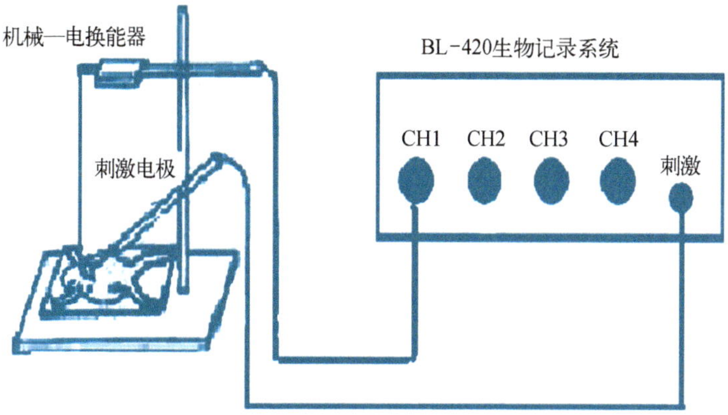

图 6-7 记录在体蛙心收缩的实验装置

5. 计算机操作 打开计算机，进入 BL-420 生物信号采集处理系统操作界面，由菜单条实验项目→循环实验→期前收缩和代偿间歇。

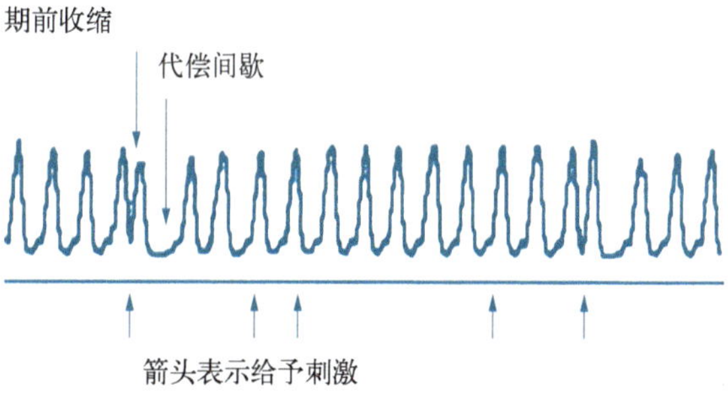

图 6-8 期前收缩和代偿间歇

6. 观察项目

(1) 描记心脏正常收缩曲线，观察曲线的收缩期和舒张期。心跳曲线的上升支代表心室收缩，下降支代表心室舒张，如曲线相反则应将换能器倒向。

(2) 用中等强度的单个阈上刺激，分别在心舒期的早、中、晚期各给予心室一次刺激，观察对心跳曲线的影响，注意观察是否能引起期前收缩和代偿间歇(图 6-8)。

(3) 用同等强度的刺激，分别在心缩期的中、晚期各给予心室一次刺激，观察对心跳曲线的影响。增加刺激强度，在心缩期再给予一次刺激，心跳曲线是否改变？

【注意事项】

(1) 损毁脑脊髓一定要彻底，避免动物肌肉活动影响描记效果。

(2) 用蛙心夹夹住心尖时，不要将心室肌弄破。

(3) 在将电刺激施加在心脏之前，先刺激腹部肌肉以检查电刺激是否有效。

(4) 经常滴加任氏液，保持心脏湿润。

(5) 换能器与蛙心夹之间的连线要垂直，应有一定的张力。

(6) 电极、导线及计算机输入、输出插口处接触良好。

(7) 装在心室上的刺激电极应避免短路。

(8) 记录曲线时应加以说明注释。

【讨论与思考】

(1) 解释期前收缩和代偿间歇产生的原因。

(2) 心率过快或过慢时，对期前收缩及代偿间歇有何影响？为什么？

(3) 心肌的不应期较长有何生理意义？

(三) 蛙心灌流

【实验目的】

(1) 学习离体心脏灌流法。

(2) 观察内环境变化对离体蛙心功能的影响，加深理解内环境相对稳定对维持心脏正常节律性活动的重要作用。

【实验原理】

心肌具有自动节律性的收缩活动特性，因此离体失去神经支配的动物心脏保持在适宜的环境中，可在一定的时间内能产生节律性兴奋和收缩能力。心脏离体以后进行人工灌流，使灌流液(任氏液)成分、性质同其内环境(internal environment)一致，则心脏能较长时间保持节律性的舒缩活动。改变灌流液的理化特性，心脏的节律性舒缩活动也随之改变，如改变 Na^+、K^+、Ca^{2+} 的浓度以及 pH 和温度。说明内环境稳态(homeostasis)是维持心脏正常节律性活动的必要条件。

另一方面，心脏受交感神经和副交感神经支配。交感神经兴奋时，其末梢释放的去甲肾上腺素(norepinephrine, NE)通过激活心肌细胞膜上的β受体，实现强心作用。此外，肾上腺髓质也能产生去甲肾上腺素和肾上腺素(pinephrine)，通过血液循环运送到心脏，引起与上类似的效应，其中肾上腺素对心脏的作用更强。心迷走神经兴奋时，其末梢释放的乙酰胆碱(acetylcholine, ACh)通过激活心肌细胞膜上的 M 受体，对心脏产生抑制作用。外源性给予去甲肾上腺素或乙酰胆碱可产生类似心交感神经或迷走神经兴奋时对心脏作用。

Ca^{2+} 是心脏兴奋耦联剂，当罐流液中 Ca^{2+} 浓度降低，引起心肌兴奋—收缩脱耦联，会引起心脏收缩活动的减弱，造成心衰。强心苷是一类具有强心作用的苷类化合物，临床上用于治疗心衰及某些心律失常。其对心脏的药理作用有正性肌力、负性频率和影响心肌电心理特性。

蛙类的离体组织、器官的生存条件比较简单，易于控制和掌握，来源丰富，且价格低廉。两栖类动物无冠状循环，心肌的供血直接来自心室腔，所以灌流时直接将插管插入心室腔内，不需要恒温和特殊的供应设备。但是哺乳类离体心脏生活条件要求高，离体心脏灌流需要恒温环境、恒压或恒流灌流、供氧。由于哺乳动物离体心脏影响因素多，设备多，心脏离体后存活时间较短。因此一般学生实验采用蛙类心脏做离体心脏灌流。

【实验材料】

蟾蜍或蛙。

【实验材料】

实验器材：BL-420 生物信号采集系统，张力换能器，铁支台，试管夹，蛙类手术器械，蛙板，蛙心夹，蛙心插管，滴管，大烧杯，棉线，双凹夹，滑轮。

药品与试剂：任氏液，无钙任氏液，40℃任氏液，4℃任氏液，0.65% NaCl，2% $CaCl_2$，1%KCl，1∶10 000 乙酰胆碱，1∶10 000 去甲肾上腺素，3%乳酸，2.5% $NaHCO_3$，0.25 g/L 毒毛花苷 K。

【实验方法与步骤】

1. 离体蛙心制备

(1) 暴露心脏：取蟾蜍一只，破坏脑和脊髓，背位固定于蛙板上，用粗剪刀自剑突向上呈“V”形剪开皮肤，剪掉剑突和胸骨。把前肢拉向外侧，充分暴露心脏。眼科剪剪开心包膜，用连有线的蛙心夹在心室舒张期夹住心尖约 1 mm(不可夹得过多，以免漏液)。

(2) 穿线和结扎血管：仔细识别心脏周围的大血管。在左主动脉下方穿一线，距动脉圆锥 2～3 mm 处结扎。再从左、右两主动脉下方穿一线打一活结留作固定插管用。

(3) 剪口：左手提起左主动脉上的结扎线，右手用眼科剪在左主动脉上靠近动脉圆锥前端处沿向心方向剪一斜口(注意要剪破血管内膜，每次心缩时有血自切口涌出，但不要把血管剪断，剪口位置视插管尖端长度与心脏大小而定)。

(4) 心脏插管(如图 6-9 所示)：将盛有少量任氏液的蛙心插管从斜口插入动脉干内(可用小镊子夹住切口缘，轻轻向上提，使切口扩大)。当蛙心插管尖端到达动脉圆锥基部时，应将套管稍稍后退，使尖端向动脉圆锥的背部后方及心尖方向推进，经主动脉瓣插入心室腔内(于心室收缩时插入，且不可插得过深，以免心室壁堵住插管下口)。插管插入心室腔内，调整至合适的位置(插管尖端是否进入心室内，可看插管内液面是否随心跳上下移动)。用长吸管吸去插管中的血液,及时更换新鲜任氏液,以免产生血凝块堵塞插管口。最后将已作活结之线把血管和插管固定起来,将左、右主动脉连同插入的插管扎紧(不得漏液),余线则结扎于插管侧面的玻璃小钩上,以免心脏滑脱。

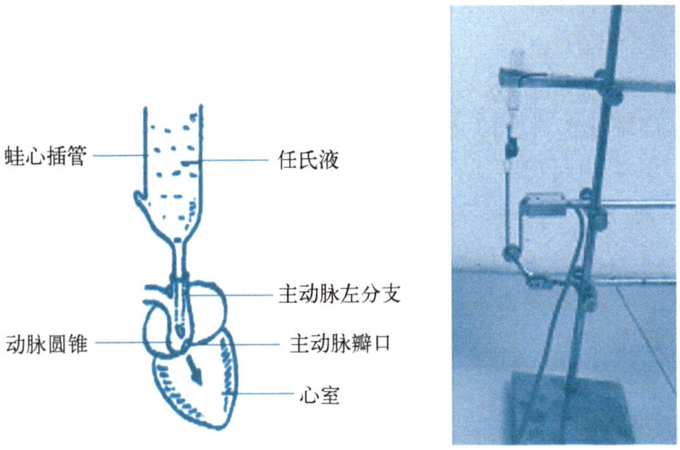

图 6-9　蛙心插管进入心室示意图

(5) 心脏离体:提起插管,剪断与心脏相连的血管和组织(注意勿损伤静脉窦及两心房),摘出心脏。用任氏液反复洗去心内外的余血,使插管内灌流液完全澄清无色为止。可在插管的下 1/3 处结一线作为标志,每次换任氏液时使液面与此线相平。

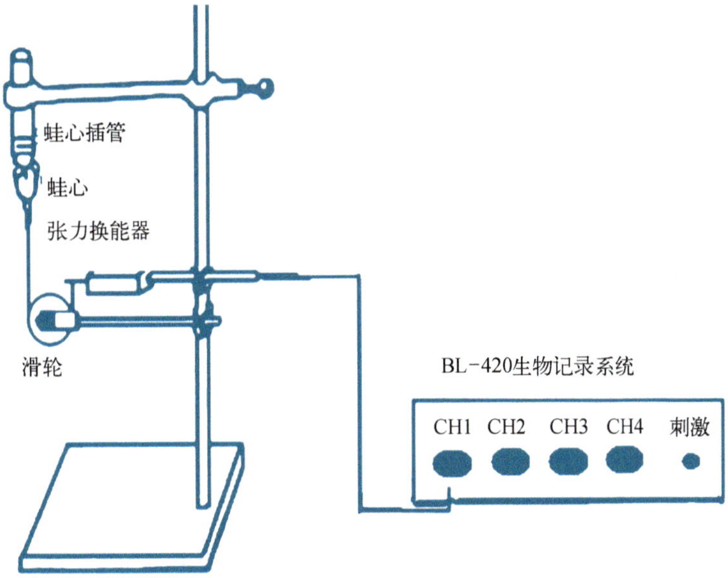

图 6-10　蛙心灌流连接示意图

2. 连接实验装置

(1) 用试管夹夹住蛙心插管的上部并固定于铁支架上。将蛙心夹的线连接于张力—电换能器的感应片上。为了防止灌流液滴到换能器上,避免对换能器的损伤,可将连线在滑轮上绕一圈再连线于机械—电换能器的感应片上,连接装置如图 6-10。调节装置,使蛙心与换能器之间的连线有一定的紧张度,但要注意不要过度牵拉心脏。

(2) 将换能器的引入线连接于 BL-420 系统的输入通道,打开 BL-420 系统。

选择"实验项目"菜单下的"循环系统实验"之"蛙心灌流"项。

3. 观察项目

(1) 记录正常心搏曲线并分析其疏密、规律性、幅度、顶点及基线的含义。

曲线的疏密：代表心跳的频率。

曲线的规律：代表心跳的节律性。

曲线的幅度：代表心室收缩的强弱。

曲线的顶点水平：代表心室收缩的程度。

曲线的基线：代表心室舒张的程度。

(2) 温度的影响：把插管内任氏液吸出，换成4℃任氏液，同时作好标记，观察曲线变化。待效应明显后，立即换入室温任氏液使心跳恢复正常。待曲线恢复正常后，再进行下一项目，以下各项观察均如此。换入40℃的任氏液，如上观察。本项也可以改成冰块、40℃热水接触静脉窦进行观察。

(3) 观察离子浓度对心脏收缩的影响

1) 缺 Ca^{2+}、K^{+}：吸出插管内全部任氏液，换以等量 0.65% NaCl 溶液。记录心跳曲线的变化，出现效应后用任氏液洗涤几次，至曲线基本恢复正常。

2) Ca^{2+}：向插管内任氏液滴加入 1～2 滴 2% $CaCl_2$，记录心跳曲线的变化，出现效应后用任氏液洗涤几次，至曲线基本恢复。

3) K^{+}：向插管内任氏液滴加入 1～2 滴 1% KCl，出现效应后用任氏液洗涤几次，至曲线基本恢复。

(4) 递质的作用

1) 去甲肾上腺素：向插管内任氏液滴加入 1～2 滴 1∶10 000 去甲肾上腺素，记录心跳曲线的变化，出现效应后用任氏液洗涤几次，至曲线基本恢复。

2) 乙酰胆碱：向插管内任氏液滴加入 1～2 滴 1∶10 000 乙酰胆碱后，记录心跳曲线的变化，出现效应后用任氏液洗涤几次，至曲线基本恢复。

表 6-5　理化因素对离体心脏活动的影响实验结果

实　验　项　目	收缩频率(次/min)	收缩幅度(mm)	基线变化
4℃的任氏液			
40℃的任氏液			
0.65% NaCl			
2% CaCl			
1% KCl			
1∶10 000 去甲肾上腺素			
1∶10 000 乙酰胆碱			
3%乳酸			
2.5% $NaHCO_3$			
无钙任氏液			
0.25%毒毛花苷 K			
2% $CaCl_2$			

(5) 酸碱的影响

1) 碱：向插管内任氏液滴加入 2.5% $NaHCO_3$溶液 1～2 滴于灌流液中，记录心跳曲线的变化，出现效应后用任氏液洗涤几次，至曲线基本恢复。

2) 酸：向插管内任氏液滴加入 3%乳酸溶液 1～2 滴于灌流液中，观察曲线变化，待效应明显后，再加入 1～2 滴 2.5% $NaHCO_3$，观察曲线变化。

(6) 强心苷的作用

1) 换入无钙任氏液。

2) 当心脏收缩显著减弱时，向灌流液内加入 1～2 滴 0.25%毒毛花苷 K，观察强心苷对心脏收缩的作用。

3) 当作用明显时，再向灌流液内加入 2% $CaCl_2$溶液 2～3 滴，观察收缩曲线的变化。

4. **实验结果**　将心脏收缩变化的情况填入表 6-5。

【注意事项】

(1) 蛙心夹应一次夹住心尖,不宜反复多次以至损伤心脏。

(2) 心脏离体时勿损伤静脉窦,要连同静脉窦一起取下。

(3) 每次换药液后,蛙心插管内的液面应该同样的高度。

(4) 勿混用滴加试剂的吸管,以免污染试剂,影响实验效果。

(5) 加试剂应由少到多,作用不明显再补加;不可一次加入太多,尤其是 KCl、乳酸和乙酰胆碱时,更不可多加。加后立即用滴管搅匀,使之迅速发挥作用;出现明显效应后,应立即吸出全部灌流液,换以新鲜任氏液冲洗,直至恢复正常。

(6) 每加入一种药物前均应记录一段任氏液灌流的心跳曲线,做到各项实验均有前后对照。

(7) 随时滴加任氏液于蛙心表面,保持蛙心湿润。

(8) 每次换液或加试剂时应在图上做好标记。

(9) 固定换能器时,如果没有使用滑轮,换能器头端应该向下倾斜,以免从心脏滴下的液体流入换能器内而导致其损坏。

【讨论与思考】

(1) 分析、解释各项实验所产生现象的原因。本实验说明心肌有哪些生理特性?

(2) 实验过程中插管内液面为什么每次都应保持一定的高度?液面过高或过低会产生什么影响?

(3) 强心苷类如何能够抢救心衰,其机制如何?为什么用强心苷时要禁用钙剂?

(郑　倩)

实验十一　人的心音听诊

【实验目的】

学习心音听诊的方法,识别第一心音和第二心音。

【实验原理】

(1) 心脏的一次收缩和舒张,构成一个机械活动周期,称为心动周期。包括心房收缩期及心室收缩和舒张期,心脏由两个合胞体构成,每一心动周期,由心房和心室规律性舒缩、心瓣膜启闭和心脏射血及血液充盈等因素引起的振动而后产生声音,即为心音。

(2) 心音经组织传至胸壁,借助听诊器在一定部位可听见心音。正常心音有四个:按心动周期出现的先后顺序分别为第一心音(S1)、第二心音(S2)、第三心音(S3)和第四心音(S4)。我们常听到的是第一心音和第二心音。第一心音由房室瓣关闭和心室肌收缩振动所产生,音调较低(音频为 25～40 次/s),历时长(0.12 s),声音响,是心室收缩的标志,其响度和性质变化常可反映心室肌收缩强弱和房室瓣的机能状态。第二心音是半月瓣关闭产生的振动,音调较高(音频为 50 次/s)而历时较短(0.08 s),声音较清脆,是心室舒张的标志,其响度可反映动脉压的高低。

(3) 第三心音(thirdheartsound, S3):出现在心室舒张早期,第二心音后 0.12～0.18 s.第三心音的产生可能系心室舒张早期血流自心房突然冲入心室,使心室壁、乳头肌和腱索紧张、振动所致。第三心音听诊特点:① 音调低;② 强度弱;③ 性质重浊而低钝;④ 持续时间较短(约 0.04 s);⑤ 在心尖部及其上方较清楚;⑥ 左侧卧位及呼气末心脏接近胸壁,运动后加快的心跳逐渐减慢,以及下肢抬高使静脉回流量增加时,可使第三心音更易听到。第三心音通常只是在部分儿童和青少年中听到,成年人一般听不到。

(4) 第四心音(fourthheartsound, S4):出现在舒张晚期,第一心音前约 0.1 s 处,与心房收缩使房室瓣及其相关组织(瓣膜、瓣环、腱索和乳头肌)突然紧张、振动有关。正常人心房收缩产生的低频振动人耳听不到。心音听诊特点：低调、沉浊、很弱。在病理情况下如能听到 S4，则在心尖部及其内侧较明显。

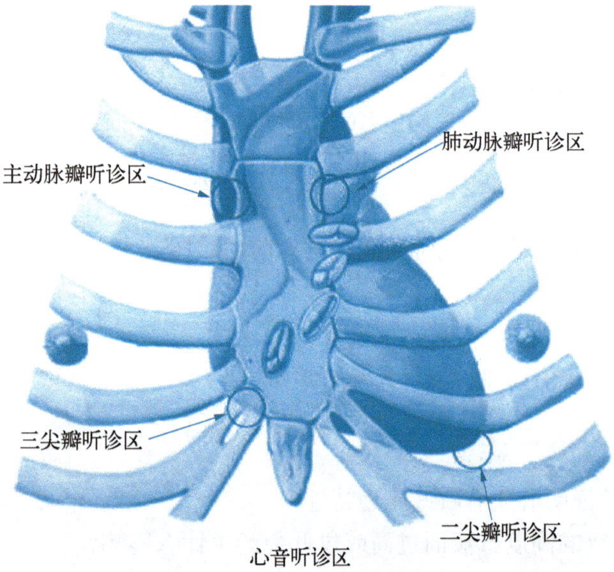

图 6-11 人体心音听诊部位

【实验材料】

实验对象：人。

实验器材：听诊器。

【实验步骤与实验项目】

1. 确定人体心音听诊部位

(1) 受试者采取坐位，解开上衣，面向亮处静坐在检查者对面，认清心音听诊部位。

(2) 观察受试者心尖搏动位置。

(3) 确定听诊瓣膜区参照(图 6-11)：

1) 二尖瓣听诊区：左锁骨中线内侧第五肋间处(心尖搏动处)。

2) 三尖瓣听诊区：胸骨右缘第四肋间处或胸骨箭突下。

3) 主动脉瓣听诊区：胸骨右缘第二肋间处(主动脉瓣第一听诊区)或胸骨左缘第三四肋间(主动脉瓣第二听诊区)。

4) 肺动脉瓣听诊区：胸骨左缘第二肋间处。

2. 听诊顺序

(1) 检查者戴好听诊器，以右手拇指、食指和中指轻持听诊器的胸件，置于受试者胸壁皮肤上，按二尖瓣、肺动脉瓣、主动脉瓣及三尖瓣听诊区逆时针顺序依次听诊。

(2) 在每个听诊区，区分 S1 和 S2。根据心音性质(音调高低、持续时间)和间隔时间长短来仔细区别 S1 和 S2。若难以区别时，可在听心音的同时，用手触诊颈动脉搏动，与搏动同时出现的心音为 S1。

(3) 比较不同听诊部位两心音的强弱。

1) 正常心音：第一心音(S1)低而长，心尖部位最响亮。S1 与 S2 间隔短，心尖搏动同时相。第二心音高而短，心底部位最响亮。S2 与 S1 间隔长，心尖搏动反时相。

2) 心尖部两心音增强：多见窦性心动过速、情绪激动和体质强壮心率缓慢的人。

3) 心尖部两心音减弱：贫血、甲亢和发热、心肌炎、心衰和休克。

4) 第二心音(S2)减弱：多见窦性心动过缓、颅内高压、阻塞性黄疸、甲减、冠心病、心肌炎。药物影响心得安、动脉瓣漏或狭窄、动脉压低 S2 衰减。

【听诊的内容】

心率、心音、心律、杂音、心包摩擦音等。

1. 心率(heart rate)　指每分钟心跳的次数。在心尖部听取第一心音，计数 1 min。正常成人心率范围为 60～100 次/min，多为 70～80 次/min，女性稍快，儿童偏快(3 岁以下儿童的心率多在 100 次/min 以上)，老年人多偏慢。

2. 心律(cardiac rhythm)　指心脏搏动的节律。正常成人心律规整，心率稍慢者及儿童的心律稍有不齐，呼吸(吸气时心率增快，呼气时心率减慢)也可引起心律不齐，称为窦性心律不齐，一般无临床意义。听诊时可发现的心律失常主要有期前收缩(premature contraction)和心房颤动(atrial fibrillation)。

3. 心音(cardiac sound)　健康人心脏可以听到两个性质不同的声音交替出现，称之为第一心音和第二心音。某些健康儿童和青少年在第二心音后有时可听到一个较弱的第三心音。第四心音一般听不到，如能听到则多为病理性。

4. 心脏杂音(cardiac murmur)　杂音是指心音和额外心音之外，由心室壁、瓣膜或血管壁振动所致的持续时间较长的异常声音，性质特异，可与心音完全分开，亦可与心音相连。杂音对于某些心脏病的诊断具有重要的价值。

5. 心包摩擦音(pericardial friction sound)

正常的心包膜表面光滑,且壁层和脏层之间有少量的液体起润滑作用,因此两层不会因摩擦而发出声音。心包因炎症或其他原因发生纤维蛋白沉着而变得粗糙,在心脏搏动时两层粗糙的表面互相摩擦可产生振动。

【注意事项】

(1) 听诊时环境应保持安静,如果呼吸音影响听诊时,可嘱咐受试者暂停呼吸。

(2) 正确使用听诊器,听诊器耳件方向应与外耳道一致(向前)。听诊器的胸件要不紧不松地紧贴胸壁皮肤,不要隔着衣服听诊。

【讨论与思考】

(1) 第一心音和第二心音是怎样形成的? 它们有何临床意义?

(2) 心音听诊区是否就在各个瓣膜解剖位置在胸壁上的投影点上?

(3) 心音听诊一般应包括哪些内容?

(俞志成)

实验十二 人体动脉血压测定

【实验目的】

学习间接测量法(即柯氏音法)测定人体动脉血压原理,并测定人体肱动脉收缩压和舒张压的正常值。

【实验原理】

柯氏音法是1905年俄国柯罗特可夫创立,柯氏音法测量动脉血压原理是:① 用橡皮球向血压计气袖打气,当袖内压大于收缩压(PS 即"高压")时袖带对所测动脉施加压力。② 然后以2~3 mmHg/s的速率放气,并监听柯氏音。柯氏音是血流通过被压闭又逐渐开启的动脉血管时产生的断续血管音,根据血管音变化测定血压。③ 柯氏音分为五相(图6-12);Ⅰ相对应袖内压刚刚低于收缩压,血管内开始出现断续血流时产生的,此时水银计指示的是收缩压;Ⅱ相柯氏音增高,Ⅲ相达到最大增强,Ⅳ由于湍流作用声音变得轻柔无力直至消失形成Ⅴ。④ 第五相对应袖内压刚刚低于舒张压(PD,即"低压"),血流在血管内开始连续通过,柯氏音由减弱变为消失,此时水银计的指示就是舒张压。

通常血液在血管内流动时听不到声音,在血管外施加压力使血管变窄时,血流可通过狭窄处形成涡流发出声音。当缠于上臂血压计袖带内压力超过收缩压时,完全阻断了肱动脉的血流,此时在肱动脉远端(袖带下)听不到声音,也触不到肱动脉的脉搏。当缓慢放气后袖带内压减小,其压力减低到低于肱动脉收缩压的瞬间,血液在血压达到收缩压时才能通过被压迫变窄的肱动脉,形成涡流,此时能在肱动脉远端听到声音和触到脉搏,此时袖带内压力读数为收缩压。若继续放气,当袖带内压力越接近于舒张压,通过的血流量越多,血流持续时间越长,听到的声音越清晰。当袖带内压力等于或稍低于舒张压的瞬间,血管内血流由断续的流动变为连续流动,此时声音突然由强变弱或消失,脉搏也随之恢复正常,此时袖带内的压力为舒张压。

组成:血压计、袖带、听诊器,用一个13 cm×23 cm气袖缠于上臂中部,输出管连于水银压力计,气袖下方肱动脉搏动处放置听诊器(图6-13)。

【实验材料】

实验对象:人。

实验器材和药品:血压计,听诊器,桌椅。

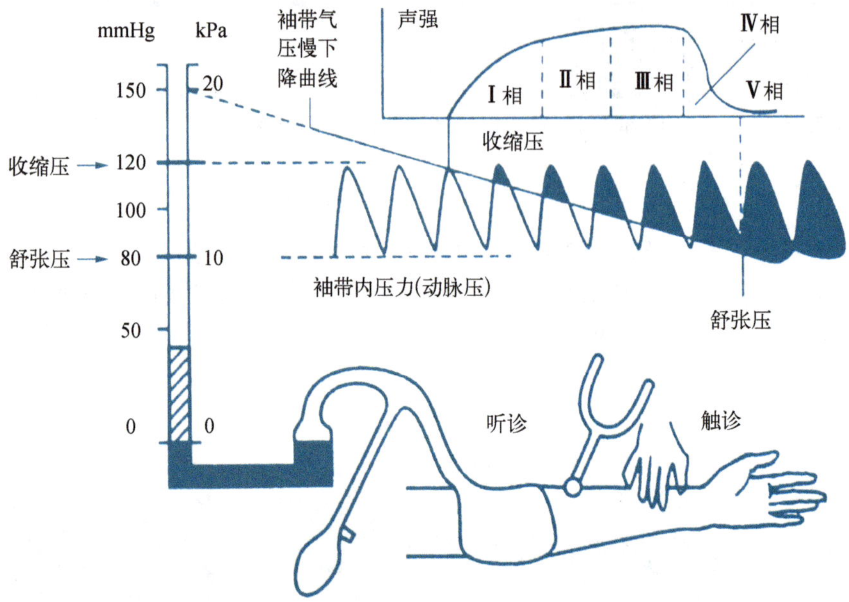

图 6-12 柯氏音法

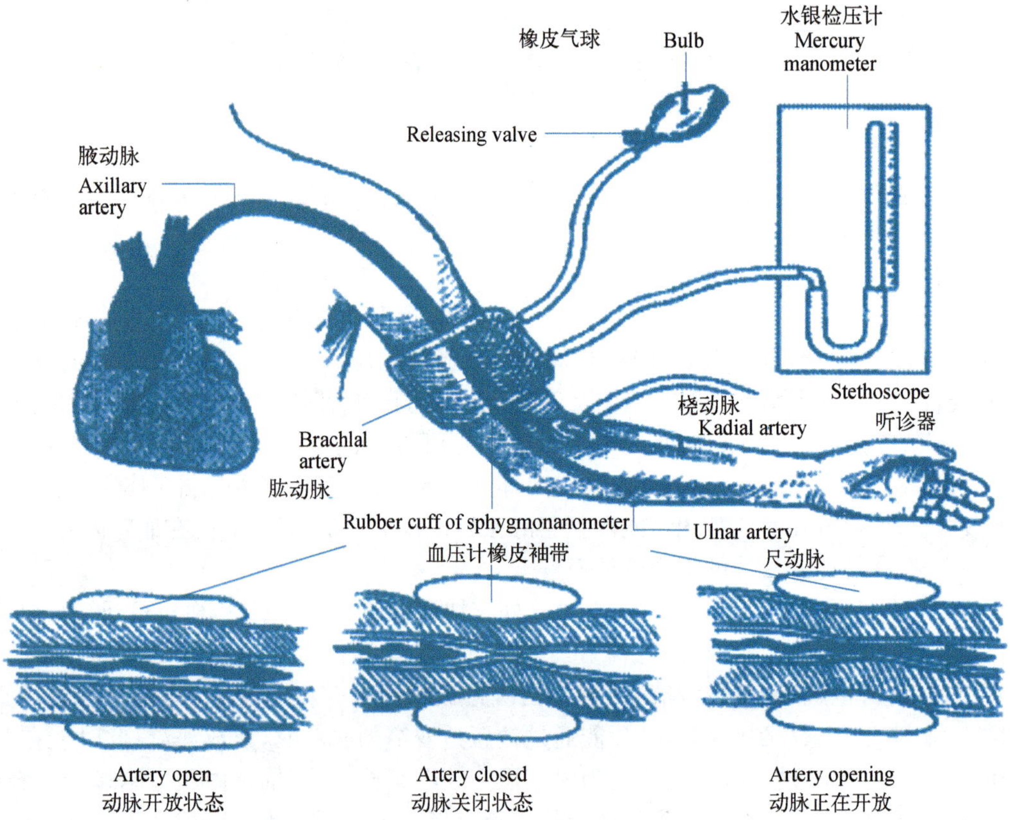

图 6-13 间接测量原理

【实验方法与步骤】

（一）熟悉血压计的结构

常用血压计有两种类型，常用的是汞柱式血压计(图 6-14)，另一种是弹簧式血压计(图 6-15)。前者较精确，后者方便携带。两种血压计均由检压计、袖带、听诊器和橡皮气球三部分组成。用一个 13 cm×23 cm 气袖缠于上臂中部，输出管连于水银压力计，气袖下方肱动脉搏动处放置听诊器(图 6-16)。汞柱式血压计的检压计是一个标有 0～40 kPa(0～300 mmHg)(1 mmHg=0.133 kPa,1 kPa=7.5 mmHg)刻度的玻璃管，上端与大气相通，下端与水银贮槽相通。袖带是一个外包布套的长方形橡皮囊，借橡皮管分别和检压计的水银槽及橡皮球相通。橡皮球是一个带有螺丝帽的球状橡皮囊，供充气和放气之用，近年来又有一种新型的电子血压计(图 6-17)在临床上应用。

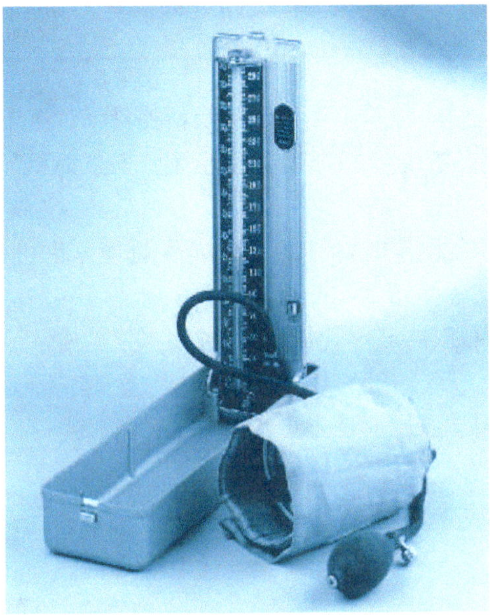

图 6-14　汞柱式血压计

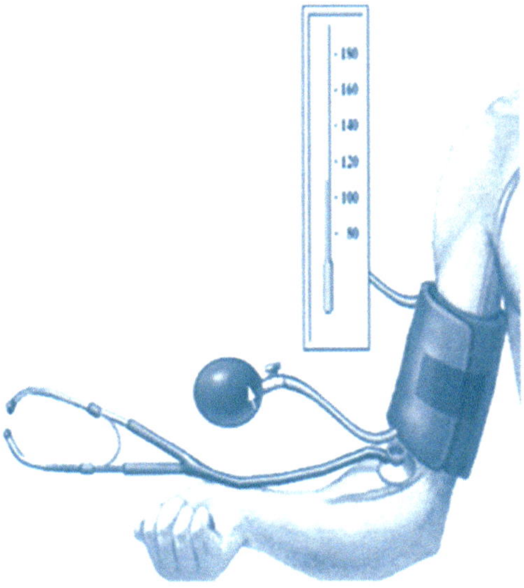

图 6-15　间接法测量血压

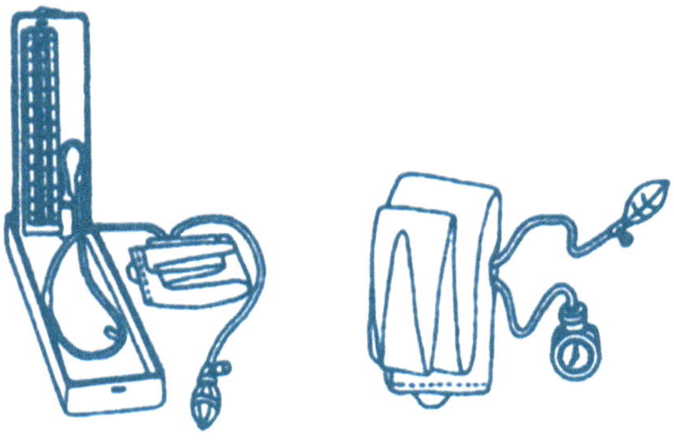

图 6-16　汞柱式血压计与弹簧式血压计

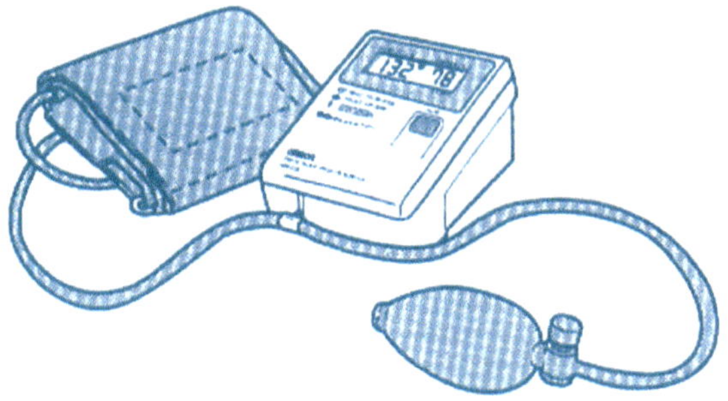

图 6-17　电子血压计

（二）听诊法测量动脉血压

(1) 受试者脱去右臂衣袖，取坐位，全身放松，右肘关节轻度弯曲，置于实验桌上，使上臂中心部与心脏位置同高。将袖带缠于受试者上臂距离肘窝上方 2 cm 处，松紧适宜(能容一指)。在肘窝内侧，检测者用手触及肱动脉搏动，将听诊器胸件置于其上。

(2) 打开血压计，松开血压计橡皮球的螺丝帽，驱出袖带内残留气体，后将螺丝帽旋紧。

(3) 将袖带平整、松紧适宜地缠绕右上臂，带下缘至少位于肘关节上 2 cm 处，开启水银槽开关。

(4) 将听诊器两耳器塞入外耳道，务必使耳器弯曲方向与外耳道一致。

(5) 在肘窝内侧先用手触及肱动脉搏动所在部位，再将听诊器胸器不留缝隙地轻轻贴在上面。

(6) 测量收缩压：挤压橡皮球将空气打入袖带内，使血压表上水银柱逐渐上升到听诊器听不到脉搏音为止，再继续打气使水银柱再升 2.7～4.0 kPa(20～30 mmHg)。随即慢慢松开气球螺丝帽，徐徐放气，在观察水银柱缓缓下降的同时仔细听诊，在听到"崩"样第一声清晰而短促脉搏音时，血压表上所示水银柱高度即代表收缩压。

(7) 测量舒张压：使袖带继续徐徐放气，这时声音先依次增强，后又逐渐减弱，最后完全消失。在声音突然由强变弱(或声音变调)这一瞬间，血压表上所示水银柱高度代表舒张压。也有人把声音突然消失时血压计上所示水银柱高度作为舒张压，若取后者，需另外 0.67 kPa(5 mmHg)较妥。

(8) 血压记录常以收缩压/舒张压 kPa 表示，如收缩压、舒张压分别为 14.70 kPa(110 mmHg)和 9.33 kPa(70 mmHg)，记为 14.70/9.33 kPa(110/70 mmHg)。

(9) 列表记录你所测得同学的血压。

【注意事项】

(1) 室内务必保持安静，测量血压前需嘱受试者静坐放松，以排除体力活动及精神紧张对血压的影响。

(2) 袖带宽度应为 12 cm，袖带缠绕不能太紧或太松。听诊器胸器最好用膜型。安放时既不能压得太重，也不能接触过松，更不能压在袖带底下进行测定。

(3) 需要连续测定 2～3 次，取其最低值或平均值。重复测定时，袖带内压力必须降至零后再打气。

(4) 发现血压超过正常范围时，应将袖带解下，让受试者休息 10 min 后再测。

(5) 血压计用毕应将袖带内气体驱尽、卷好、放置盒内，以防玻璃管折断；并关闭水银贮槽。

【讨论与思考】

(1) 正常男女成人的血压值范围是多少？你测得的同学血压值是否正常？

(2) 试述哪些因素可影响血压的正确测定。

(3) 当袖带内充气达到一定压力后，放气速度为何不宜太快或太慢？

(俞志成)

实验十三 人体心电图的描记

【实验目的】

学习人体心电图描记和心电图测量方法，了解正常人体心电图三个波形及两个间期的生理意义，判断心搏频率、节律及心脏兴奋起源、传导和恢复过程中有无异常现象。

【实验原理】

人体是个容积导体，心脏兴奋时产生生物电变化，通过心脏周围容积导体传导到体表。在正常人体内，由窦房结发出兴奋，按一定途径和时程，依次传向心房和心室，引起整个心脏的兴奋。具体讲；窦房结发出兴奋传到右心房，使右心房收缩，同时兴奋经房间束传到左心房，引起左心房收缩。兴奋沿结间束传到房室结，再由房室结通过房室束及其左右分支浦氏纤维传导到心室。由于从心房到心室具有特殊传导途径，由心房下传的兴奋能够在较短时间内到达心室各部分，引起心室激动。因此，每一心动周期，心脏各部分兴奋过程中的电信号变化方向、途径、次序及其时间顺序等，都有一定规律。这种生物电变化通过心脏周围导电组织和体液传导到身体表面，在一定体表部位出现有规律的电变化。将测量电极放置在人体表面一定部位记录到的心脏电变化曲线，就是临床上常规记录的心电图，心电图是心脏兴奋产生、传导和恢复过程中的生物电变化的反映，与心脏的机械收缩活动无直接关系。对心脏起搏点的分析、传导功能的判断以及心律失常、房室肥大，心肌损伤的诊断具有重要价值。

其中标准导联和加压单极肢体导联反映额面心电变化，即反映上下方向电位变化。如患有心室下壁病变或左前分支传导阻滞均采用这两组导联形式进行分析，其中标准导联所描记的 1 波和 2、3 波的始点和终点比较清楚，故多用于测量各间期的时程比较方便。一般单极胸导联主要用于反映水平面(横面)方向电变化，对于引起前后方向电位变化的心脏病变，如左右心室肥厚，左右束支传导阻滞均可采用此种导联形式进行探量。

【实验材料】

实验对象：人。

实验器材和药品：心电图机、电极糊(导电膏)、95%酒精棉球、分规。

【实验方法与步骤】

一、心电图的描记

(1) 接好心电图机的电源线、地线和导联线。接通电源，预热 3～5 min(图 6-19)。

(2) 受试者平卧于检查床上，全身放松。在手腕、足踝和胸前安放好引导电极，V_1：将探测电极置于胸骨右缘第四肋间，V_2：将探测电极置于胸骨左缘第四肋间，V_3：将探测电极置于 V_2 与 V_4 连线之中点在胸骨左缘第四肋间与左锁骨中线第五肋间相交处之间，V_4：将探测电极置于锁骨中线之第五肋间，V_5：将探测电极置于 V_4 与 V_6 连线之中点在左腋前线第五肋间，V_6：将探测电极置于左腋窝中联机与 V_4 同一水平，接上导联线。为了保证导电良好，可在放置引导电极部位涂少许电极糊。导联线的连接方法是：红色-右手，黄色-左手，绿色-左足，黑色-右足(接地)，胸导白色-V_1，胸导蓝色-V_3，胸导粉色-V_5(图 6-18)。

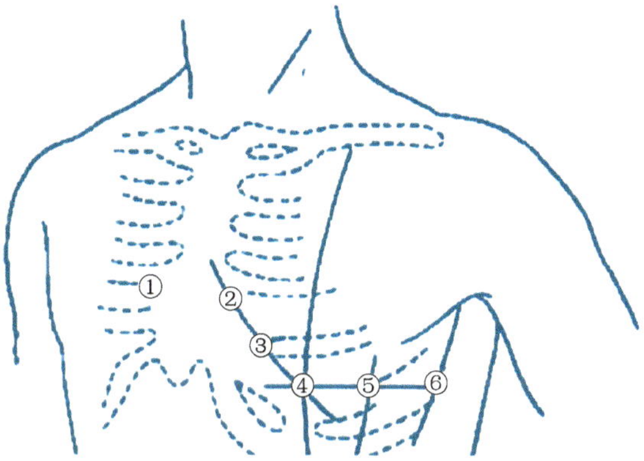

图 6-18　胸导联

(3) 调整心电图机放大倍数，使 1 mV 标准电压推动描笔向上移动 10 mm。然后依次记录Ⅰ、Ⅱ、Ⅲ、aVR、aVL、aVF、V_1、V_3、V_5导联的心电图(图 6-19)。

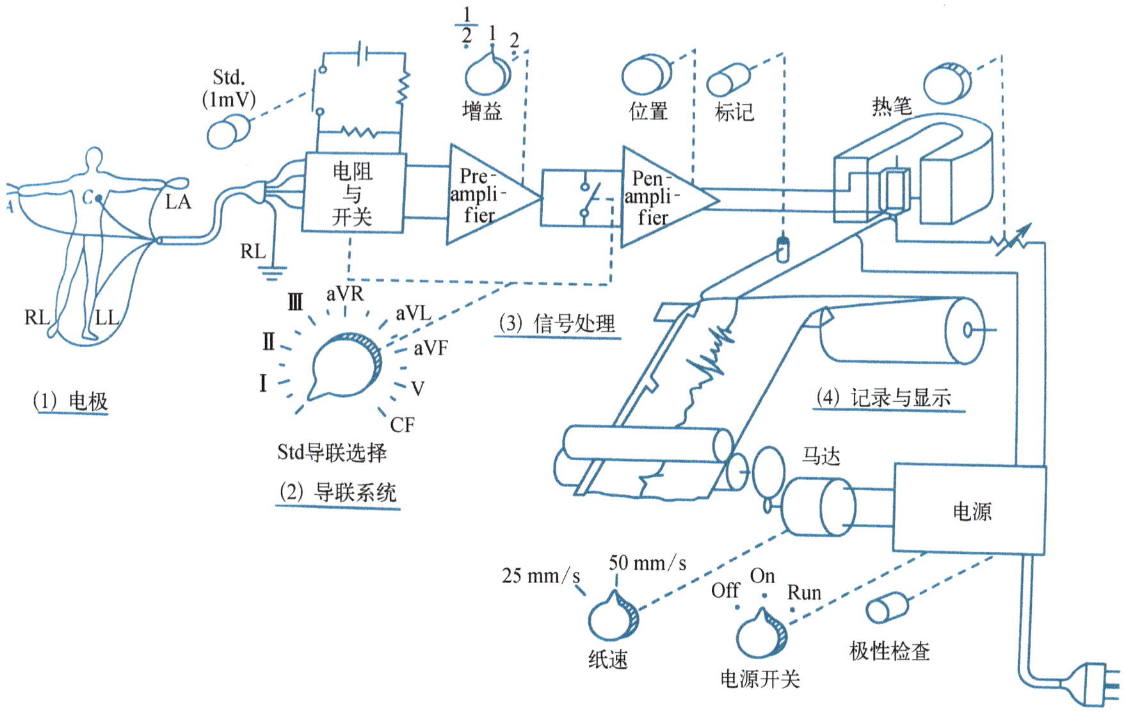

图 6-19　心电图机操作

(4) 取下心电图记录纸，进行分析。

二、心电图的分析

(一) 波幅和时间的测量

1. 波幅　当 1 mV 的标准电压使基线上移10 mm时，纵坐标每一小格(1 mm)代表 0.1 mV。测量波幅时，凡向上的波形，其波幅自基线的上缘测量至波峰的顶点；凡向下的波形，其波幅应从基线的下缘测量至波

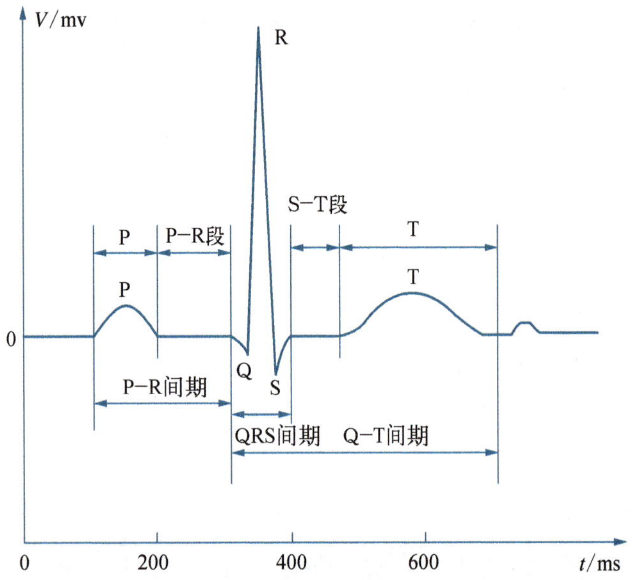

图 6-20 正常心电图波形

峰的底点(图 6-20)。

2. 时间 心电图纸的走速由心电图机固定转速的马达所控制,一般分为 25 mm/s 和 50 mm/s 两挡,常用的是 25 mm/s。这时心电图纸上横坐标的每一小格(1 mm)代表 0.04 s。

(二) 波形的辨认和分析

1. 心电图各波形的分析 在心电图纸上辨认出 P 波、QRS 波群和 T 波,并根据各波的起点确定 P-R 间期和 Q-T 间期。测定导联中 P 波、QRS 波群、T 波的时间和电压,并测量 P-R 间期和 Q-T 间期的时间(图 6-20)。

2. 心率的测定 测定相邻的两个心动周期中的 P 波与 P 波或 R 波与 R 波的间隔时间,按下列公式进行计算,求出心率。如心动周期的时间间距显著不等时,可将五个心动周期的 P-P 或 R-R 间隔加以平均,取得平均值,代入下列公式:

心率=60/P-P 间期或 R-R 间期

3. 心律的分析 ① 主导节律的判定;② 心律是否规则整齐;③ 有无期前收缩或异位节律出现(图 6-21)。

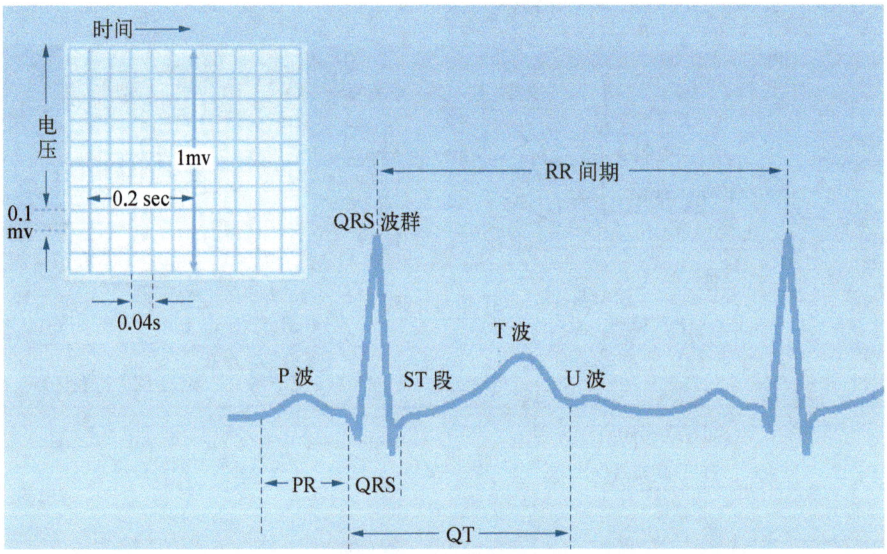

图 6-21 心电节律

窦性心律的心电图表现是:P 波在Ⅱ导联中直立,aVR 导联中倒置;P-R 间期在 0.12 s 以上。如果心电图中的最大间隔和最小间隔时间相差在 0.12 s 以上,称为窦性心律不齐。成年人正常窦性心律的心率为 60~90 次/min。

【注意事项】

(1) 记心电图时,受试者静卧,全身放松。

(2) 温度应以 22℃为宜,避免低温时肌电干扰。

(3) 电极和皮肤应紧密接触,防止干扰和基线漂移。

【讨论与思考】

(1) 何谓心电图? 它是怎样记录到的?

(2) 何谓导联？常用的心电图导联有哪些？为什么各导联心电图波形不一样？

(3) 心电图各波的生理意义及正常值。

（俞志成）

实验十四 心血管活动的调节及影响因素

【实验目的】

(1) 掌握心血管活动的神经体液调节机制及动脉血压的影响因素。

(2) 掌握哺乳动物急性实验技术以及动脉血压的直接测量方法。

【实验原理】

动脉血压是指动脉内流动的血液对单位面积动脉血管壁产生的侧压力。在正常情况下，人和动物的血压相对稳定，这是神经调节、体液调节和自身调节的结果。心血管活动的神经调节主要通过各种心血管反射来实现，其中颈动脉窦和主动脉弓压力感受性反射（即降压反射）在快速调节动脉血压保持动脉血压相对稳定中起重要作用。参与体液调节的生物活性物质有：肾上腺素(E)和去甲肾上腺素(NE)、肾素和血管紧张素、血管升压素等，其中E和NE均有升高血压的作用，但E强心作用明显，NE升压作用突出，主要原因是两者和肾上腺素能受体结合力不同。

动脉血压是心脏和血管功能的综合指标，可以通过观察动脉血压来分析神经和体液调节对心血管活动的影响。动脉血压的测量分直接测量法和间接测量法，本实验应用直接测定法。

【实验材料】

实验对象：家兔，2.5～3 kg，雌雄不拘。

实验器材：BL-420生物信号采集处理系统，压力换能器，兔手术台，哺乳类动物手术器械1套（手术刀，手术镊，止血钳，粗剪刀，手术剪，眼科剪），玻璃分针，气管插管，动脉夹，塑料动脉插管，三通管，注射器(1 mL、5 mL、20 mL)，静脉输液装置，小烧杯，瓷碗，丝线，纱布，棉球，细绳，保护电极及刺激引导连线。

药品与试剂：3%戊巴比妥钠、0.5%肝素生理盐水溶液、1∶10 000肾上腺素、1∶10 000去甲肾上腺素、1∶10 000乙酰胆碱、生理盐水。

【实验方法与步骤】

1. 连接实验装置　将动脉插管和压力换能器用生理盐水充满，三通管封闭并与BL-420生物信号采集处理系统的输入1通道相连，将接有保护电极的刺激输出连线插入“刺激”输出插孔，开启BL-420生物信号采集处理系统和计算机。

2. 麻醉与手术

(1) 麻醉与固定：取家兔称重，3%戊巴比妥钠按1 mL/kg体重经耳缘静脉远侧端注入，观察麻醉体征，判断麻醉效果，防止麻醉过深致死。仰卧位固定动物于兔手术台上。

(2) 气管插管：剪去颈前部兔毛，颈正中切皮5～8 cm。逐层分离皮下组织，钝性分离胸舌骨肌，暴露气管。分离气管旁结缔组织，在甲状软骨下约第四或第五环状软骨水平作倒“T”形切口，清理气管内分泌物，向心方向插入Y形气管插管，保持气道通畅，结扎固定。

(3) 分离右侧颈总动脉、颈迷走神经和减压神经：用左手拇指和食指捏住一侧切口的皮肤和肌肉，其余三指从颈后皮肤向上顶，使颈部气管旁软组织外翻，便可暴露出与气管平行的血管神经束，血管神经束内包括有：颈总动脉、迷走神经、交感神经和减压神经。用玻璃分针，轻轻地纵行分离筋膜，并将颈总动脉移向一旁，就可见到三条平行排列的神经：迷走神经最粗、规整、明亮；交感神经较细，光泽较暗；减压神经

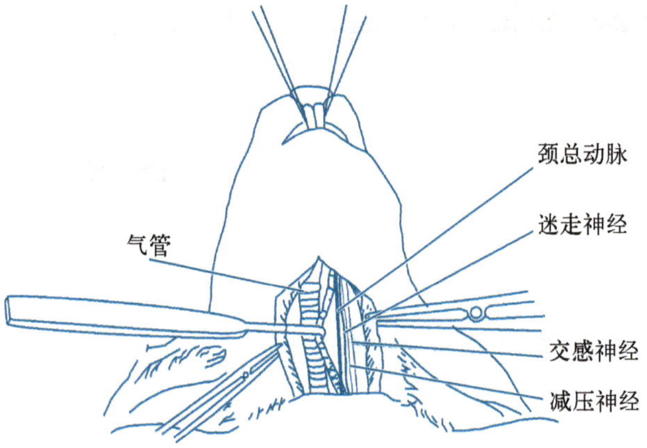

图 6－22 兔颈部神经、血管的解剖位置

最细，在颈中部水平多位于前两者之间并紧挨交感神经并行(图 6－22)，于各条神经和颈总动脉下穿双线备用。由于家兔品种及个体差异，常发现 3 条神经的解剖位置有较大变异。可根据刺激神经时的瞳孔反应、耳部血管网数目和充血情况及对血压的影响加以判断。

(4) 颈总动脉插管：于左侧颈总动脉远心端结扎，近心端用动脉夹夹住，阻断血流。用眼科剪作一斜 V 形剪口，将已充满抗凝剂的动脉插管向心脏方向插入动脉，结扎固定插管。缓慢移去动脉夹，此时可见血液注入塑料动脉插管前端，并有搏动。

(5) 经耳缘静脉输入生理盐水(20～30 滴/min)，以维持动物正常生理状态，并建立静脉给药通道。

3. 观察项目

(1) 记录正常血压曲线：选择"实验项目"→"循环实验"→"兔动脉血压调节"实验模块，开始实验，识别一级波(心搏波)与二级波(呼吸波)。

(2) 压迫双侧颈总动脉窦：用手指在下颌角处沿颈动脉走行方向向头侧深处压迫双侧颈动脉窦，观察血压及心率变化。

(3) 牵拉左颈总动脉残端：用止血钳夹住左侧远心端颈总动脉残端，观察血压及心率变化。

(4) 夹闭颈总动脉：用动脉夹夹闭右颈总动脉 10 s 左右，观察血压及心率变化。

(5) 肾上腺素：经输液装置从耳缘静脉注入 1∶10 000 肾上腺素 0.05 mL/kg，观察血压及心率变化。

(6) 去甲肾上腺素：经输液装置从耳缘静脉注入 1∶10 000 去甲肾上腺素 0.1 mL/kg，观察血压及心率变化。

(7) 乙酰胆碱：经输液装置从耳缘静脉注入 1∶10 000 乙酰胆碱 0.1 mL/kg，观察血压及心率变化。

(8) 刺激减压神经、颈迷走神经：结扎、剪断刺激减压神经、迷走神经，分别刺激其中枢端和外周端(频率：30 Hz，强度：3 V)，观察血压及心率变化。

(9) 不同频率刺激颈迷走神经：用不同频率刺激迷走神经外周端(强度：3 V 频率依次选择：1 Hz、5 Hz、10 Hz、30 Hz，)，观察血压及心率变化。

4. 小结　动脉血压随心室的收缩和舒张而变化，在心室收缩时血压上升，心室舒张时血压下降，这种波动称为"一级波"，也称"心搏波"，频率与心率一致。此外也可见到动脉血压随着呼吸而变化，吸气时血压先是下降，继而上升；呼气时血压先是上升，继而下降，这种波动称为"二级波"，也称"呼吸波"，频率与呼吸频率一致。有时还可见到一种低频率，几次到几十次呼吸为一周期的缓慢波动，称为"三级波"，可能和心血管中枢的周期性紧张有关。

压力感受性反射是一种负反馈调节。负反馈有双向调节能力，血压升高时，压力感受性反射活动加强，引起降压效应；反之亦然。降压反射的反射弧固定，有效刺激反射弧的不同部位，可引起降压反射的增强或减弱。迷走神经作为自主神经在降压反射弧中属于传出神经部分，它对心脏有紧张性作用，其作用加强或减弱均建立在原有频率基础上。

肾上腺素能受体存在 α 和 β 两大类，心肌细胞膜上以 β_1 受体为主可以产生兴奋作用，血管上主要有 α 受体和 β_2 受体，其中前者引起血管收缩，后者引起血管舒张。肾上腺素能激活心肌细胞膜上的 β_1 受体，产生正性变时和变力作用，但对外周阻力影响较小，血压变化不明显，大剂量应用才表现升压效果，故临床上将肾上腺素作为强心药；去甲肾上腺素主要作用于 α 受体，使大多数血管发生强烈收缩，外周阻力增大，血压升高，其强心作用被血压升高引起的降压反射所掩盖表现不明显，故临床上将去甲肾上腺素作为升压药。

【注意事项】

(1) 注射麻醉剂要缓慢，以防造成动物死亡，注意保持麻醉深度平稳。

(2) 手术过程中应尽量避免出血，分离神经时勿过度牵拉，避免损伤神经。

(3) 不同药物注射间隔时间以血压恢复至正常水平时为宜，在每项处理之前，均要有正常对照曲线。

【讨论与思考】

(1) 刺激减压神经中枢端与外周端，对血压有何影响，为什么？

(2) 肾上腺素和去甲肾上腺素作用有何不同，为什么？

（海青山　余华荣）

实验十五　家兔减压神经放电

【实验目的】

通过记录兔减压神经在不同状态下的放电规律，来了解和分析血压波动和减压神经兴奋两个生理现象的相互关系，借以加深对减压反射的理解和认识。

【实验原理】

压力感受性反射(baroreceptor reflex)是调节心血管活动的重要反射，其感受器位于颈动脉窦和主动脉弓血管壁外膜下的感觉神经末梢，对动脉壁的牵张刺激敏感，称动脉压力感受器(baroreceptor)。当动脉血压(急性)变化时，如升高到一定程度，就引起传入冲动增加，使心迷走紧张加强，心交感紧张和交感缩血管紧张减弱，效应是心率减慢、动脉血压下降。因此，该反射又称为减压反射(depressor reflex)。其生理意义是保持血压的相对稳定。减压反射是一种负反馈调节机制，安静状态下，动脉血压已高于压力感受器的阈值水平(其阈值为 60 mmHg，1 mmHg=0.133 kPa)，因此，减压反射经常在进行，维持心血管中枢的紧张性，保持动脉血压于正常范围。兔的主动脉弓压力感受器传入神经纤维自成一束，与迷走神经和颈交感神经伴行，称为减压神经(depressor nerve)。

【实验器材与药品】

实验动物：家兔。

实验器材：兔手术台、哺乳动物手术器械一套(手术刀、镊子 2 个、止血钳 4 个、粗剪刀、手术剪、眼科剪)、玻璃分针、气管插管、动脉夹、塑料动脉插管、三通管、注射器(1 mL、5 mL)、丝线、纱布、棉球、细绳 5 根、保护电极、压力换能器、BL-420 生物信号采集处理系统。

药品与试剂：3%戊巴比妥钠，1%肝素，生理盐水，去甲肾上腺素(1∶10 000)，乙酰胆碱(1∶10 000)，石蜡油。

【实验步骤与观察项目】

1. 实验装置　将引导电极和带有动脉插管的压力换能器分别与 BL-420 生物信号采集处理系统的输入通道相连。

2. 麻醉与手术

(1) 称重、麻醉与固定：取家兔一只称重，建议用 3%戊巴比妥钠溶液按 1 mL/kg 耳缘静脉注射，待麻醉后将家兔固定于兔手术台上。

(2) 颈部手术

1) 气管插管：剪去颈前部兔毛，于颈前部正中切开皮肤约 6～8 cm。用止血钳配合手逐层钝性分离皮下组织及肌肉，暴露气管。在甲状软骨下约第四或第五环状软骨水平作“倒 T”形切口，向心方向插入气管插管，结扎并将扎线残端固定在插管的分叉上，以免滑脱。

2) 分离减压神经及颈总动脉：用左手拇指和食指捏住右侧切口的皮肤和肌肉，其余三指从皮肤外面略向上向外翻，暴露与气管平行颈动脉鞘，鞘内有颈总动脉、迷走神经（最粗）、交感神经（次之）和减压神经（最细）。用玻璃分针将减压神经和颈总动脉从血管神经束中分离出 2 cm（注意须分离干净，动作轻柔），并用细线在其下方穿过备用。用同样方法分离对侧颈总动脉，分别穿线备用。

3. 动脉插管

将连有动脉插管的压力换能器灌满肝素生理盐水排出空气（亦可在插管前从耳缘静脉注射 1% 肝素 1 mL/kg），连接 BL－420 生物信号采集处理系统。结扎左颈总动脉远心端后，在其近心端夹一动脉夹，动脉夹与结扎之间应相距 2～3 cm 左右。在靠近结扎处下方用眼科剪作一切口，插入动脉插管并扎紧插管尖端固定于其侧管，以防插管滑出，松开动脉夹观察并记录血压曲线。

4. 固定减压神经于保护电极上

用玻璃分针轻轻挑起减压神经放置于引导电极上，将电极固定于支架上，调节好引导电极于合适的位置，使电极与神经良好接触；然后，将接地线夹在附近切开的组织上。实验中可用液体石蜡滴加在暴露的减压神经上，保护神经以防干燥和温度降低，此外，液体石蜡还具有绝缘作用。

5. 记录与观察

(1) 记录减压神经放电图像（图 6－23），分析其特点。打开扬声器可监听到清晰的轰隆轰隆类似火车开动的神经放电声音。

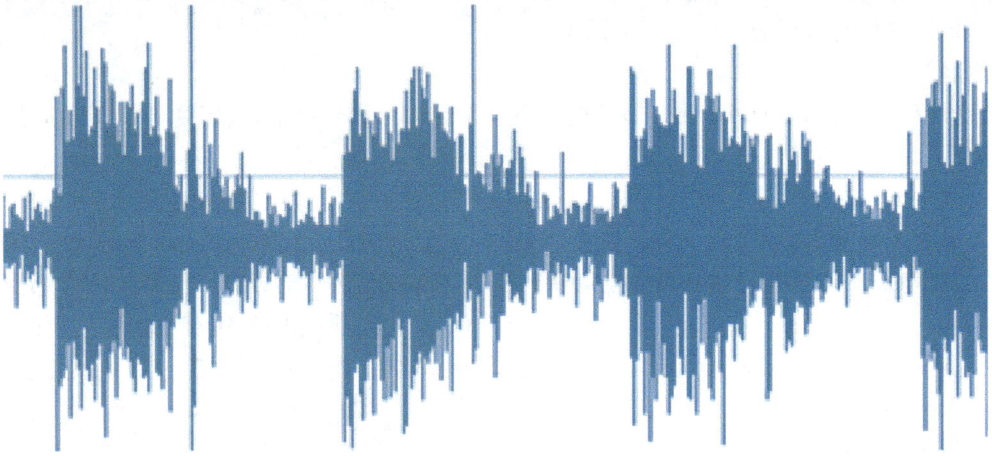

图 6－23 减压神经放电

(2) 牵拉右颈总动脉远心端结扎线 5～10 s，观察减压神经放电频率、幅度、声音与血压变化相互关系。

(3) 耳缘静脉注射 1∶10 000 去甲肾上腺素 0.3 mL，观察减压神经放电的频率、幅度、声音与血压变化相互关系。

(4) 耳缘静脉注射 1∶10 000 乙酰胆碱 0.3 mL，观察减压神经放电频率、幅度、声音与血压变化相互关系。

6. 实验结果

根据实验结果按表 6－6 进行讨论总结。

表 6－6 减压神经放电实验结果

观察项目	血压(mmHg)	减压神经放电			结果解释
		频率	幅度	声音	
正常					
牵拉右颈总动脉远心端结扎线 5～10 s					
注射 1∶10 000 去甲肾上腺素 0.3 mL					
注射 1∶10 000 乙酰胆碱 0.3 mL					

【注意事项】

(1) 引导电极应悬空,不能与周围组织接触。

(2) 不得过度牵拉减压神经。

(3) 接地线夹在动物颈部切口皮下。

(4) 信号不清时,电极可向减压神经外周端移动。

【讨论与思考】

(1) 试述减压神经在血压调节中的作用。

(2) 结合去甲肾上腺素、乙酰胆碱对血压的作用,讨论它们引起减压神经放电变化的原理。

(3) 刺激减压神经中枢端及外周端,神经放电如何？为什么？

(刘　华)

实验十六　强心苷对离体蛙心的作用

【实验目的】

观察强心苷对离体蛙心的直接作用及与钙离子的协同作用,学习离体蛙心灌流技术。

【实验原理】

强心苷通过抑制心肌细胞膜上的 Na^+-K^+-ATP 酶的活性,一方面使心肌细胞内 Na^+ 浓度增加,细胞外 Na^+ 浓度减低,继而通过 Na^+-Ca^{2+} 双向交换使进入心肌细胞内 Ca^{2+} 增多,流出心肌细胞的 Ca^{2+} 减少,最终使肌细胞内 Ca^{2+} 浓度增高,心肌收缩力增强。另一方面,心肌细胞内 K^+ 浓度降低,使蒲肯野纤维细胞最大舒张电位降低,自律性增强,因此强心苷中毒易至室性过速型心律失常。

【实验材料】

实验动物:青蛙 1 只(蟾蜍心脏不敏感)。

实验器材:蛙板 1 块,蛙钉 4 枚,蛙心夹 1 个,探针 1 根,斯氏蛙心插管 1 个,粗剪刀 1 把,眼科剪 1 把,眼科镊 1 个,BL-420 生物信号记录系统,张力传感器 1 个(1 g),铁支架 1 个,双凹夹 2 个,木试管夹 1 个,烧杯(50 mL×1),吸管 2 支,注射器(1 mL×1)。

药品与试剂:任氏液,低钙任氏液(所含 $CaCl_2$ 量为一般任氏液的 1/4,其他成分不变),1%氯化钙溶液,0.025%毒毛花苷 K(或 0.02%西地兰)溶液。

【实验方法与步骤】

(1) 制作离体蛙心标本:取蛙 1 只,用探针破坏其大脑与脊髓,仰位固定于蛙板上。剪开胸腔暴露心脏,小心剪去心包膜,仔细分离左右主动脉。在左主动脉下穿一线备用,在右主动脉下穿线,并结扎右主动脉。在左主动脉上剪一小斜口,让血液尽量流出,用任氏液将流出血液冲洗干净,然后将装有任氏液的蛙心插管经左主动脉小斜口插进心室(应在心脏收缩,主动脉瓣开放时,顺势插入),当见插管内液面波动明显时,结扎固定蛙心插管。小心提起心脏,在心脏下绕一线,结扎左右肺静脉及前后腔静脉。并于远心端剪断。取下离体蛙心标本,用任氏液反复冲洗至无色,并保留约 1 mL 的液量。

(2) 安装记录设备:用系有长线的蛙心夹夹住心尖,长线另一端连接传感器,连接 BL-420 生物信号记录系统,适当调节张力。

(3) 描记正常的心脏搏动曲线。然后按下列顺序加药,并注意观察心率、振幅和节律的变化。

1) 换入低钙任氏液(制作心功能不全模型)。观察心脏收缩幅度、心率、房一室收缩的协调性变化。

2) 待心肌收缩明显减弱时,向插管内滴加 0.025%毒毛花苷 K 溶液 0.1～0.2 mL(观察强心作用)。

3) 作用明显时,再向插管加入 1%氯化钙 0.1 mL(Ca^{2+} 与强心苷有协同作用)。

4) 待作用明显并稳定后，每隔 30 s 向插管内加毒毛花苷 K 溶液 0.1～0.2 mL(或加氯化钙)，直到心脏停搏(观察强心苷过量中毒)。

(4) 取下图纸，标注药物剂量，计算心搏曲线各段的振幅、频率和节律(表 6－7)。

【实验结果】

表 6－7 强心苷对离体蛙心的作用

观察指标	任氏液	低钙液	强心苷	氯化钙	大量强心苷
心搏振幅(cm)					
心率(次/min)					
心律					

【注意事项】

(1) 青蛙对洋地黄较敏感，与人相似。蟾蜍皮下腺体有强心苷样物质，可降低对强心苷的敏感性，故此实验不宜选用蟾蜍。

(2) 结扎血管要牢固，切勿损伤静脉窦。

(3) 换药前后心脏插管中液面应保持一致。

(4) 在实验中以低钙任氏液灌注蛙心，使心脏的收缩减弱，可以提高心肌对强心苷的敏感性。

(5) 蛙心对药物的反应变异较大，实验时药物剂量可酌情调整。

(6) 强心苷过量中毒可出现房室传导阻滞、心脏停搏及早搏等。

【讨论与思考】

(1) 强心苷有哪些药理作用?

(2) 强心苷和钙剂均可增强心肌收缩力，为何治疗心衰时两类药不联合使用?

(3) 临床使用强心苷时要注意哪些问题?

(许　薇)

实验十七　亚硝酸异戊酯的扩血管作用

【实验目的】

观察亚硝酸异戊酯对整体动物血管的作用。

【实验原理】

硝酸酯类及亚硝酸酯类药物均有明显扩张血管作用。亚硝酸异戊酯为挥发性液体，可采用吸入给药，其作用出现快而强烈。

【实验材料】

实验动物：家兔 1 只，体重 1.5～2.5 kg，雌雄不限。

实验器材：家兔固定箱 1 个，纱布少许，止血钳 1 把。

药品与试剂：亚硝酸异戊酯。

【实验方法与步骤】

(1) 取家兔 1 只，放入兔固定箱。将兔耳对着明亮处，观察并记录正常兔耳血管的粗细、颜色及密度，并用手感觉其温热程度。

(2) 用纱布包裹亚硝酸异戊酯安瓿 1 只，用血管钳夹碎后，立即将纱布紧贴于家兔鼻处，任其吸入。观察并记录用药后家兔两耳皮肤的颜色、血管粗细、密度和耳部温热度。

【实验结果】

表 6-8　亚硝酸异戊酯对兔耳的扩张作用

	兔耳皮肤		兔耳血管	
	颜色	温度	粗细	密度
给亚硝酸异戊酯前				
给亚硝酸异戊酯后				

【注意事项】

(1) 为便于观察结果，宜采用白色家兔。

(2) 测定兔耳温度可用手感粗测。血管粗细和血管密度均应观察同一部位血管，并保持前后一致。

【讨论与思考】

亚硝酸异戊酯有何作用与用途？

（辛志伟）

实验十八　失血性休克动物模型的复制与解救

【实验目的】

复制动物失血性休克模型，观察失血性休克时及解救治疗过程中重要生理指标变化，讨论急性失血性休克的发病机制和解救原则。

【实验原理】

休克是指各种强烈致病因素作用于机体，引起的急性循环衰竭，组织器官微循环灌流严重不足，以致重要生命器官和细胞功能、代谢发生严重障碍的全身性危重病理生理过程。失血失液是休克常见的病因，机体短时间内失血量超过总血容量的 20%左右，可使有效循环血量锐减，引起微循环障碍，导致休克发生。及时补充有效循环血量，改善组织器官微循环的低灌流状态是解救休克的关键措施。

【实验材料】

实验动物：健康家兔，体重 1.5～2.5 kg，雌雄不限。

实验器材：动物手术器械 1 套，兔台，婴儿秤，手术灯，肛温表，气管插管，动脉夹，动脉及静脉插管，输尿管插管，三通管，注射器(20 mL、10 mL、5 mL、50 mL)，50 mL 烧杯，静脉输液装置，中心静脉压测量装置，压力换能器、张力换能器及蛙心夹，BL-420 生物信号采集处理系统。

药品与试剂：3%戊巴比妥钠或 20%乌拉坦溶液，1%肝素钠溶液，生理盐水，缩血管类药物(如间羟胺)，扩血管类药物(如山莨宕碱)。

【实验方法与步骤】

1. *实验装置*　将带有动脉插管的压力换能器与 BL-420 生物信号采集处理系统的一通道相连，将带有蛙心夹的张力换能器与 BL-420 生物信号采集处理系统的二通道相连。

2. *麻醉与手术*

(1) 称重与麻醉：取家兔一只，称重。用 3%戊巴比妥钠(1 mL/kg)或 20%乌拉坦溶液从耳缘静脉缓慢注射，将家兔麻醉到浅昏迷状态(肌张力降低，角膜反射和痛反应迟钝)。

(2) 固定与备皮：将家兔仰卧位固定于兔台上。剪去颈部、下腹部和一侧股部的被毛。

(3) 气管插管：沿甲状软骨下缘至胸骨上缘正中切开皮肤 5～6 cm。用止血钳逐层钝性分离颈部筋膜及肌群，暴露气管，在第四或第五环状软骨水平作倒“T”形切口，向心方向插入气管插管，结扎并固定插管。

(4) 分离左侧颈总动脉和右侧颈外静脉：在气管左侧打开颈总动脉鞘，分离颈总动脉 2～3 cm，经颈总动脉下方穿双线备用。在颈部右侧皮下分离右颈外静脉，穿双线备用。分离静脉时如果有静脉属支出血，及时用纱布压迫止血。

(5) 分离股动脉：在一侧股部打开股鞘，分离股动脉，穿双线备用。

(6) 分离输尿管：在下腹部耻骨联合上方做约 5 cm 正中切口，暴露膀胱，挤压排空尿液后，在膀胱三角分离出双侧输尿管，分别穿双线备用。

(7) 血液肝素化：经耳缘静脉注射 1%肝素钠溶液 1 mL/kg。

(8) 右颈外静脉插管：结扎静脉远心端，静脉插管通过三通开关与静脉测压管及输液装置相连，插管排出空气后向心脏方向插入至右心房口，用线固定。以 10 滴/min 的速度缓慢滴入生理盐水。

(9) 左颈总动脉插管：用动脉夹夹闭动脉近心端，线结扎远心端，在结扎线下 0.5 cm 左右用眼科剪剪口，大小不超过血管周径的三分之一。动脉插管与压力换能器连接，排出空气后向心脏方向插入约 2 cm，用线固定。开机打开 BL-420 生物信号采集处理系统，选择"输入信号"中"通道 1"子菜单"压力"信号。松开动脉夹，点击"开始"按钮。点击"通用信息显示"栏显示动脉血压波形，可以适当调节参数增益以获得最佳纪录。

(10) 股动脉插管：插管与 50 mL 注射器针头相连，方法同颈总动脉插管，夹闭动脉近心端，线结扎远心端，剪口，向近心端插管并固定。放血前不能松开动脉夹。

(11) 输尿管插管：在靠近膀胱处分别用线结扎双侧输尿管，剪口，将输尿管插管向近心端插入并固定。将双侧插管游离端放入小烧杯，以便记录尿量。

(12) 将与张力换能器相连的蛙心夹夹在剑突处皮肤上。选择"输入信号"中"通道 2"子菜单"张力"信号，显示呼吸波形，记录每分钟呼吸次数。

3. *指标观察* 观察并记录家兔黏膜颜色、肛温、血压、呼吸、心率、中心静脉压、尿量等各项指标。

4. *放血* 用注射器从股动脉插管快速放血，同时观察血压变化情况，当血压降到 5.32 kPa(40 mmHg)左右时，停止放血，观察 10 min，重复记录上述指标。

5. *抢救* 将放出的血液从颈外静脉缓慢匀速回输入体内，再以 100 滴/min 的速度输入生理盐水 100 mL。重复观察记录上述指标。

6. *其他抢救措施* 输血输液抢救后，根据动物情况，自行设计使用缩血管或扩血管药物的抢救方案，并观察记录上述指标。

【实验结果】

表 6-9 失血性休克动物模型的复制与解救实验结果

体重：　　kg　　　　放血量：　　mL

观察指标	放血前	放血后	输血输液后	其他抢救
血压(kPa)				
心率(次/min)				
呼吸(次/min)				
尿量(mL/min)				
中心静脉压(cmH_2O)				
肛温(℃)				
皮肤黏膜颜色				

【注意事项】

(1) 注射麻醉剂要缓慢，防止麻醉过深致死，如呼吸停止时应立刻做胸外按压抢救。

(2) 分离血管时，应尽量避免出血，注意勿伤及伴行神经。

(3) 动脉插管前必须先将插管充满肝素生理盐水，排尽气泡。

(4) 从静脉输血时，注意缓慢匀速，防止造成心衰。

【讨论与思考】

(1) 失血休克后生理指标变化的机制是什么？

（2）抢救休克时应用血管活性药物的前提是什么？为什么？

（陈　蓉）

实验十九　急性右心衰竭

【实验目的】

学习复制急性右心衰竭的模型，观察右心衰竭时相关指标变化，加深对心力衰竭发生机制及病理变化的理解。

【实验原理】

心力衰竭是指心脏原发性或继发性的舒缩功能障碍，致心排出量绝对或相对减少，不能满足机体代谢需要的一种临床综合征。按心力衰竭发展的速度分为急性和慢性两种；按心力衰竭发生的部位分为左心、右心和全心衰竭，左心衰竭的特征是肺循环淤血；右心衰竭以体循环淤血为主要表现。基本病因包括：① 原发性心肌损害；② 心室负荷过重包括心室后负荷（压力负荷）和前负荷（容量负荷）过重。

本实验通过静脉注射液状石蜡致急性肺栓塞，急骤过度增加右心后负荷；然后快速大量静脉输入生理盐水，增加右心前负荷，造成右心室收缩和舒张功能降低，导致急性右心衰竭。

【实验材料】

实验动物：健康家兔。

实验器材：动物手术器械1套，兔台，BL－420生物信号采集处理系统，张力换能器及蛙心夹，压力换能器，输液及中心静脉压测量装置，静脉及动脉插管，三通管，动脉夹，听诊器，注射器（20 mL、10 mL、5 mL、1 mL），针头，婴儿秤，手术灯，电炉。

药品与试剂：1%肝素钠溶液，生理盐水，3%戊巴比妥钠或20%乌拉坦（乌拉坦），液体石蜡。

【实验方法与步骤】

1．实验装置　将张力换能器和带有动脉插管的压力换能器与BL－420生物信号采集处理系统的输入通道相连。

2．麻醉与手术

（1）称重、麻醉和固定：家兔称重后，耳缘静脉缓慢注射3%戊巴比妥钠1 mL/kg或20%乌拉坦5 mL/kg麻醉后，仰卧位固定于兔台上，颈部手术区剪毛。

（2）颈部手术：从甲状软骨向下作5～6 cm长的颈部皮肤正中切口。于气管左侧深部组织分离左侧颈总动脉，切口右侧皮肤下分离右侧颈外静脉，均采用止血钳沿血管走行方向钝性分离长约3～4 cm，穿双线备用。

（3）全身肝素化：耳缘静脉注射1%肝素钠溶液（1 mL/kg）。

（4）右侧颈外静脉插管：用于输液和中心静脉压测量。结扎静脉远心端，用眼科剪在靠近远心端结扎处呈45°角剪一小口，用预先充满生理盐水的颈外静脉插管估量剪口至右心房入口处的距离（约5～7 cm），并做上标记，向心插入静脉插管至标记处，固定插管。此时可根据动物情况缓慢滴注生理盐水（5～10滴/min）以补充手术中丢失的体液。

（5）左侧颈总动脉插管：用于记录动脉血压。结扎颈总动脉远心端，用动脉夹夹闭近心端。在靠近远心端结扎处的动脉壁上向心剪一斜口，向心插入连接压力换能器的充满生理盐水的动脉插管，结扎固定，然后缓慢松开动脉夹。

（6）用连接在张力换能器上的蛙心夹夹住剑突处皮肤记录呼吸。

（7）启动BL－420生物信号采集处理系统，在“输入信号”菜单的压力换能器所在通道的子菜单中选择“压力”信号；张力换能器所在通道的子菜单中选择“张力”信号。

3. 观察正常指标　包括皮肤黏膜颜色、心音强度、心率、血压、呼吸频率和深度，胸背部呼吸音、中心静脉压(CVP)。

4. 肝-中心静脉压返流实验　轻推压右肋弓下 3 s，行中心静脉压测定，以 cmH_2O 表示(正常情况下中心静脉压不会升高，右心衰时，压迫淤血的肝使回心血量增加，已充血的右心房不能完全接受回心血量而致中心静脉压被迫升高)。

5. 复制急性右心衰竭模型　用 1 mL 注射器抽取 0.5 mL/kg 的液体石蜡(加温至 37℃)，缓慢注入耳缘静脉(1～2 min)，同时密切观察血压、中心静脉压、呼吸等变化，如有其中一项指标出现明显变化时，立即停止推注，迅速记录上述各项指标。5 min 后再记录一次上述各项指标。

6. 输液　快速输入生理盐水(50～100 滴/min)，输液过程中密切观察各项指标的变化(呼吸、血压、心率、心音强度、中心静脉压以及肝-中心静脉压等)，输液量达 100 mL 和 200 mL 时，分别记录一次上述各项指标。继续输液，直至动物死亡。

7. 尸检　剖开胸、腹腔(注意不要损伤脏器和大血管)，观察有无胸水和腹水以及胸腹水的量和颜色；肝脏有无淤血肿大；肠壁有无水肿；心脏各腔室体积有何变化；肺脏有无水肿。

【实验结果】

表 6-10　急性右心衰竭实验结果

指标 \ 时间	实验前	注射液体石蜡后		快速输液	
		立即	5 min	100 mL	200 mL
皮肤黏膜颜色					
心音强度					
心率(次/min)					
血压(kPa)					
呼吸(次/min)					
中心静脉压(cmH_2O)					
肝—中心静脉压实验					

尸检：

胸腔：胸水______，心脏______，肺______。

腹腔：腹水______，肠壁______，肝脏______。

【注意事项】

(1) 颈部血管，应钝性分离，忌剪切，避免损伤、出血甚至影响插管。

(2) 颈外静脉插管过程中如遇阻力，切忌硬插，以免刺破血管。插好后可见中心静脉压随呼吸上下波动。

(3) 注射液体石蜡时一定要缓慢，出现血压等明显改变时应立即停止注射，否则容易导致动物立即死亡。

(4) 尸检时注意不要损伤胸、腹腔血管，以免影响对胸腹水的观察。

(5) 中心静脉压的测定时保持检压计的零点和右心房在同一水平线上，先排空检压计，中心静脉压测定时应使三通处于检压计与静脉插管两通状态。

(6) 若输液量超过 200 mL，指标变化不明显，应重复实验过程。

【讨论与思考】

(1) 本实验中引起右心衰的机制是什么？哪些指标变化是右心衰竭所致？

(2) 实验中大量输液与临床上快速大量输液对心功能的影响有何不同？为什么？

(王顺蓉)

第七章

呼吸系统实验

实验二十　膈神经放电

【实验目的】

(1) 观察和记录家兔膈神经放电的特征及与呼吸运动间的相互关系。

(2) 观察在某些因素作用下实验动物膈神经放电的变化。

【实验原理】

脑干呼吸中枢的节律性冲动发放，通过支配呼吸肌的膈神经和肋间神经传至膈肌及肋间肌，从而产生节律性的呼吸运动。因此，膈神经的传出放电，可直接反映脑干呼吸中枢活动，本实验通过与呼吸运动同步的膈神经群集性放电，来作为观察呼吸运动的指标。

【实验材料】

实验对象：家兔。

实验器材：兔常规手术器械一套，气管插管，兔解剖台，前置放大器，SBR－1 型双线示波器，监听器，引导电极固定支架，双极引导电极，屏蔽导线，注射器，玻璃分针。

药品与试剂：20%乌拉坦、医用液体石蜡、尼可刹米注射液一支。

【实验方法与步骤】

1. 麻醉与固定　兔称重后，按 1 g/kg 体重由耳缘静脉缓慢注射 20%乌拉坦溶液麻醉动物，待麻醉后，以前肢背位交叉固定的方式仰卧固定于兔解剖台上。

2. 气管插管　剪去颈部的兔毛，沿颈部正中切开皮肤及筋膜（长 5～7 cm），用止血钳钝性分离皮下软组织，暴露气管。在喉下方将气管和食管分离，然后在甲状软骨下 3～4 气管环间作一倒“T”形剪口，插入 Y 形气管插管（注意插管的斜面向上），用手术缝线结扎固定。

3. 分离两侧迷走神经　用玻璃分针在两侧颈总动脉鞘内分离出迷走神经，在其下方穿线作一标记备用。

4. 分离颈部膈神经　兔膈神经主要由颈 4～6 脊神经腹支的分支汇合而成，位于颈总动脉神经束的后外侧。先将动物头颈尽量偏向对侧，良好暴露颈部手术视野，用止血钳在术侧颈外静脉与胸锁乳突肌之间向深处分离直到脊柱肌，透过脊柱表面之浅筋膜，即可见到粗大横行的臂丛神经由脊柱穿出向后外行走，在喉头下方约 1 cm 的部位，臂丛的内侧有一条较细横过臂丛神经并与之交叉，向下向后内侧走行的膈神经（图 7－1）。用玻璃分针在尽可能靠近锁骨部位，小心、仔细挑破浅筋膜分离出一小段神经，穿线备用。

5. 仪器的连接及参数的设定

(1) 将引导电极的输入端与 BL－420 生物信号采集处理系统 1 通道的输入接口连接，启动计算机，点击生物机能实验系统的图标，进入实验系统软件界面。

(2) 点击“实验项目”菜单，选中“呼吸实验”栏，在下拉列表中选择“膈神经放电”实验模块。

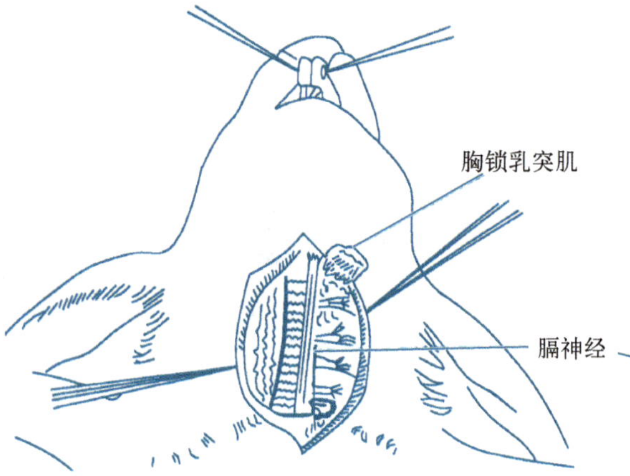

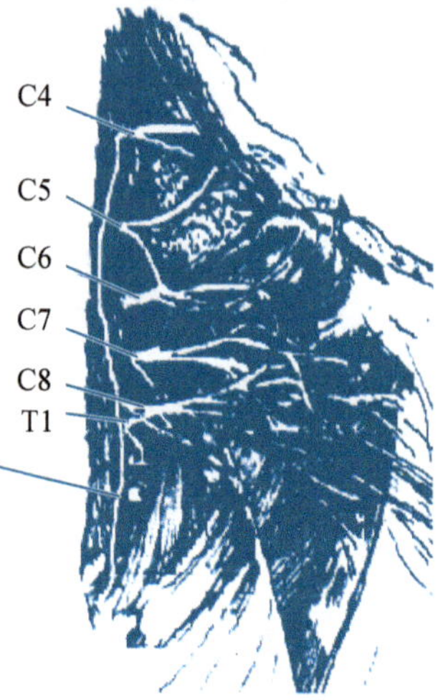

图 7-1 兔膈神经解剖位置图

图 7-2 正常膈神经放电

(3) 将膈神经小心搭在引导电极的两极上(注意电极不要接触到颈部组织),同时将接地电极夹在肌肉上。

(4) 依据记录的神经放电波形的大小、形状,适当调节实验参数如扫描速度、增益大小。以便获得最佳的实验效果。打开监听器开关,将音量调整到合适大小,即可听到膈神经放电的声音。

【观察项目】

1. *正常呼吸运动与膈神经放电的关系* 显示器上呈现与吸气运动同步的周期性群集性放电,监听器亦发出与之同步的放电声,仔细观察放电活动、呼吸运动、监听器发出声音三者之间的关系并描记一段正常膈神经电活动,作为对照。

2. *增加吸入中 CO_2 浓度对膈神经放电的影响* 将装有 CO_2 的球胆管口靠近气管插管的一侧管开口,并将 CO_2 球胆管上的螺旋逐渐打开,让动物吸入含 CO_2 的气体,观察膈神经放电及呼吸运动的变化。

3. *窒息时膈神经放电的改变* 操作者用手指将气管插管的两侧管堵住 10～20 s,观察膈神经放电及呼吸运动的变化。

4. *缺 O_2 时膈神经放电的影响* 将气管插管的一侧管与装有氮气的球胆相连,用止血钳夹闭气管插管另一侧管,只让动物呼吸球胆内的氮气,观察此时动物的膈神经放电及呼吸运动的改变。

5. *增大无效腔对膈神经放电的影响* 在气管插管的一侧连接一长 50 cm 的橡皮管,描记一段膈神经放电曲线。然后用止血钳将气管插管另一侧的橡皮套管夹闭,动物通过长橡皮管呼吸(无效腔增大),观察膈神经放电和呼吸运动的改变。呼吸发生明显变化后,去掉长橡皮管和止血钳,使呼吸恢复正常。

6. *血液酸碱度对膈神经放电的影响* 由耳缘静脉注入 3%乳酸溶液 2 mL,观察膈神经放电及呼吸运动的变化。

7. *肺牵张反射对膈神经放电的影响*

(1) 肺扩张反射:将抽有 20 mL 空气的注射器连于气管插管一侧的橡皮管上,在膈神经放电之末(吸气之末)用手指堵住气管插管另一侧的同时向肺内注入 20 mL 空气,并维持肺扩张状态数秒钟,观察膈神经放电的变化。

(2) 肺萎陷反射:在膈神经放电开始之前(呼气之末)用手指堵住气管插管另一侧的同时抽出肺内空气,并维持肺缩小状态几秒钟,观察膈神经放电的变化。

8. *迷走神经在呼吸运动中的作用* 描记一段正常膈神经放电后(记录每分钟膈神经放电的次数),先切断一侧迷走神经,观察呼吸的频率、深度的变化及每分钟膈神经放电次数的改变。再切断另一侧迷走神经,观察呼吸运动的频率、深度的变化及每分钟膈神经放电次数的改变。

9. 重复肺牵张反射对呼吸运动的影响(第7项)处理 观察膈神经放电的变化(图7-3)。

【注意事项】

(1) 分离膈神经时,须避免出血及过度牵拉神经。小心游离干净神经上的结缔组织,分离时最好靠外周端进行,若神经损伤可向中枢端连续分离一段再使用。

(2) 每次处理前、后应有对照,处理后应待动物呼吸平稳后再作下一步处理。

(3) 用注射器向肺内注入气或抽取气时,切勿过量,以免引起动物肺损伤或死亡。

【讨论与思考】

(1) 膈神经放电的节律与呼吸的节律是什么关系?

(2) 迷走神经在兔节律性呼吸中起什么作用?

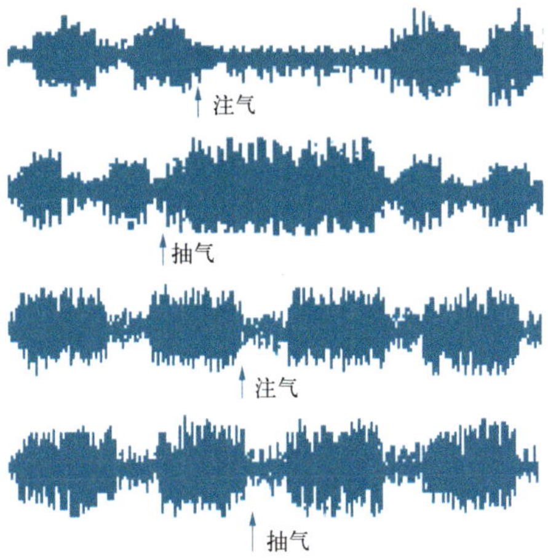

图7-3 肺牵张反射对膈神经放电的影响

(余华荣 陆 杰)

实验二十一 呼吸运动的调节及胸膜腔负压的测定

【实验目的】

(1) 学习呼吸运动的记录方法,观察神经和体液因素对呼吸运动的影响。

(2) 学习检测胸内负压的方法,并观察影响其变化的因素。

【实验原理】

机体新陈代谢过程中伴随着营养物质的氧化代谢,氧化代谢过程中不断消耗氧气(O_2)并产生二氧化碳(CO_2)。机体通过规律的呼吸运动,不断从外界摄入O_2,同时排出CO_2。正常的呼吸运动一方面可以维持生命活动,另一方面排出CO_2,能够排酸保碱,具有维持机体酸碱平衡、保持内环境稳态的作用。稳定的呼吸运动有赖于呼吸中枢的调节,同时受神经和体液因素的影响。当O_2和CO_2分压改变,H^+浓度等体液因素变化时,都可以作用于呼吸中枢或通过不同的感受器反射性地影响呼吸运动。

胸内压是指胸膜腔内的压力,以大气压为零,平静呼吸时,胸内压始终低于大气压,故称之为胸内负压。胸内压=大气压-肺回缩力,随呼吸运动,肺的回缩力发生变化,胸内压也会随之发生变化。胸内压的维持条件:一是保持密闭,二是含有少量浆液。

【实验材料】

实验对象:家兔,2.5~3 kg,雌雄不拘。

实验器材:BL-420生物信号采集处理系统、张力换能器、压力换能器、哺乳类动物手术器械1套、兔手术台、保护电极、胸内套管(或粗穿刺针头)、气管插管、注射器(20 mL、5 mL各2只)、50 cm长的橡皮管1条、球胆2个、缝合针1枚、纱布、线等。

药品与试剂:CO_2气体、生理盐水、3%戊巴比妥钠(或20%乌拉坦)、3%乳酸溶液、钠石灰瓶。

【实验方法与步骤】

1. 麻醉与固定 取家兔1只,称重。用3%戊巴比妥钠按1 mL/kg体重(或20%乌拉坦5 mL/kg体重)经耳缘静脉远侧端缓慢注入,观察麻醉体征,判断麻醉效果,防止麻醉过深致死。仰卧位固定动物于兔手术台上。

2. 颈部手术

(1) 气管插管:气管插管:剪去颈前部兔毛,于颈正中切开皮肤约5~8 cm。逐层分离皮下组织,用止血钳配合手钝性分离胸舌骨肌，暴露气管。分离气管旁结缔组织，在甲状软骨下约第四或第五环状软骨水平作倒“T”形切口，向心方向插入Y形气管插管，结扎并将扎线残端固定在插管的分叉上，防止滑脱。气管插管两侧均链接2 cm左右的橡胶管，一侧止血钳夹闭。

(2) 分离双侧颈迷走神经：用左手拇指和食指捏住一侧切口的皮肤和肌肉，其余三指从颈后皮肤向上顶，使颈部气管旁软组织外翻，便可暴露出与气管平行的血管神经束，血管神经束内包括有靠前的颈总动脉和迷走神经。用玻璃分针，轻轻地纵行分离筋膜，并将颈总动脉移向一旁，就可见迷走神经最粗、规整、明亮，穿双线备用。

3. 连接仪器

(1) 记录呼吸运动：用记录膈肌运动的方法描记呼吸运动。切开胸骨下端剑突部位的皮肤，沿腹白线向下切开2 cm左右，剥离剑突表面组织，剪短剑突柄，使剑突软骨跟随呼吸肌自由移动。用穿线备用的缝合针钩住剑突软骨，另一端连接张力换能器和BL-420生物信号采集处理系统1通道。

(2) 记录胸内负压：将胸内套管(或穿刺针头)尾端的塑料套管链接压力换能器(压力换能器不充灌生理盐水)，压力换能器与BL-420生物信号采集处理系统2通道连接。在兔右侧腋前线第4～5肋间切开2 cm左右的切口，用止血钳将表层肌肉稍稍分离，将胸内套管快速插入胸腔内，用胶带固定胸内套管，防止滑脱。

(3) 使用BL-420生物信号采集处理系统：1通道记录呼吸运动的频率和幅度，选择“输入信号”→“1通道”→“张力”信号；2通道记录呼吸运动的同时胸膜腔内负压的变化，选择“输入信号”→“2通道”→“压力”信号，看到波形随呼吸运动而明显变化，说明记录成功。

4. 观察项目

(1) 平静状态时的呼吸曲线和胸内压：待呼吸运动平稳后，记录正常呼吸曲线1～3 min，判定呼吸时相与曲线图形的关系；对照2通道的胸内压曲线，观察吸气和呼气时胸内压的变化，并记录吸气末和呼气末时胸内压的数值。

(2) 增加吸入气体CO_2浓度：将装有CO_2的球胆管口和气管插管侧管置于同一倒置的烧杯内，并将球胆的夹子逐渐松开，使CO_2缓缓地随吸气进入气管，观察高浓度CO_2对呼吸运动的影响。夹闭球胆管，观察呼吸恢复的过程，同时记录胸内压的变化。

(3) 缺O_2：将盛有空气的球胆通过钠石灰与气管插管侧管相连，动物呼出的CO_2可被钠石灰吸收，随着呼吸的进行，球胆中的O_2越来越少，记录呼吸运动和胸内压的变化。

(4) 增大无效腔：在气管插管侧管上连接50 cm长的橡皮管，家兔通过该长管呼吸，观察3 min内呼吸运动和胸内压有何变化，待呼吸明显变化后去掉橡皮管，使其逐渐恢复正常。

(5) 乳酸：由耳缘静脉较快注入3%的乳酸2 mL，观察呼吸运动和胸内压的变化。

(6) 切断迷走神经：然后切断一侧迷走神经，观察呼吸运动有何变化，再切断另一侧迷走神经，呼吸运动又有何变化。用不同频率刺激迷走神经中枢端(频率：5～40 Hz，强度：3 V)，观察呼吸运动和胸内压的变化。

(7) 在双侧迷走神经切断的情况下重复项目(2)，观察呼吸运动的变化。

(8) 憋气状态下的胸内压：在吸气末和呼气末，夹闭气管插管两侧管。此时家兔出于用力憋气的状态，记录此时胸内压的变化最大幅度，尤其是用力呼气状态下的胸内压。

(9) 气胸状态下的胸内压：沿第七肋骨上缘切开，分离切开肋间肌和壁层胸膜，造成约1 cm创伤，使胸膜腔与大气相通，测定此时胸内压的值，并观察肺组织和呼吸运动的变化。

【注意事项】

1. 气管插管前一定注意对气管进行止血，保持气道通畅后再进行插管。
2. 经耳缘静脉注射乳酸时，不要刺破静脉，以免乳酸外漏致使动物挣扎，影响数据记录。
3. 经球胆给予通气时，应控制流速，以免直接影响呼吸运动，造成假象。
4. 气管插管侧管的夹子在实验全过程中不得更动，以免影响振幅的前后比较。
5. 造成气胸后，可迅速封闭漏气的创口，并抽出漏入的气体，胸内压可恢复负值。

【实验小结】

(1) 通过本次实验可以证明体液因素主要通过化学因素(如 O_2、CO_2 和 H^+ 等)的变化刺激化学感受器，反射性地调节呼吸运动，迷走神经作为传入神经参与反射调节过程。

(2) 胸内压随呼吸的变化而变化，平静呼吸时，胸内压为何始终低于大气压，胸内压的形成的条件之一就是密闭。

【讨论与思考】

(1) 平静呼吸时，胸内压为何始终低于大气压？什么时候胸内压可以为正值？为什么？

(2) 缺 O_2、PCO_2 升高和血中 H^+ 浓度升高对呼吸有什么影响？机制有何异同？

(3) 观切断迷走神经后，家兔呼吸运动有何变化，迷走神经在呼吸发射中起什么作用？

(4) 刺激一侧迷走神经的中枢端时，改变刺激强度和频率，呼吸运动和胸内压有何变化？

(杨榆青)

实验二十二 不同类型缺氧动物模型制备和观察

【实验目的】

通过复制小鼠乏氧性、血液性、组织性缺氧的模型，了解缺氧的分类，观察不同类型缺氧时机体呼吸、皮肤、黏膜和内脏颜色的变化。掌握各型缺氧的发生机制和血氧指标的变化特点。

【实验原理】

根据发生的原因缺氧分为低张性缺氧、血液性缺氧、循环性缺氧和组织性缺氧四种类型。吸入的氧分压过低往往引起低张性缺氧；血红蛋白性质改变或数量减少可造成血液性缺氧；在组织供氧正常的情况下，因细胞不能有效利用氧而导致的缺氧称为组织性缺氧。本实验通过密闭装置、吸入高浓度 CO 和注射亚硝酸钠、注射氰化物等复制小鼠低张性缺氧、血液性缺氧、组织性缺氧病理模型，并观察各型缺氧时机体机能、代谢的变化。

【实验材料】

实验动物：小鼠(6 只)。

实验器材：天平，缺氧瓶(250 mL 广口瓶、橡皮塞)，CO 发生装置(125 mL 广口瓶、50 mL 三角烧瓶、弹簧夹、玻管、橡皮塞、乳胶管)，酒精灯，手术刀 1 把，镊子 2 把，剪刀 2 把，10 mL 量杯 2 个，1 mL 注射器 4 支。

药品与试剂：钠石灰(NaOH · CaO)，浓硫酸(H_2SO_4)，甲酸(HCOOH)，0.1%氰化钾(KCN)或氰化钠(NaCN)，8%亚硝酸钠($NaNO_2$)，1%美蓝，生理盐水。

【实验方法与步骤】

1. 低张性缺氧 取钠石灰约 5 g 放入缺氧瓶，再将一只小鼠放入相同缺氧瓶中，密闭。每 10 min 观察、记录一次。观察一般情况、呼吸变化、黏膜颜色的变化。

2. 血液性缺氧

(1) CO 中毒：将小鼠放入 125 mL 广口瓶中，观察正常情况，然后吸取 5 mL 甲酸(HCOOH)于 50 mL 三角烧瓶内，再加入 4 mL 浓硫酸(H_2SO_4)，塞紧瓶塞，用乳胶管与装有小鼠的广口瓶相连，观察上述指标的变化。

(2) $NaNO_2$ 中毒：取一只小鼠，先观察正常情况，再经小鼠左下腹腹腔注射 8% $NaNO_2$ 0.4 mL 和 0.4 mL 的生理盐水，另取 1 只小鼠，腹腔注射 8% $NaNO_2$ 0.4 mL 和 1%美蓝 0.4 mL，分别观察上述指标的变化。

3. 组织性缺氧 取一只小鼠经左下腹腹腔注射 0.1% KCN 或 8%NaCN 0.4 mL，观察上述指标的变化。

4. 正常对照 使用颈椎脱臼法处死正常小鼠。

5. 比较死亡小鼠皮肤、黏膜的颜色 然后打开腹腔(切口呈倒“T”形)，比较肝脏的颜色变化。

6. 观察项目

表 7-1 不同类型缺氧动物模型制备和观察项目

项目	正常对照	低张性缺氧	血液性缺氧		KCN 中毒或 NaCN 中毒
			CO 中毒	$NaNO_2$ 中毒	
呼吸变化					
黏膜颜色					
肝脏颜色					
存活时间					

【注意事项】

(1) 实验小鼠体重应相近。

(2) 必须保证缺氧装置完全密封，必要时可于瓶口涂抹凡士林以加强密闭效果。

(3) 小鼠腹腔注射应在左下腹进行，以避免损伤肝脏。

(4) 制备 CO 时，须先加甲酸后再加浓 H_2SO_4。若溶液反应不强时可用酒精灯加热，但不可过热，以免 CO 产生太多导致动物迅速死亡，而血液颜色改变不明显。

(5) KCN/ NaCN 为剧毒药品，若不小心污染皮肤、黏膜应立即用流水冲洗。

【讨论与思考】

(1) 复制低张性缺氧模型时，为什么要在缺氧瓶内加入钠石灰?

(2) 各型缺氧的表现特点如何? 阐明其发生机制。

(3) 分析实验中所观察到的各指标变化的发生机制。

【附注】

1. 低张性缺氧原理 钠石灰里有 CaO，能吸收小鼠呼出的 CO_2，在密闭空间里造成单纯性缺氧环境。低张性缺氧时，毛细血管中还原血红蛋白的含量超过 50 g/L，导致皮肤、黏膜呈现紫绀。

2. 血液性缺氧原理

(1) CO 中毒原理：CO 与血红蛋白的亲和力较氧与血红蛋白的亲和力高 210 倍，少量的 CO 就能与血红蛋白结合形成大量的 HbCO，从而阻碍 Hb 与 O_2 结合，造成血液运氧能力障碍而发生缺氧。碳氧血红蛋白升高，皮肤、黏膜呈樱桃红色。

(2) $NaNO_2$ 中毒原理：$NaNO_2$ 可将血红蛋白的 Fe^{2+} 氧化为 Fe^{3+}，形成高铁血红蛋白，从而使血红蛋白失去携氧能力导致缺氧。高铁血红蛋白呈咖啡色，因而皮肤、黏膜和肝脏呈咖啡色。

3. 组织性缺氧原理 氰化物中的氰基与氧化型细胞色素氧化酶中的 Fe^{3+} 结合成氰化高铁细胞色素氧化酶，阻碍其还原为还原型细胞色素氧化酶，使整个呼吸链的电子传递无法进行，造成组织利用氧障碍而发生缺氧。毛细血管中氧和血红蛋白高于正常，故皮肤、黏膜、肝脏呈玫瑰红色。

(张 英)

实验二十三 实验性肺水肿

【实验目的】

(1) 学习急性实验性肺水肿动物模型的复制方法，理解肺水肿发生机制，了解肺水肿的表现。

(2) 探讨急性肺水肿的治疗方法。

【实验原理】

肺水肿是指过多的液体在肺间质或肺泡内积聚。本实验在快速滴注生理盐水，致血容量急剧增加的基础上，缓慢静脉推注肾上腺素，使体循环血管强烈收缩，血液由体循环急速转移到肺循环，此时左心未能及时有效的代偿，导致肺循环血容量急剧增多，肺毛细血管流体静压急剧增高，同时微循环血管通透性增加，液体滤入肺组织增多，引起急性肺水肿。

【实验材料】

实验动物：家兔。

实验器材：兔台，天平，婴儿秤，动脉插管，静脉插管及静脉输液装置，BL－420 生物信号采集处理系统，张力换能器，蛙心夹，压力换能器，气管插管，动脉夹，听诊器，滤纸，注射器(20 mL、10 mL、5 mL、1 mL)，针头，手术灯，常用手术器械一套。

药品与试剂：3%戊巴比妥钠或 20%乌拉坦(氨基甲酸乙酯)溶液，1%肝素钠溶液，生理盐水，0.01%肾上腺素，呋塞米(速尿)注射液，山莨菪碱(654－2)注射液，去乙酰毛花苷(西地兰)注射液。

【实验方法与步骤】

1. 实验装置　将张力换能器和带有动脉插管的压力换能器与 BL－420 生物信号采集处理系统的输入通道相连。

2. 麻醉与手术

(1) 称重、麻醉和固定：家兔称重后，耳缘静脉缓慢注射 3%戊巴比妥钠 1 mL/kg 或 20%乌拉坦 5 mL/kg 麻醉后，仰卧位固定于兔台上，颈部手术区剪毛。

(2) 颈部手术：从甲状软骨向下作 5～6 cm 长的颈部皮肤正中切口。钝性分离出气管，在气管 3～5 节环状软骨之间做倒“T”形切口，插入气管插管并结扎固定。于气管左侧深部组织分离左侧颈总动脉，切口右侧皮肤下分离右侧颈外静脉，均沿血管走行方向用止血钳钝性分离长 3～4 cm，穿双线备用。

(3) 全身肝素化：耳缘静脉注射 1%肝素钠溶液(1 mL/kg)。

(4) 右侧颈外静脉插管：用于输液。结扎静脉远心端，用眼科剪在靠近远心端结扎处呈 45°角剪一小口，向心插入已排空的颈外静脉插管，固定插管。

(5) 左侧颈总动脉插管：用于描记动脉血压。结扎颈总动脉远心端，用动脉夹夹闭近心端(使两端距离尽可能长)。在靠近远心端结扎处的动脉壁上剪一斜口，向心插入连接压力换能器的已排空的动脉插管，结扎固定，然后缓慢松开动脉夹。

(6) 用连接在张力换能器上的蛙心夹夹住剑突处皮肤记录呼吸。

(7) 启动 BL－420 生物信号采集处理系统，在“输入信号”菜单的压力换能器所在通道的子菜单中选择“压力”信号；张力换能器所在通道的子菜单中选择“张力”信号。

3. 观察正常指标：包括心率、血压、呼吸频率和深度，胸背部呼吸音。

4. 肺水肿模型复制及药物治疗

实验分三组：实验组、治疗组和对照组，三组均分别以 25 mL/kg 的剂量，50～60 滴/min 速度输入生理盐水。

(1) 实验组：输液后，颈外静脉缓慢推注 0.01%肾上腺素(5 mL/kg)，约 2 min 推完肾上腺素，动态观察各项指标，肺部出现湿啰音时，耳缘静脉推注与治疗组的药物剂量相同的生理盐水进行抢救，同时观察气管插管口是否有粉红色泡沫样液体溢出。

(2) 治疗组：输液后，颈外静脉缓慢推注 0.01%肾上腺素(5 mL/kg)，约 2 min 推完肾上腺素，动态观察各项指标，肺部出现湿啰音时，进行抢救，自行设计抢救方案，三种药物中选择，呋塞米 5 mg/kg，山莨菪碱 10 mg/kg，去乙酰毛花苷注射液 20 μg/kg，沿耳缘静脉注入，同时观察肺部呼吸音及气管插管口是否有粉红色泡沫样液体溢出。

(3) 对照组：输液后，颈外静脉缓慢(大约 2 min)推注生理盐水(5 mL/kg)，动态观察各项指标。

5. 动物处理　家兔死亡或处死后，剖开胸腔，支气管分叉处用线结扎，防止水肿液溢出。在结扎处上方切断气管，将肺游离并取出，置于滤纸上，切勿挤压，准确称肺重量，并计算肺系数。

肺系数=肺重量(g)/体重(kg),正常肺系数:4～5,当肺系数超过此值时提示肺内有渗出物聚集(肺水肿)。

6. 观察肺大体及颜色改变 切开肺,注意肺切面有无粉红色泡沫液体流出。

【实验结果】

表 7-2 实验性肺水肿实验结果

组别 指标	实验组	治疗组			对照组
		方案一	方案二	方案三	
血压					
心率					
呼吸					
肺系数					
肺外观					
存活时间					

【注意事项】

(1) 各组输液速度均应保持一致。

(2) 解剖家兔取出肺时,注意勿损伤肺表面和挤压肺组织,以防止水肿液流出,影响肺系数值。

(3) 血压、心率、呼吸应分别在实验开始后、肾上腺素注射后及治疗后记录。

【讨论与思考】

(1) 根据实验结果,联系理论,分析肺水肿发生机制。

(2) 肺水肿发生过程中为何出现粉红色泡沫液体?

(3) 实验中治疗肺水肿的病理生理基础是什么?

(王顺蓉)

实验二十四 呼吸功能不全及其抢救

【实验目的】

复制不同类型的呼吸衰竭模型,观察不同类型呼吸衰竭时呼吸运动和气血的变化。

【实验原理】

呼吸功能不全(respiratory insufficiency)指由于外呼吸功能(通气、换气)发生严重障碍,使机体动脉血氧分压低于正常范围,伴有或不伴有 CO_2 分压升高,这一病理过程称为呼吸功能不全。严重的呼吸功能不全称为呼吸衰竭(respiratory failure)。

本实验通过造成动物窒息,肺水肿及气胸,以复制通气障碍、气体弥散障碍及肺泡通气-血流比例失调引起的Ⅰ型与Ⅱ型呼吸功能不全模型。并观察动物的机能及血气指标的变化,分析其发生机制。在此基础上了解通过水封瓶闭式引流胸腔气体、可拉明兴奋呼吸中枢增强通气功能在治疗气胸引起的呼吸功能不全中的作用。

【实验材料】

实验对象:健康家兔,体重 2.0～2.5 kg,雌雄不拘。

实验器材:BL-420 生物信号采集与处理系统,呼吸换能器,兔急性实验手术器械,动脉插管,气管插管,1 mL、2 mL、10 mL、50 mL 注射器,6 号、9 号、16 号针头,橡皮塞,天平与砝码,血气分析仪,听诊器,三通管,水检压计。

药品与试剂:1%普鲁卡因溶液,1%肝素生理盐水溶液,0.9%氯化钠溶液,油酸,25%葡萄糖液,可拉明制剂。

【实验方法与步骤】

1. 麻醉固定 家兔称重后仰卧位固定于兔手术台上。剪去颈前部被毛。用1%普鲁卡因6～8 mL沿颈正中线做局部浸润麻醉后，行颈部手术。

2. 颈部手术

(1) 气管插管：分离气管，并插入Y形气管插管，一端连于呼吸换能器。

(2) 颈总动脉插管：分离颈总动脉，结扎远心端，向近心端插入充满1%肝素生理盐水的动脉插管，以备取血用。

3. 待动物平稳后，用1 mL注射器抽取少量肝素溶液将管壁浸润，然后排出多余的肝素溶液。放开颈动脉夹，弃去头两滴血液后立即将上述1 mL注射器连接到动脉插管上。取血0.5～1 mL(依血气分析仪要求酌定)，迅速套上带有橡皮塞的针头，如针管内有小气泡要立即排除，送做血气分析，同时观察并描记呼吸频率及幅度，用听诊器听肺的呼吸音。

4. 实验分组

(1) 复制阻塞性通气障碍(不完全窒息)：Y形气管插管上端所套的橡皮管上插入2个9号针头，然后用弹簧夹或止血钳夹住橡皮管的上口，造成动物不完全窒息8～10 min，取动脉血作血气分析并观察描记呼吸变化。立即解除不完全窒息，待动物恢复10～15 min，再取血作血气分析及记录呼吸变化。

(2) 复制限制性通气障碍(气胸)及治疗：用连接在水检压计上的16号穿刺针头，于兔右胸腋前线第4～5肋间刺入胸膜腔(注意打开三通管开关使穿刺针与水检压计相通)，操作时不能用力过猛，进针方向应于胸壁垂直，进针1～1.5 cm。进入胸膜腔时可有落空感，同时水检压计出现负压并伴随呼吸发生波动。固定针头后，将连通胸膜腔的开关打开，用注射器向胸膜腔内注入50～80 mL空气，观察胸膜腔内压力变化。造成右侧闭合性气胸10 min后，取动脉血做血气分析，同时观察并描记呼吸频率及幅度。然后用注射器将胸膜腔内空气抽尽，拔出针头，待动物呼吸等指标恢复正常后，再取动脉血作血气分析。持续向胸腔注射200～300 mL空气，造成张力性气胸，引起Ⅱ型呼衰，失代偿性呼酸出现，检测指标变化，10 min后取动脉血作血气分析，治疗：

1) 水封瓶治疗：通过三通开关连接水封瓶闭式引流导管，进行气体引流，可见气体通过导管从瓶内水面持续产生水泡，检测指标变化，10 min后取动脉血作血气分析。

2) 水封瓶+可拉明治疗：K同上进行胸腔气体闭式引流，并在耳缘静脉注射可拉明50 mg/kg，监测指标变化，10 min后取动脉血作血气分析。

(3) 复制肺水肿

1) 高渗葡萄糖引起的肺水肿：抬高兔台头端约与水平成30°角，保持气管于正中部位，用2 mL注射器抽取25%葡萄糖液2 mL，将针头插入气管插管分叉处，用5 min时间缓慢地将葡萄糖溶液滴入气管内造成渗透性肺水肿，此期间注意用听诊器听诊肺部湿罗音是否出现，观察呼吸改变和气管插管内有否白色或粉红色泡沫液体溢出。一旦出现立即取血作血气分析并观察呼吸的变化。

2) 油酸复制肺水肿：从耳缘静脉缓慢注入油酸(0.12 mL/kg体重)，于注入后20 min、40 min分别抽取动脉血作血气分析，并观察呼吸的变化。

当上述方法家兔肺水肿出现后，夹闭气管，处死动物，打开胸腔，取出肺(注意勿挤压和损伤肺)。用滤纸吸去肺表面水分后称取肺重，计算肺系数，然后肉眼观察肺大体改变，包括颜色、体积、边缘、切面等，并切开肺，注意有无泡沫液体流出。

$$\text{肺系数}=\frac{\text{肺重(g)}}{\text{体重(kg)}} \quad \text{(正常兔肺系数 4.0～5.0)}$$

5. 观察项目

呼吸(频率、幅度、呼吸音)、血气指标(PO_2、PCO_2、pH、AB等)、胸内压、肺大体、肺系数。

【注意事项】

(1) 造成动物不完全窒息10 min后，必须立即取血及观察记录呼吸变化，待记录完各项指标后再解除不完全窒息,切不可在尚未放血及记录之前就放开弹簧夹(或止血钳)。

(2) 送作血气分析的标本切忌与空气接触,以免影响结果。

(3) 复制渗透性肺水肿时,滴葡萄糖液速度一定要慢,以免造成呼吸道阻塞而使动物迅速死亡。

(4) 解剖取肺时,要先夹闭气管,并注意勿损伤肺表面和挤压肺组织,以防止水肿液流出,影响肺系数值。

【讨论与思考】

(1) 窒息、气胸、肺水肿各通过哪些机制引起呼吸衰竭,其血气如何变化,为什么?

(2) 本实验各个模型都发生了哪些酸碱平衡紊乱?

(3) Ⅰ型和Ⅱ型呼吸功能不全模型时氧疗有何不同,为什么?

(章　乐)

实验二十五　尼可刹米对吗啡呼吸抑制的解救作用

【实验目的】

观察尼克刹米对吗啡所致呼吸抑制的解救,并联系其临床应用。

【实验原理】

吗啡(Morphine)可降低呼吸中枢对 CO_2 的敏感性,也能抑制脑桥的呼吸调整中枢,出现明显的呼吸抑制作用,治疗量时可引起呼吸频率减慢,潮气量降低,肺通气量减少。剂量增加,呼吸抑制随之加深。中毒时呼吸极度抑制,可因严重缺氧,呼吸骤停而死亡。尼克刹米(Nikethamide)为呼吸中枢兴奋药,治疗量时可直接兴奋延髓呼吸中枢,提高呼吸中枢对 CO_2 的敏感性,使呼吸加深加快,中枢抑制状态时作用更为明显;治疗量时也可通过刺激颈动脉体和主动脉体化学感受器,反射性兴奋呼吸中枢。

【实验材料】

实验对象:家兔,2.5 kg,雌雄不限。

实验器材:婴儿秤,兔固定器,导尿管,马利氏气鼓,BL-420 生物信号记录系统,胶布,注射器。

药品与试剂:液体石蜡,1%丁卡因溶液,1%盐酸吗啡溶液,25%尼克刹米溶液。

【实验方法与步骤】

(1) 取家兔 1 只,称重,放入固定器内。

(2) 用 1%丁卡因涂擦鼻黏膜,然后将涂有液体石蜡的导尿管轻轻插入家兔一侧鼻孔内,将导尿管另一端与马利气鼓相连,待 BL-420 生物信号记录系统上出现正常平稳的呼吸曲线时,用胶布固定导尿管。

(3) 在 BL-420 生物信号记录系统上记录一段正常呼吸曲线。

(4) 由耳静脉较快地注入 1%盐酸吗啡溶液 1 mL/kg,观察并记录呼吸频率及幅度的变化。

(5) 待呼吸频率明显减慢,幅度显著降低时,立即由耳静脉缓慢注射 25%尼克刹米 0.4 mL/kg,观察并记录呼吸有何变化。

【实验结果】

将实验结果填入表 7-3 中。

表 7-3　尼可刹米对吗啡呼吸抑制的解救作用

观察指标	正常时	给吗啡后	给尼可刹米后
呼吸频率(次/min)			
呼吸幅度(mm)			

【注意事项】

(1) 本实验也可直接在剑突下插一小旗记录呼吸，但位置宜深。

(2) 注射吗啡时速度要快，否则看不到呼吸抑制现象。

(3) 应先准备好尼可刹米，如果呼吸过度抑制，解救不及时易致动物死亡；注射尼克刹米速度要慢，否则容易引起惊厥。

(4) 家兔应固定好，以免挣扎影响呼吸曲线描记。

(5) 所描记的各项呼吸曲线前后均要有正常曲线作对照。

【分析与思考】

(1) 叙述尼克刹米对抗吗啡呼吸抑制的机制？

(2) 吗啡中毒的主要症状有哪些？如何诊治？

(许　薇)

实验二十六　可待因的镇咳作用

【实验目的】

了解以化学方法刺激气管引咳动物的方法，观察可待因的镇咳作用。

【实验原理】

浓氨水、SO_2作为化学刺激物，当被动物吸入后，可刺激其呼吸道，引起咳嗽。

【实验材料】

实验动物：小鼠 4 只。

实验器材：天平，锥形瓶(50 mL×1)，小薄木板(中心有圆孔，可与锥形瓶相接)，烧杯(250 mL×1)，三脚架 1 个，大漏斗 1 个，注射器(1 mL×3)，棉花少许，秒表 1 只，玻璃钟罩(上口盖以胶塞并连接玻管及青霉素瓶)，注射器(50 mL×1、1 mL×2)，胶管，玻璃板 1 块，鼠罩 2 个，普通天平 1 架。

药品与试剂：0.5 %磷酸可待因溶液，生理盐水，浓氨水(25%～29%氢氧化铵溶液)，0.5 %磷酸可待因溶液，亚硫酸钠(每小时 0.25 g)，70%硫酸，凡士林，生理盐水。

【实验方法与步骤】

(一) 浓氨水引咳法

1. 取健康且体重相近的小鼠 2 只，称重标记。

观察正常活动及呼吸情况后，甲鼠皮下注射 0.5 %可待因溶液 0.1 mL/10 g；乙鼠皮下注射生理盐水 0.1 mL/10 g作对照。

2. 将 1 mL 浓氨水放入 50 mL 锥形瓶内，并将锥形瓶放置在盛有 60℃热水的 250 mL 烧杯中，以便氨水易于挥发，将锥形瓶颈放在薄木板中心的圆口孔内，立即用密闭大漏斗盖住。注药 30 min 后将小鼠分别放在倒置漏斗下，立即记录时间(实验装置见图 7－4)。观察并记录咳嗽潜伏期及 5 min 内的咳嗽次数。

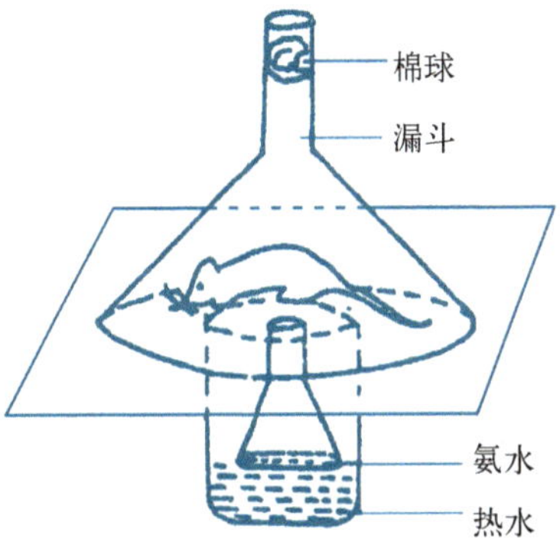

图 7－4　氨水引咳法实验装置图

(二) SO_2引咳法

1. 取小鼠 2 只，称重标记。甲鼠腹腔注射 0.5 %可待因溶液 0.2 mL/10 g；乙鼠腹腔注射生理盐水0.2 mL/10 g。给药 30 min 后进行引咳实验。

2. 引咳方法：将两只小鼠同时置于钟罩内，于钟罩顶端胶塞上相连的青霉素小瓶内放入偏重亚硫酸钠 0.25 g，同时加入 70%硫酸 0.5 mL，立即将胶塞紧盖钟罩上口，随即抽动 50 mL 注射器 3 次(以胶管和钟罩上端开口处的胶塞玻璃管相连)，使钟罩内气体混合。观察并记录咳嗽潜伏期及 5 min 内的咳嗽次数。

【实验结果】

将实验结果填入表 7-4 中。

表 7-4 可待因的镇咳作用比较

给　药	咳嗽潜伏期(s)	咳嗽次数(5 min)
磷酸可待因		
生理盐水		

【注意事项】

(1) 潜伏期指从吸入 NH_3 或 SO_2 开始到出现咳嗽的时间长度。

(2) 小鼠咳嗽表现为张口、缩胸、抬头、有时有咳声，必须仔细观察。

(3) SO_2 引咳时无水亚硫酸钠的称重必须准确。勿将硫酸弄到手、眼及其他部位，以免造成烧伤。

(4) 给药组亦可用 0.5 %磷酸可待因 0.2 mL/10 g 灌胃。

(5) 偏重亚硫酸钠遇硫酸的反应式为 $Na_2S_2O_5+H_2SO_4 \longrightarrow Na_2SO_4+H_2O+2SO_2$。

【讨论与思考】

(1) 本实验中的可待因可否用其他镇咳药替换?

(2) 可待因的镇咳作用机制是什么?

(辛志伟)

实验二十七　药物对豚鼠离体气管的作用

【实验目的】

学习豚鼠离体气管螺旋条实验方法，并观察药物对离体气管平滑肌收缩性的影响。

【实验原理】

内环境是维持组织、器官、细胞正常生理功能的必要条件。将离体的器官置于模拟的体内环境中(离子成分、渗透压、酸碱度、温度、氧分压、营养成分等方面类似于体内环境)，可在一定时间内保持正常功能和正常反应。不同的药物通过不同的机制可升高或降低豚鼠气管平滑肌张力。

【实验材料】

实验动物：豚鼠 1 只(体重 400～500 g，雄性)。

实验器材：离体器官测定仪、手术器械(1 套)、玻璃皿、缝合线、注射器(1 mL×1)。

药品与试剂：0.01%异丙肾上腺素溶液、0.01%氨茶碱溶液、0.01%乙酰胆碱溶液、0.01%组胺溶液、克-亨氏液。

【实验方法与步骤】

(1) 取体重 400～500 g 雄性豚鼠 1 只，用木棒击毙后剖开颈部皮肤，小心剥离肌层，直至胸腔。从甲状软骨以下至气管分叉处剪下整条气管。将气管置于有台氏液的培养皿中，按图 7-5 在软骨环之间由前向后和由后向前，交叉以剪刀横向剪开，制成含 10～15 个软骨环的气管连环标本。也可制成气管螺旋条标本。AB 间为气管平滑肌，沿虚线剪开，上下环在 CD 间保持连接(图 7-6)。

(2) 将标本置于盛有 37℃克-亨氏液的浴管中，一端固定在 L 形通气钩上；另一端用丝线挂在差动变位器上，调节差动变位器位置，使标本处于自由状态并固定。静置 30 min 后，先描记一段正常收缩曲线，当基本

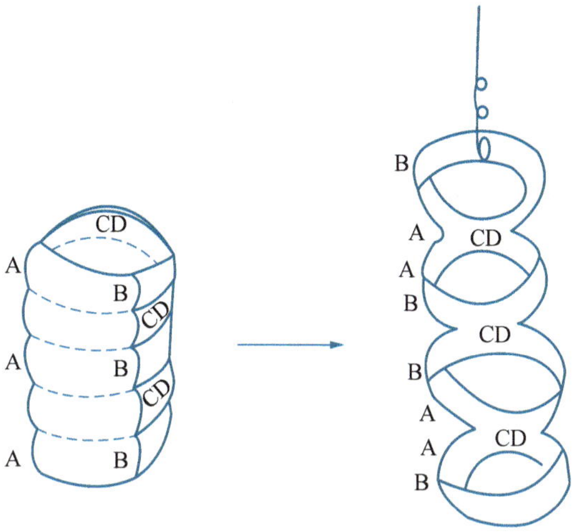

图 7-5　气管连环示意图

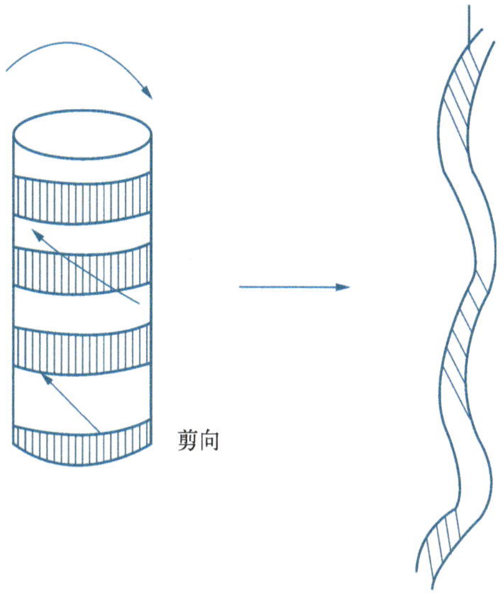

图 7-6　气管螺旋条制作方法

稳定后再加药实验。

(3) 向浴管液(10 mL)加药顺序如下。

1) 0.01%异丙肾上腺素 0.5 mL,显效后换洗 3 次。

2) 0.01%氨茶碱 0.5～1.0 mL,显效后冲洗 3 次。

3) 0.01%乙酰胆碱 0.1～0.3 mL,待作用达高峰后加入 0.01%异丙肾上腺素 0.5 mL,观察 15 min 后,冲洗 3 次。

4) 0.01%乙酰胆碱 0.1～0.3 mL,待作用达高峰后加入 0.01%氨茶碱 0.5～1.0 mL,观察 15 min 后冲洗 3 次。

5) 0.01%组胺 0.1～0.3 mL,待作用达高峰后加入 0.01%异丙肾上腺素 0.5 mL,观察 15 min 后冲洗 3 次。

6) 0.01%组胺 0.1～0.3 mL,待作用达高峰后加入 0.01%氨茶碱 0.5～1.0 mL,观察 15 min 后冲洗。

【实验结果】

取下实验记录纸,复制实验描记曲线,标注所用药物的部位,分析曲线变化与药物作用的关系。

【注意事项】

(1) 由于气管平滑肌比较脆弱,在整个实验过程中必须避免拉扯。

(2) 气管平滑肌在加药以前并无自发性收缩,与肠段有所不同。

(3) 换液后只有描记曲线恢复到基线后才能加下一个药物,如基线不易恢复,可充分供氧促其恢复。

(4) 根据标本对药物的反应强度,可适当调整药物的浓度和剂量。

【讨论与思考】

(1) 组胺、乙酰胆碱、异丙肾上腺素、氨茶碱各对气管平滑肌有何作用?

(2) 异丙肾上腺素和氨茶碱通过什么机制来拮抗组胺及乙酰胆碱对气管平滑肌的收缩作用?

(辛志伟)

第八章

消化系统实验

实验二十八　消化道平滑肌的生理特性和药物的影响

【实验目的】

(1) 学习哺乳动物离体肠的制备及灌流方法。

(2) 分析肠平滑肌舒缩活动与消化道平滑肌生理特性的关系。探讨药物对离体肠管平滑肌的作用。

【实验原理】

消化道平滑肌与骨骼肌、心肌一样，具有兴奋性、传导性和收缩性，有些也具有自律性，其兴奋性较骨骼肌低，具有自动节律性、较大的伸展性，并且具有紧张性收缩，对缺血、牵张、温度和化学刺激比较敏感。消化道平滑肌的膜电位主要表现为静息电位、慢波电位和动作电位三种形式，静息电位较小，实测值为−60～−50 mV，主要由 K^+ 外流引起，膜电位可发生自动的、周期性的去极化和复极化，形成慢波，外来刺激或慢波电位均可使消化道平滑肌产生动作电位。平滑肌的收缩与骨骼肌类似，也需要 Ca^{2+} 作为耦联因子来启动兴奋-收缩过程，Ca^{2+} 同样来自细胞外液和细胞内钙库两条途径。

小肠离体后，置于适宜的环境内，仍能进行节律性活动，并随环境的变化表现出不同的反应，通过实验可以加深对平滑肌某些基本特性的了解。本实验观察及记录哺乳动物等离体肠段的一般特性及在一些药物作用下引起的各种效应。

【实验材料】

实验动物：家兔，2.5～3 kg，雌雄不拘。

实验器材：BL-420 生物信号采集处理系统、恒温平滑肌槽或麦氏恒温水浴装置、张力换能器(量程为 25 g 以上)、球胆、万能支架、温度计、烧杯、滴管、培养皿、注射器(1 mL)、手术剪、眼科镊。

药品与试剂：台氏液、1∶10 000(g/mL)乙酰胆碱、1∶10 000(g/mL)去甲肾上腺素、2%氯化钙、1 mol/L 盐酸溶液、1 mol/L 氢氧化钠溶液、1%氯化钡溶液。

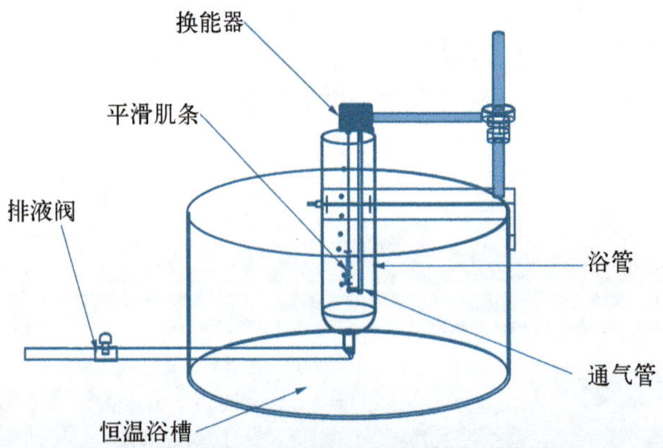

图 8-1　离体小肠平滑肌的实验装置

【实验方法与步骤】

1. 安装实验装置　将适量的水注入恒温浴槽中，控制其温度在 38℃，加入台氏液至浴管中。用塑料管将充满氧气的球胆与浴槽底部有出气口的通气管相连接，调节塑料管上的螺旋夹，使标本槽中逸出的气泡细小而均匀。另外用烧杯盛满台氏液，放在恒温浴槽内保温，以便在实验中更换浴管内的台氏液(图 8-1)。

2. 标本制备　将兔禁食 24 h 后击头致死后，迅速取出空肠段，置于充满冰冷台氏液的平皿中，去除附着的系膜和脂肪，洗净其内容物，并将肠管剪成长 2～3 cm 的肠段，更换台氏液，冲洗后在肠段两端用线结扎肠管，不要封闭肠腔。将其一端系在通气管的钩上，另一端与张力换能器相连，给予 1 g 的前负荷。注意此连线必须垂直，不要与浴管管壁及通气管管壁接触，以免摩擦。调节通气橡皮胶管上的螺旋夹，使气泡逐个地逸出至浴管内，以供给标本足够的氧气。

3. 仪器连接与调节　用 BL－420 生物信号采集处理系统进行记录，张力换能器的输入端与 BL－420 系统一通道接口相连。可通过以下两种方式进行信号采集，描记呼吸运动曲线：

(1) 在“实验项目”的“消化实验”子菜单中选择“消化道平滑肌的生理特性”实验模块。根据波形显示窗口中显示的波形，再适当调节实验参数以获得最佳的波形效果。

(2) 选择“输入信号”菜单中的“1 通道”菜单项，以弹出“1 通道”子菜单，在“1 通道”子菜单中选择“张力”信号。基本参数设置：增益 100～500；滤波 3 Hz；直流(DC)输入。用鼠标单击工具条上的“开始”命令按钮。

4. 观察项目

(1) 描记正常曲线：肠段在 38℃ 台氏液中稳定 30 min 后，描记离体肠段的收缩曲线，注意观察收缩波形、幅度和节律等。收缩曲线基线的高低表示小肠平滑肌紧张性的高低，收缩曲线的幅度大小表示小肠平滑肌收缩活动的强弱。

(2) 乙酰胆碱：用玻璃滴管向浴管内加入 1∶10 000(g/mL)乙酰胆碱 2～3 滴，观察 5～10 min 后，加入新鲜 38℃ 台氏液反复冲洗标本 3 次，再换入等量的 38℃ 台氏液，待小肠平滑肌节律性收缩恢复稳定后，进行下一项观察。

(3) 去甲肾上腺素：将 1∶10 000(g/mL)去甲肾上腺素 2～3 滴加入浴管内，观察 5～10 min 后，加入新鲜 38℃ 台氏液反复冲洗标本 3 次。

(4) 氯化钙：将 2% $CaCl_2$ 2～3 滴加入浴管内，观察 5～10 min 后，加入新鲜 38℃ 台氏液反复冲洗标本 3 次。

(5) 氯化钡：将 1%氯化钡 2～3 滴加入浴管内，观察 5～10 min 后，加入新鲜 38℃ 台氏液反复冲洗标本 3 次。

(6) 盐酸：将 1 mol/L 盐酸溶液 2～3 滴加入浴管内，观察小肠平滑肌的反应 5～10 min。

(7) 氢氧化钠：在(6)基础上将 1 mol/L 氢氧化钠溶液 2～3 滴加入浴管内，观察 5～10 min 后，加入新鲜 38℃ 台氏液反复冲洗标本 3 次。

(8) 缺氧：关闭浴管中通入的 O_2 15～30 s，观察小肠平滑肌的反应。效果明显后，立即恢复通 O_2，等平滑肌恢复稳定后，再进行下一次观察。

(9) 温度：将室温台氏液、38℃ 台氏液、42℃ 台氏液先后换入浴管内，观察不同温度对小肠平滑肌活动的影响，再换回 38℃ 台氏液，观察小肠平滑肌活动是否恢复。

【注意事项】

(1) 实验用动物在实验前 24 h 禁食，但不禁水，以保持肠腔无粪便。

(2) 为避免麻醉剂对小肠活动的影响，所以要用铁锤猛击兔的头部，使之迅速昏迷后即取出小肠段。

(3) 游离及取出肠段时，动作要快，但要避免过度牵拉或使组织干燥而影响其活性。整个过程应保持营养液恒温和持续通入 O_2。

(4) 每加入一次药物前需先描记一段肠段运动曲线，每次使用药物后，立即用新鲜台氏液冲洗标本 3 次，更换营养液，待活动恢复后，再进行另一次实验。

(5) 浴管中台氏液的高度应保持恒定。

【实验小结】

(1) 消化道平滑肌受交感和副交感神经的双重支配。交感神经兴奋或去甲肾上腺素增多，对消化道平滑肌起抑制作用；副交感神经兴奋或乙酰胆碱增多，对消化道平滑肌起兴奋作用。

(2) 细胞外液中 Ca^{2+} 浓度改变、温度改变、缺氧及化学刺激均可明显影响消化道平滑肌的运动。

【讨论与思考】

(1) 实验观察项目中各项处理对胃肠平滑肌的活动有何影响？为什么？

(2) 保持哺乳动物离体消化道平滑肌正常收缩活动所具备什么条件？

(杨榆青)

实验二十九 实验性肝性脑病

【实验目的】

掌握肝功能不全动物模型的实验方法，观察氨中毒诱导肝性脑病的症状，了解氨中毒导致肝性脑病的发生机制。

【实验原理】

肝性脑病(Hepatic Encephalopathy)是继发于严重肝病的神经精神综合征。由于肝性脑病所致中枢病理变化为非特异性改变，也因肝脏解毒功能障碍后可造成多种有毒物质不能排出体外，肝性脑病为多因素致病，故目前确切的病因及发病机制尚不清楚。经临床及动物实验研究，目前肝性脑病的发生机制假说主要有：氨中毒学说、假性神经递质学说、血浆氨基酸失衡学说及 γ-氨基丁酸学说等。据临床观察，约 80%肝性脑病的患者具有血氨(Blood Ammonia)升高的表现，使氨中毒在肝性脑病发生发展过程中的作用得以突显。本实验采用家兔肝大部分切除术，复制急性肝功能不全的动物模型，使肝解毒功能急剧降低，在此基础上经十二指肠灌入复方氯化铵溶液，导致肠道中氨生成增多并吸收入血，引起家兔血氨升高，出现震颤、抽搐、昏迷和角弓反张等类似肝性脑病症状。

【实验材料】

实验动物：家兔，2.5～3 kg，雌雄不拘。

实验器材：兔手术台、大动物手术器械、婴儿秤、缝针、导尿管、注射器及针头、棉线若干、计算机生物信号采集处理系统、气管插管、血压换能器、生理盐水等。

药品与试剂：1%盐酸普鲁卡因溶液、1%肝素、2.5%复方氯化铵溶液(NH_4Cl 25 g、$NaHCO_3$ 15 g，以 5%葡萄糖溶液定容至 1 L)。

【实验方法与步骤】

1. *麻醉固定* 家兔称重后，用乙醚浅麻，仰卧固定于兔手术台上。清醒后，颈部用 1%盐普鲁卡因溶液进行局部浸润麻醉进行气管插管及劲总动脉插管，通过血压换能器与生物信号系统相连，描记血压变化。由颈总动脉取血2 mL测定实验前的血氨水平。

2. *腹部手术，行肝大部分切除，复制家兔肝性脑病动物模型*

(1) 沿家兔剑突下腹部正中备皮，用注射器抽取 4～5 mL 的普鲁卡因溶液，每隔 1 cm 打一皮丘，整个皮丘长度大约 10 cm，进行局部浸润麻醉。

(2) 自胸骨剑突起于上腹部正中做一长约 8 cm 纵向切口，沿腹白线打开腹腔，左手向后下压肝膈面，剪断肝脏与膈肌之间的镰状韧带；然后将肝叶向上翻起，用手剥离肝胃韧带，使肝叶游离，分辨肝脏的各叶后，用右手食、中指夹持粗棉线沿肝脏左外叶、左中叶、右中叶及方形叶的根部围绕一周结扎，当被结扎的肝叶逐渐变为暗褐色时，从结扎线上方逐叶剪除(仅保留右外叶及尾状叶)，完成肝大部分切除术。

(3) 沿胃幽门向下找出十二指肠，先用眼科圆缝合针做荷包缝合，然后用眼科剪在荷包中央剪一小口，将细导尿管向空肠方向插入肠腔 4～5 cm，收紧荷包结扎固定，将肠管回纳腹腔，最后将留置的导尿管沿皮下穿出，并用胶带固定。检查腹内无出血后关闭腹腔。

(4) 观察家兔一般情况、角膜反射、对疼痛刺激的反应，肌张力、震颤及有无角弓反张等。

(5) 每隔 5 min 向十二指肠插管中注入 2.5%复方氯化铵溶液 5 mL，仔细观察动物情况(有无反应性增强、肌肉痉挛、抽搐等)，直至动物出现全身性抽搐，角弓反张等肝性脑病症状为止(从灌注复方氯化铵后计时，直至以上症状出现，记录所需时间)。由颈总动脉取血 2 mL 测定肝性脑病时的血氨水平，并记录所用复方氯化铵溶液的总量，并计算每公斤体重的用药量。

(6) 假手术组：除肝叶不结扎和切除外，其余步骤同手术组。

3. 观察项目

表 8-1　氨中毒对家兔血压、血氨和中枢神经系统的影响

分　组	NH_4Cl 用量	药物体重比	血氨变化浓度	平均动脉压	抽搐痉挛出现时间
假手术组					
手术组					

【注意事项】

(1) 剪断镰状韧带时，注意勿损伤肝脏与膈肌。

(2) 肝脏手术时，动作宜轻柔，以免肝脏破裂出血，结扎线应结扎于肝叶根部。

(3) 十二指肠插管要插向空肠方向，并防止复方氯化铵溶液溢出漏入腹腔。

【实验小结】

肝性脑病的临床表现和临床过程因原有肝病的不同、肝功能损伤严重程度不同及诱因不同而异。急性肝功能衰竭所致的肝性脑病往往诱因不明显，肝性脑病发生后很快进入昏迷而死亡。对于有严重肝病尚无明显的肝性脑病的临床表现，可用精细的智力测验或电生理检测发现异常。

【讨论与思考】

(1) 血液氯化铵浓度升高引起肝性脑病的机制是什么?

(2) 氨中毒引起的肝性脑病的表现有哪些?

(张　颖)

实验三十　传出神经药对离体肠肌的作用

【实验目的】

学习离体肠肌标本的制备方法。观察传出神经药对离体肠肌的作用。

【实验原理】

神经系统对胃肠功能具有调节作用，胃肠道的神经包括外来神经和内在神经两大部分。外来神经包括交感神经、副交感神经和部分肽类神经，其中：交感神经节后纤维末梢释放去甲肾上腺素(NE)与β受体结合，可使消化道平滑肌的张力和运动减弱，该作用能够被β受体阻断剂普萘洛尔阻断；副交感神经节后纤维末梢释放乙酰胆碱(Ach)，与M受体结合可使消化道平滑肌的张力和运动增强，该作用能够被M受体阻断剂阿托品阻断。离体实验中，哺乳动物肠平滑肌在台氏液中仍可存活相当一段时间，在此时间内平滑肌上的受体仍可与神经递质结合并发生反应。

【实验材料】

实验动物：家兔，2.5～3 kg，雌雄不拘。

实验器材：BL-420 生物信号采集处理系统、张力换能器(5 g×1)、哺乳类动物手术器械 1 套、恒温水浴槽 1 个、恒温水浴锅 1 个、培养皿 2 个、镊子 1 把、烧杯(500 mL×1)、注射器(1 mL×2)、丝线及缝针。

药品与试剂：0.001%氯乙酰胆碱溶液、0.1%硫酸阿托品溶液、0.002%盐酸肾上腺素溶液、0.001%甲基硫酸新斯的明溶液、0.3%盐酸普萘洛尔溶液、台氏溶液。

【实验方法与步骤】

1. 组装调试仪器 恒温水浴槽中注水，温度控制在 37～38℃，标本悬挂的量筒内注入台氏液，控制供气系统通入的气泡为 1～2 个/s。打开 BL-420 生物信号采集处理系统及电脑，选择"输入信号"→"1 通道"→"张力"信号。

2. 制备离体回肠标本 取家兔 1 只，禁食(不禁水)24 h，用木棒猛击头后部，将其钝性击昏，立即剖开腹部，可见蠕动的肠管，轻轻剪取整个空肠及回肠上半段，迅速置于预先充满冷台氏液的平皿中，沿肠壁去除粘连的肠系膜。用台氏液将肠内容物冲洗干净，并将肠管剪成长 2～3 cm 的肠段，更换台氏液，冲洗后在肠段两端用线结扎肠管，不要封闭肠腔。离体肠标本如不立即使用可连同台氏液置于 4℃冰箱保存。

3. 装置回肠标本 将标本一端用线固定于 L 形悬挂钩，并将连有肠管的 L 形悬挂钩放入注有台氏液的浴槽中；另一端连接张力传感器，并调节肠肌张力，给予一定的基础张力，使其维持在 1～2 g，肠管成自然状态。

4. 给药 肠肌在台氏液中收缩活动逐渐稳定，更换台氏液 2～3 次后记录正常活动曲线，然后分次向标本浴管液中加入以下药物：

(1) 乙酰胆碱：加 0.001% Ach 溶液 0.1 mL，当肠管收缩明显时，立即加入(2)。

(2) 阿托品：0.1%阿托品溶液 0.1 mL，观察并记录肠管收缩曲线。

(3) 阿托品+乙酰胆碱：在(2)的基础上，当曲线降至基线时，加入 0.001%Ach 溶液 0.1 mL，如作用不明显可再追加，追加至 0.5 mL，观察并记录 3 min 后，更换浴槽中的台氏液 3 次。

(4) 去甲肾上腺素：加 0.001%去甲肾上腺素溶液 0.2 mL，观察并记录肠管活动，待肠段舒张作用明显后，更换 3 次台氏液。

(5) 普萘洛尔：加 0.3%普萘洛尔溶液 0.2 mL，3 分钟后再加入 0.002%腺肾上腺素溶液 0.2 mL，与(4)的结果比较，有何不同？观察结果后更换 3 次台氏液。

(6) 新斯的明：加入 0.001%新斯的明溶液 0.2 mL，当作用明显时，加入 0.1%阿托品 0.1 mL，观察并记录肠管张力曲线的变化。

【注意事项】

(1) 实验动物在实验前应禁食 24 h，但不禁水，以保持肠腔无粪便。

(2) 培养皿中台氏液温度应保持在 37～38℃否则将影响肠肌活动。

(3) 每次用药后均要用台氏液连续冲洗 3 次，每次进液后保留时间不少于 1 min。

(4) 实验后将台氏液从仪器中排净，并用蒸馏水冲洗数次。

【实验小结】

(1) 通过本次实验可以证明神经因素主要通过神经递质(如 NE、Ach 等)与消化道上的相应受体结合，调节消化道的平滑肌的活动，进而影响其消化功能。

(2) 神经递质的作用，可以被相应的受体阻断剂阻断。

【讨论与思考】

(1) 离体平滑肌要保持其收缩功能需要哪些基本条件？

(2) 试分析各药对肠平滑肌的作用主要作用部位及其作用机制。

(海青山)

实验三十一 抗高血压药物对离体血管平滑肌的作用

【实验目的】

学习离体血管平滑肌标本模型的制备；观察抗高血压药物对血管平滑肌收缩作用的影响。

【实验原理】

血压的生理调节极为复杂，在众多的神经体液调节机制中，交感神经系统、肾素-血管紧张素-醛固酮系统及内皮素系统起着重要作用，许多抗高血压药物常通过影响这些系统而发挥降压效应。

血管平滑肌细胞是构成血管壁组织结构及维持血管张力的主要细胞成分，其结构及功能的改变是导致高血压、动脉粥样硬化和血管成形术后再狭窄等多种心血管病的细胞病理学基础。本实验主要观察抗高血压药物对离体血管平滑肌的作用。

抗高血压药物的分类(根据药物在血压调节系统中的主要影响及部位，可将抗高血压药物分成以下几类)：① 主要影响血容量的抗高血压药，利尿药；② β受体阻断药：普萘洛尔等；③ 钙拮抗药：硝苯地平等；④ 血管紧张素Ⅰ转化酶抑制剂，即影响血管紧张素Ⅱ形成的抗高血压药：卡托普利等；⑤ 交感神经抑制药：主要作用于中枢咪唑啉受体部位的抗高血压药，可乐定等。神经节阻断药：美加明等。抗去甲肾上腺素能神经末梢药，利血平、胍乙啶等。肾上腺素能受体阻断药，α受体阻断药，哌唑嗪，α和β受体阻断药，拉贝洛尔。作用于血管平滑肌的抗高血压药，肼屈嗪等。

动物的离体冠状动脉平滑肌条和胸主动脉平滑肌条可用于机能实验，以观察药物对血管平滑肌舒缩功能的影响，观察动物在使用高钾和受体阻断药处理后，药物对主动脉平滑肌条的作用，初步分析药物对血管平滑肌细胞作用的部位。派唑嗪可选择性的阻断突触后膜 α_1 受体，舒张小动脉及静脉血管平滑肌，使外周阻力降低而血压下降，对肾血流量无影响。硝普钠可同时松弛小动脉和静脉血管平滑肌，当其与血管内皮细胞和红细胞接触时，能分解释放出 NO，后者激活血管平滑肌细胞及血小板的鸟苷酸环化酶，使 cGMP 形成增加，而导致血管平滑肌舒张。普萘洛尔为β受体阻断药，使血管平滑肌舒张。

【实验材料】

实验动物：家兔，2.5 kg，雌雄不限。

实验器材：兔台，手术器械 1 套，纱布，棉球，恒温水浴箱，浴管，张力换能器，注射器，4 或 5 号针头。

药品与试剂：克氏液 10^{-2} mol/L，4 mol/L 氯化钾，3×10^{-3} mol/L 去甲肾上腺素，哌唑嗪，10^{-2} mol/L 普萘洛尔，10^{-2} mol/L 硝普钠，95% O_2 及 5% CO_2 的混合气体。

【实验方法与步骤】

(1) 制备兔冠状动脉平滑肌条和胸主动脉平滑肌条。取家兔 1 只，猛击头部致昏，迅速剖胸，分离右冠状动脉条和胸主动脉下段(胸主动脉于近心端及远心端在膈肌处剪断)，立即置于充氧的克氏液中，剔除血管外结缔组织及脂肪，洗去凝血块，轻轻套在与之同样粗细的玻璃棒上，然后用眼科剪将主动脉、右冠状动脉剪成宽 3～4 mm、长 2～3 cm 的螺旋形条片。两端分别穿线结扎，置于麦氏浴管内，其中一端接在水浴管内的 L 形管上，另一端连在张力换能器上。调节水浴温度达 37±1℃。麦氏浴管内充有 30 mL 克氏液，并通 95% O_2 及 5% CO_2 的混合气体。将记录仪与张力换能器连接并调整零点。

(2) 待右冠状动脉条，胸主动脉条稳定约 1 h 后，描记其正常张力曲线，按如下顺序给药：

1) 加入 3×10^{-3} mol/L 去甲肾上腺素 0.1 mL，待最大反应后，冲洗标本。

2) 待右冠状动脉条，胸主动脉条恢复后，加入 10^{-2} mol/L 哌唑嗪 0.2 mL，15 min 后，重复 1)。待作用稳定后，冲洗标本。

3) 向浴管内加入 4 mol/L 氯化钾 0.1 mL，待作用明显后冲洗。

4) 待曲线平稳后加入 10^{-2} mol/L 硝普钠 0.2 mL，待作用明显后冲洗。

5) 向浴管内加入 3×10^{-3} mol/L 异丙肾上腺素 0.1 mL，待作用明显后冲洗。

6) 待曲线平稳后加入 10^{-2} mol/L 普萘洛尔 0.2 mL。

7) 15 min 后，重复加入异丙肾上腺素 0.1 mL，待作用稳定后，冲洗标本。

【注意事项】

(1) 制备主动脉条标本时操作要轻柔，切勿用力牵拉，以免损害主动脉的平滑肌组织。

(2) 克氏液必须现配现用。

(3) 向浴管内通入混合气体时，注意通气量，一般为 40～60 个气泡/分钟。

【讨论与思考】

(1) 去甲肾上腺素,氯化钾诱导血管平滑肌收缩的机制是什么?

(2) 抗高血压药物作用于血管平滑肌的导致血管扩张的机制是什么?

(杨 拯)

实验三十二 肝功能对药物作用的影响

【实验目的】

本实验采用四氯化碳制作中毒性肝炎的病理模型,用于观察肝功状态对药物作用的影响。

【实验原理】

肝脏是药物代谢的重要器官。肝功能不全时,以肝代谢为主的药物就易发生蓄积中毒。四氯化碳是一种对肝细胞有严重损害作用的化学物质,动物大量应用可致中毒性肝炎,使肝脏的解毒功能下降。

【实验材料】

实验动物:小鼠,18~22 g,雌雄不拘。

实验器材:鼠笼,天平,注射器(1 mL),注射针头(5 号),剪刀,镊子,刀片。

药品与试剂:苦味酸,5%四氯化碳溶液,0.175%异戊巴比妥,2.5%卡那霉素溶液。

【实验方法与步骤】

(1) 小鼠编号:选取健康小鼠 4 只,体重 18~22 g;用苦味酸着色、编号,随机分为实验组和对照组。各组小鼠在实验前 24 h 分别给予:实验组皮下注射 5%四氯化碳油溶液 0.1 mL/10 g,破坏肝功并编为 1、2 号小鼠;对照组腹腔注射生理盐水 0.2 mL/10 g,作为对照并编为 3、4 号小鼠。

(2) 实验时分别给予 1、3 号小鼠腹腔注射 0.175%异戊巴比妥 0.15 mL/10 g,观察各动物的反应,记录各组小鼠的翻正反射消失时间、恢复时间及持续时间。之后,再分别给 2、4 号小鼠腹腔注射 2.5%卡那霉素 0.15 mL/10 g,观察给药前后各组小鼠所表现的症状有何不同(注意肌张力、四肢运动及呼吸状态)。将实验结果整理记入表 8-2。

表 8-2 药物对不同肌能状态小鼠的影响

鼠号	体重(g)	药量(mL)	翻正反射		结果	
			潜伏时间	持续时间	肌肉活动	呼吸状态等情况
1						
3						
2						
4						

(3) 观察项目:观察、记录各组小鼠的翻正反射消失时间、恢复时间及持续时间。观察给药前后各组小鼠所表现的症状有何不同(注意肌张力、四肢运动及呼吸状态)。

【注意事项】

(1) 动物编号要准确,以防混乱后无法判定结果。

(2) 要准确抽取每只鼠的给药量及应给的药物,实验时给药途径一律腹腔注射。

(3) 记录:及时记录给药时间、翻正反射消失时间及恢复时间。由给药时间到翻正反射消失时间算出药物的潜伏期;从翻正反射消失时间及恢复时间算出药物在体内的持续期(即睡眠时间)。汇总后,比较各组小鼠的麻醉时间有何差异。

(4) 在观察小鼠肌肉活动情况时,要注意比较药前与药后的表现有何不同。

(5) 实验结束后，可将各只鼠处死，剖取肝脏，比较动物肝脏外观的不同。四氯化碳中毒小鼠的肝脏肿大，有的充血，有的变成灰黄色，触之有油腻感，其小叶比正常肝脏更清楚。

【讨论与思考】

(1) 为什么损害肝脏的小鼠注射异戊巴比妥后作用维持时间延长？

(2) 试述肝功与临床用药的关系。

（章　乐）

实验三十三　硫酸镁的导泻作用

【实验目的】

掌握硫酸镁对肠道的作用，分析其导泻的作用机制。

【实验原理】

硫酸镁为容积性泻药，口服后在肠内很少被吸收，其分解成的 SO_4^{2-} 和 Mg^{2+} 可使肠内渗透压升高，从而阻止肠对水的吸收，使肠内容增加，肠管膨胀，并进一步刺激肠蠕动，从而产生强烈泻下作用。

【实验材料】

实验动物：小鼠 2 只。

实验器材：小鼠灌胃器 1 个，手术剪、镊子各 1 把，直尺 1 把，蛙板 1 块，棉花适量。

药品与试剂：0.9%氯化钠溶液(每 100 mL 内加入红墨水 1 mL)，20%硫酸镁溶液(每 100 mL 内加入红墨水 1 mL)。

【方法与步骤】

(1) 取体重相近的小鼠 2 只，实验前禁食不禁水 6～8 h，其中一只以有色硫酸镁溶液 0.5 mL 灌胃，另一只以 0.5 mL 有色生理盐水灌胃。

(2) 给药 40 min 后，采用颈椎脱臼法致死两只小鼠，仰卧于蛙板上，立即剖开腹腔，比较两鼠的肠蠕动情况、膨胀情况有何不同？

(3) 然后将幽门至直肠的肠系膜进行分离，将肠管拉成直线，测量被染红的肠段的距离(自幽门部分开始计算)，比较两鼠有何不同？

【实验结果】

表 8-3　硫酸镁的导泻作用

给　药	生理盐水	20%硫酸镁
肠蠕动情况		
肠膨胀情况		
染红的肠段距离(cm)		
粪便性状		

【注意事项】

灌胃量应尽量准确，否则难以比较结果。

【讨论与思考】

(1) 硫酸镁灌胃可产生哪些作用？

(2) 硫酸镁的泻下作用机制如何？

(3) 硫酸镁注射给药可否产生泻下作用？为什么？

（辛志伟）

第九章

泌尿系统实验

实验三十四　影响尿生成的因素

【实验目的】

掌握影响尿生成的因素，加深对尿生成过程及其调节机制的理解。

【实验原理】

尿生成过程包括肾小球滤过、肾小管与集合管的重吸收、肾小管与集合管的分泌。凡影响这些过程的因素都可影响尿的生成，从而引起尿液质和量的变化。

本实验通过改变肾小球的有效滤过压、小管液溶质浓度、远曲小管和集合管对水的重吸收以及通过影响肾髓质渗透压梯度的形成等因素使尿量发生变化。

【实验材料】

实验动物：家兔，2.5～3 kg，雌雄不拘。

实验器材：BL－420 生物信号采集与处理系统，保护电极，血压换能器。哺乳类动物手术器械，兔手术台，动脉插管，输尿管插管，记滴器，注射器(20 mL、5 mL、1 mL 各一只)及针头，酒精灯，烧杯，培养皿，试管架，试管和试管夹，纱布，手术线。

药品与试剂：生理盐水，20%乌拉坦，肝素生理盐水(500 U/mL)，0.1‰肾上腺素，0.1‰去甲肾上腺素，20%葡萄糖溶液，垂体后叶素（5 单位/mL)，呋塞米，班氏试剂(或尿糖测试纸)。

【实验方法与步骤】

1. 常规手术准备

(1) 家兔称重后，用 20%乌拉坦按 5 mL/kg 体重的剂量从兔耳缘静脉缓慢注射麻醉，麻醉后兔背位固定于手术台上，颈部放正拉直。剪去颈前部正中被毛，剪开皮肤约 8～10 cm。用止血钳分离皮下组织及胸舌骨肌，暴露气管。分离气管旁结缔组织，在甲状软骨下约第三或第四环状软骨水平作倒“T”形切口，向肺脏方向插入气管插管(注意：插管斜面向上)，结扎并将扎线端固定在插管的分叉上以免滑脱。

(2) 分离右侧迷走神经：用左手拇指和食指捏住一侧切口的皮肤和肌肉，其余三指从皮肤外面略向上顶，使颈部气管旁的软组织外翻，暴露出与气管平行的动脉鞘，用玻璃分针轻轻地纵向分离开鞘膜，并将颈总动脉稍移向一旁，就可见到三条平行排列呈白色的神经：迷走神经最粗，规整，明亮；交感神经较细；减压神经最细如发丝，于迷走神经下穿一线，在远离神经处将线打一个活结备用。

(3) 左侧颈总动脉插管记录血压：按上述手法分离左侧颈总动脉，尽量分离长一些(注意不要损伤颈总动脉的甲状腺分支)，在动脉下穿一根丝线，尽量靠近头端将动脉结扎。用动脉夹夹住近心端暂时阻断血流(不能用止血钳)，在靠近结扎线约 5 mm 处用眼科剪作一斜形(V 形)剪口，将与压力换能器相连的已经充满肝素抗凝剂的动脉插管向心脏方向插入颈总动脉，丝线结扎，并将其固定在插管上，至此颈部手术全部完成。将压力换能器置于心脏水平且固定牢固。

(4) 插管导尿：剪去下腹部兔毛，在耻骨联合上缘沿正中线向上做 5 cm 长的皮肤切口，沿腹白线剪开腹壁及腹膜 1 cm(勿损伤腹腔脏器)，找到膀胱，用手轻轻将膀胱翻至腹腔外，用温热生理盐水纱布覆盖在腹部创口上，便可进行插管导尿。

插管的方法有两种：输尿管插管和膀胱插管。

1) 膀胱插管：插管前认清膀胱和输尿管的解剖部位，穿线结扎膀胱颈部，以阻断膀胱与尿道的通路。在膀胱顶部选取血管较少处，用两把止血钳将膀胱提起，在两把止血钳间剪一纵行小切口，插入充满生理盐水的膀胱插管，用丝线沿切口结扎将切口边缘固定在插管壁上。膀胱插管的另一端用导管将尿液输送至污物缸。插管完毕后，用温热生理盐水纱布覆盖腹部创口。

2) 输尿管插管：在膀胱底部找到双侧输尿管，将输尿管与周围组织细心分离，分离出的输尿管约 2 cm 长，穿两条线，先用其中一条线把一侧输尿管的近膀胱端结扎，再在被结扎一侧的输尿管壁上剪一斜向肾侧的小切口，切口约为输尿管管径的一半，向肾脏方向插入充满生理盐水的输尿管插管(细塑料管，内径为0.1 cm)，用另一条线结扎固定，以防滑脱。随后可见尿液从细塑料管内慢慢流出。用同法完成另一侧输尿管插管，两侧输尿管插管与 Y 形接合器相通，尿液由共同开口端流出，滴进污物缸中(图 9-1)。术毕，用温热生理盐水纱布覆盖腹部切口，把输尿管插管用胶布固定在兔手术台上。

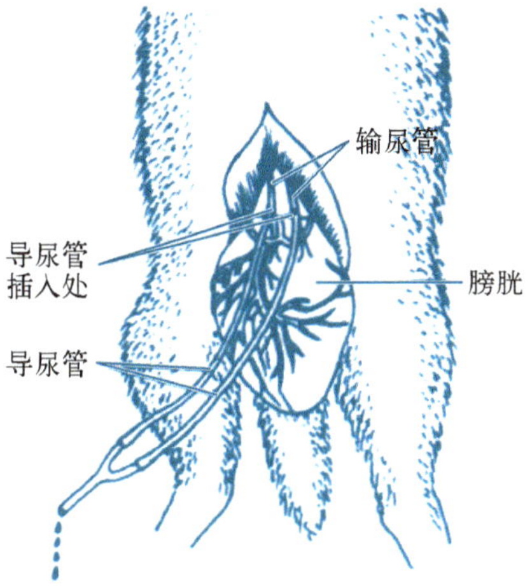

图 9-1 兔输尿管导

两种插管导尿法相比，膀胱插管法简便易行，但在进行膀胱插管时，由于尿液在膀胱中可能会形成一些存留，使尿量变化出现后滞。输尿管的插管较膀胱插管在操作时尽管稍有难度，但输尿管插管在观察和记录尿量变化时较为敏感和迅速，实验结果比较准确。

3) 尿液的记录：以每分钟尿液的滴数作为尿量变化的观察指标。亦可将膀胱插管的尿液输出端连至记滴器上，引出的尿液应滴在记滴器的接触点上，将记滴器连至 BL-420 生物信号采集处理系统的输入插孔上，记录正常尿量。

2. *建立静脉通道* 将输液器准备好，排出输液器管道中的空气，从耳缘静脉穿刺滴入生理盐水(10～20滴/min)，维持动物正常生理状态，并建立静脉给药通道。

【观察项目】

(1) 记录正常血压曲线及尿液滴数 选择“实验项目”→“泌尿实验”→“影响尿生成的因素”实验模块，软件将自动设置实验参数，并开始实验，即可在屏幕上观察到正常的血压曲线及记滴图形。

(2) 待实验动物尿量稳定后，记录一段正常血压曲线和 1 min 尿液的滴数作为下一项目的对照。

(3) 耳缘静脉快速注射 38℃生理盐水 20 mL 观察血压和尿量的变化。

(4) 耳缘静脉注射去甲肾上腺素(1∶10 000)0.3～0.5 mL。

(5) 取尿液 2 滴作尿糖定性实验作为对照，然后由耳缘静脉注射 20%葡萄糖 5 mL，观察血压和尿量变化。在尿量开始增多时，每隔 1～2 min 取尿液 2 滴作尿糖定性实验，直到尿量恢复到葡萄糖注射前水平为止。比较出现尿糖的时间和尿量高峰期的关系。

(6) 结扎并剪断右迷走神经，用中等强度的连续电脉冲(10 V、20～30 Hz)刺激右迷走神经外周端20～30 s 使血压降至 50 mm Hg 左右，观察尿量的变化。

(7) 注射呋塞米 经兔耳缘静脉注射呋塞米 5 mg/kg，观察血压和尿量的变化。

(8) 耳缘静脉注射垂体后叶素 2 U，观察血压和尿量的变化。

将上述实验结果填入表 9-1。

表 9-1 影响尿生成的因素

影响因素	尿量(滴/min)			血压 mmHg		
	对照	实验	变化率%	对照	实验	变化率%
快速注射生理盐水						
注射去甲肾上腺素						
注射 20%葡萄糖						
刺激迷走神经外周端						
注射呋塞米						
垂体后叶素						

【注意事项】

(1) 实验前应给兔多喂青菜，以增加其基础尿量。

(2) 实验中需多次进行静脉注射，注射时应从远端开始，逐步移近耳根，也可从建立的静脉通道给药。

(3) 手术的创口不宜过大，以防体温下降影响实验结果。

(4) 手术动作要轻柔，避免损伤性尿闭。在进行输尿管插管时，注意不要插入输尿管的黏膜层，同时应尽量避免反复插管，以免损伤输尿管黏膜面造成出血，形成凝血块堵塞输尿管。

(5) 每项实验应在血压、尿量基本恢复到对照水平后再进行。

【讨论与思考】

(1) 试分析表中所记录各项实验的尿量和血压变化的机制。

(2) 静脉快速注射生理盐水和静脉输入高渗葡萄糖引起多尿的机制有何不同？为什么？

【附注】

尿糖定性实验　试管内加入班氏试剂 1 mL，再加尿液 2 滴，在酒精灯上加的热至煮沸。加热时注意振荡试管，防止液体溢出管外。冷却后观察溶液和沉淀物的颜色，若溶液颜色由蓝色透明转为混浊的绿色、黄色或砖红色，则表示不同程度的尿糖实验阳性(绿色+；绿黄色++；黄色 +++；砖红色++++)，若溶液蓝色不变则为阴性(—)。

（余华荣　陆　杰）

实验三十五　急性中毒性肾功能不全

【实验目的】

了解复制家兔急性肾功不全模型的方法。观察家兔在发生急性中毒性肾功不全时，肾脏的形态改变以及部分内环境紊乱指标的变化。

【实验原理】

急性肾功能不全(ARI)是指任何原因在短时间内引起肾小球滤过率急剧减少，或肾小管变性、坏死导致的一种严重的急性病理过程，常引起水、电解质、酸碱平衡紊乱和氮质血症等临床综合征。多数病人伴有少尿或无尿，称为少尿型肾功能不全。少数病人尿量不减，称为非少尿型肾功能不全。引起急性肾功能不全的原因主要分为三类：肾前因素(微循环障碍)、肾性因素(肾实质损伤)、肾后性因素(尿路阻塞)。肌肉注射氯化高汞后数小时会造成肾实质损伤，尤以肾小管损伤为重，导致少尿型 ARI。

【实验材料】

实验动物：健康家兔，2.5～3 kg，雌雄不限。

实验器材：兔台，婴儿秤，手术灯，手术器械一套，动脉夹，塑料动脉插管，输尿管插管，注射器(10 mL、50 mL)，50 mL 烧杯，试管(5 mL、10 mL)，尿比重计，25 mL 量筒，刻度吸管(0.1 mL、0.25 mL、0.5 mL、

5 mL)、酒精灯、试管架、试管夹、火柴、洗耳球、722 型分光光度计、低速离心机、比色皿、水浴锅。

药品与试剂：1%氯化高汞、1%普鲁卡因、生理盐水、2%二乙酰一肟试剂、酸性试剂、尿素氮标准应用液(2 mg/100 mL)、5%醋酸、10%葡萄糖盐水、蒸馏水。

【实验方法与步骤】

(1) 复制模型：取家兔 2 只，称重后，给予其中一只家兔肌肉注射 1%氯化高汞(1 mL/kg)复制急性肾功能不全模型；另一只家兔注射等量生理盐水对照。正常喂饲。

(2) 固定、注射高渗糖盐水：48 h 后取 ARI 模型家兔和对照家兔，分别称重后仰卧位固定在兔台上。从耳缘静脉注射 10%葡萄糖盐水 15 mL/kg，5 min 快速注射完毕，造成渗透性利尿。

(3) 备皮：剪去下腹部和一侧股部的被毛。

(4) 局部浸润麻醉：在耻骨联合上方 1 cm 下腹部正中，用 1%普鲁卡因做皮下局部麻醉，长约5 cm，在一侧股部，沿股动脉走行进行皮下局麻。

(5) 抽取尿液：沿下腹部局麻部位打开腹腔，暴露膀胱，勿用力挤压。用 50 mL 注射器尽量抽空膀胱内尿液。将尿液转移至量筒内，将比重计悬浮于尿液中，测尿比重。再将尿液转移至玻璃试管内做尿蛋白定性检测(附注 1)。

(6) 输尿管插管：双侧输尿管插管，收集尿液。

(7) 股动脉放血：切开股部皮肤，在一侧股部，沿股动脉走行做局麻切口，分离股动脉并插管固定。从股动脉插管放血 3 mL 于试管内，做血清尿素氮测定(附注 2)。结扎股动脉。

(8) 取肾脏：耳缘静脉推注空气处死家兔，取双侧肾脏，观察并比较中毒兔与对照兔肾脏体积大小、外观色泽、包膜紧张程度，再沿肾脏凸侧缘剖开肾脏，观察切面颜色、皮髓质分界是否清楚。有条件可将肾脏固定后切片进行 HE 染色，镜下观察肾单位变化情况。

【实验结果】

观察指标	对照兔	中毒兔
30 min 尿量(mL)		
尿比重		
尿蛋白定性		
血清尿素氮(mg%)		
肾脏形态(肉眼)		
肾脏形态(镜下)		

【注意事项】

(1) 复制模型后保证家兔饮水量，注射糖盐水后才有足够的尿液。

(2) 做血清尿素氮测定时，各种试剂取量准确，避免刻度吸管交叉污染，以免影响测定结果。

(3) 测定血清尿素氮时，各支试管加热前应尽量混匀，保证反应充分进行。

(4) 测尿比重时，如果尿量太少，可以用蒸馏水稀释尿液后再测比重。稀释一倍，测得结果×2−1；稀释两倍，测得结果×3−2。注意：稀释倍数越高，结果越不准确。

【讨论与思考】

(1) 氯化高汞引起急性肾功能不全的机制是什么?

(2) 氯化高汞引起急性肾功能不全时肾脏形态有哪些改变，为什么?

【附注】

1. 加热醋酸法定性检查尿蛋白

原理：酸性环境和加热都可以促进蛋白质变性凝固，醋酸可以溶解尿液中因加热而析出的盐类物质，凝固的蛋白质不溶于醋酸。

步骤：

(1) 将尿液加入 10 mL 玻璃试管内，液面达 2/3 处。

(2) 试管夹夹持试管下 1/3 处，将上段尿液加热至沸腾，加热过程中注意转动试管，避免尿液喷出，注意人身安全。

(3) 上段尿液沸腾后，加入2～3滴醋酸，不要上下摇晃试管，再将上段尿液加热至沸腾，观察上段尿液变化。根据表9-2以下段尿液为对照，观察上段尿液的变化。

表9-2 尿蛋白定性检查结果判断

结　　果	表示符号	每100 mL尿液含蛋白质量(g)
无浑浊	－	无
微浑浊	±	<0.01
颗粒状浑浊	+	0.01～0.05
浑浊	++	0.05～0.2
絮状浑浊	+++	0.2～0.5
凝集成块	++++	>0.5

2. 血清尿素氮(BUN)测定方法

原理：尿素氮在酸性环境下和二乙酰—肟共热，可以产生红色的衍生物，尿素氮浓度越大，衍生物颜色越红。通过测定衍生物的吸光度可以计算出尿素氮的浓度。

步骤：

(1) 试管中的血液静置凝固后，以每分钟2 000转速度离心10 min。

(2) 离心完毕后，用吸管取出上层血清，再用蒸馏水按1∶5稀释血清(一份血清，四份蒸馏水)。

(3) 按表9-3顺序将各种试剂加入相应试管。

(4) 将各试管内溶液混匀，放入沸水浴中煮沸15 min，再置流水中冷却5 min。用540 nm或绿色滤光板比色，以B管调零，读取S管和U管吸光度读数。按下列公式计算尿素氮含量。

$$尿素氮(mg/dl)=\frac{U管吸光度值}{S管吸光度值}\times 0.002\times\frac{100}{0.02}=\frac{U管吸光度值}{S管吸光度值}\times 10$$

表9-3 血清尿素氮测定

试　　管	标准管(S)	测定管(U)	空白管(B)
蒸馏水(mL)	—	—	0.1
尿素氮标准液	0.1	—	—
稀释血清	—	0.1	—
酸性试剂	5.0	5.0	5.0
二乙酰—肟试剂	0.5	0.5	0.5

(陈　蓉)

实验三十六　利尿药与脱水药的利尿作用及对尿电解质的影响

【实验目的】

观察利尿药和脱水药的利尿作用。学习利尿实验方法和尿电解质的测定方法。

【实验原理】

利尿药和脱水药均可增加尿量，产生利尿作用。但利尿药主要通过抑制肾小管对水和电解质的重吸收功能而产生利尿作用。脱水药则主要通过提高肾小管液的晶体渗透压，抑制肾小管对原尿的重吸收而产生利尿作用。利尿药和脱水药虽均能产生利尿作用，但因其作用机制不同，故其利尿作用的强度和对尿电解质的影响也不尽相同。常用的利尿实验方法根据收集尿液的方法不同，可分为：代谢笼法、导尿管法、膀胱造瘘法和输尿管插管法等。

测定尿液中的电解质含量，有助分析利尿药或脱水药的作用机制。尿液中的电解质含量可用电解质分析仪检测，既方便，也快捷。

【实验材料】

实验动物：家兔 2 只，体重 1.5～2.5 kg/只，雄性。

实验器材：兔手术台 2 张、兔灌胃管 1 根、兔开口器 1 个、500 mL 烧杯 2 个、量筒 1 个、注射器(100 mL 1 支、20 mL 1 支、10 mL 1 支)、10 号导尿管 2 根、胶布若干、电解质分析仪 1 台。

药品与试剂：液状石蜡、1%呋塞米溶液、20%甘露醇溶液、生理盐水。

【实验方法与步骤】

一、利尿药与脱水药对家兔尿量的影响

1. *准备* 取雄兔 2 只(编号)，称重后，分别用胃管灌入 40 mL/kg 的温水(37℃)。30 min 后分别固定于兔手术台上，用尖端沾有液状石蜡的导尿管从尿道口缓慢插入 8～12 cm(见有尿液滴出时，再插入 1～2 cm)，用胶布固定导尿管。

2. *收集正常时尿液* 2 只家兔最初 5 min 内滴出的尿液丢弃不计，然后分别在 2 只家兔的导尿管出口处接一量筒，开始计时，收集 20 min 的尿液，并记录 20 min 内的尿量。将 2 只家兔正常时 20 min 内的尿液分别倒入烧杯甲-1 及烧杯乙-1 中备用，然后把量筒洗净后重新接在导尿管出口处。

3. *给药* 甲兔静脉注射 1%呋塞米溶液 0.4 mL/kg；乙兔静脉注射 20%甘露醇溶液 5 mL/kg。

4. *收集给药后尿液* 给药后重新计时，收集给药后 20 min 内的尿量，计量后将尿液分别倒入烧杯甲-2 和乙-2 中备用。

二、利尿药与脱水药对尿液电解质的影响

用电解质分析仪分别对实验中收集的 4 个尿液标本进行 Na^+、K^+、Cl^- 含量的检测，并记录检测结果。

【实验结果】

兔号	给　药	尿量(mL/20 min)		尿电解质含量(mmol/L)					
		给药前	给药后	给药前			给药后		
				Na^+	K^+	Cl^-	Na^+	K^+	Cl^-
甲	1%呋塞米								
乙	20%甘露醇								

(1) 比较 1%的呋塞米和 20%甘露醇在 20 min 内利尿作用的强度。

(2) 比较 1%的呋塞米和 20%甘露醇对尿电解质影响的差异，分析其可能的作用机制。

【注意事项】

给兔灌胃时需小心，切勿灌入气道。安插导尿管时动作要轻柔，安插好后要固定确实，防止滑脱。

【讨论与思考】

(1) 利尿药和脱水药均有利尿作用，但为什么治疗脑水肿常用脱水药，而治疗心、肝、肾性水肿则常用利尿药？

(2) 为什么治疗一般性水肿多用中效能利尿药而不常用高效能利尿药？

(辛志伟)

第十章

感觉器官实验

实验三十七　视力、视野测定和色觉检查

一、视力测定

【实验目的】

学习使用视力表测定视力的原理和方法。

【实验原理】

视力亦称视敏度，是指眼对物体微细结构分辨的能力，也就是分辨物体上两点间最小距离的能力。视力通常用视角的倒数来表示。视角为1分度时的视力为正常视力。检查视敏度的视力表就是根据这个原理设计的。常用的“国际标准视力表”有12行。目前我国视力测定采用的是标准对数视力表，该视力表有14行，记录方法是5分记录法。两种近视力表记录值的换算如表10-1所示。当受试者在离视力表5 m的距离上观看该表的第11行时，该行的“E”字图形缺口两缘发出的光线在眼球恰好形成1分视角。因此，在离表5 m处能辨认第11行即认为是正常视力，记为视力为5.0。

表10-1　两种近视力表的记录值换算表

小数记录值	0.1	0.12	0.15	0.2	0.25	0.3	0.4	0.5	0.6	0.8	1.0	1.2	1.5	2.0
五分记录值	4.0	4.1	4.2	4.3	4.4	4.5	4.6	4.7	4.8	4.9	5.0	5.1	5.2	5.3

【实验材料】

实验对象：人。

实验器材：视力表、指示棒、遮眼板。

【实验方法与步骤】

(1) 将标准视力表悬挂于光线充足而均匀的墙上，且视力表的5.0这一行应与受试者眼睛在同一高度。

(2) 受试者位于(坐或站)视力表前5 m处，用遮眼板遮住一眼，另一眼注视视力表。

(3) 检查者站在视力表旁，用指示棒自上而下指示表上符号，让受试者说出符号缺口的朝向，直至受试者能辨认清楚最小一行字体为止，此时即可从视力表上直接读出其视力值。一般规定，在4.0～4.5各行视标中，每行不能认错1个，在4.6～5.0各行视标中，每行不能认错2个，在5.1～5.3各行视标中，每行不能认错3个。否则，就不再往下检查，而以本行的上一行记录视力。

(4) 视力表中最上一行字是正常眼睛在5 m距离处能够辨认的。若受试者对最上一行符号也不能清楚辨认，则让其向前移动，直至能辨认清楚最上一行为止。计算结果见表10-2。

表 10-2 距离与视力换算表

走近距离(m)	4	3	2.5	2	1.5	1.2	1.0	0.8	0.6	0.5
视 力	3.9	3.8	3.7	3.6	3.5	3.4	3.3	3.2	3.1	3.0

(5) 用同样方法测试另一眼的视力。

【注意事项】

(1) 受试者的距离应准确。

(2) 视力表处的光线要符合要求。光源应从受试者的后方射来,避免测试过程中由侧方射入光线干扰测定。

(3) 测试过程中应用遮光板遮眼,不宜用手遮眼。

二、视野测定

【实验目的】

掌握测定视野的方法,熟悉视野计的使用方法。

【实验原理】

视野是指单眼固定不动注视正前方一点时,该眼所能看到的空间范围。正常人的视野受面部结构的影响:颞侧大于鼻侧;下方大于上方。在同一光照条件下,用不同颜色的目标物测得的视野大小也不同,白色最大,绿色最小。通过视野测定可协助诊断视网膜、视神经和视觉传导通路等部位的一些病变。

【实验材料】

实验对象:人。

实验器材:视野计、视野图纸、遮眼板、各色(白、红、黄或蓝、绿)视标、铅笔。

【实验方法与步骤】

(1) 了解视野计的构造和使用方法。

(2) 受试者背对光源,面对视野计坐好。其下颌置托颌架上,使眼眶托贴于被测眼的眼眶下缘,调整托颌架高度,使被测眼与圆弧中心点位于同一水平面上。将圆弧旋至水平位置,用遮眼板遮住另一眼,令受试眼固定注视圆弧的中心点,测定者从周边向中央慢慢移动弧架上插有白色纸片的视标架,同时询问受试者是否能看到视标,当受试者回答看到时,就将受试者刚能看得到视标时,视标所在的点划在视野图纸相应的经纬度上。

(3) 将圆弧架旋转 450,依次重复上述测定方法,共测定 4 次,以 8 个方向(0°、45°、90°、135°、180°、225°、270°和 315°),在视野图纸上分别找出 8 个点,将此 8 个点用铅笔依次连接起来,即为所求的白色视野范围。

(4) 按照相同的操作方法,测定红、黄或蓝、绿色视野。

(5) 用同样方法,测定另一眼的视野。

【注意事项】

(1) 受试者的眼睛必须始终注视中心点,眼球不得转动。

(2) 在实验过程中受试者可略休息,以免眼睛过于疲劳而影响实验结果。

(3) 必须单眼测定,以防双眼干扰。人眼对不同颜色的光线,视野范围大小也不同。

三、色觉测定

【实验目的】

了解色觉与色盲的发生原理,学习色盲的检查方法和人眼辨色能力的检测。

【实验原理】

色盲是一种对全部颜色或某些颜色缺乏分辨能力的色觉障碍,可分全色盲和部分色盲两种,常见者为部分色盲。色觉是一种主观现象,色觉异常往往不易觉察,但可借色盲检查图检查出来。色盲检查图是根据色盲患者不能分辨某些颜色的色调却能分辨其明亮度的特点绘制成各种颜色的色调不同而明亮度相同,或各种颜色的色调相同而明亮度不同的色点,以色点组成数字或图形,使色盲者难以辨别,检查出色盲的类型。

【实验材料】

实验对象：人。

实验器材：色觉检查图。

【实验方法与步骤】

(1) 在明亮、均匀的自然光线下，让受试者遮蔽一眼，检查另一眼色觉。

(2) 检查者向受试者逐页展示色盲检查图，让受试者在 5 s 内读出图表上的数字或图形。如果读错、读不出来或发现正常人不能读出而受试者反能读出等情况，则可按色盲图中说明确定受试者属于哪类色盲。

(3) 按上述方法再检查另一眼。

【注意事项】

检查需在光线充足的明亮处进行。

检查过程中不得暗示，也不能长时间反复思考。

【实验小结】

视角大小直接关系视网膜像的大小。受试者能分辨的视角越小，其视力越好。视野狭小者不应驾驶交通工具，也不应该从事本身或周围物体有较大范围活动的劳动，以防发生事故。

【讨论与思考】

(1) 为什么视力表可以检查视敏度？

(2) 何谓视野？试述正常人视野的特点。

（张　颖）

实验三十八　视觉调节反射和瞳孔对光反射

【实验目的】

观察视觉调节反射与瞳孔对光反射。

【实验原理】

人眼由远视近或由近视远时会发生调节反射。当由远视近时，引起晶状体凸度增加，同时发生缩瞳和两眼辐辏；由近视远时，即发生相反的变化。人眼在受到光刺激时，瞳孔缩小，称为瞳孔对光反射。本实验应用球面镜结缘规律，证明在视近物时眼折光系统的调节主要是晶状体前表面凸度的增加，并观察视近物时和光刺激时瞳孔缩小的现象。

【实验材料】

实验对象：人。

实验器材：蜡烛、火柴、电筒。

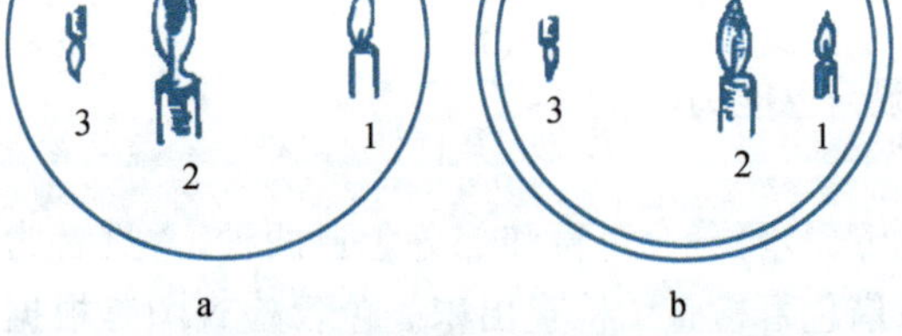

图 10-1　视觉调节反射进行时眼球各反光面映像的变化

(a) 看远物时的烛像；(b) 看近物时的烛像

1、2、3 分别为蜡烛在角膜前表面、晶状体前缘、晶状体

【实验方法与步骤】

(1) 在暗室内进行实验。点燃的蜡烛放于受试者眼的前外方，让受试者注视数米外的某一目标。实验者可以观察到蜡烛在受试者眼内的三个烛像[图 10-1(a)]。其中最亮的中等大小的正像是由角膜前表面反射而成；通过瞳孔可见到一个较暗而大的正立像，系由晶状体前表面反射而成；另一个较亮而最小的倒立像，则是晶状体后表面的反射而形成。由于角膜和晶状体前表面均为向前的凸面，故形成正立像；晶状体前表面曲率小于角膜前表面曲率，故其像较大且暗。晶状体后表面为凹面向前，其像为倒

立，且小而亮。

(2) 让受试者转而注视 15 cm 处的近物(可由实验者竖一手指作目标)，此时可见[图 10-1(b)]中最大的正立像向最亮的正立像靠近且变小。这说明视近物时晶状体前表面凸度增加靠近角膜，曲率变大，而角膜前表面和晶状体后表面的曲率及位置均未明显改变。这就是眼的调节反射。

(3) 在受试者注视近物时，还可见到瞳孔缩小，双眼向鼻侧会聚，前者称缩瞳反射，后者称辐辏反射。

(4) 让受试者注视远方，观察其瞳孔大小。再用电筒照射受试者一眼，可见受光照眼瞳孔即刻缩小，如用手在鼻侧挡住以防止光照射另一眼，重复上述实验，可见双眼瞳孔同时缩小，这称互感性光反射。

【注意事项】

(1) 瞳孔调节反射时，受试者眼睛要紧紧盯住正前方物体。

(2) 瞳孔对光反射时，受试者两眼需要直视远处，不可注视手电光。

【讨论与思考】

(1) 什么是瞳孔的调节反射和对光反射，两者的反射中枢分别在何处?

(2) 视近物时两眼瞳孔间距离有何变化，有何生理意义?

(3) 检查瞳孔对光反有何临床意义?

(余华荣　陆　杰)

实验三十九　声音的传导途径

【实验目的】

掌握声音的空气传导和骨传导两种途径的特征。

【实验原理】

正常人内耳接受的声波刺激主要经由外耳、鼓膜和听骨链传入，即空气传导是声音的主要传导途径。声音亦可经由颅骨、耳蜗骨壁传入内耳，其为骨传导。但空气传导的功效远远大于骨传导。比较两种声音传导途径特征，是临床上用来鉴别感音性耳聋(神经性耳聋)和传导性耳聋的方法。当鼓膜或听小骨发生病变引起传导性耳聋时，气传导效应减弱或消失，骨传导效应则相对增强；当耳蜗或听神经病变引起神经性耳聋时，则气传导和骨传导效应均减弱或消失。

【实验材料】

实验对象：人。

实验器材：音叉(频率为 256 Hz 或 512 Hz)、棉花。

【实验方法与步骤】

(1) 比较同侧耳的空气传导和骨传导(任内氏实验)。

1) 室内保持安静，受试者坐位。检查者敲响音叉后，立即将音叉柄置于受试者一侧颞骨乳突部图[10-2(b)]，此时受试者可以听到音叉震动的嗡嗡声，且音响随时间的延续而逐渐减弱，最后消失。一旦听不到响声，检查者立即将音叉移至受试者外耳道口[图 10-2(a)]，此时受试者是否又可听到声音? 相反，如将震动的音叉先置于外耳道口，待听不到声音后，再将音叉柄置放在颞骨乳突部，受试者是否又可听到声音? 上述结果说明什么问题?

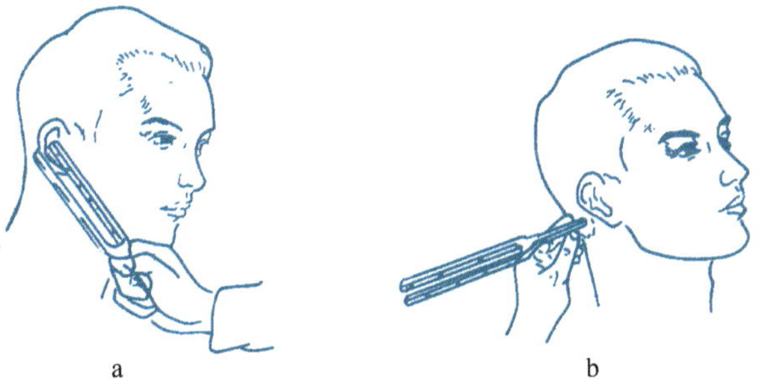

图 10-2　任内氏试验

2) 用棉球塞住同侧外耳道(相当于空气传导途径障碍)，重复上述实验。比较空气传导与骨传导持续的时间。

(2) 比较两耳的骨传导(魏伯氏实验)。

1) 将敲响的音叉柄置于受试者前额正中发际处,比较两耳感受的声音响度是否相同。

2) 用棉球或手指堵住一侧外耳道,重复(1)的实验。两耳感受到的声音响度有什么变化?

【注意事项】

(1) 敲击音叉时不要用力过猛,可在手掌或在大腿上敲击,切忌在坚硬物体上敲击。

(2) 在操作过程中,只能用手指持住音叉柄,避免叉枝与皮肤、毛发或任何物体接触。

(3) 音叉放在外耳道口时,应使叉枝的震动方向对准外耳道口,并与之相距 1~2 cm。

表 10-3 任内氏实验和魏伯氏实验

实验项目	正常人	传导性耳聋	神经性耳聋
同侧气导与骨导持续时间比较(任内氏实验)	气导>骨导	骨导>气导	均缩短,但气导>骨导
两侧骨导比较(魏伯氏实验)	两耳相等	偏向患侧	偏向健侧

【讨论与思考】

(1) 正常人声音传导的主要途径是什么?

(2) 为何气传导功效远远高于骨传导?

(余华荣 陆 杰)

实验四十 盲点测定

【实验目的】

证明盲点的存在,并计算盲点所在的位置和范围。

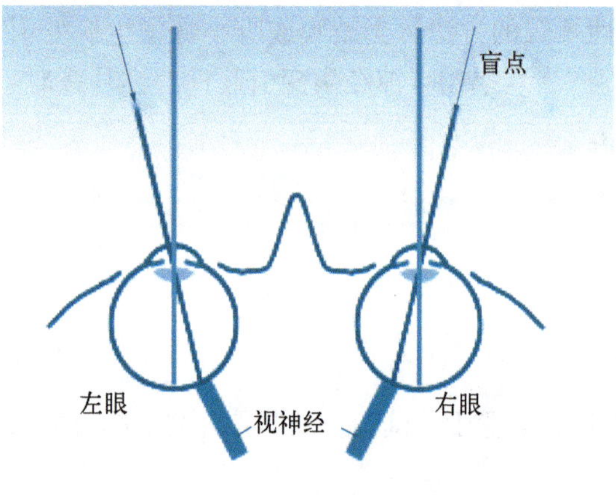

图 10-3 盲点的位置

【实验原理】

视网膜内各处的神经节细胞发出的神经轴突,在视网膜表面向眼的后极方向聚合成一整束,并穿过视网膜,在眼的后极出眼球,形成眼球后端所连的视神经,这时在与视神经相对的视网膜表面形成了视神经盘。视神经盘的特殊之处是在此处没有感光细胞,因而落于该处的光线不可能被感知,故称部位为生理性盲点(blind spot),盲点的位置在视网膜内黄斑中心的鼻侧约 3 mm 处(图 10-3)。正常时由于用两眼看物,一侧盲点可以被对侧视觉补偿,所以人们并不觉察自己的视野中有一处无视觉感受的区域。

本实验根据物体成像规律,通过测定生理性盲点投射区域的位置和范围,可以根据相似三角形各对应边成正比的定理,计算盲点所在的位置和范围。

【实验材料】

实验对象:人。

实验器材:白纸,铅笔,黑色和白色视标,尺子,遮眼板。

【实验方法与步骤】

(1) 将白纸贴在墙上,受试者立于纸前 50 cm 处,用遮眼板遮住一眼,在白纸上与另一眼相平的地方用铅笔画一“+”字记号(图 10-4)。令受试者注视“+”字。实验者将视标由“+”字中心向被测眼颞侧缓缓移动。此时,受试者被测眼直视前方,不能随视标的移动而移动。当受试者恰好看不见视标时,在白纸上标记视标位置。然后将视标继续向颞侧缓缓移动,直至又看见视标时记下其位置。由所记两点连线之中心点起,沿着各个方向向外移动视标,找出并记录各方向视标刚能被看到的各点,将其依次相连,即得一个椭圆形的盲点投射区(图 10-5)。

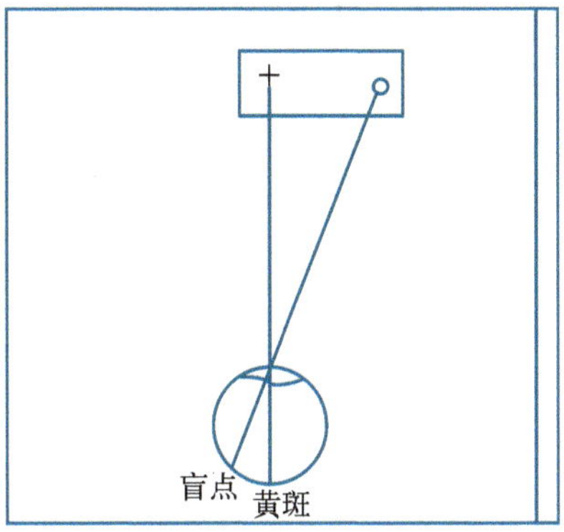

图 10-4 盲点的位置

图 10-5 测定左眼盲点的位置

(2) 根据相似三角形各对应边成正比定理,可计算出盲点与中央凹的距离及盲点直径。

参考值:生理性盲点呈椭圆形,垂直径 7.5 cm±2 cm,横径 5.5 cm±2 cm;生理性盲点在注视点外侧 15.5 cm,在水平线下 1.5 cm。

【注意事项】

(1) 测定盲点大小时,该眼正视白纸片上的“+”字,眼球不能随意转动。

(2) 眼与白纸必须保持一定的距离(50 cm),不能随意变动。

【讨论与思考】

(1) 试述测定盲点与中央凹的距离和盲点直径的原理。

(2) 在我们日常注视物体时,为什么没有感觉到生理性盲点存在?

(3) 当盲点范围发生变化时,我们应注意什么问题?

(刘 华)

实验四十一 破坏动物一侧迷路的效应

【实验目的】

观察破坏一侧迷路的豚鼠,掌握前庭器官在机体的肌紧张协调、维持正常姿势、保持身体平衡等方面的生理功能。

【实验原理】

动物的内耳迷路是姿势反射的感受器之一,内耳迷路中的前庭器官由球囊、椭圆囊和半规管组成,它们感受头部空间位置和运动的变化,并通过反射影响肌紧张,维持机体的姿势平衡和运动协调。

破坏或消除前庭器官的功能,机体的肌紧张协调将发生障碍、动物失去维持正常姿势与平衡的能力。

【实验材料】

实验对象:豚鼠。

实验器材:外科手术器械一套、滴管、棉球。

药品与试剂：氯仿，乙醚。

【实验方法与步骤】

(1) 将豚鼠侧卧，拽住上侧耳廓，用滴管向外耳道深处滴入氯仿 2～3 滴，握住动物片刻，令其不动。

(2) 5～7 min 后，观察动物头部位置、颈部、躯干两侧及四肢肌肉的紧张性。动物头部偏向被消去迷路功能的那一侧，同时出现眼球震颤，如握住动物后肢将其举起，见头和躯干皆偏向被消去迷路功能的那一侧，在手放开后往往可见动物沿躯干轴滚动。

【实验小结】

破坏一侧迷路的豚鼠，将出现头部偏向被消去迷路功能的那一侧，同时出现眼球震颤。充分证明前庭器官在机体的肌紧张协调、维持正常姿势、保持身体平衡等方面的重要作用。

【讨论与思考】

(1) 前庭器官在维持身体姿势中的作用是什么？

(2) 破坏动物的一侧迷路功能会出现哪些变化？如何解释这些变化？

(韩　毅)

实验四十二　传出神经药物对兔眼瞳孔的作用

【实验目的】

观察拟胆碱药、抗胆碱药、拟肾上腺素药对兔眼瞳孔的影响。

熟悉瞳孔测量方法及滴眼液的给药方法。

【实验原理】

眼的虹膜中有两组平滑肌，分别为瞳孔括约肌(虹膜环状肌)和瞳孔开大肌(虹膜辐射肌)，两组平滑肌协同作用，共同调节瞳孔的大小。瞳孔括约肌受胆碱能神经支配，其肌膜上有 M 胆碱受体，当胆碱能神经兴奋时，可释放乙酰胆碱(acetylcholine，Ach)，Ach 通过激动瞳孔括约肌上的 M 受体，可引起瞳孔括约肌的收缩，从而产生缩瞳效应。瞳孔开大肌受去甲肾上腺素能神经支配，其肌膜上有 α 肾上腺素受体，当去甲肾上腺素能神经兴奋时，通过释放的去甲肾上腺素激动瞳孔开大肌上的 α 受体，可引起瞳孔开大肌收缩，从而产生扩瞳效应。

M 受体激动药可直接激动瞳孔括约肌上的 M 受体，产生缩瞳效应；抗胆碱药则可阻断 M 受体，拮抗拟胆碱药的缩瞳效应，导致瞳孔开大；拟肾上腺素药通过激动瞳孔开大肌上的 α 受体，可引起瞳孔开大肌收缩，产生与 M 受体拮抗药相似的扩瞳效应。

【实验材料】

实验对象：家兔 2 只，体重 1.5～2.5 kg/只，雌雄不限。

实验器材：眼科剪 1 把，瞳孔测量尺 1 把，家兔固定箱 2 个，滴管 4 支(等大)，手电筒 1 支。

实验药品：1%硝酸毛果芸香碱溶液，1%硫酸阿托品溶液，0.5%水杨酸毒扁豆碱溶液，1%苯肾上腺素溶液。

【实验方法与步骤】

(1) 准备：取健康家兔 2 只，分别固定于 2 个兔固定箱中，用眼科剪小心剪去双眼睫毛。测定并记录其正常瞳孔直径(mm)及对光反射情况。

(2) 给药：按下表分别给 2 只家兔的眼结膜囊滴入下列药液 2 滴。

兔号	左　眼	右　眼
甲	1%硫酸阿托品溶液	1%硝酸毛果芸香碱溶液
乙	1%盐酸苯肾上腺素溶液	0.5%水杨酸毒扁豆碱溶液

【实验结果】

滴药后 10 min，在同样光照强度下，分别测定 2 只家兔的左眼及右眼的瞳孔直径和对光反射。然后再分别给 2 只家兔的右眼滴入 2 滴 1%的硫酸阿托品溶液，10 min 后再次测定 2 只家兔右眼的瞳孔直径和对光反射，将结果记录于下表中。

兔号	眼别	给　药	瞳孔直径(mm)		对光反射	
			用药前	用药后	用药前	用药后
甲	左	阿托品				
	右	毛果芸香碱				
		阿托品				
乙	左	苯肾上腺素				
	右	毒扁豆碱				
		阿托品				

【注意事项】

(1) 实验用家兔需无眼疾。

(2) 剪眼睫毛时不要伤及眼睑。

(3) 测量瞳孔时不可触及角膜，且需保持光照强度、角度的前后一致。

(4) 滴药量要准确，药液与眼结膜接触时间、面积需前后一致，且应压迫内眦。

(5) 测定对光反射时应使用闪光。

【讨论与思考】

(1) 阿托品、毛果芸香碱、毒扁豆碱及苯肾上腺素对眼的作用机制各是什么?

(2) 为什么滴眼药时需压迫内眦?

(辛志伟)

第十一章

药物作用实验

实验四十三　药物剂量和给药途径对药物作用的影响

【实验目的】

观察不同给药剂量对药物作用的影响以及相同剂量不同给药途径对药物作用的影响。

【实验原理】

在一定的范围内剂量与作用的强度成正比关系，即作用强度随剂量的增大而增强，但超过一定范围则可导致中毒甚至死亡。

药物发生作用的快慢除与药物脂溶性有关，还与给药途径有关。由于给药途径不同，药物被机体吸收的速度及程度均不同。因而同一药物采取不同给药途径，其作用出现的快慢、强弱均有差异，有时其作用的性质也可不同。

【实验材料】

实验动物：小鼠。

实验器材：天平(100 g×1)，玻璃缸或烧杯(1 000 mL×3)，注射器(1 mL×3)，针头(5 号×3)，小鼠灌胃针头 1 个。

药品与试剂：0.5%、2%、4%苯甲酸钠咖啡因溶液；2.5%尼可刹米水溶液；10%硫酸镁溶液。

【实验方法与步骤】

一、不同给药剂量对药物作用的影响

(1) 取小鼠 3 只，分别称重标记，并观察其正常活动情况(呼吸频率、深度；活动度；有无骨骼肌的强直或抽搐等)。

(2) 1 号、2 号、3 号小鼠分别腹腔注射 0.5%、2%及 4%的苯甲酸钠咖啡因溶液 0.1 mL/10 gbw。

(3) 给药后将小鼠放置玻璃缸中，密切观察活动变化，记录出现反应的症状和出现时间，比较各鼠对药物反应的程度和快慢，将结果填在表 11－1。

二、相同剂量不同给药途径对药物作用的影响

(一) 尼可刹米实验法

(1) 取性别相同、体重相近的小鼠 3 只，称重标记，观察并记录正常活动情况(呼吸频率、深度；活动度；有无骨骼肌的强直或抽搐等)。

(2) 给药：1 号鼠、2 号鼠、3 号鼠分别采用灌胃、皮下注射、腹腔注射的给药方法，均给予 2.5%尼可刹米 0.2 mL/10 gbw。

(3) 给药后立即记录给药时间，密切观察小鼠反应，记录动物首次出现跳跃的时间，从给药至首次出现跳跃的一段时间为药物作用潜伏期。将结果记录于表 11－2。

(二) 硫酸镁实验法

(1) 所用药物为：10%硫酸镁溶液，剂量为 0.1 mL/10 gbw；所用动物为：小白鼠 2 只。

(2) 给药途径分别为：灌胃、肌肉注射。

(3) 观察指标为：呼吸频率及深度、活动度、粪便情况。将结果记录于表 11-3。

【实验结果】

表 11-1　药物剂量对药物作用的影响

动物号	给药剂量(mg/10 gbw)	对药物的反应	
		给药前	给药后
1	0.5		
2	2		
3	8		

表 11-2　尼可刹米不同给药途径对药物作用的影响

鼠号	给药途径	药物作用潜伏期(min)	给药后的反应		
			兴奋	惊厥	死亡
1	灌胃				
2	皮下注射				
3	腹腔注射				

表 11-3　硫酸镁不同给药途径对药物作用的影响

鼠号	给药途径	药物作用潜伏期(min)	给药后的反应		
			呼吸	活动	粪便
1	灌胃				
2	肌肉注射				

【注意事项】

(1) 成年小鼠呼吸频率为 140～210 次/min，注意观察胸部两侧被毛活动。

(2) 小鼠兴奋时的主要表现为：鼠尾上翘，活动增加，跳跃等。

(3) 小鼠惊厥时的主要表现为：骨骼肌非自主的强直或阵挛性抽搐。

(4) 给药剂量要准确，注射方式要正确。灌胃给药时，勿将药物灌入气管，以免造成动物窒息死亡；腹腔注射时，应掌握好注射角度(一般为 45 度角)，避免伤及内脏器官。

【讨论与思考】

(1) 为何小鼠对不同剂量的同一药物会出现不同的表现？

(2) 什么叫药物的量效关系，其特点是什么？

(3) 药物的最小有效浓度、效能的含义是什么？

(4) 不同给药途径为什么会影响药物作用出现的时间、作用强度甚至作用性质？

(5) 不同给药途径对药物作用的影响有何临床意义？

(廖　红)

实验四十四　全血水杨酸钠二室模型药动学参数测定

【实验目的】

用比色法测定血液中水杨酸钠浓度，并用测得的血药浓度数据计算二室模型药动学参数。

【实验原理】

药物经给药部位进入血液循环后，要接受机体的处理，包括转运、分布、代谢，排泄。通过测定给药后不同时间的血液药物浓度变化，可以得到药物在体内不同部位的动力学过程。

【实验材料】

实验动物：家兔。

实验器材：试管（10 mL×9）、离心管（10 mL×11）、刻度吸管（1 mL×1、2 mL×1、5 mL×1）、注射器（1 mL×3、2 mL×1、5 mL×1）、小玻棒、试管架、玻璃记号笔、移液吸管、洗耳球1个、普通剪刀与手术刀（各1）、弯曲管钳、坐标纸、线与棉花少许、粗天平、分光光度计、离心机。

药品与试剂：1%普鲁卡因溶液，10%及0.04%水杨酸钠溶液，三氯化铁和三氯醋酸混合液（5 g三氯化铁加10%三氯醋酸溶解至100 mL），100 u/mL肝素生理盐水。

【实验方法与步骤】

(1) 取10 mL离心管11支，编0～10号，每管均加入三氯化铁和三氯醋酸混合试液2 mL，9号管再加0.04%水杨酸钠标准液0.6 mL，10号管再加蒸馏水0.6 mL。取兔1只，称体重，仰缚兔板上，于兔颈部皮下注射1%盐酸普鲁卡因溶液1～2 mL，局麻后分离一侧颈外静脉并在其下方横穿一根细线，供采血时固定静脉用。

(2) 以100 u/mL肝素生理盐水润湿1 mL注射器，从分离出的颈外静脉采血0.6 mL加入0号管中，用干棉球轻压针孔处以防止出血。从已分离出的颈外静脉的对侧耳缘静脉推注10%水杨酸钠溶液2 mL/kg。准确记录给药完毕时间，在给药完毕后的第1、3、5、10、20、50、80和110 min从颈外静脉分别采血0.6 mL，依次加入第1～8号管中（每次采血后要洗净注射器，以肝素生理盐水润湿备用）。

(3) 用小玻棒搅拌0～8管各1 min，分别加入蒸馏水5 mL再搅拌1 min，离心取上清液备用。9、10两管加蒸馏水5 mL，摇匀待用。

(4) 在分光光度计上，用波长510 nm，1 cm光径比色杯，以蒸馏水调零，测0～10号管光密度得$d_0 \sim d_{10}$。各测试管水杨酸钠光密度与水杨酸钠浓度按下列公式计算：

标准管水杨酸钠光密度 $D_9 = d_9 - d_{10}$

测定管水杨酸钠光密度 $D_n = d_n - d_0$

测定管水杨酸钠浓度 $C_n = D_n / D_9 \times 400\ \mu g/mL$

【实验结果】

(1) 将测定数据及计算数据填入表11-4。

表11-4 水杨酸钠血药浓度的测定加样步骤与测定结果表

试管	三氯化铁+三氯乙酸(mL)	0.04%水杨酸钠标准液(mL)	蒸馏水(mL)	采血时间	血样(mL)	蒸馏水(mL)	光密度 *d*	水杨酸钠浓度(μg/mL)
0	2				0.6	5		
1	2				0.6	5		
2	2				0.6	5		
3	2				0.6	5		
4	2				0.6	5		
5	2				0.6	5		
6	2				0.6	5		
7	2				0.6	5		
8	2				0.6	5		
9	2	0.6				5		
10	2		0.6			5		

(2) 二室模型药动力学参数计算

1) 残差图解法：将测得的血中水杨酸钠浓度取对数，以对数浓度为纵坐标，对应时间为横坐标作点图，或直接以浓度对时间在半对数纸上作图，可见首段对数血药浓度下降很快（分布相，或称 α-相），血药浓度下降与时间不呈直线关系；后段下降缓慢（消除相或称 β-相），且呈直线，符合二室模型，可用两项指数方程表示血药浓度和时间的关系：

$$C = Ae^{-\alpha t} + Be^{-\beta t} \tag{1}$$

$$A = \frac{X_0(\alpha - K_{21})}{V_C(\alpha - \beta)} \tag{2}$$

$$B = \frac{X_0(K_{21} - \beta)}{V_C(\alpha - \beta)} \tag{3}$$

t 为时间，A、B 分别表示 $t=0$ 时 α 相和 β 相的起始血药浓度。α、β 为主要反映分布与消除的复合速率常数，e 为自然对数的底数，因 $\alpha>\beta$，$Ae^{-\alpha t}$ 值趋于 0 比 $Be^{-\beta t}$ 值趋于 0 更快，当 $t \geqslant 5T_{l/2\alpha}$ 时，则 $Ae^{-\alpha t}$ 趋于 0，则(1)式为

$$C = Be^{-\beta t} \tag{4}$$

(4)式取对数

$$\lg C = \lg B - \frac{\beta}{2.302\,6}t \tag{5}$$

(5)式表明分布相的对数血药浓度与时间呈直线关系，直线斜率 $b = \beta/2.302\,6$，故可求出 β。对本次实验的 4 点做目测回归线，外推与纵轴相交交点则为 $t = 0$ 时的截距 $\lg B$。

在回归线上任取一点 $M(t, \log C)$ 的值代入下式

$$\beta = \frac{2.302\,6(\log B - \log C)}{t}(\text{min}^{-1}) \tag{6}$$

$T_{1/2\beta}$ 由下式算出

$$T_{1/2\beta} = 0.693/\beta(\text{min}) \tag{7}$$

解得方程(1)的后项 $Be^{-\beta t}$ 后，以实测的前 4 点血浓度减去消除相外推线上相对应时间的浓度（注意：是真数相减）得一组残差浓度 Cr，即：

$$Cr = Ae^{-\alpha t} \tag{8}$$

(8)式取对数

$$\lg Cr = \lg A - \frac{\alpha}{2.302\,6} \tag{9}$$

(9)式表明残差浓度的对数与时间 t 为直线关系。以残差浓度的对数和对应的时间作图，作这些点的目测回归线，外推，与纵轴的交点分布相 $t=0$ 时截距 $\lg A$。在此直线上任取一点 $N(t, \lg Cr)$，其对应值代入下式求出 α：

$$\alpha = \frac{2.302\,6(\lg A - \lg Cr)}{t}(\text{min}^{-1}) \tag{10}$$

$$T_{1/2\alpha} = \frac{0.693}{\alpha}(\text{min}) \tag{11}$$

当 $t=0$ 时，(1)式 $C = A + B$，药物既未分布也未消除，静注药量(X_0)全部在中央室，故中央室的分布容积下式求出：

$$V_c = \frac{X_0}{A+B}\ (\text{mL}) \tag{12}$$

(12)式可变为 $A+B=X_0/V_c$ 代入(3)式，可算出药物由周边室向中央室转运的速率常数 K_{21}：

$$K_{21} = \frac{A\beta + B\alpha}{A+B}\ (\text{min}^{-1}) \tag{13}$$

经中央室消除的速率常数为

$$K_{10} = \frac{\alpha \cdot \beta}{K_{21}}\ (\text{min}^{-1}) \tag{14}$$

由中央室向周边室转运的速率常数

$$K_{12} = \alpha + \beta - K_{21} - K_{10}\ (\text{min}^{-1}) \tag{15}$$

药时曲线下的面积($t=0\sim\infty$)

$$AUC = \frac{A}{\alpha} + \frac{B}{\beta}\ (\mu\text{g} \cdot \text{min/mL}) \tag{16}$$

总的表观分布容积

$$V_d = X_0/\beta \cdot AUC(\text{mL}) \tag{17}$$

总清除率：$TBCL = \beta \cdot V_d(\text{mL/min})$ (18)

中央室药物清除率：

$$CL = K_{10}Vc\ \text{K}_{\text{io}}\text{V}_c(\text{mL/min}) \tag{19}$$

将 A、B、α、β 代入(1)式得水杨酸钠浓度随时间变化的方程。

2) 残差计算法：图解法是以目测线为基础，其误差较大，回归分析法误差小，结果较可靠，在计算药动学参数中应用较广。公式(5)表明曲线后段对数血药浓度与时间呈直线关系，但实测的对数血药浓度不一定都在直线上。如能找到一条直线，使实测的对数血药浓度至该直线的距离的平方和最小，那么这条直线的方程就表达了对数浓度随时间的变化关系。根据最小二乘方原理，用实验数据求出直线的回归系数 B 和截距 A，则直线方程 $y=A+Bx$ 就唯一被确定。

$$B = \frac{n\sum XY - \sum X \sum Y}{n\sum X^2 - \left(\sum X\right)^2}$$

$$A = \frac{\sum Y - B\sum X}{n}$$

$$r = \frac{n\sum XY - \sum X \sum Y}{n\sum X^2 - \left(\sum X\right)^2 \cdot n\sum Y^2 - \left(\sum Y\right)^2}$$

式中，n 为标本个数；X 表示时间 t；Y 表示药物浓度的对数 $\lg C$；r 为相关系数，其绝对值的大小与各点至回归线的距离有关。各点离回归线愈近，则相关系数的绝对值趋近于 1，当 $r=0$ 说明两变量间无直线关系存在。

采用电脑 Excel 软件，不仅能解出回归方程的系数 B、截距 A 和相关系数 r，而且求解指数方程系数也很方便。

【注意事项】

(1) 采血量要准确。

(2) 以开始采血时间作为血样本时间，若未能按时采血，则以实际采血时间参加计算。

(3) 注射水杨酸钠溶液时，动物会挣扎，注意固定兔头，注射要一次成功，否则影响α-相结果。

【讨论与思考】

(1) 测定血药浓度的一般步骤有哪些？

(2) 如何根据不同时间测定的血药浓度计算二室模型药动学参数？

(3) 测定药物动力学参数对临床用药有何指导意义？

（廖 红）

实验四十五 药物血浆半衰期的测定

【实验目的】

了解水杨酸钠在动物体内随时间变化的代谢规律。掌握血浆半衰期的测定及计算方法，理解药物血浆半衰期的概念及其临床意义。

【实验原理】

血浆半衰期是指血浆药物浓度下降一半所要的时间。临床上常用药物中多数药物在体内是按一级动力学的规律而消除，也就是血中药物消除速率与瞬时药物浓度成正比，根据这一规律可知：药物静脉注射后，如以血浆药物浓度的对数值为纵坐标，时间为横坐标，其时量关系常呈直线。该直线的方程式为：

$$\lg C_t = \lg C_0 - \frac{Ke}{2.303}t \tag{1}$$

药物血浆浓度半衰期($t_{1/2}$)为：

$$t_{1/2} = \frac{0.693}{Ke} \tag{2}$$

因此，我们只要求出药物的消除速率常数 Ke，就可以得出药物的血浆半衰期。由公式①可推出

$$Ke = \frac{2.303(\lg C_0 - \lg C_t)}{t} \tag{3}$$

只要我们测出两个时间的血浆药物浓度，又知道这两个浓度变化的时间间隔，就可以求出 Ke，进一步算出血浆半衰期。

【实验材料】

实验动物：家兔。

实验器材：分光光度计、离心机各 1 台，烧杯(50 mL×1)，试管(10 mL×8)，试管架 1 个，注射器(5 mL×2)，长针头 1 个，吸管(0.5 mL×1、1 mL×2、5 mL×1)，玻璃记号笔 1 支，洗耳球 1 个，纱布若干。

药品与试剂：10%水杨酸钠溶液，0.02%水杨酸钠标准溶液，10%三氯醋酸溶液，10%三氯化铁溶液，0.5%肝素钠溶液，蒸馏水。

【实验方法与步骤】

(1) 家兔 1 只，称重，充分剪除家兔耳缘静脉、左胸及剑突下被毛。

(2) 试管 4 只，按 1、2、3、4 的顺序编号，并各加入 10%三氯醋酸 3.5 mL。

(3) 用 0.5%肝素钠溶液润湿注射器和长针头的内腔后，心脏穿刺取血 2 mL，1 号管(对照管)和 2 号管(标准管)各推入 1 mL，摇匀静置。

(4) 由耳缘静脉缓慢注射 10%水杨酸钠溶液 2 mL/kg。

(5) 静注水杨酸钠后的 0～10 min 和 30～60 min 期间，从心脏或其他血管各取血 1 mL，分别置于 3 号管(给药管 1)和 4 号管(给药管 2)，摇匀静置，记录取血的准确时间。

(6) 在 2 号管内加入 0.02%水杨酸钠 1 mL，其他 3 支管各加入蒸馏水 1 mL，摇匀静置。

(7) 对 4 只管进行离心 5 min，转速 2 500 r/min，然后从每一个管精确吸取上清液 3 mL，分别置于另一组有相对应编号的试管中，每管各加入 10%三氯化铁 0.5 mL，摇匀后可显色。

(8) 在分光光度计 520 nm 波长下，以 1 号管为对照校零，然后测定其余各管的光密度值。

(9) 由标准管的光密度值(Y)和浓度(X)求比值 K，即 $K=X/Y$，再根据 $X=KY$，由 Y_1(0～10 min 给药管光密度值)和 Y_2(30～60 min 给药管光密度值)求得 X_1 和 X_2，然后代入公式求出 $t_{1/2}$。

【实验结果】

(1) 将测定数据及计算数据填入表 11-5。

表 11-5 药物血浆半衰期的测定实验结果

试管号	光密度(Y)	K 值	实测浓度(μg/mL)
1 号(对照管)			
2 号(标准管)			
3 号(0～10 min 给药管)			
4 号(30～60 min 给药管)			

(2) 根据公式计算 $t_{1/2}$：

$$t_{1/2}=\frac{0.301}{(\lg X_1-\lg X_2)/\Delta t}$$

式中，X_1 和 X_2 分别为两次的血药浓度值，Δt 为两次取血的间隔时间。

(3) 作图法求 $t_{1/2}$：在半对数坐标纸上，以时间为横坐标，血浆药物浓度对数值为纵坐标，将两次测算的 X_1 和 X_2 作点连线，即为药物时量曲线，在此线上找出血浆药物浓度下降一半所对应的时间，即为该药的半衰期。

【注意事项】

(1) 本实验系定量比较，故每次抽取血样或试液的容量必须准确。

(2) 顺利地采集足够量的血液是保证实验成功的关键，应具备娴熟的取血技术。

(3) 如从家兔耳缘静脉取血，可使用二甲苯涂擦耳部皮肤，充分扩张家兔耳血管。

【讨论与思考】

(1) 测定血药浓度的一般步骤有哪些？

(2) 如何根据两次不同时间测定的血药浓度计算药物的血浆半衰期？

(3) 测定药物的半衰期有何临床意义？

(廖 红)

实验四十六 药物半数致死量(LD_{50})的测定

【实验目的】

通过实验学习测定药物半数致死量的方法、步骤和计算过程。了解药物急性毒性实验的常规。

【实验原理】

任何一个药物当剂量足够时均可引起实验动物死亡，但因个体差异的存在，同一剂量可能只引起部分动物死亡。若以死亡为指标做出的量效曲线是质反应量效曲线，决定该曲线的主要是动物的个体差异，其 50%的反应点是该曲线的最敏感点，较易测得，准确性高，误差小，易重复。故在药物的急性毒性实验中，一般均应测定药物的 LD_{50}，并以此作为评价其毒性的重要指标。

测定药物 LD_{50} 的方法有很多，而较常用的有改良寇氏法和 Bliss 法。

【实验材料】

实验动物：小鼠 100 只，体重 18～22 g/只，雌雄不限。

实验器材：天平 1 架，鼠笼 10 个，注射器(1 mL×5、10 mL×1)，量筒(20 mL×1)。

药品与试剂：解磷定、苦味酸、蓝黑墨水。

【实验方法与步骤】

(一) 改良寇氏法

本法可直接用死亡率进行计算，方法简单，计算简便。

(1) 预试实验：取小鼠 12 只，随机分成 4 组，按表 11－6 剂量腹腔注射解磷定溶液，组间剂量比为 2∶1。记录给药 2 h 内各组死亡率。求出 0 和 100%死亡率的剂量范围。

表 11－6　解磷定 LD_{50} 的预试结果

组别	药物浓度(mg/mL)	剂量(mg/kg)	给药容量(mL/10 g)	动物数(只)	死亡数(只)	死亡率(%)
1	15	300	0.2	3		
2	7.5	150	0.2	3		
3	3.75	75	0.2	3		
4	1.88	35.5	0.2	3		

(2) 正式实验：取体重为 18～22 g 小鼠 50 只，按体重随机分为 5 组，每组 10 只(雌雄各 5 只)。各组按表 10－7 剂量腹腔注射解磷定溶液，组间剂量比为 1∶0.8。给药后观察动物中毒症状，并记录 2 h 内各组动物死亡率。

表 11－7　解磷定 LD_{50} 的正式实验结果

组别	剂量(mg/kg)	对数剂量	动物数(只)	死亡数(只)	死亡率(P)
1	300	2.48	10		
2	240	2.38	10		
3	192	2.28	10		
4	154	2.18	10		
5	123	2.08	10		

(3) 计算：根据正式实验各组死亡率按下列公式求出解磷定腹腔注射的 LD_{50} 和可信限($P=0.95$)。

1) 如果最小剂量组的死亡率为 0，最大剂量组的死亡率为 100%时，可按下列公式计算 LD_{50}：

$$LD_{50}=\lg^{-1}\left[X_m-i\left(\sum P-0.5\right)\right] \tag{1}$$

式中，i 为相邻两组对数剂量的差值(本例为 0.1)；X_m 为最大剂量组的剂量对数(本例为 2.48)。

2) 如果最小剂量组的死亡率>0，而<30%或最大剂量组的死亡率<100%而>70%时，可按下列校正公式计算 LD_{50}：

$$LD_{50}=\lg^{-1}\left[X_m-i\left(\sum P-\frac{3-P_m-P_n}{4}\right)\right] \tag{2}$$

式中，P_m 为最大剂量组的死亡率；P_n 为最小剂量组的死亡率；P 为各组死亡率；n 为每组动物数。

$$\lg LD_{50}\text{的标准误：}S_{x50}=i\sqrt{\frac{\sum P-\sum P^2}{n-1}} \tag{3}$$

$$LD_{50}\,95\%\text{的可信限：}LD_{50}\pm 4.5\times S_{x50}\times LD_{50} \tag{4}$$

(二) Bliss 法

该法是将反应率转化为概率单位并进行数学纠正，再加权重处理，然后直线回归求出校正线的方法。此法立论严谨，结果可靠，被公认是求 LD_{50} 的最佳方法。但计算步骤繁复，不容易手算，需要计算机或计算器进行运算。

实验方法同改良寇氏法，但剂量组距可以随意，不必限定为几何级数。各组动物数可以不等。

【注意事项】

(1) 动物分组必须按区组随机法,且应雌雄各半。

(2) 配制药物时应先配最高浓度,然后按比值依次稀释得到系列药物。

(3) 给药后应观察 2 h。

【讨论与思考】

(1) 什么叫 LD_{50}?

(2) 测定 LD_{50}的意义各根据是什么?

(3) 测定 LD_{50}时为什么要记录各种中毒现象及时间,而不是只记录死亡数?

(4) 计算 LD_{50}的可信限的意义是什么?

(辛志伟)

实验四十七　氢化可的松的抗炎作用

【实验目的】

观察氢化可的松的抗炎作用。学习炎症动物模型的制作方法。

【实验原理】

(1) 常用炎症模型:① 急性炎症模型:大鼠足跖角叉莱胶、异体蛋白致肿法,小鼠耳二甲苯致炎法;② 亚急性炎症模型:大鼠棉球肉芽肿法、大鼠皮下气囊法;③ 免疫性炎症模型:大鼠佐剂性关节炎。

(2) 氢化可的松抗炎作用机制:氢化可的松进入细胞后,激活胞浆受体,变构后进入细胞核,与 DNA 反应元件结合,引起基因转录的抑制或诱导,使炎症相关蛋白的表达发生变化。

【实验材料】

实验动物:① 家兔 1 只,雌雄不限。② 小鼠 2 只(体重 25~30 g/只,雄性)。③ 大鼠 3 只(体重 250 g/只,雄性)。④ 大鼠 2 只。

实验器材:① 兔固定箱 1 个,滴管 2 支。② 注射器(1 mL×2),钟罩 2 个,粗天平 1 架,鼠耳打孔器 1 个(直径 8 mm),扭力天平 1 架。③ 大鼠固定箱 3 个,大鼠后足容积测量装置,注射器(1 mL×4),记号笔 1 支,天平 1 架。④ 注射器(1 mL×2),消毒手术器械 1 套(剪刀、手术刀、小镊子、缝针及线等),灭菌棉球(图 11-1)。

药品与试剂:① 25%桉叶油溶液(由桉叶油 1 份和食用植物油 3 份配制而成),0.12%醋酸氢化泼尼松滴眼液,生理盐水。② 0.5%氢化可的松注射液,二甲苯,生理盐水。③ 生理盐水,1%角叉莱胶溶液(或鲜鸡蛋白),0.4%地塞米松磷酸钠溶液,1%吲哚美辛混悬液。④ 碘酊,青霉素 G 钾链霉素混合液(每毫升含青霉素 800 u,链霉素 650 u),0.5%地塞米松磷酸钠溶液,1%戊巴比妥钠溶液。

【实验方法与步骤】

(一) 家兔结膜炎法　用①组实验材料

取家兔 1 只,观察双眼睑结膜与球结膜的正常情况后,于左眼滴入 0.12%醋酸氢化泼尼松滴眼液 3 滴;右眼滴入生理盐水 3 滴。10 min 后分别再重复给药一次。又隔 10 min,在家兔的双眼分别各滴入 25%桉叶油溶液 1 滴。此后每隔 10 min 观察双眼结膜情况一次,比较双眼结膜炎症反应(充血与水肿)出现的快慢及严重程度,在观察到明显区别时终止实验。将结果记录入表 11-8 中。

结膜炎症反应程度的分级:

0 级:结膜血管正常,无水肿;

1 级:结膜血管充血,呈鲜红色,轻微水肿;

2 级:结膜血管不易分辨,呈深红色,明显水肿;

3 级:结膜弥漫性充血,呈深红色,严重水肿以及眼睑呈半闭状态。

（二）小鼠耳片法　用②组实验材料

取体重 25～30 g 雄性小鼠 2 只，称重标记。用二甲苯 0.05～0.1 mL 涂于两鼠左耳前后两面。30 min 后，甲鼠腹腔注射 0.5%氢化可的松注射液 0.1 mL/10 g 体重；乙鼠腹腔注射等容量生理盐水。给药 2 h 后将小鼠脱臼处死。每鼠取左右两耳，用 8 mm 直径打孔器分别在相同部位打下耳片，用扭力天平称重。每鼠的左耳片重量减去右耳片重量就是肿胀程度。汇总全实验室结果，将结果记录入表 11－9 中。

（三）大鼠足跖法　用③组实验材料

(1) 取同性别大鼠 3 只，称重后标记。

(2) 给药：甲鼠腹腔注射生理盐水 1 mL/kg；乙鼠腹腔注射 0.4%地塞米松磷酸钠溶液 1 mL/kg；丙鼠腹腔注射 1%吲哚美辛混悬液 1 mL/kg。

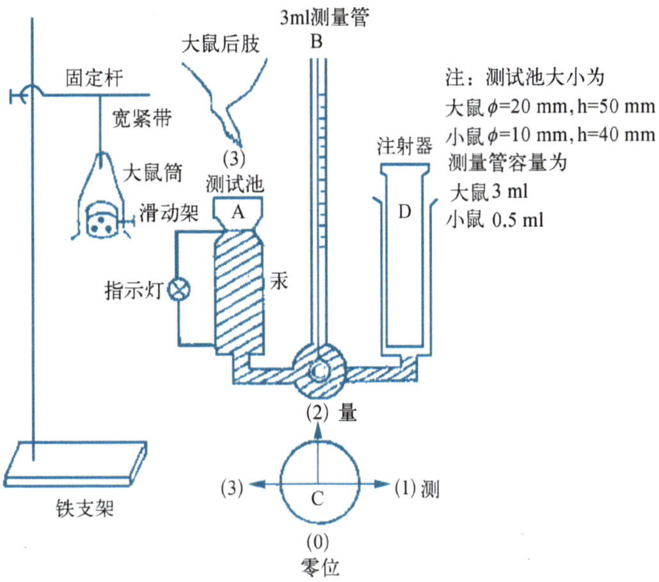

图 11－1　鼠足容积测试装置

(3) 依次将各鼠右后肢踝关节以下的毛剪去，在围绕踝骨的突起点处用记号笔画圈，作为测试标志。

(4) 按以下步骤测试后足容积：在鼠后足容积测试装置如图所示，将三通活塞(C)的红箭头旋到(3)，这时(1)(2)(3)三孔相通。再将注射器(D)推进到底，使测量筒(B)与测试池(A)的水银平面调节到(B)的零位上，然后将活塞箭头逆时钟方向旋转到 0 位上。将各实验鼠依次放入固定筒内，使后肢与尾暴露在筒外，用螺丝固定。再把装入大鼠的固定筒用宽紧带将顶部挂在铁支架的横杆上，使大鼠的后足刚好在测试池上方，相距约 6 cm。再把活塞(C)箭头逆时钟旋转到(1)，此时(1)与(3)相通。用左手慢慢拉下鼠固定筒，使后肢浸入测试池内，指示灯亮，浸入深度以画圈处为界。同时，用右手抽起注射器，使测试池内水银面徐徐下降到原有水平，即指示灯不亮的临界点上。这时松开左手，鼠固定筒由宽紧带弹回原位而离开测试池，以左手迅速将活塞箭头旋转到(2)，这时(1)与(2)相通。右手把注射器内水银推进到测量管(B)，记录水银上升的高度，所得体积数即后肢容积。依次测定各鼠右后足的正常体积。

(5) 在各鼠腹腔注射药液后 30 min，从右后足掌心向踝关节方向皮下注射 1%角叉菜胶溶液 0.1 mL 或鲜鸡蛋白 0.1 mL。

(6) 在注射致炎剂后 0.5、1、2 及 3 h，分别测量注射足的容积。从各鼠注射致炎剂以后的：实验装置示意图容积减去原先的容积，即为各个时间的右后足跖肿胀度。将结果记录于表 11－10 中。

（四）肉芽肿法　用④组实验材料

取大鼠 2 只，称重标记后，每鼠腹腔注射 1%戊巴比妥钠 0.3 mL/100 g 使之麻醉。在每鼠的左右鼠蹊部各切一长约 1 cm 的小口，每侧埋入一无菌棉球(重约 10±1 mg，直径约 6.5～8.5 mm，加有青霉素与链霉素的混合液 0.2 mL)，塞入皮下。将切口的皮肤对合，缝 1～2 针。从术后当日开始，甲鼠每天肌注 0.5%地塞米松磷酸钠 0.1 mL/100 g；乙鼠每天肌注等量生理盐水，连续给药 7 d。到第 8 天，打开原切口，将棉球连同周围结缔组织一起取出，剔除脂肪组织，60℃烤干称重。从该值减去棉球原重量即得肉芽肿的重量。再按 mg/100 g 比较两鼠的肉芽增生程度。综合全实验室结果并将结果记录于表 11－11。

【实验结果】

表 11－8　糖皮质激素对家兔化学性结膜炎的防治作用

眼别	预给药	给桉叶油后兔眼结膜炎症反应级别			
		10 min	20 min	30 min	40 min
左右	泼尼松 生理盐水				

表 11-9 糖皮质激素的抗炎作用(小鼠耳片法)

组别	鼠数(只)	平均数		
		左耳重	右耳重	肿胀度
氢化可的松组				
生理盐水组				

表 11-10 地塞米松与吲哚美辛抗炎作用比较

组别	右后足的正常体积(mL)	注射致炎剂后足跖的肿胀度(mL)			
		0.5 h	1 h	2 h	3 h
生理盐水					
地塞米松					
吲哚美辛					

表 11-11 糖皮质激素对肉芽增生的抑制作用

组别	鼠数(只)	平均肉芽重(mg)	平均肉芽/体重比(mg/100 g)
生理盐水			
地塞米松			

【注意事项】

(1) 家兔结膜炎法的刺激物也可使用松节油。

(2) 小鼠耳郭炎症模型亦可用含2%巴豆油的70%乙醇溶液代替。

(3) 大鼠足跖法中的致炎剂除1%角叉菜胶、鲜鸡蛋白外,尚可用1%甲醛溶液、10%酵母混悬液、0.02% 5-羟色胺溶液。

(4) 采用肉芽肿法时,植入棉球过程须按无菌操作要求进行,以防引起感染;棉球的表面积对实验结果影响较大,故应使棉球的形状、松紧度、植入部位及深度保持一致;此法实验非甾体抗炎药效果较差。

【讨论与思考】

(1) 糖皮质激素的抗炎作用特点及抗炎作用机制如何?

(2) 非甾体抗炎药的抗炎作用机制如何? 其与糖皮质激素在抗炎作用上有何不同?

(曹弟勇)

实验四十八 普鲁卡因与丁卡因的表面麻醉作用比较

【实验目的】

观察并掌握普鲁卡因、丁卡因的表面麻醉作用特点。

【实验原理】

局部麻醉药作用于神经末梢或神经干的周围,通过阻断局部神经细胞膜上的钠通道,能暂时性、可逆性地阻断神经冲动的传导和产生。普鲁卡因和丁卡因均为酯类局部麻醉药,但两类药对黏膜的穿透力各不同,故其表面麻醉作用起效快慢也不相同。

【实验材料】

实验动物:家兔1只,1.5~2.5 kg,雌雄不限。

实验器材:注射器(5 mL),针头(6号),剪刀,瞳孔尺,兔固定箱。

药品与试剂：1%普鲁卡因溶液，1%丁卡因溶液。

【方法与步骤】

(1) 取家兔1只，放入兔箱，露出头部，小心剪去兔双眼睫毛。

(2) 检查正常角膜反射：按上、下、左、右、中五个部位，用兔须触及角膜，角膜反射全部阳性记5/5，全部阴性记0/5，以此类推。

(3) 两眼滴药：用拇指与食指将兔下眼睑拉成杯状，中指压住内眦部。左眼滴1%普鲁卡因溶液2滴，右眼滴1%丁卡因溶液2滴。轻揉眼睑，使药液存留2 min，然后放手任其自溢。

(4) 再次检查角膜反射：于滴药后5、10和20 min分别按上述顺序测试，记录结果。

附：角膜反射测定与记录方法

① 刺激角膜时，宜采用垂直方向，每次用力相同；② "+"表示阳性反应，表明角膜未麻醉或不麻醉；"−"无反应表明角膜全麻醉。

【实验结果】

表11-12　普鲁卡因与丁卡因的表面麻醉作用比较

眼别	给　药	给药前角膜反射(x/5)	给药后角膜反射(x/5)		
			5 min	10 min	20 min
左	1%普鲁卡因				
右	1%丁卡因				

【注意事项】

(1) 滴药时必须压住内眦部，防止药液从鼻泪管流入鼻腔。滴入两眼的药液量必须相等。

(2) 刺激角膜的兔须应是同一根，软硬度适中，刺激强度应前后一致。检查时勿碰及眼睑。

【讨论与思考】

(1) 影响药物表面麻醉效果的因素有哪些？

(2) 表面麻醉适用于哪些场合？常用哪些药物？使用中需注意哪些问题？

（曹弟勇）

实验四十九　局部麻醉药的传导麻醉作用

【实验目的】

观察普鲁卡因对神经干的麻醉作用。

【实验原理】

痛觉的产生是痛觉冲动沿神经纤维以动作电位的形式向中枢特定区域传导的结果，阻止神经动作电位的产生和传导就能够达到减轻疼痛反应的目的，因此可用记录与观察动作电位的方法来观察药物的局部麻醉作用。神经反射是建立在反射弧的基础上的，此反射弧的任一部位被破坏或麻醉，均可使反射活动减弱或消失，因此也可通过观察反射活动的方法来观察药物的局部麻醉作用。外周神经干常为混合神经，当其被麻醉时，也会导致动物运动障碍，故也可通过观察动物的姿势、活动的方法来观察药物的局部麻醉作用。

【实验材料】

实验动物：蟾蜍。

实验器材：① 铁支架1个，蛙探针1根，粗剪1把，眼科剪1把，玻璃分针1支，秒表1只，烧杯(500 mL×1、50 mL×1)，注射器(1 mL×1)，针头(5号×1)，棉球若干，丝线2根。② BL-420生物信息采集系统，神经屏蔽盒1个，蛙手术器械1套，培养皿1个，烧杯(250 mL×1)，滴管2支，棉球若干。

药品与试剂：① 1%普鲁卡因溶液，0.1 mol/L 盐酸溶液。② 2%普鲁卡因溶液，蛙用任氏液。

【实验方法与步骤】

（一）缩腿反射观察法：用①组实验材料

取蟾蜍 1 只，用探针破坏大脑（或用剪刀沿其口角剪去上颌以去大脑）后，腹部朝上，用固定针将其四肢固定在蛙板上，剪开胸腹腔，移去内脏，暴露两侧的坐骨神经丛，用纱布拭去胸腹腔内的液体，然后用滴定管夹轻轻地夹住蟾蜍的下颌部，挂在铁支架上。当蟾蜍腿不动时，将其两后足趾分别浸入盛有 0.1 mol/L 盐酸溶液的烧杯内，测定自浸入酸液至引起缩腿反应所需的时间。当出现反应时，立即用自来水洗去足趾上的酸液，并用纱布拭干。然后在左侧坐骨神经丛的下面放一条玻璃纸，将浸有 2%盐酸普鲁卡因溶液的小棉条贴附在玻璃纸上面的神经丛上。约经 10 min，再将两后足趾分别浸入盐酸溶液内，测定缩腿反射时间，如无反应则需连续观察至 30 s 为止。将结果填入表中。

（1）取蟾蜍 1 只，用探针毁脑（或用剪刀沿其口角剪去上颌以去大脑）后，用回形针中部拉直后一端穿于蛙的下颌，一端悬于铁支架上（或用铁夹直接夹持下颌），悬吊在铁架上。

（2）检查正常缩腿反射时间：先静置片刻以待脊髓休克恢复后，将蟾蜍两只后足分别浸入0.1 mol/L盐酸中，测定缩腿反射时间，每次浸入面积必须一致，时间不超过 30 s，浸后立即放入清水中洗去盐酸并擦拭干净。

（3）麻醉坐骨神经干：于左、右两大腿内侧上 1/3 处，剪开皮肤，用玻璃分针小心分离腿部肌肉，找出灰白色的坐骨神经干。分离坐骨神经干约 1 cm，并在其下穿一线备用。左侧用浸有生理盐水的棉球包裹坐骨神经干；右侧用浸有 1%普鲁卡因的棉球包裹坐骨神经干。

（4）给药后 10 min 再次检测两侧的缩腿反射时间，并作记录，将结果填入表中。

（二）动作电位观察法：用②组实验材料

（1）制备坐骨神经标本：取蟾蜍 1 只，用探针破坏其脑和脊髓。在骶髂关节水平以上 1 cm 处剪断脊柱，再沿两侧剪除其头胸部及一切内脏组织（但不要伤及坐骨神经），只保留腰部以下的脊柱及后肢。将蟾蜍下半身标本置蛙板上，用手术剪分离皮肤，直至髁关节。将皮肤与足趾一并剪掉。用任氏液冲洗去皮后的标本，其他手术器械先用自来水冲洗，再用任氏液擦洗。用镊子夹住脊柱，剪去向上突出的骶骨（勿伤及坐骨神经），再沿正中线将脊柱剪成两半，并从耻骨联合中线剪开两腿。将两腿置盛有任氏液的培养皿中备用。

取一腿仰放蛙板上，用玻璃分针轻轻钩起坐骨神经的腹腔段，剪去周围的结缔组织及神经小分支。用任氏液浸湿的棉线于近脊柱处结扎神经。将标本翻成俯位，沿大腿半膜肌与股二头肌之间的裂缝分离从骨神经下段直至膝关节。如需较长的神经，尚可继续向下分离。在腓肠肌两侧沟内分离出胫神经或腓神经，剪掉神经周围的结缔组织和血管等，可得一长达 10 cm 左右的坐骨神经标本。将神经标本浸在 10～15℃的任氏液中，经半小时左右，神经的兴奋性稳定后再进行实验。

（2）神经动作电位观察：将 BL－420 生物信息采集系统连接好，灵敏度调至 0.5～1.0 mV/cm，时间常数调至 0.01～0.1 s。用浸有任氏液的棉球揩拭神经屏蔽盒中所有电极，取含水的滤纸放于盒内，以保持湿度。用镊子夹取已准备好的神经标本结扎线，将神经标本置于电极上（标本的近中端置刺激电极上，远中端置记录电极上）。调节刺激器的输出脉冲（波宽 0.1～0.2 ms，电压以能观察到动作电位为度）。先观察正常情况下给予单刺激时动作电位的波形与振幅，然后在刺激电极与记录电极之间的神经干上放置含 2%普鲁卡因的小棉球。此后，每隔 10 s 以相同条件给予刺激一次，观察动作电位的逐步变化，记录动作电位完全消失的时间。

【实验结果】

表 11－13 药物对蛙坐骨神经干的麻醉作用

坐骨神经	给　药	缩腿反射时间(s)	
		给药前	给药后
左侧	生理盐水		
右侧	1%普鲁卡因		

【注意事项】

(1) 分离神经时应采用玻璃分针，以减少对神经的刺激。

(2) 采用缩腿反射法时蛙的大脑毁坏要彻底，但不可损伤脊髓。后足浸入盐酸溶液的深度应前后一致，过 30 s 无缩腿反射出现，则仍以 30 s 计算时间，但应立即洗去蛙足上的盐酸。

(3) 采用动作电位观察法时，制作坐骨神经标本动作要轻柔，对神经刺激不要太强，否则其恢复期也长。

【讨论与思考】

(1) 如何才能测试药物阻断神经传导的潜伏期？

(2) 采用缩腿反射观察法时为何不能破坏蟾蜍的脊髓？

（廖　红）

实验五十　药物的抗惊厥作用

【实验目的】

学习惊厥动物模型的制作方法；观察大剂量尼可刹米的中毒反应；掌握苯巴比妥钠的抗惊厥作用。

【实验原理】

尼可刹米为常用的呼吸中枢兴奋药，主要作用是直接兴奋延髓呼吸中枢，对大脑皮质、血管运动中枢和脊髓也有兴奋作用，过大剂量可引起惊厥，继而发生中枢抑制而死亡。苯巴比妥钠促进中枢 GABA 对 $GABA_A$受体的结合，产生超极化抑制性突触效应，从而产生抗惊厥作用。

【实验材料】

实验动物：小白鼠。

实验器材：① 烧杯(1 000 mL×2)，注射器(1 mL×3)，天平 1 台。② 天平 1 台，生理药理多用仪 1 台，烧杯(1 000 mL×3)，注射器(1 mL×3)，丝线。

药品与试剂：① 0.5%苯巴比妥钠溶液，5%尼可刹米溶液，生理盐水。② 0.5%苯妥英钠溶液，0.5%苯巴比妥钠溶液，生理盐水。

【实验方法与步骤】

(一) 药物致惊厥法：用①组实验材料

(1) 取小鼠 6 只，称重，标记，按体重随机分为实验组(3 只)和对照组(3 只)。实验组腹腔注射 0.5%苯巴比妥钠溶液 0.15 mL/10 g，对照组腹腔注射等容量生理盐水。

(2) 20 min 后，分别给每只小鼠皮下注射 5%尼可刹米溶液 0.1 mL/10 g。随后将小鼠置入烧杯内，观察有无兴奋、惊厥和死亡发生。后肢强直为惊厥指标。将结果记录于表 11-14 中。

(二) 电致惊厥法：用②组实验材料

(1) 将生理药理多用仪的刺激方式调至“单次”，“A”频率调至 8 Hz，后面板上的开头拨向“电惊厥”，电压调至 80～100 V。

(2) 选实验用鼠：将输出线前端的鳄鱼夹用生理盐水浸湿，分别夹在小鼠的两耳上。接通电源，按下“启动”按钮，即可使小鼠产生前肢屈曲，后肢伸直的强直性惊厥。若未产生强直性惊厥，可将“A”频率调至 4 Hz，再试 1 次。若仍不发生强直性惊厥，则该鼠弃之，另换 1 只小鼠。直到选足 9 只符合要求的小鼠，并记录每只符合要求小鼠的致惊厥电参数(电压、频率)。

(3) 将选出的 9 只小鼠称重、标记，按体重随机分为苯妥英钠组(3 只)、苯巴比妥钠组(3 只)和对照组(3 只)，各组分别腹腔注射 0.5%苯妥英钠 0.15 mL/10 g 及等容量苯巴比妥钠和生理盐水。

(4) 于给药后 40 min，再以原电流强度(该鼠致惊厥的电参数)给予刺激，观察并记录各鼠是否出现强直性惊厥。将结果记录于表 11-15 中。

【实验结果】

表 11-14 苯巴比妥抗药物性惊厥作用

组 别	预处理给药	给尼可刹米后的反应		
		兴奋	惊厥	死亡
实验组	0.5%苯巴比妥钠			
对照组	生理盐水			

表 11-15 药物的抗电惊厥作用

鼠号	致惊厥电参数		给 药	给药后通电反应		
	电(V)	A 频率(Hz)		兴奋	不全惊厥	强直惊厥
1			0.5%苯妥英钠			
2			0.5%苯巴比妥钠			
3			生理盐水			

【注意事项】

(1) 由于动物的个体差异,药物所致惊厥可能出现较晚,给予轻微机械刺激可加速出现,但要保持对两鼠的刺激强度相同。

(2) 采用电致惊厥法选鼠时,两次通电的间隔时间应在 5 min 以上。

(3) 给药后应保持室内安静,避免刺激实验动物。

【讨论与思考】

(1) 惊厥模型的制作方法有哪些?

(2) 具有抗惊厥作用的药物有哪些?

(3) 药物的抗惊厥作用可用于解决临床上的哪些问题?

(廖 红)

实验五十一 镇痛药和解热镇痛药的镇痛作用比较

【实验目的】

观察镇痛药与非甾体抗炎药的镇痛作用,熟悉镇痛药药效实验中的小鼠扭体法和热板法。

【实验原理】

疼痛(pain)是一种常见的临床症状。它是由各种伤害性刺激(nociceptive stimulus)作用于机体的伤害感受器(nociceptor),并经传入神经传入到中枢神经系统而引起的一种主观感觉。任何伤害性刺激均可引起局部组织破坏,释放 K^+、H^+、组织胺、缓激肽、5-HT、腺苷、前列腺素、P 物质等内源性物质。这些内源性物质作用于伤害感受器,可引起感受器产生局部电位,当这种局部电位达到阈值时即可引发神经冲动的产生,且神经冲动产生的频率与局部电位正相关。当这些神经冲动通过传入神经传入到大脑皮层时即引起疼痛。疼痛的传导和调制是一个复杂的过程。其中内源性阿片肽在痛觉的调制中起着极其重要的作用。现知,脑内存在着内啡肽能神经元,它们能释放多种内源性阿片肽,如脑啡肽、内啡肽、强啡肽等,这些内源性阿片肽都是阿片受体的激动剂,它们通过激动阿片受体,可对疼痛的传导起到抑制作用,从而缓解或消除痛觉。因而,有人把它们称为内源性抗痛系统,增强该系统的功能即可产生良好的镇痛作用。

凡能抑制致痛物质的产生,或抑制伤害感受器局部电位的产生,或抑制痛觉神经冲动传导的药物均可产生镇痛作用。非甾体抗炎药主要通过抑制损伤部位及炎症区域的环氧酶,阻止前列腺素(prostaglandin,PG)

的合成而发挥镇痛作用，故其镇痛作用部位主要在外周组织；吗啡是阿片受体激动剂，它可通过激动脊髓罗氏胶质区、第3脑室和中央导水管周围灰质及丘脑下部的阿片受体，增强内源性抗痛系统的功能，而产生镇痛作用，其镇痛作用的部位主要在中枢神经系统。

镇痛药的药效实验方法，根据致痛方法不同，可分为：化学致痛法、物理（热、机械、电）致痛法等。

【实验材料】

实验对象：小白鼠，体重18～22 g/只，雌雄不限（热板法除外，此法不宜用雄鼠）。

实验器材与药品：所需实验器材及药品试剂见表11－16。

表11－16 不同实验方法所需实验器材及药品试剂

实验方法	实验器材	药品与试剂
热板法	天平1架、恒温水浴箱1个、1 000 mL烧杯3个、1 mL注射器3支、秒表1只	0.1%吗啡溶液、4%水杨酸钠溶液、生理盐水
扭体法	天平1架、1 000 mL烧杯3个、1 mL注射器3支、秒表1只	1%酒石酸锑钾溶液、0.1%吗啡溶液、4%阿司匹林混悬液、生理盐水

【实验方法与步骤】

一、小鼠热板法（物理致痛法）

（1）选择实验动物并测定正常痛阈值：将恒温水浴箱温度调至（55±0.5）℃，放入1 000 mL烧杯，当烧杯底部温度达到水温时，测定小鼠正常痛阈值（从小鼠放入烧杯至出现痛反应的时间）。放入雌性小鼠1只，开始计时，并观察小鼠的痛反应（舔后足或抬后足并回头），当出现痛反应时终止计时，间隔5 min重复测1次，共2次，计算平均痛阈值，若≤30 s为合格实验动物，反之淘汰。直至选够3只合格雌性小鼠为止。

（2）标记与称重：将选出的3只小鼠分别进行标记并称重。

（3）给药：甲鼠腹腔注射0.1%的吗啡溶液0.15 mL/10 g；乙鼠腹腔注射4%水杨酸钠溶液0.15 mL/10 g；丙鼠腹腔注射生理盐水0.15 mL/10 g。

（4）测定给药后痛阈值：给药后的第15 min、30 min、60 min分别给每只小鼠测痛阈值1次。若痛阈值时间≥60 s，则终止测试，并按60 s计。将结果填入表11－17中。

表11－17 热板法测定药物的镇痛作用

组　别	受试药	正常痛阈值(s)	给药后痛阈值(s)			痛阈值提高百分率(%)		
			15 min	30 min	60 min	15 min	30 min	60 min
镇痛药组	吗啡							
非甾体抗炎药组	水杨酸钠							
对照组	生理盐水							

（5）按下面的公式计算各鼠痛阈值提高百分率

$$痛阈值提高百分率=\frac{用药后痛阈值-用药前痛阈值}{用药前痛阈值}\times100\%$$

二、小鼠扭体法（化学致痛法）

（1）准备：取小鼠3只（雌雄不限），称重后标记。

（2）给药：甲鼠皮下注射0.1%吗啡溶液0.15 mL/10 g；乙鼠灌胃4%阿司匹林混悬液0.15 mL/10 g；丙鼠皮下注射生理盐水0.15 mL/10 g。

（3）致痛：给药后30 min各鼠分别腹腔注射1%酒石酸锑钾溶液0.1 mL/10 g。

（4）观察结果：痛后观察15 min，看15 min内各鼠是否出现痛反应（腹部内收、躯体扭曲、后肢伸展及蠕行等扭体反应现象），若出现记为“＋”，反之记为“－”。综合全实验室结果，将结果填入表11－18中。

表 11-18 扭体法测定药物的镇痛作用

组别	实验鼠数	出现扭体反应鼠数	发生扭体反应百分率(%)
吗啡组			
阿司匹林组			
对照组			

【注意事项】

(1) 小鼠热板法实验不可用雄鼠，因雄鼠受热阴囊下坠，可影响实验结果(阴囊皮肤对热刺激敏感)。室温也可影响本实验，一般室温宜控制在 15～20℃，温度过低小鼠反应迟钝，温度过高则小鼠较敏感，易出现跳跃，影响实验结果。

(2) 小鼠扭体法实验中，酒石酸锑钾溶液应新鲜配制。也可用 0.6%的醋酸溶液代替酒石酸锑钾溶液。

(3) 热板法较易检出中枢性镇痛药，扭体法较易检出抗炎镇痛药。

【讨论与思考】

(1) 在你所熟悉的药物中，有哪些种类的药物可用于治疗疼痛？

(2) 吗啡与阿司匹林的镇痛作用有何不同？

(辛志伟)

实验五十二　纳洛酮对吗啡急性中毒的解救作用

【实验目的】

观察纳洛酮对吗啡所致呼吸抑制是否有逆转救治作用，并掌握实验方法。

【实验原理】

阿片类镇痛药通过激动阿片受体而产生作用。纳洛酮为阿片受体阻断药，通过与阿片受体激动药竞争与阿片受体的结合，而拮抗阿片受体激动药的作用。因此纳洛酮为吗啡急性中毒的特效解毒药。

【实验材料】

实验动物：① 大鼠 1 只(200～300 g)。② 家兔 1 只，2.5 kg。

实验器材：① BL-420 生物信息采集系统，张力传感器(10 g×1)，铁支架 1 个，天平 1 架，双凹夹 1 个，大鼠固定台 1 个，手术器械 1 套，丝线，棉球，注射器(1 mL×2、2 mL×1)。② BL 生物信息采集系统，呼吸传感器 1 个，铁支架 1 个，双凹夹 1 个，兔箱 1 个，注射器(5 mL×2)。

药品与试剂：① 1%盐酸吗啡溶液，0.02 %纳洛酮溶液，20%乌拉坦溶液。② 1%盐酸吗啡溶液，0.02%纳洛酮溶液，液体石蜡。

【实验方法与步骤】

(一) 麻醉大鼠实验法

(1) 取大鼠 1 只称重，腹腔注射 20%乌拉坦 0.4～0.6 mL/100 g，麻醉后将大鼠背位固定，在剑突下腹直肌处缝一丝线，连于张力传感器上，接通并调节 BL-420 生物信息采集系统。然后剪开一侧腹股沟皮肤，暴露股静脉作静脉穿刺给药用。

(2) 先描记正常呼吸曲线，然后在不停机的情况下，经股静脉先慢后快的注射 1%吗啡溶液 0.1 mL/100 g，观察呼吸频率及幅度，待呼吸明显抑制时，再由股静脉缓慢注射 0.02%纳洛酮溶液 0.2 mL/100 g，继续观察呼吸曲线变化。

(3) 打印实验结果，分别测量注射吗啡前后及给纳洛酮后的呼吸频率及幅度。将结果填入表 11-19 中。

（二）清醒家兔实验法

(1) 取家兔1只称重，置于固定兔箱中，鼻插管一端涂液体石蜡少许，插入一侧鼻孔，观察呼吸无异常后用胶布固定，另一端连接呼吸换能器，并与BL-420生物信息采集系统接通，描记正常呼吸曲线。

(2) 在不停机的情况下，由耳缘静脉静脉注射1%吗啡溶液2 mL/kg，观察呼吸频率和幅度，待明显抑制呼吸后，再经另一侧耳缘静脉缓慢静注0.02 %纳洛酮溶液2 mL/kg，继续观察呼吸变化。

(3) 打印实验结果，测量注射吗啡前后以及注射纳洛酮后的呼吸频率及呼吸幅度。将结果填入表11-19中。

【实验结果】

表11-19　纳洛酮对吗啡急性中毒的解毒作用

观察指标	给吗啡前	给吗啡后	给纳洛酮后
呼吸频率(次/min)			
呼吸波幅(mm)			

【注意事项】

(1) 静注技术应熟练，否则应作股静脉切开插管术。

(2) 注射吗啡的速度快些才能出现明显呼吸抑制。纳洛酮应事先抽好备用。

(3) 为避免鼻插孔不适导致兔挣扎而影响呼吸描记，可事先用其1%利多卡因涂抹鼻黏膜。

【讨论与思考】

(1) 吗啡急性中毒的主要临床表现有哪些？

(2) 解救吗啡急性中毒所致的呼吸抑制可用哪些药物？这些药物各有何特点？

（辛志伟）

实验五十三　传出神经系统药物对蟾蜍腹直肌的作用

【实验目的】

学习蟾蜍腹直肌的制备，观察拟胆碱药和肌松药对骨骼肌的作用。

【实验原理】

乙酰胆碱通过激动骨骼肌上的Nm(N2)受体，使骨骼肌收缩加强；加兰他敏通过抑制胆碱酯酶，减少突触间隙乙酰胆碱的水解，增强骨骼肌收缩；维库溴铵与乙酰胆碱竞争Nm(N2)受体，竞争性阻断乙酰胆碱的除极化作用，使骨骼肌松弛。本实验选用蟾蜍腹直肌观察乙酰胆碱对骨骼肌的作用，是因为其对乙酰胆碱较敏感，作用稳定，易于比较收缩的高度。

【实验材料】

实验动物：蛙或蟾蜍。

实验器材：蛙板、剪刀、镊子、恒温离体器官实验仪、张力换能器、多媒体记录仪。

药品与试剂：任氏溶液，10^{-5}、10^{-4}和10^{-3}三种不同浓度的氯化乙酰胆碱溶液，0.5%加兰他敏溶液，26.7%维库溴铵溶液。

【实验方法与步骤】

(1) 标本制备：捣毁蟾蜍的大脑及脊髓，背位固定于蛙板上，剪开胸腹部皮肤，沿腹正中线自耻骨端到剑突将两条腹直肌分开，并与两侧腹斜肌分离，两端用线结扎剪断取出置于盛有任氏液的表面皿中，备用。

(2) 标本安装与固定：将标本一端系于L形通气钩上，另一端固定在张力换能器上，松紧适当，同时通入二氧化碳和氧气的混合气。给予2 g前负荷，平衡30 min。

(3) 描记一段正常曲线后，依次加药：

1) 由小到大依次加入 10^{-5}、10^{-4}、10^{-3} 的氯化乙酰胆碱溶液 0.3 mL，找出能引起反应的最低有效浓度。用任氏液冲洗两次，待基线恢复正常。

2) 加入 0.5%加兰他敏溶液 0.3 mL，10 min 后加入能引起反应的最低有效浓度的氯化乙酰胆碱溶液，观察作用有何不同，并记录曲线。用任氏液冲洗两次，待基线恢复正常。

3) 加入 26.7%维库溴铵溶液 0.3 mL，10 min 后加入能引起反应的最低有效浓度的氯化乙酰胆碱溶液，观察作用有何不同并记录曲线。

【注意事项】

(1) 水浴管中的腹直肌标本不要贴到水浴管或 L 形通气钩上。L 形通气钩和张力换能器之间的连接线应与腹直肌标本保持在同一条直线上，且与水浴管平行。

(2) 加药时，尽量不要碰到 L 形通气钩和张力换能器之间的连接线。

(3) 任氏液每次冲洗时，任氏液在水浴管中保留的时间不少于 1 min。

【实验结果】

多媒体描记的张力变化的曲线，注明所用药物。

【讨论与思考】

分析讨论用药后所引起的腹直肌的不同反应及产生的原因。

(廖 红)

实验五十四 硫酸镁过量中毒的解救

【实验目的】

观察硫酸镁中毒的症状及解救药的解救效果。

【实验原理】

硫酸镁注射给药吸收良好，若剂量过大，则可引起血镁浓度过高而出现中毒反应。因钙与镁结构和性质相似，故大量 Mg^{2+} 可竞争性占据 Ca^{2+} 结合部位，从而导致神经递质释放障碍。当补充钙剂时，因血 Ca^{2+} 浓度的增加，又可拮抗 Mg^{2+} 的作用，而起到解除镁的毒性的作用。

【实验材料】

实验动物：家兔 1 只。

实验器材：磅秤 1 台，注射器(5 mL×1、10 mL×1)，酒精棉球，干棉球。

药品与试剂：20%硫酸镁溶液，5%氯化钙溶液。

【实验方法与步骤】

取家兔 1 只，称重，观察正常活动、姿势、肌张力及呼吸频率后，由耳缘静脉缓慢注射 20%硫酸镁溶液 2.0 mL/kg。记录给药时间，注意观察家兔的上述指标变化。当家兔出现行动困难、肌肉松弛无力、呼吸抑制、低头卧倒时，立即由另一侧耳缘静脉注射 5%氯化钙溶液 4～8 mL，直至立起为止。抢救后可能再次出现麻痹，应再次给予钙剂。

【实验结果】

表 11-20 硫酸镁中毒与解救

观察指标	20% 硫酸镁		5% 氯化钙	
	给药前	给药后	给药前	给药后
活动				
姿势				
肌张力				
呼吸				

【注意事项】

(1) 注射硫酸镁的速度要缓慢,静注前要抽好氯化钙溶液。

(2) 家兔正常呼吸频率为 38～60 次/ min。严重呼吸抑制时可进行人工呼吸。

【讨论与思考】

(1) 硫酸镁注射给药可产生哪些作用? 与口服给药有何不同?

(2) 硫酸镁中毒的特效解毒药是什么? 其解毒机制如何?

(辛志伟)

【附录】处方学

处方是医师根据病人病情开写给药师,以请求配方发药的医疗文件,因此处方是医师和药师共同对病人负责的书面文件。医师要正确地写明药物制剂及其用量和用法,药师则应根据处方准确地调剂和发药,若发生差错,对病人的健康可能造成严重的损害。

1. 处方的结构　一般医疗单位都印有处方笺,便于应用和保存。完整的处方结构可分为六部分:

(1) 处方前项:包括病人姓名、性别、年龄和处方日期等。

(2) 处方头:处方都以 Rp.(或 R)开头,Rp. 是拉丁文 Recipe(请取)的缩写表示取下列数量的药剂。

(3) 处方正文:包括药物名称、剂型、规格和用量。如果一张处方有数种药,则每一种药物均应另起一行书写。

(4) 配制法:包括药物的调配方法和要求的剂型(简单处方无此项)。

(5) 用法:"用药方法"通常以 Sig. 或 S(拉丁文 Signa 的缩写)表示。包括一次用量、给药次数、给药时间、给药途径等。

(6) 医师签名:处方完毕应仔细看一遍,保证无误后才签名交给病人。

处方举例:

处　方　笺

前项:	姓名　陈刚　　性别 男	年龄　28	门诊号　153643
	住址前进路 138 号	1986 年 12 月 12 日	
处方头:	Rp.		
处方正文:	Pepsini	3.0	
	Acidi　hydrochloridi	1.0	
	Aquae　Destillatae　a	100.00	
配制法:	Misce　fiat　mistura		
用　法:	Da. Signa: 10 ml t. i. d. p. c.		
医师签名:	陈红		

2. 书写处方的注意事项

(1) 要求字迹清楚,不要涂改。如有涂改,医师需再涂改处签名。

(2) 患者的年龄必须写实际年龄,不得以"成人"、"儿童"等字样代替年龄,尤其是 8 岁以下儿童和 60 岁以上的老年患者。

(3) 药物剂量单位一律采用药典规定的公制。凡固体或半固体药物以克(g)、毫克(mg)或微克(μg)为单位、液体药物以升(L)或毫升(mL)为单位,g 或 mL 可省略不写。如果用 mg、μg 或效价(IU)则必须写明。药量小数点必须写准确,小数点前如无整数,必须加零,如 0.5;整数后如无小数,也必须加小数点和零,如 3.0,以免错误。

(4) 总量以开三天量为宜,七天量为限(慢性病或特殊情况可适当增加)。毒药总量一般不超过一日极量;剧药总量一般不超过二日极量。如果病情特殊需要的可以不受此限,但医师再剂量旁边加惊叹号,如 3.0!,并在此另行签名以示负责。毒药、剧药和麻醉性药品均应用规定的处方笺(红处方)开写。

(5) 拉丁文处方时，药名字尾应写第二格。亦可书写英文药名及处方，药品名缩写必须正规。

(6) 用法必须书写清楚。可用拉丁文缩写字或中文书写。

3. 处方类型

(1) 完整处方：医师根据病情需要，开写比较复杂的处方。药物可以包括主药、佐药、赋形药和矫味药等，并提出配制法和剂型的要求。

4. 处方举例

Rp.		Rp.	
Codeiniphosphates	0.15	磷酸可待因	0.15
AmmoniiChloridi	6.0	氯化铵	6.0
Syrupi	30.0	糖浆	30.0
AquaeDest. ad	100.0	蒸馏水加至	100.0
Misce fiat mixtura		混合制成合剂	
D. S. 10 ml t. i. d		用法：每日三次，每次 10 mL	
Rp.		Rp.	
ZinicOxydati	25.0	氧化锌	25.0
Talci	25.0	滑石粉	25.0
Vaselini	50.0	凡士林	50.0
Misce fiat pasta		混合制成糊剂	
D. S. 外用		用法：外用	

(2) 简化处方：适用于书写已经制成各种剂型的药物，现在多用。其中片剂、胶囊剂、注射剂的共同格式为：

Rp.

药物及剂型名称　　单量×总数(片、支等)

用法：每次用量，每天几次，给药途径等。

内服用溶液剂、合剂、糖浆剂、酊剂以及外用的软膏剂等，其共同格式为：

Rp.

药物及剂型名称　　浓度和总量

用法：每次用量，每天几次(或外用)

Rp.		Rp.	
Tab. Berberini	0.1×9	黄连素片	0.1×9
Sig. 0.1 t. i. d.		用法：每天一片，每日三次	
Rp.		Rp.	
Inj. penicillini	40 万 u×6	青霉素注射剂	40 万 u×6
Sig.	40 万 u i. m b. i. d (皮试后)	用法：皮试后	40 万 u i. m b. i. d
Rp.		Rp.	
Lig. kali Chloridi	10%- 100.0	10%氯化钾溶液	100.0
Sig.	10 ml t. i. d.	用法：每日三次，每次 10 mL	
Rp.		Rp.	
Mist. Belladonnae	100.0	颠茄合剂	100.0
Sig.	10 ml t. i. d.	用法：每日三次，每次 10 mL	
Rp.		Rp.	
Ung. Dexamethasoni	Acetatis	醋酸地塞米松软膏	5.0
Sig.	外用	用法：外用	

国家药典规定的有固定成分和含量的复方制剂，可以不必写出含量，如复方阿司匹林片和复方甘草

片等。

处方举例：

Rp.		Rp.	
A. P. C.	9	复方阿司匹林片	9
Sig. 1♯	t. i. d.	用法：每日三次，每次一片	
Rp.		Rp.	
Tab. Alumini Hydroxydi Co.	27	胃舒平片	27
Sig. 3♯ t. i. d		用法：每日三次，每次三片	

(3) 法定处方：以简化处方形式开写的药典上规定的制剂(多为复方)称为法定处方。其成分、含量及配制法在药典上都已有明文规定，只需写出制剂名称、用量及用法即可。如复方甘草合剂。

(4) 协定处方：是医疗单位内部根据经常性的医疗需要，由医生与药房商议制定的制剂的处方。以简化处方形式书写，仅用于协商单位内部。

处方练习

1. 为神经衰弱失眠患者处方
2. 为骨折剧痛患者开处方对症处理
3. 为胃肠炎腹痛患者开药解痉止痛
4. 为充心衰患者开强心苷逐日维持治疗

处方中常用拉丁缩写词(附)

剂型		时间		配制	
Tab.	片　剂	q. d	每日一次	$\overline{aa}$	各(各等量)
Pil.	丸　剂	b. i. d	每日二次	Ad.	加至
CaPs.	胶囊剂	t. i. d	每日三次	g. s	适量、足量
Pulv.	散　剂	q. i. d	每日四次	M. F.	混合制成
Sol.	溶液剂	q. 6. h	每 6 h 一次	Sig. (S.)	标记(用法)
Liq.	溶液剂	q. 8. h	每 8 h 一次	D. s.	给予标记
Inj.	注射剂	a. c.	饭前	D. t. d.	给予同量
AmP.	安瓿剂	P. c.	饭后	Dil.	稀释的
Mist.	合　剂	P. r. n	必要时	Co.	复方的
Syr.	糖浆剂	s. o. s	必要时	Aq. Dest.	蒸馏水
Tinc. (Tr.)	酊　剂	stat. (st.)	立即	gtt.	滴
Ung.	软膏剂	Cito	急速	P. r.	灌肠
Emul.	乳　剂	h. s.	睡前	i. h.	皮下注射
SuPP.	栓　剂	o. m.	每晨	i. m.	肌肉注射
Extr.	浸膏剂	o. n.	每夜	i. v.	静脉注射

(曹弟勇)

第三篇

综合实验篇

第十二章

综合实验

实验五十五　实验性黄疸模型的复制与观察

【实验目的】

通过本实验学习黄疸模型的复制方法；掌握常见黄疸的血、尿、粪便的胆色素代谢变化特点；观察黄疸动物的皮肤、黏膜、尿液、粪便颜色等的改变；了解黄疸的血、尿常用生化指标的测定方法。

【实验原理】

正常成人血清总胆红素含量甚微，浓度低于 17.1 μmol/L(1 mg/dl)。凡是体内胆红素生成过多，或肝摄取、转化、排泄过程发生障碍等因素均可引起血浆胆红素浓度升高，造成高胆红素血症。胆红素为金黄色物质，大量胆红素扩散进入组织，可造成组织黄染，这一体症称为黄疸。由于巩膜、皮肤及黏膜含有较多的弹性蛋白，与胆红素有较强的亲和力，故这些组织较易被黄染。

胆色素是体内铁卟啉化合物的主要分解代谢产物，包括胆红素、胆绿素、胆素原和胆素，这些化合物主要随胆汁排出体外。胆红素是人胆汁的主要色素，可通过细胞膜对组织造成毒性作用，尤其是对富含脂类的神经细胞，能严重影响神经系统的功能。胆红素分为非结合胆红素和结合胆红素两类。非结合胆红素在血液中与血清白蛋白结合而输送，不溶于水，不能从肾小球滤出，所以尿液中不出现非结合胆红素；结合胆红素是非结合胆红素通过血液循环运输至肝后，在肝细胞光面内质网的微粒体内与葡萄糖醛酸结合形成胆红素葡萄糖醛酸酯。

黄疸有多种不同的分类方法：

(1) 按照血清中胆红素的浓度，黄疸分为隐性黄疸和显性黄疸。隐性黄疸是指血清胆红素浓度在 17.1～34.2 μmol/L，即超过正常值但尚无肉眼可见的组织黄染；显性黄疸则是指血清胆红素浓度超过 34.2 μmol/L，肉眼可见组织黄染。通常我们所说的黄疸指后一种。

(2) 按发病原因分类，黄疸可分为溶血性黄疸、肝细胞性黄疸和阻塞性黄疸。溶血性黄疸是由于红细胞在单核-吞噬细胞系统破坏过多，超过肝细胞的摄取、转化和排泄能力，造成血清游离胆红素浓度过高引起的黄疸。肝细胞性黄疸是由于肝细胞破坏，其摄取、转化和排泄胆红素的能力降低，不仅造成血游离胆红素升高，还会使部分结合胆红素反流到血循环中，造成血清结合胆红素浓度升高从而引起黄疸。阻塞性黄疸是由于各种原因引起的胆汁排泄通道受阻，使胆小管和毛细胆管内压力增大破裂，致使结合胆红素逆流入血，造成血清胆红素升高引起的黄疸。

一、溶血性黄疸

【实验材料】

实验动物：家兔 2 只，1.5～2.5 kg，雌雄不限。

实验器材：哺乳类动物手术器械，兔手术台，低速离心机，试管，离心管，移液管，5 mL 注射器，721 -分光光度计。

试剂与药品：1%盐酸苯肼，重氮试剂，0.25%碘酒溶液，95%乙醇，10%氯化钙，醛试剂，0.9%氯化钠注射液。

【实验方法与步骤】

(1) 取家兔，称重，随机分为实验组和对照组。

(2) 实验组家兔经耳缘静脉注射1%盐酸苯肼2 mL/kg复制黄疸动物模型，对照组家兔经耳缘静脉注射等量的0.9%氯化钠注射液。

(3) 饲养2～3 d后，观察两组家兔皮肤、黏膜、尿液、粪便的颜色及行为改变。

(4) 用导尿管取尿液2～5 mL待用。

(5) 由颈静脉或耳缘静脉采血约5 mL，1 500 rpm离心5 min，取血清1 mL备用。

(6) 指标的测定

1) 血清胆红素定性实验：取血清1 mL置于试管内(可用测定黄疸指数的血清)，缓慢加入重氮试剂0.5 mL，使重氮试剂浮在血清上(轻轻摇动，但勿混匀，使之保持两层液面)。如果交界面处1 min内出现紫红色环，则为直接反应阳性；若1 min微红，10 min内颜色逐渐加深，则为双相反应；若10 min内不呈红色，则摇匀血清和试剂，加入95%乙醇1 mL，再摇匀方呈红色者，则为间接反应阳性，否则为阴性。

2) 血清胆红素定量测定：采用血清总胆红素重氮法检测试剂盒。总胆红素在二甲亚砜等加速剂作用下，在酸性溶液中与对氨基苯磺酸作用生成紫色的偶氮胆红素，与经过同样处理的校准液比较，即可计算出样品中总胆红素的含量。

样品准备：样品为新鲜空腹无溶血的血清或血浆。样品应在低温条件下运输保存，样品中总胆红素2～8℃密闭避光保存可稳定3 d，冰冻保存可稳定3个月。

测定步骤：

① 基本参数设置：波长：560 nm；反应温度：37℃；波长：560 nm；反应时间：5 min

② 操作：根据测定所需试剂量，取R_1和R_2(见附注)按50∶1比例混合，即为工作液。根据以上参数按下表12-1操作：

表12-1　血清胆红素定量测定操作表

	测定(U)	测定对照(U_B)
样品(μl)	100	100
工作液(μl)	1 500	—
无水乙醇(μl)	—	1 500

混匀，37℃恒温5 min，560 nm波长，以工作液调零，测定各管吸光光度值。

③ 计算：采用因素法。用本试剂盒操作，测得偶氮胆红素参考摩尔吸光系数为74 290(波长=560 nm，光径=10 nm，样品/试剂=1/15)，其相应的F值为215。经严格检定标化的仪器，可按以下公式计算结果：

样品总胆红素含量(μmol/L)=$(Au-Au_B)\times 215$

④ 结果记录到表12-2中：

表12-2　血清总胆红素测定值

组数	实验组	对照组
1		
2		
3		
⋮		
n		
平均值		

3）尿中胆红素定性实验

方法一：取尿液 1 mL 左右，沿管壁缓慢加入碘酒 0.5 mL，若交界面处出现绿色环，则证明尿中有胆红素存在。

方法二：取尿液 1 mL 左右置于小试管中，加浓盐酸 1 滴，混匀后加 0.5%亚硝酸钠溶液 1 滴，摇匀立即观察颜色。深绿色为胆红素强阳性，绿色为阳性，淡绿色为弱阳性，尿液黄色消退为可疑，尿色不变为阴性。方法二的灵敏度高于方法一。

4）尿胆原定性实验：取尿液 5 mL，按 10∶1 的比例加入 Ehrlich 试剂，一同放入试管中混合，室温下静置 10 min；然后在白色背景下从管口向管底观察颜色变化。结果判断见下表 12－3。

表 12－3 改良 Ehrlich 法尿胆原定性结果判断

颜色变化	结果判断	报告方式
不变色，加温后也无反应	阴性	－
10 min 后呈微红色	弱阳性	＋
10 min 后呈樱红色	阳性	＋＋
立即呈深红色	强阳性	＋＋＋

若为阳性，则将尿液以蒸馏水分别稀释为 1∶10、1∶20、1∶40、1∶80、1∶160 等，按上述程序重新检查，以最高稀释倍数者报告。如稀释 1∶160 以上仍为阳性则不再稀释。实验结果记录到表 12－4 中。

表 12－4 尿胆原定性实验比较

组别	实验组	对照组
反应阳性		
反应阴性		
合计		

【注意事项】

（1）采血时必须用清洁、干燥的注射器及试管，以防止溶血。

（2）尿胆原测定的样本要新鲜，避光储存，否则尿胆原氧化为尿胆素呈假阴性；尿中胆红素阳性应先除去。

（3）碱性尿可使反应出现黄色沉淀而干扰结果观察，应先调节尿液 pH 至酸性。

（4）显色速度受温度影响较大，一般反应温度要求在 20℃左右，室温过低时需加温。

（5）磺胺、PAS 等药物可使反应呈黄色或黄红色浑浊；含氯丙嗪的尿液成紫色反应；粪臭素可显蓝色；吲哚类物质和卟胆原遇醛试剂也显红色。但由尿胆原产生的樱红色化合物可被三氯甲烷萃取，吲哚类化合物能被正丁醇提取，都不能被提取的物质是卟胆原，以此可以鉴别。

（6）尿中含有维生素 C、甲醛或乌落托品时将阻止醛反应；如含有砒啶、酮体则出现假阳性。可加入戊醇进行鉴别，真阳性加戊醇后仍呈红色；由酮体等造成的假阳性遇戊醇后变成淡绿色。

【讨论与思考】

溶血性黄疸患者的血液、尿液及粪便胆色素代谢变化的特点及其机制是什么？

二、肝细胞性黄疸

【实验材料】

实验动物：大鼠，200～250 g。

实验器材：注射器，小试管，吸管，分光光度计，电热恒温水箱，手术剪，止血钳，12 号钝针头，小三角瓶，干棉球，HX－300 动物呼吸机，大鼠固定台。

药品与试剂：四氯化碳（CCl_4）液，0.9%氯化钠注射液及其他药品（见附注）。

【实验方法与步骤】

(1) 动物模型复制方法：取大鼠 2 只，分别称重，随机分为实验组大鼠和对照组大鼠。实验鼠用 CCl_4 30～40 mL/kg 灌胃，对照鼠以等量 0.9%氯化钠注射液灌胃。

(2) 喂养与集尿：将实验鼠与对照鼠分别置于代谢笼中，喂以颗粒饲料及 5%(50 g/L)葡萄糖液。用三角烧瓶收集尿液，每 24 h 为 1 份标本。

(3) 采血：模型复制后 24～48 h 采血(最好是 28 h 左右采血，勿超过 48 h)。采血时用血管钳夹住股部皮肤，提起动物，剪开腹腔沟皮肤，并向腹及股部扩大切口。钝性分离皮下组织，暴露股动脉、股静脉。剪断股动脉、股静脉，用清洁干燥试管接血。以 4 000 rpm 离心 5 min，将血清置于另一试管中备用。

(4) 血清胆红素定量测定：胆红素校正曲线(标准曲线)制备：取 6 支试管，按表 12-5。

加样后立即混匀，室温静置 30 min，于波长为 540 nm 处比色。以空白管调“0”点，读取各管吸光度，绘制出校正曲线或计算出回归议程。在无胆红素校正曲线的情况下，亦可用人工胆红素校正曲线替代。人工胆红素校正曲线制备方法见表 12-6。

表 12-5　血清胆红素校正曲线制备

试　剂	试　管					
	空白	1	2	3	4	5
胆红素标准应用液(mL)	—	0.1	0.4	0.8	1.6	3.2
空白试剂(mL)	0.5	—	—	—	—	—
重氮试剂(mL)	—	0.5	0.5	0.5	0.5	0.5
无水乙醇(mL)	4.5	4.4	4.1	3.7	2.9	1.3
相当于胆红素浓度(μmol/L)	0	8.55	34.2	68.4	136.8	273.6

表 12-6　人工胆红素校正曲线制备

试　剂	试　管							
	1	2	3	4	5	6	7	8
人工胆红素标准液(mL)	1.0	0.2	0.4	0.6	0.8	1.0	2.0	3.0
蒸馏水(mL)	0.1	4.8	4.6	4.4	4.2	4.0	3.0	2.0
相当于胆红素浓度(μmol/L)	83.8	17.1	34.2	51.3	68.4	85.5	171	256.5

血清结合胆红素和总胆红素浓度测定：取试管 4 支，分别标明结合胆红素空白管、测定管和总胆红素空白管、测定管，按表 12-7 加样操作。

表 12-7　血清结合胆红素和总胆红素浓度测定

	结合胆红素(μmol/L)		总胆红素(μmol/L)	
	空白管	测定管	空白管	测定管
血清(mL)	0.2	0.2	0.2	0.2
空白试剂(mL)	0.5	—	0.5	—
重氮试剂(mL)	—	0.5	—	0.5
蒸馏水(mL)	4.3	4.3	1.8	1.8
无水甲醇(mL)	—	—	2.5	2.5

加样后立即混匀，结合胆红素需准确记录时间(1 min)，总胆红素管应在室温静置 30 min。于波长为 540 nm处比色(分别以各自空白管调“0”点)，读取测定管吸光度，代入回归议程或查校正曲线即可得胆红素浓度(1 mg/dl=17.1 μmol/L)。

(5) 尿中胆红素定性实验：见溶血性黄疸。

(6) 尿胆原定性实验：见溶血性黄疸。

(7) 肉眼观察比较处死后的实验鼠与对照鼠皮下脂肪的颜色和肝的外观、形态。若条件许可，可制作肝切片进行镜下观察。

【注意事项】

(1) 采血时，注射器及试管一定要清洁、干燥，以免溶血。溶血标本不适合进行胆红素定量测定。

(2) 收集的尿液有时会有少量饲料屑，可离心去除沉淀。若大鼠尿量少，可合并两鼠尿液以满足测定所需。

(3) 做胆红素定量测定时，若血清胆红素含量过高，超出校正曲线范围，可将血清用 0.9%氯化钠注射液稀释后再测定，结果乘以稀释倍数。

【讨论与思考】

肝细胞性黄疸患者的血液、尿液及粪便胆色素代谢变化的特点及其机制是什么？

三、阻塞性黄疸

【实验材料】

实验动物：大鼠，200～250 g。

实验器材：手术剪，有齿剪，无齿剪，皮钳，止血钳，持针器，手术缝合针线，纱布，棉球，大鼠固定台，橡皮筋，比色用小玻璃管，试管，5 mL 注射器，8 号针头，细长滴管，玻璃板（收集鼠尿用），麻醉缸，搪瓷碗，器械盘，天平，离心机，HX－300 动物呼吸机，半自动生化分析仪。

实验药品：1.5%戊巴比妥钠，0.01%苯扎溴铵（新洁尔灭），乙醚，3%碘酒，75%乙醇，苦味酸溶液，20%乌拉坦，重氮试剂，黄疸指数标准管，浓盐酸，0.5%亚硝酸钠。

【实验方法与步骤】

(1) 称重、麻醉、固定与备皮：取大鼠称重，后置于麻醉缸内，用乙醚吸入麻醉后将其固定于手术台上，剪去腹部被毛。

(2) 腹部手术

1) 用碘酒、乙醇消毒手术野皮肤，在剑突下剪 1.5～2 cm 长的右旁正中切口，逐层打开腹腔。

2) 沿胃大弯找到十二指肠并轻轻提起肠管，可见有一纤细、透亮、淡黄色的细管通向十二指肠，此即大鼠的胆总管。用细线结扎胆总管。检查手术野无出血后，用细线连续一次缝合腹膜、肌层，关闭腹腔；再间断缝合皮肤，以碘酒、乙醇进行消毒。

(3) 喂养：术后用苦味酸标记大鼠，进行编号，放入笼内喂养。随时观察动物，记录其一般情况及皮肤、黏膜、尿液、粪便颜色的变化。

(4) 观察：3～4 d 后观察并采集标本。

1) 将手术鼠取出，观察其皮肤、黏膜、粪便颜色，并和正常鼠比较。

2) 用 1.5% 戊巴比妥钠 40 mg/kg 腹腔注射，待动物麻醉后将其固定于手术台上。打开腹腔，暴露腹主动脉，用干燥注射器抽血 5～10 mL，以 4 000 rpm 离心 5 min，分离血清，留待做黄疸指数测定及胆红素定性实验。

3) 用导尿管取尿液或用滴管收集大鼠排在玻璃板上的尿液，做尿胆红素定性实验及尿胆原定性实验。

4) 处死大鼠，解剖并观察肝、胆管及其他器官颜色的变化。

(5) 以同样的方法将正常鼠麻醉、固定、采血、取尿，做各项测定，并将结果与手术鼠比较。

【注意事项】

(1) 采血时一定要选用干燥注射器及试管，以防止溶血而影响检测结果。

(2) 若有条件，可直接从临床收集溶血性黄疸、梗阻性黄疸或肝细胞性黄疸患者的血液、尿液及粪便，进行各项指标的观察和测定。

【讨论与思考】

(1) 阻塞性黄疸患者的血液、尿液及粪便胆色素代谢变化的特点及其机制是什么？

(2) 试比较阻塞性黄疸、肝细胞性黄疸及溶血性黄疸患者的血液、尿液及粪便胆色素代谢变化的特点。

【附注】

1. 血清胆红素定量测定的药品及其配制

(1) 血清胆红素标准贮存液(1 mL=1.71 μmol/L):准确称取胆红素 10 mg,加氯仿溶解并稀释至 100 mL,贮存于棕色瓶中,密封后置冰箱保存。

(2) 胆红素标准应用液(1 mL ≈ 0.17 μmol/L):临用前取血清胆红素标准贮存液 10 mL,用无水乙醇稀释至 100 mL(临用前配制)。

(3) 人工胆红素标准液:取无水硫酸钴($CoSO_4$,分析纯)4.32 g 或硫酸钴($CoSO_4 \cdot 7H_2O$,分析纯)7.84 g,加少量蒸馏水溶解后置于 100 mL 容量瓶中,加浓硫酸 1 mL,并用蒸馏水稀释至刻度。

(4) R_1:HCl 180 mmol/L;对氨基苯磺酸 29 mmol/L;二甲亚砜 5.6 mol/L

R_2:亚硝酸钠 72 mmol/L

2. 重氮试剂的配制

(1) 配制甲液:取亚硝酸钠 0.25 g,加蒸馏水 50 mL,置冰箱内保存。

(2) 配制乙液:取对氨基苯磺酸 0.2 g,浓盐酸 3 mL,加蒸馏水至 200 mL,置冰箱内保存。

(3) 临用前取 0.3 mL 甲液,加 10 mL 乙液混合使用。

3. 尿胆红素测定药品的配制

(1) 浓盐酸:一般的浓盐酸即可。

(2) 0.5%亚硝酸钠溶液(即 0.0725 mol/L 亚硝酸钠溶液):亚硝酸钠 0.5 g,溶于 100 mL 0.1 mol/L NaOH 溶液中。注意装入棕色瓶保存。

4. 尿胆原测定药品的配制 Ehrlich 试剂:取对二甲氨苯甲醛 2.0 g,溶于 80 mL 蒸馏水中,然后再缓慢加入浓盐酸 20 mL,混匀后储存于棕色试剂瓶中备用。无水氯化钙、蒸馏水。

5. 空白试剂 取浓盐酸 15 mL,用蒸馏水稀释至 1 000 mL。

(杨 拯)

实验五十六 有机磷酸酯类农药及其解救药对兔血压和呼吸的影响

【实验目的】

观察有机磷酸酯类农药的毒性作用以及动物的中毒症状;观察阿托品及解磷定(PAM)的解毒作用;观察有机磷酸酯类农药中毒时对动物血压和呼吸的影响。

【实验原理】

突触是神经元之间进行信息传递的结构基础,而神经递质和受体是突触传递过程中重要的物质基础。乙酰胆碱(Ach)是属于胆碱类的神经递质,它主要在突触前神经元的胞浆内合成后储存于突触小泡内,当兴奋冲动抵达末梢时,Ach 就从小泡内释放入突触间隙,通过扩散,作用于突触后膜上的特异性受体(M 受体、N 受体)而发挥生理作用。当发挥作用完成后,Ach 就被存在于突触间隙中的胆碱酯酶水解而失去作用。

敌百虫等农药中含有机磷酸酯类可以与胆碱酯酶牢固地结合,其结合点位于胆碱酯酶的酯解部位丝氨酸残基的羟基,磷氧二原子易于形成共价键结合,生成难以水解的磷酰化胆碱酯酶。结果使胆碱酯酶失去水解 Ach 的能力,造成体内 Ach 大量聚集,引起一系列中毒症状,包括 M 症状、N 症状和中枢神经系统症状。如果不及时抢救,酶在几分钟或几小时内老化,形成更稳定的单烷氧基磷酰化胆碱酯酶。此时即使使用胆碱酯酶复活药,也不能恢复酶的活性,必须等待新生的胆碱酯酶出现,需要 15～30 d,因此有机磷酸酯类农药中毒要迅速抢救。

阿托品为M受体阻断剂，通过阻断Ach与M受体的结合，竞争性地拮抗Ach对M受体的激动作用，以减少有机磷酸酯类农药中毒时过量Ach对机体造成的损伤。

PAM为胆碱酯酶复活药，其进入中毒者体内，以其带正电荷的季铵氮离子与被磷酰化的胆碱酯酶的阴离子部位以静电引力结合，使其(=N—OH)基团趋向磷酰化胆碱酯酶的磷原子，进而与磷酰基形成共价键结合，生成胆碱酯酶-磷酰化-解磷定复合物，然后进一步裂解为磷酰化解磷定复合物，同时使胆碱酯酶游离出来，恢复其水解Ach的活性，使中毒症状消失。

【实验材料】

实验动物：家兔，2.5 kg。

实验器材：婴儿磅秤，10 mL注射器，三角板，听诊器，乙醇棉球，干棉球，BL-420生物信号采集处理系统，BI-2000医学图像分析系统，压力换能器，呼吸流量换能器，HX-300动物呼吸机。

药品与试剂：8%敌百虫(或0.5%敌敌畏)溶液，0.1%硫酸阿托品溶液，2.5%PAM溶液，0.1%肝素。

【实验方法与步骤】

(1) 称重、麻醉、固定与备皮：取家兔称重，耳缘静脉注射3%戊巴比妥钠1 mL/kg，麻醉后，采用五点法固定在兔台上，剪去颈部被毛。

(2) 手术

1) 气管插管：做颈正中切口，分离出气管，穿线备用。在甲状软骨下方第3～4个环状软骨上做一倒“T”形切口，插入“Y”字形气管插管，用线固定好。

2) 颈总动脉插管：分离一侧颈总动脉，穿双线备用。先结扎远心端，在距结扎线约2～3 cm处用小动脉夹夹闭颈总动脉近心端，然后在靠近结扎线处用眼科剪剪一“V”形切口，将连接好的动脉插管灌满肝素，插入血管内，并牢固结扎，备用。

(3) 连接装置

1) 连接气管插管与呼吸流量换能器，并将呼吸流量换能器连接到BL-420生物信号采集处理系统的通道1，设定输入信号为“呼吸”。

2) 放开颈总动脉上的动脉夹，将压力换能器连接到BL-420生物信号采集处理系统的通道2，设定输入信号为“压力”。

(4) 观察动物的活动、呼吸、瞳孔大小及其有无肌肉震颤等情况，并记录正常呼吸和血压。

(5) 给药：实验分为3组，3组家兔均由耳缘静脉注射敌百虫80 mg/kg(8%，1 mL/kg)或敌敌畏2.5 mg/kg(0.5%，0.5 mL/kg)，观察动物上述指标的变化。当出现中毒症状时，甲组由耳缘静脉注射阿托品1 mg/kg(0.1%，1 mL/kg)，乙组由耳缘静脉注射PAM 50 mg/kg(2.5%，2 mL/kg)，丙组由耳缘静脉注射同等剂量的阿托品和PAM。

(6) 观察比较不同组家兔中毒症状消失情况，哪些中毒症状消失，哪些没有消失，为什么？怎样使中毒症状完全消失？将结果记入表12-8和表12-9中。

表12-8 动物血压、呼吸和瞳孔直径观察记录表

甲组	正常			敌百虫			阿托品		
	血压	呼吸	瞳孔直径	血压	呼吸	瞳孔直径	血压	呼吸	瞳孔直径
1									
2									
3									
⋮									
n									
平均值									

表 12-9 动物中毒体征记录表

组别	给药	唾液	肌张力	肌震颤	大小便
甲	正常				
	敌百虫				
	阿托品				
乙	正常				
	敌百虫				
	解磷定				
丙	正常				
	敌百虫				
	阿托品+解磷定				

【注意事项】

(1) 密切观察反应,及时抢救。

(2) 若耳缘静脉注射阿托品失败,立即从腹腔注射 PAM。

(3) 测量瞳孔时,注意光线强弱前后一致。

【讨论与思考】

(1) 有机磷酸酯类农药中毒时的主要症状有哪些?其机制是什么?

(2) 阿托品能解救哪些中毒症状?其机制是什么?

(3) PAM 的解毒原理是什么?为什么用药越早越好?

(杨 拯)

实验五十七 氯化钡引起的心律失常及其解救

【实验目的】

学习复制室性心律失常动物模型的方法,观察利多卡因对氯化钡诱发心律失常的治疗作用,了解心律失常的心电图变化。

【实验原理】

氯化钡($BaCl_2$)可增加蒲氏纤维对 Na^+ 的通透性,促进细胞外 Na^+ 内流,抑制 K^+ 外流,使动作电位 4 相自发除极速率加快,提高浦氏纤维系统等快反应细胞的自律性(异位自律性增高),从而诱发室性心律失常,表现为室性早搏、二联律、三联律、室性心动过速、心室纤颤等。利多卡因是 Na^+ 通道阻滞剂,可抑制 Na^+ 内流,促进 K^+ 外流而降低心肌自律性,因而可抗氯化钡所致的心律失常。

【实验材料】

实验动物:健康家兔。

实验器材:兔手术台,注射器(2 mL、5 mL、10 mL、20 mL),针形电极,BL-420 生物信号采集处理系统。

药品与试剂:3%戊巴比妥钠(或 20%乌拉坦),0.5%氯化钡溶液,0.5%利多卡因溶液。

【实验方法与步骤】

(1) 实验装置:将针形电极与 BL-420 生物信号采集处理系统的输入通道相连。

(2) 麻醉与手术

1) 称重、麻醉与固定:取家兔一只,称重后,经耳缘静脉缓慢注入 3%戊巴比妥钠(1 mL/kg 体重)或

20%乌拉坦(5 mL/kg 体重)。待动物完全麻醉后,将其仰卧位固定于兔台上。

2) 气管插管:剪去颈前部兔毛,于颈前部正中做长约 6~8 cm 的切口。用止血钳钝性分离皮下组织及胸舌骨肌,暴露气管。将气管与周围结缔组织分开,在气管下穿线备用,在甲状软骨下约第四或第五环状软骨水平作倒"T"形切口,向心方向插入气管插管,结扎并将结扎线残端固定在插管的分叉上,以免滑脱。

3) 将针形电极按要求插入家兔四肢远端皮下,选择标准Ⅱ导联:右前肢(红),右后肢(黑),左前肢(黄),左后肢(蓝/绿)。

(3) 观察项目

1) 记录正常心电图:启动 BL-420 系统,选择与电极连线相连的通道,在"信号输入"菜单项选择"心电"一栏(设置参数:G 500　T 0.1S　F 100 Hz　纸速 200 MS/DIV),观察并描记一段正常心电图。

2) 耳缘静脉快速注射 0.5%氯化钡溶液 1.5 mL/kg,当出现室性早搏、心动过速或室颤时,立即描记心电图(总共大约持续 15 min)。

3) 心律失常出现后,立即耳缘静脉缓慢注射 0.5%利多卡因溶液 1 mL/kg,连续描记 10 min 内心电图,观察心律失常有无改善。若 10 min 内无明显改善,可再次缓慢静注半量利多卡因。

【注意事项】

(1) 氯化钡需新鲜配制,静脉快速推注,否则难以造成心律失常。

(2) 利多卡因要缓慢注射,以免造成缓慢型心律失常。

(3) 针形电极不可插入四肢肌肉,以防肌电干扰。应按要求插入四肢皮下,针尖指向心脏。

【讨论与思考】

(1) 复制心律失常动物模型的方法有哪些?

(2) 除了利多卡因,还有哪些药物可对抗室性心律失常?

(3) 根据利多卡因对心肌电活动影响的机制,你认为注射过量利多卡因会出现什么后果?

(张　英)

实验五十八　微循环障碍模型的复制和血管活性药物效果的比较

【实验目的】

通过本实验学习感染性休克模型的复制,观察机体血流动力学和肠系膜微循环的变化,了解在微循环变化的不同时期,扩容及使用血管活性药对微循环的改善作用,比较扩血管与缩血管药物在抗休克作用中的利弊,掌握正确的休克治疗原则。

【实验原理】

休克是各种致病因子作用于机体引起的急性循环障碍,全身组织微循环血液灌流量严重不足,以致细胞损伤、各重要生命器官功能代谢发生严重障碍的全身性病理过程。休克是多病因、多发病环节、有多种体液因子参与,以机体循环系统功能紊乱,尤其是微循环功能障碍为主要特征,并可能导致器官功能衰竭等严重后果的全身调节紊乱的病理过程。

严重感染特别是革兰氏阴性细菌(如大肠埃希菌)感染常可引起感染性休克。感染灶中的微生物及其毒素、细菌的胞壁产物等可侵入血液循环中,激活宿主的多种细胞和体液免疫系统,产生体液因子和内源性炎症介质,作用于机体的各种器官和系统,影响组织细胞的微循环灌流,导致组织细胞缺血缺氧、代谢紊乱和功能障碍,严重时导致多器官功能衰竭。

感染性休克对机体的影响极为广泛,微循环障碍是其关键的病理生理改变,因此,应重点观察微循环及血流动力学的异常。其主要观察指标:① 管径:可用目镜测微器测量微细动脉与静脉的管径大小;② 流速与流态：正常时，细胞流动状态呈直线状或带状；微循环障碍时，血液流速显著减慢，血细胞流动状态由正常的直线状变为断线状或虚线状，或者变为粒状和絮状，甚至在微血管中出现流动的微小血栓；③ 颜色：正常血细胞的颜色为鲜红色，微循环障碍时可出现暗红色。

休克是一个严重的病理过程，应根据病情变化，制订相应治疗方案。首先，要补充血容量，恢复足够的循环血量；其次，应用抗菌药物，处理原发感染灶，控制感染；再次，通过加入碳酸氢钠溶液，纠正酸中毒；最后，应用血管活性药物。血管活性药物主要包括血管扩张药和血管收缩药。常用的血管扩张药物有酚妥拉明和山莨菪碱(654－2)。酚妥拉明为α受体阻滞剂，可解除内源性去甲肾上腺素所引起的微血管痉挛和微循环淤滞，并增强左心室收缩力，从而使心输出量增加，改善休克状态。654－2是M受体阻断剂，可引起外周血管舒张，阻力降低，改善微循环。缩血管药物仅提高血液灌注压，而血管管径却缩小，影响组织的灌注量，故从休克的病理生理机制而言，缩血管药物的应用是弊多利少，应严格掌握指征，在下列情况下可考虑应用：血压骤降，血容量一时未能补足，可短时期应用小剂量以提高血压、加强心缩、保证心脑血供。常用的缩血管药物有多巴胺，多巴胺能作用于α受体和多巴胺受体，通过血管收缩，增加收缩压。另外，多巴胺能舒张肾血管，使肾血流增加，也可激动心脏β受体，使收缩性增强，心输出量增加，故多巴胺对于伴有心脏收缩性减弱及尿量减少的休克效果较好。异丙肾上腺素可激动β_1受体，使心肌收缩力增强，心输出量增加，同时激动β_2受体降低动脉阻力，因而具有良好的抗休克作用。

注射大肠埃希菌或内毒素和结扎肠系膜上动脉的方法均可复制休克动物模型。本实验拟采用结扎肠系膜上动脉的方法来复制感染性休克模型。结扎肠系膜上动脉使肠系膜上动脉缺乏血液供应，造成肠系膜上动脉分布区域的血管内皮细胞损伤，引起大量大肠埃希菌入血，导致感染性休克。观察机体血流动力学和肠系膜微循环变化，并探索血管活性药对微循环的改善作用，了解正确选择治疗时期及血管活性药的重要性。

【实验材料】

实验动物：家兔2.5 kg。

实验药品：3%戊巴比妥钠，0.1%肝素，新鲜培养的大肠埃希菌，生理盐水，去甲肾上腺素，异丙肾上腺素，山莨菪碱(654－2)，2.5%酚妥拉明，0.01%多巴胺，0.01%盐酸肾上腺素。

实验器材：兔台，1 mL注射器，5 mL注射器，手术器械，动脉插管装置，静脉输液装置，微循环观察显微镜，水银灯，38℃生理盐水，新纱布，BL－420生物信号采集处理系统，BI－2000医学图像分析系统。

【实验方法与步骤】

(1) 称重、麻醉、固定与备皮：取家兔称重，耳缘静脉注射3%戊巴比妥钠1 mL/kg，麻醉后，采用五点法固定在兔台上，剪去颈部被毛。

(2) 手术

1) 气管插管：做颈正中切口，分离出气管，穿线备用。在甲状软骨下方第3～4个环状软骨上做一倒“T”形切口，插入“Y”字形气管插管，用线固定好。

2) 颈总动脉插管：分离一侧颈总动脉，穿双线备用。先结扎远心端，在距结扎线约2～3 cm处用小动脉夹夹闭颈总动脉近心端，然后在靠近结扎线处用眼科剪剪一“V”形切口，将连接好的动脉插管灌满肝素，插入血管内，并牢固结扎，备用。

(3) 连接装置

1) 连接气管插管与呼吸流量换能器，并将呼吸流量换能器连接到BL－420生物信号采集处理系统的通道1，设定输入信号为“呼吸”。

2) 放开颈总动脉上的动脉夹，将压力换能器连接到BL－420生物信号采集处理系统的通道2，设定输入信号为“压力”。

(4) 输尿管插管：行输尿管插管，连接尿滴记录装置，记尿量。

(5) 微循环的(直接或间接)观察：间接观察：皮肤、黏膜颜色，提起耳朵，对光透视血管口径及血流并观察球结膜血管口径及血流。

正常家兔肠系膜微循环活体镜检直接观察：剪去腹部被毛，在左腹腹直肌旁做6 cm纵行的切口，钝性分离肌肉，打开腹腔后，将卵圆孔外科肠钳伸入左下膜侧(紧贴腹前壁)，所钳出的那段小肠袢一般来说正好是阑尾末端上 8～12 cm 处的回肠袢，轻轻从腹腔拉出，平铺并固定，于恒温微循环灌流盒内以 38℃台氏液恒温灌流，用显微镜观察家兔小肠系膜微循环变化。首先在镜下根据管径粗细和血流方向区分微动脉与微静脉，静脉内血液呈暗红色。然后，连续观察毛细血管血流速度、血流量及血管内径改变。最后用微循环图像处理系统进行各项指标的定量计算。

(6) 模型复制：结扎肠系膜上动脉，1 h 后去结扎，约 30～60 min 可观察到异常的出现。同一实验室分四组做治疗观察，重点观察微循环的改善情况：毛细血管网，血液流速、血管数目及毛细血管管径。

(7) 观察：家兔正常血压为 105 mmHg(14 kPa)左右，血压降至 30 mmHg 时，相当于中度休克。当血压降至 30 mmHg(4.0 kPa)时，开始治疗性抢救。

表 12-10 感染性休克的实验观察结果记录

项目	正常状态	注射细菌后					补液	多巴胺	酚妥拉明
		30 min	60 min	75 min	90 min	120 min			
血压									
呼吸									
微循环									

(8) 治疗性抢救

治疗性抢救分组：

第一组：早期补液及扩血管。

第二组：早期补液及缩血管。

第三组：中期补液及血管活性药(扩血管药、缩血管药)。

第四组：晚期时才给予补液及血管活性药(扩血管药、缩血管药)治疗。

1) 补液：早期从静脉 90 滴/min 快速滴入 5%生理盐水 50 mL；中晚期从静脉 60 滴/min 慢速滴入低分子右旋糖苷 50 mL。

2) 纠正酸中毒：中期从静脉 20～30 滴/min 慢速滴入 2%碳酸氢钠溶液(10 mL/kg)。

3) 当血压降至 30 mmHg 并维持 20 min 左右后，静脉给予 0.01%硫酸异丙肾上腺素 0.1 mL/kg，观察各项指标的变化。

4) 扩血管：静脉滴注 654-2：2 mg 溶于 25 mL 生理盐水中，静脉滴注(30 min 输完)；或静脉滴注 2.5%酚妥拉明 0.2 mL/kg，观察各项指标的变化。

5) 晚期从静脉 60 滴/min 慢速滴入低分子右旋糖苷 50 mL。

6) 缩血管：静脉滴注甲肾上腺素：2 mg 溶于 25 mL 生理盐水中，静脉滴注(30 min 输完)；或静脉注射 0.01%多巴胺 0.1 mL/kg；也可静脉注射 0.001%异丙肾上腺素 1 mL。观察各项指标的变化。

(9) 记录动物感染性休克的各项指标

1) 实验动物的一般情况、皮肤黏膜、球结膜血管口径及血流。

2) 血压和呼吸。

3) 比较感染性休克前后，实验动物的血压和组织微循环血流的变化，记录平均动脉压、收缩压、舒张压。观察时间为 30～40 min。

4) 感染性休克家兔活体小肠肠系膜微循环图像处理观察：感染性休克后，毛细血管内径在 10 min 后开始缩小，30 min 后缩小至最小。当平均动脉压为 45±2 mmHg 后，毛细血管的血流速度和血流量随时间逐渐下降，60 min 后部分微血管内可见白细胞附壁翻滚。

【注意事项】

(1) 手术中应尽量避免疼痛，防止失血。

(2) 注意保持微循环观察区的温度及湿度，防止血流因环境原因停止。

【讨论与思考】

(1) 休克各期微循环改变的机制是什么?

(2) 选择血管活性药物改善休克的病理生理学依据是什么?

(3) 除了本实验中的救治手段,对于感染性休克还有哪些救治方法? 其病理生理学依据是什么?

【附注】

大肠埃希菌活菌及粗制内毒素的制备:将分离的大肠埃希菌接种于 50 mL 肉汤培养基中,在 37℃温箱中培养 24 h 后,取肉汤培养液 5 mL 加入到放有牛肉汤固体培养基的柯氏皿中,在 37℃培养 24 h 后,培养基表面就长出一层厚厚的菌苔,用 5 mL 无菌盐水加入柯氏皿中,反复摇晃,洗下细菌。收集含菌的盐水,摇匀后用硫酸钡标准比浊得出菌液浓度,调节菌液浓度至每毫升含 100 亿菌数,即获得活菌菌液。

粗制内毒素制备是将活菌灭活。具体方法是:将培养出的活菌菌液,在 30 磅高压下灭菌 30 min,再置于－20℃低温冰箱过夜使之冻融,以后又反复灭菌又冻融共三次,即制成粗制内毒素混悬液,放 4℃冰箱保存。

（杨　拯）

实验五十九　弥散性血管内凝血模型的复制和凝血功能异常

【实验目的】

学习家兔弥散性血管内凝血(disseminated intravascular coagulation,DIC)模型的复制,观察并掌握其病理改变,探讨其发生机制,从而寻求预防救治 DIC 的病理生理基础。

【实验原理】

DIC 是指由于某些致病因子的作用,凝血因子和血小板被激活,大量促凝物质进入血液中,凝血酶增加,进而形成大量微血栓。微血栓的形成又消耗了大量凝血因子和血小板,并使纤溶系统的功能继发性增强,从而导致机体出现严重的出血、休克、器官功能障碍和溶血性贫血等表现。

DIC 是临床上许多疾病的中间环节或并发症,虽然能够导致 DIC 的病因有很多,但其主要机制为:组织因子的释放,血管内皮细胞损伤及凝血、抗凝功能失调,血细胞的破坏和血小板激活以及某些促凝物质入血等。在另一些情况下,DIC 的发生除了其病因的作用外,一些因素也可以促进其发生,即 DIC 的诱因。常见的诱因有单核吞噬系统的损伤、肝功能障碍、血液高凝状态和微循环障碍等。DIC 的机制如图 12－1 所示。

兔脑组织浸液含有丰富的组织因子,注入家兔体内可激活外源性凝血系统,诱发 DIC,本实验即采用经耳缘静脉缓慢注入兔脑粉浸液的方法来复制 DIC 动物模型。

【实验材料】

实验动物:家兔,2.5 kg。

实验器材:小试管,“Y”形气管插管,兔台,5 cm 长塑料插管,微循环观察显微镜,水银灯,大头针,手术器械,5 mL 注射器,1 mL 注射器,计时钟,BL－420 生物信号采集处理系统,BI－2000 医学图像分析系统,压力换能器,呼吸流量换能器,HX－300 动物呼吸机。

药品与试剂:3%戊巴比妥钠,0.1%肝素,兔脑粉浸液,干净玻片,干净纱布,生理盐水。

【实验方法与步骤】

(1) 称重、麻醉、固定与备皮:取家兔称重,耳缘静脉注射 3%戊巴比妥钠 1 mL/kg,麻醉后,采用五点法固定于兔台上,剪去颈部和腹部的被毛。

(2) 手术

1) 气管插管:做颈正中切口,分离出气管,穿线备用。在甲状软骨下方第 3～4 个软骨环上做一倒“T”形

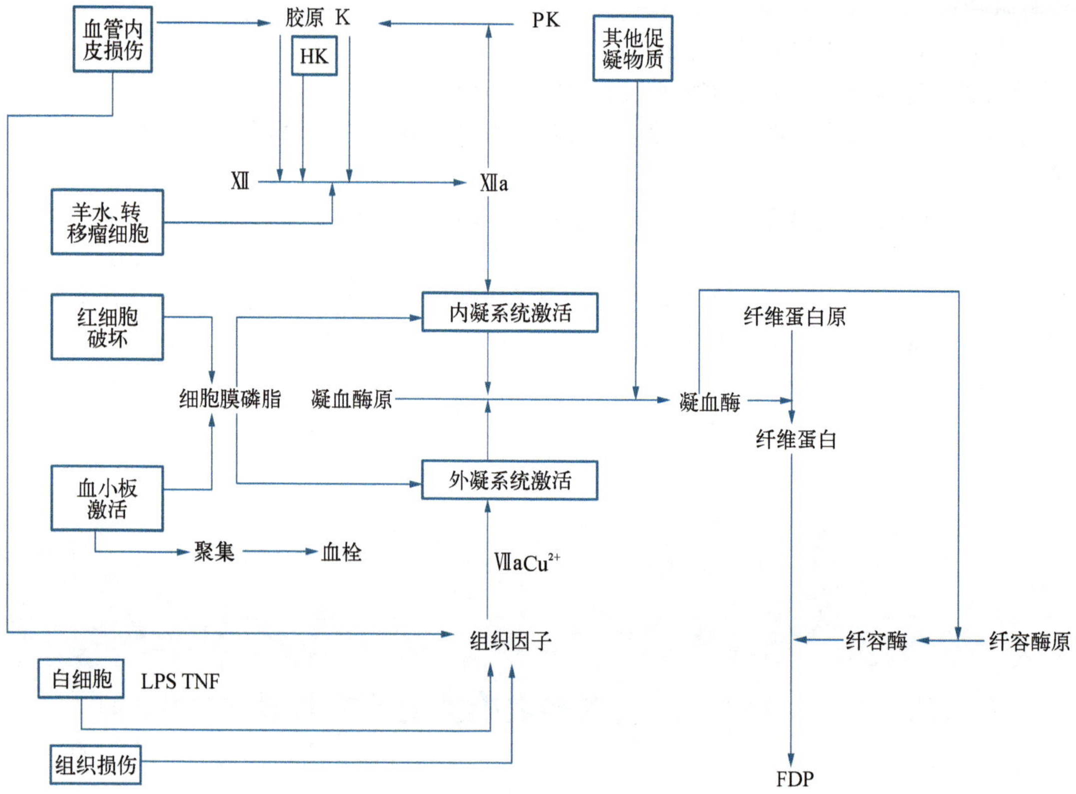

图 12-1 DIC 的发生机制

切口，插入“Y”形气管插管，用线固定好。

2）颈总动脉插管：分离一侧颈总动脉，穿双线备用。先结扎远心端，在距结扎线 2～3 cm 处用小动脉夹夹闭颈总动脉近心端，然后在靠近结扎线处用眼科剪剪一“V”形切口；将连接好的动脉插管灌满肝素，插入血管内，并牢固结扎，备用。

3）股动脉插管：分离一侧股动脉，插入灌满肝素的插管，并用动脉夹夹闭插管，以备采血。

(3) 连接实验装置

1）连接气管插管与呼吸流量换能器，并将呼吸流量换能器连接到 BL-420 生物信号采集处理系统的通道 1，设定输入信号为“呼吸”。

2）放开颈总动脉上的动脉夹，将压力换能器连接到 BL-420 生物信号采集处理系统的通道 2，设定输入信号为“压力”。

(4) 沿腹中线作一长 6～8 cm 的切口，打开腹腔。将上腹腔脏器推向右侧，于腹腔左上方找到一段游离性较好的小肠，将该段轻轻拉出腹腔，平铺在浸透 38℃生理盐水的干净纱布上。调节水银灯的光束，使斜行投照在平铺肠系膜上，选择毛细血管清晰的视野观察并记录血流情况。

(5) 从耳缘静脉缓慢注入兔脑粉浸液 2 mL，复制 DIC 动物模型，观察记录病理变化(表 12-11)。

(6) 观察项目

1）凝血时间的测定：分别于注入兔脑粉浸液后 5、10、20、30、45、60、90、120 min 测凝血时间。方法一：首先从股动脉插管处放血 1 mL(先将插管内的血液弃掉)到干净小试管中，然后将小试管放到 37℃的水浴锅中加热，前 3 min 内每隔 10 s 取出观察一次，3 min 以后则每隔 30 s 取出观察是否凝血，待血液明显凝固时停止计时，记录凝血时间。方法二：取干净小试管一支，从股动脉插管处放血 1 mL(先将插管内的血液弃掉)，立即用带有 7 号针头的注射器抽取血液少许，滴在干净玻片上，血滴直径约 5 mm，同时开始计时。每隔 10 s 用大头针朝一个方向挑拨载玻片上的血滴，待有明显血丝出现时停止计时，记录凝血时间。

2）观察肠系膜毛细血管的微循环状况。

3）观察记录呼吸和血压的变化。

（7）待家兔死亡后，解剖检查，特别注意观察肺、肠、肠系膜以及皮下的异常。

表 12－11　DIC 时动物观察项目记录表

时　间	凝血时间(min)	呼吸频率(次/min)	血压(mmHg)	微循环状况
0 min				
5 min				
10 min				
20 min				
30 min				
45 min				
60 min				
75 min				
90 min				
120 min				

【注意事项】

（1）挑动血液时，不要多方向挑动，以免出现血液不凝的假象。

（2）微循环观察视野一经选定不要移动，以防造成人为的出血性损伤。

（3）颈总动脉插管要固定好，防止滑脱；插管内要充满肝素，防止凝血堵住插管。

【讨论与思考】

（1）DIC 的发生与哪些因素有关？

（2）从 DIC 的模型中你观察到了哪些凝血机能障碍的表现，其发生机制是什么？

【附注】

兔脑粉浸液的制备：取新鲜兔脑，彻底去除血管网及脑膜，用生理盐水洗净，置于研钵中加入丙酮研磨，研磨致粥状后静置数分钟，弃掉上清液，再加入丙酮研磨，这样重复多次，直至脑组织彻底脱掉水分成为白色粉状(可放入冰箱保存)。使用前，取 0.2 g 粉末入试管，加入 5 mL 生理盐水，搅匀后以 1 500 rpm，离心 2 min，取出上清液即可使用。

（杨　拯）

实验六十　酸碱代谢平衡紊乱模型的复制和解救

【实验目的】

学习复制酸碱平衡紊乱的动物模型，观察酸碱平衡紊乱发生发展过程，包括对机体的影响，血气、血氧指标变化，熟悉代偿预计值的计算方法。

【实验原理】

酸碱平衡紊乱是临床常见的基本病理过程，一旦病人出现酸碱平衡紊乱，不仅会加重原有疾病，而且使诊断与治疗问题更为复杂化。利用血气分析仪，能够直接测定血液的 pH、PCO_2、PO_2，AB、SB、BB、BE 等酸碱指标，并通过计算代偿预计值，对疾病过程中酸碱平衡紊乱的类型有个初步的判断。本实验设计以疾病模型为基础，复制酸碱平衡紊乱病理过程中的发生发展过程，较接近临床实际情况，通过结合不同药物等处理措施的应用，利于进行酸碱平衡紊乱的实践认识。

本实验通过不完全窒息使家兔的呼吸阻力增加，致使 CO_2 排出受阻，血浆中[H_2CO_3]原发性升高而发生呼吸性酸中毒；通过耳缘静脉向体内输入过量的盐酸或碳酸氢钠溶液，使体内的酸或碱的负荷急剧增加，以发生代谢性酸中毒或碱中毒甚至混合型酸碱平衡紊乱。

【实验材料】

实验对象：健康家兔，体重 2.0～2.5 kg，雌雄不拘。

实验器材：常规动物手术器械一套，兔手术台及兔头固定器，呼吸换能器，血气分析仪，气管套管，10 mL、30 mL、2 mL、1 mL 注射器，4 号、6 号及 9 号针头数个，橡皮块数小块。

药品与试剂：1%普鲁卡因、1%肝素、0.1 mol/L 盐酸、5%碳酸氢钠。

【实验方法与步骤】

(1) 麻醉固定：取三只家兔，分三组实验。家兔称重后仰卧固定于兔手术台上。剪去颈前部被毛。用 1%普鲁卡因 6～8 mL 沿颈部正中线做局部浸润麻醉后，进行颈部手术。

(2) 颈部手术

1) 气管插管：在甲状软骨下纵行切开颈正中皮肤，切口为 6 cm 左右，分离出气管并在其下穿一线备用；于甲状软骨下方 1 cm 处的两软骨环之间，剪一倒“T”形切口，将“Y”形气管插管由切口向心脏方向插入管腔，用粗线缚紧固定。

2) 颈总动脉插管：用组织钳分离一侧颈总动脉约 3 cm 长，在其下穿两根线备用；取动脉插管，将其针座端与 2 mL 注射器相连，抽取 2 mL，1%肝素并充满插管，排出气泡备用。将颈总动脉远心端用线结扎紧，靠其近心端处用动脉夹夹闭，在紧靠远心端结扎线处用眼科剪与颈总动脉呈 45°角剪一小斜口(斜口占 1/4～1/3 的管径即可)，小心地向动脉腔内插入充有肝素的动脉插管，用线将血管连同插管一起缚紧，然后再用远心端结扎线在插管上再次打结固定一次，以防插管脱落。

(3) 动脉取血：颈总动脉采血前先记录实验前各项指标，记录其频率；颈总动脉取血，测定各项血气指标及酸碱参数。用装有针头的 1 mL 注射器吸取少量肝素，将管壁浸润后推出，要使注射器死腔和针头内都充满肝素；取下针头，再取下与动脉插管相连的 2 mL 注射器，打开动脉夹，弃去最先流出的 2～3 滴血液后，使 1 mL 注射器与动脉插管的针座端紧密相连，吸取 1 mL 的动脉血，重新夹闭动脉夹，拔出 1 mL 注射器并立即套上原针头，迅速排出可能有的气泡后用小橡皮块封闭针头；最后将 2 mL 注射器重新与动脉插管相结，再次打开动脉夹，并向插管内推入肝素使插管内的余血推回到体内，让插管内用肝素充盈后，夹闭动脉夹。

(4) 实验分组

1) 复制急性呼吸性酸中毒：在气管套管的侧管乳胶管上刺入两个干燥的 9 号针头，然后用组织钳夹闭乳胶管末端，造成动物不完全窒息，持续 10 min 左右，在窒息过程中注意观察并及时记录各观察指标的变化，在解除窒息前，取出动脉血测定各酸碱指标。

2) 复制代谢性酸中毒并进行治疗：经耳缘静脉匀速推入 0.1 mol/L 盐酸(10 mL/kg 体重计算)，注完药后，间隔 10 min，取血测定各酸碱指标；在此过程中注意观察并及时记录各观察指标的变化。

取 5%碳酸氢钠(按 1.5 mL/kg 体重)从耳缘静脉匀速推入，以纠正代酸；注完药后，间隔 10 min，再取血测定各酸碱指标。

3) 复制代谢性碱中毒：自耳缘静脉匀速推入 5%碳酸氢钠溶液(按 5 mL/kg 体重)，注意观察呼吸变化、有无抽搐现象及口唇颜色的变化。推注完药后，间隔 10 min，再取血测定各酸碱指标。

(5) 观察项目：呼吸(频率、幅度)，皮肤，黏膜及血液的颜色，pH，PCO_2，PO_2，AB、SB、BB、BE 等酸碱指标。注意观察实验前、实验中、实验后的表现。

【注意事项】

(1) 应隔绝空气并及时有效的排出动脉取血中的气泡，否则对酸碱参数有影响。

(2) 在捉拿动物时动作要轻，操作过程中也应尽量减轻对动物的刺激，以免引起过度通气。

(3) 如动物因手术切口疼痛而挣扎时，可在创面上滴加少量 1%普鲁卡因。

(4) 每个模型复制前一定要取一次血做血气分析作为实验前的指标。

【讨论与思考】

(1) 总结实验中各酸碱指标的变化特点及其规律，分析其变化的发生机制。

(2) 能反映[HCO_3^-]变化的指标有哪些？测定[HCO_3^-]对诊断酸碱平衡紊乱有何意义？

(3) 结合实验说明引起代谢性酸中毒的常见原因和机制是什么？纠正代谢性酸中毒的药物治疗原则是什么？

(4) 临床上引起呼吸性酸中毒的主要原因是什么？为什么说呼吸性酸中毒对机体的影响比代谢性酸中毒更为严重？

(章　乐)

实验六十一　糖尿病模型的复制以及胰岛素的降血糖作用

【实验目的】

学习复制糖尿病模型的动物模型，观察胰岛素的降血糖作用，包括胰岛素对机体的影响。

【实验原理】

糖尿病是由于胰岛β细胞破坏，胰岛素分泌减少，导致胰岛素绝对或者相对不足，引起体内糖、脂肪、蛋白质、水、盐等代谢紊乱的疾病。人类糖尿病分型主要有：① 胰岛素依赖型糖尿病(insulin dePendent diabetes mellitus，IDDM)，又称Ⅰ型糖尿病，由于胰岛β细胞破坏，胰岛素分泌减少(绝对缺乏胰岛素)所致体内糖、脂肪、蛋白质、水盐等代谢紊乱；② 非胰岛素依赖型糖尿病(non-insulin dePendent diabetes mellitus，NIDDM)，又称Ⅱ型糖尿病，由于机体对胰岛素反应低下(相对缺乏)导致体内代谢紊乱；③ 其他类型。Ⅰ型和Ⅱ型糖尿病都是由于遗传因素与环境因素共同作用而发病的。

糖类是人类的主要供能物质，人体内主要的糖类是糖原(储存形式)和葡萄糖(运输形式)。正常人空腹时血液中的葡萄糖浓度(以下简称血糖浓度)一般为3.89～6.66 mmol/L。测定血糖浓度的方法有多种，邻甲苯胺法为常用的一种，其原理为葡萄糖在热的酸性溶液中与邻甲苯胺缩合反应生成蓝色。因此根据其颜色的深浅不同，用分光光度计测定起光密度可知血糖浓度。另外，可用血糖仪直接测量血糖。

胰岛素是促进合成代谢、调节血糖浓度稳定的主要激素。胰岛素能促进组织、细胞对葡萄糖的摄取和利用、加速葡萄糖合成糖原贮存于肝和骨骼肌中，并抑制糖异生，促进葡萄糖转变为脂肪贮存于脂肪组织，导致血糖浓度下降。胰岛素缺乏时血糖浓度升高，如果超过肾糖阈，在尿中容易出现尿糖。调节胰岛素分泌的最重要因素是血糖浓度：当血糖浓度升高时胰岛素分泌明显增加，从而促进血糖浓度降低；血糖浓度下降至正常时，胰岛素分泌也迅速恢复到基础水平。胰岛素已由人工提取获得而成为药物，临床主要用于治疗Ⅰ型糖尿病。注射给药(如皮下注射)吸收快，半衰期为9～10 min，作用可维持数小时。

应用过度胰岛素可导致不良反应，甚至中毒。如可引起低血糖症，患者出现饥饿感、出汗心跳加快、焦虑、震颤等症状，严重者血糖浓度下降过快，细胞外液水分向高渗的细胞内转移，导致或加重脑水肿，引起昏迷、惊厥、休克，甚至脑损伤及死亡。为防止低血糖症的严重后果，应让患者熟知胰岛素的不良反应，以便及早发现和采取预防措施，如摄食或饮用糖水等。严重者应立即静脉注射50%葡萄糖，补充血糖至正常水平。

链脲霉素(STZ)化学名称为2-deoxY-2(3-methyl-3-nitrosoureido)D-glucoPyranose，其结构中的亚硝基脲结构具细胞毒作用，去氧葡萄糖部分使之易于进入β细胞。STZ的α异构体有较高的毒性，可能是由于其与β细胞膜上的葡萄糖受体有较高亲和力。如果移去葡萄糖部分，则对β细胞的特异毒性明显减少。STZ通过自由基(如CH3·)损伤β细胞，使细胞内胰岛素合成受损，造成胰岛素缺乏。一次注射STZ可致β细胞坏死而无胰岛炎，若以小剂量STZ连续给动物注射，可产生胰岛炎及相关的糖尿病，后者涉及T细胞参与的自身免疫机制，这是STZ与四氧嘧啶作用的重要不同点。

四氧嘧啶化学名称为2，4，5，6－tetraoxohexahydroPyrimidine，是胰岛β细胞毒剂，通过产生超氧自由基而破坏β细胞，使细胞内DNA损伤，并激活多聚ADP核糖体合成酶[Poly-ADP-ribosome synthetase]活性，从而使辅酶Ⅰ(nicotinamide adenine dinucleotide NAD)含量下降，导致mRNA功能受损，β细胞合成前胰岛素减少，导致胰岛素缺乏。但四氧嘧啶对豚鼠无毒性作用，后者β细胞内缺乏锌，因此有人设想，四氧嘧啶的作用与干扰锌的代谢有关。四氧嘧啶引起的血糖反应分3个时相，开始血糖升高，持续约2 h，可能由于肝糖原分解，继而因β细胞残存的胰岛素释出引起低血糖约6 h，注射12 h后，开始持久的高血糖状态。

一、糖尿病模型的复制

【实验材料】

实验动物：家兔2.5 kg。

实验器材：10 mL试管，试管架，5 mL离心管，离心机，0.5 mL和5 mL吸管，恒温水浴箱，1 mL和2 mL注射器，分光光度计，呼吸流量换能器，压力换能器，血糖仪，BL－420生物信号采集处理系统，HX－300动物呼吸机。

实验药品：胰岛素，葡萄糖标准液，蒸馏水，链脲霉素，四氧嘧啶。

【实验方法与步骤】

1. *链脲霉素法* 将链脲霉素(STZ)溶于0.1mol/L柠檬酸缓冲液(pH 4.5)中，临用前配制，不同动物种属所用剂量差异大。大鼠常用量为60～80 mg/kg(静注或腹腔注射)，小鼠为100～200 mg/kg(静注或腹腔注射)。注射STZ后72 h，血糖可稳定升高，动物有三多症状(多食，多饮，多尿)，此时测其血糖(葡萄糖氧化酶法)，在11.1 mmol/L以上即可选用。给小鼠连续5 d注射小剂量STZ(35～40 mg/kg)，1～2周后可引起胰岛炎，雄性更敏感。

2. *四氧嘧啶法* 四氧嘧啶易溶于水，但极不稳定，应在临用前配制。根据动物的敏感性及给药途径不同，剂量各异。可参考表12－12。注射四氧嘧啶72 h后，血糖可稳定升高，动物有三多症状，测其血糖在11.1 mmol/L以上者可选用。

表12－12 四氧嘧啶参考剂量

动 物	剂量(mg/kg)	途 径
犬	50～75	静注
兔	150～200	静注
大白鼠	150～200	腹腔注射
大白鼠	40～60	静注
小鼠	200	腹腔注射
小鼠	85～100	静注

【注意事项】

(1) 动物禁食，对四氧嘧啶诱发高血糖较为敏感。

(2) 静脉注射四氧嘧啶几小时内，有些动物(如家兔)有低血糖反应，甚至死亡，必要时静脉注射葡萄糖急救。

(3) 动物注射四氧嘧啶形成高血糖30 d以后，少数动物的高血糖有所缓解，是由于动物的胰腺腺泡细胞增殖并转化β细胞所致。

(4) 小鼠或大鼠注射STZ形成高血糖30 d以后，少数动物的高血糖有所缓解，这是由于动物的胰腺腺泡细胞有增殖并转化为β细胞所致。

(5) 四氧嘧啶与链脲霉素特性的比较见表12－13。

表 12－13　四氧嘧啶与链脲霉素特性的比较

	四氧嘧啶	链脲霉素
最有效途径	静注	静注/(腹腔注射)
半衰期(min)	1.0	15.0
空腹时升血糖	敏感性加强	很少影响
加强升血糖效应	低血糖	未知
抗升血糖物质		
葡萄糖	+++	+
烟酸	++	－
烟酚胺	+++	+++
3-氧-甲基葡萄糖	++++	++++
2-脱氧葡萄糖	－	++
谷光甘肽	++++	－
超氧歧化酶	⩾+	⩾+
D-甘露糖	+	－

二、胰岛素的降血糖作用

【实验材料】

实验动物：家兔 2.5 kg，雌雄不限。

实验器材：10 mL 试管，试管架，5 mL 离心管，离心机，0.5 mL 和 5 mL 吸管，恒温水浴箱，1 mL 和 2 mL 注射器，分光光度计，呼吸流量换能器，压力换能器，血糖仪，BL－420 生物信号采集处理系统，HX－300 动物呼吸机。

试剂与药品：胰岛素，葡萄糖标准液，蒸馏水和 10%邻甲苯胺试剂。

【实验方法与步骤】

(1) 称重、麻醉、固定与备皮：取家兔(禁食不禁水 12～24 h)称重，耳缘静脉注射 3%戊巴比妥钠 1 mL/kg，麻醉后，采用五点法固定在兔台上，剪去颈部被毛。

(2) 手术

1) 气管插管：做颈正中切口，分离出气管，并穿双线备用。在甲状软骨下方做一倒“T”形切口，插入“Y”形气管插管，用线固定好。

2) 颈总动脉插管：分离一侧颈总动脉，穿双线备用。先结扎远心端，在距结扎线 2～3 cm 处用小动脉夹夹闭颈总动脉，然后在靠近结扎线处用眼科剪剪一“V”形切口，将连接好的动脉插管灌满肝素，插入血管内，并牢固结扎，备用。

(3) 连接装置

1) 连接气管插管与呼吸流量换能器，并将呼吸流量换能器连接到 BL－420 生物信号采集处理系统的通道 1，设定输入信号为“呼吸”。

2) 放开颈总动脉上的动脉夹，将压力换能器连接到 BL－420 生物信号采集处理系统的通道 2，设定输入信号为“压力”。

(4) 实验观察(本实验采取邻甲苯胺法)

1) 先描记正常呼吸和血压曲线。

2) 自耳缘静脉或心脏取血 1 mL 左右，注入离心管内，片刻后用竹签剥离离心管内周围血液，以 3 000 rpm离心 10 min，取上清用于测定正常血糖浓度。

3) 按下列次序给药：在兔皮下 3 次(每隔 1 h)分别注射胰岛素 1～2 U/kg，每隔 1 h 取血 1 次，共取血 6 次。将血液分别置于离心管内，以 3 000 rpm 离心 10 min，离心后之上清液即可供测定用。

4) 取试管 9 支(测定管 7 支，分别加入正常和给胰岛素后 1 h、2 h、3 h、4 h、5 h、6 h 的血清；标准管和空白管各 1 支)按表 12－14 加入试液。

表 12－14 比色液的配制

	测定管(mL)	标准管(mL)	空白管(mL)
血清	0.1	—	—
葡萄糖标准液	—	0.1	—
蒸馏水	—	—	0.1
10%邻甲苯胺液	5	5	5

5) 将试液充分混匀后置于沸水中煮沸 10 min，取出冷却 3 min。用光电比色计或分光光度计在半小时内比色，记录各管光密度，计算全血每 100 mL 内所含葡萄糖的毫克数。

$$血糖浓度(mg/dl)=\frac{测定管光密度}{标准管光密度}\times 100$$

然后换算为 mmol/L，换算关系为：10.055 5 mg/ L=1 mmol/L。

(5) 将观察结果记录在表 12－15 中。

表 12－15 实验结果

时间	正常			糖尿病			给胰岛素后		
	呼吸	血压	血糖	呼吸	血压	血糖	呼吸	血压	血糖
5 h									
1 h									
5 h									
2 h									
5 h									
3 h									

(6) 根据实验结果绘制时间(h)与血糖浓度(mmol/L)坐标图。

【注意事项】

(1) 压力换能器的零点应与动物心脏在同一个水平面上。

(2) 分离动脉时应钝性分离；动脉插入前，应将压力换能器的压力调至 100～120 mmHg。

(3) 邻甲苯胺为浅黄色油状体，若显红棕色宜重蒸馏，收集 191～201 mL 蒸馏出微黄色液体，蒸馏时弃去首尾部分。

(4) 煮沸时水面需较试管内水面为高，以免温度不均而影响比色。

(5) 分光光度计用 0.5 cm 光径比色杯，若用光电比色计用 65 号滤光片。

(6) 若用分光光度计比色，上述血清、葡萄糖标准液、蒸馏水则各 0.05 mL，10%邻甲苯胺试剂取 2.5 mL。

三、胰岛素的过量反应及其解救

【实验材料】

实验动物：小鼠。

实验器材：10 mL 试管，试管架，5 mL 离心管，离心机，0.5 mL 和 5 mL 吸管，恒温水浴箱，1 mL 和 2 mL 注射器，分光光度计，呼吸流量换能器，压力换能器，BL－420 生物信号采集处理系统，HX－300 动物呼吸机。

试剂与药品：胰岛素，葡萄糖标准液，蒸馏水。

【实验方法与步骤】

本实验采取邻甲苯胺法。取禁食不禁水 12～20 h 的小鼠 2 只，称重。1 只腹腔注射胰岛素 1 U/g，另 1 只腹腔注射等容量 0.9%氯化钠注射液作对照。然后将两只小鼠装入烧杯内并放入 37℃左右的水浴恒温箱内，观察小鼠有何反应。当小鼠出现惊厥时(注射胰岛素的小鼠为 20～30 min)，迅速将其取出，把预先准备好的 25%葡萄糖 0.5～1.0 mL 立即腹腔注射，观察小鼠行为又有何变化。

【注意事项】

(1) 禁食条件一致，禁食后小鼠体重应在 20 g 以上。

(2) 小鼠放入恒温箱后应在 15 min 内达到所需温度，升温太慢会影响反应率。

(3) 应选择安静和光线柔和、均匀的场所实验，因为声、光等外来刺激能增加小鼠对胰岛素的敏感度。

【讨论与思考】

注射胰岛素的小鼠为何产生惊厥，有何临床意义？

【附注】

(1) 10%邻甲苯胺试剂的配制：在 700 mL 二醇中加入 150 g 柠檬酸，于水浴中加热搅拌使之溶解，冷却加 1.5 g 硫脲，待硫脲溶后加入 100 mL 邻甲苯胺，再用二醇稀释至 1 000 mL，贮存在棕色瓶中备用。

(2) 葡萄糖标准液的配制：贮存液（1 mL＝10 mg）：称取 10 g 干燥无水葡萄糖放入 1 000 mL 容量瓶内，以 0.2%苯甲酸溶液加至刻度处。应用液（1 mL＝10 mg）：取贮存液 100 mL 放入 1 000 mL 容量瓶内，用 0.2%苯甲酸溶液稀释至刻度处。

（杨　拯）

实验六十二　药物对动物血流动力学的影响

【实验目的】

通过本实验学习心导管插管术及主动脉血流的测量方法；记录正常左室泵功能指标；观察药物及一些因素对犬血流动力学的影响。

【实验原理】

血流动力学是研究有关血液流动的压力、流阻、流量以及三者的相互关系。血流动力学的研究方法是评价心脏泵功能及心血管药药理研究的基本手段。常用的血流动力学一级指标有：血压、左室内压、左室内压的变化速率、主动脉流量及心电图等。

本实验采用动脉和左心室插管术及电磁流量计法，同步记录动脉血压、主动脉血流、左心室内压和心电图，根据血流动力学二级指标计算方法，获取血流动力学系列指标。

部分血流动力学指标的意义：

(1) 左室内压（LVP）：代表等容收缩期左心室内压的变化，当前后负荷升高或心肌收缩力加强时左室内压上升。

(2) 左室内压的变化速率（dP/dt）：在一定程度上反映心肌收缩性能。最常用的是左室内压最大上升速率（dP/dt_{max}）与舒张期左室内压最大下降速率（$-dP/dt_{max}$）。dP/dt_{max}对各种变力性干预十分明显，但在一定程度上受心率及前后负荷的影响并与其正相关。$-dP/dt_{max}$反映心肌舒张时收缩成分延长的最大速率，也是测定心肌舒张功能最常用的指标之一。

(3) 左室做功与心脏指数：反映心肌收缩性能，前、后负荷三者综合表现。

(4) T 值（$t-dP/dt_{max}$）：$t-dP/dt_{max}$与外周阻力呈正相关，$t-dP/dt_{max}$值缩短除心肌收缩力加强和心率加快外，还可因外周阻力降低引起。

(5) 舒张末压（LVEDP）：代表左室前负荷，是分析心功能的重要参数。一般在±10 mmHg 以内。

(6) 血压：影响因素较多，比较复杂。

血流动力学部分二级参数的推导：

血流动力学二级参数可根据直接测到的一级参数导出。其计算公式如下：

(1) 心输出量（L/min）＝心率（次/min）×每搏主动脉流量（L/搏）

(2) 心脏指数[L/(min·m^2)]=心输出量(L/搏)/体表面积(m^2)

(3) 心搏指数[L/(次· M^2)]=心脏指数[L/(min·m^2)]/心率(次/min)

(4) 左室作功=心脏指数[L/(min·m^2)]×血液比重×[(主动脉血压 mmHg−左房平均压 mmHg)×13.6]/1 000

(5) 总血管阻力(mmHg·s/L)=血压(mmHg)/心输出量(L/60 s)

(6) $t-dP/dt_{max}$(ms): 左室开始收缩至左室内压上升速率峰值时间。体表面积(m^2)=[体重(kg)]$^{2/3}$×0.11;血液比重可查表;左房平均压为 5 mmHg。

【实验材料】

实验动物: 杂种犬 10~12 kg,家兔 2.5 kg。

实验器材: BL-410 生物信号采集系统,MFV-3000 电磁流量计,哺乳类动物急性手术器械,心导管,BI-2000 医学图像分析系统,压力换能器,呼吸流量换能器,HX-300 动物呼吸机等。

实验药品: 3%戊巴比妥钠,0.1%肝素生理盐水,1∶10 000 肾上腺素溶液,1∶10 000 去甲肾上腺素溶液,纯 N_2 气囊,心得安注射液等。

【实验方法与步骤】

(1) 称重、麻醉、固定和备皮: 取家兔称重,耳缘静脉注射 3%戊巴比妥钠 1 mL/kg,麻醉后,采用五点法固定在兔台上,剪去颈部、左胸部及腹股沟处的被毛。

(2) 手术

1) 气管插管: 做颈正中切口,分离出气管,并穿线备用。在甲状软骨下方第 3~4 个环状软骨上做一倒"T"形切口,插入"Y"形气管插管,用线固定好。

2) 颈总动脉插管: 分离一侧颈总动脉,穿双线备用。先结扎远心端,在距结扎线约 2~3 cm 处用小动脉夹夹闭颈总动脉,然后在靠近结扎线处用眼科剪剪一"V"形切口,将连接好的动脉插管灌满肝素,插入血管内,并牢固结扎,备用。

3) 心室内插管: 把动脉插管向左心室内插管 3~5 cm,并记录左心室内压。

(3) 连接装置

1) 连接气管插管与呼吸流量换能器,并将呼吸流量换能器连接到 BL-410 生物信号采集系统的通道 1,设定输入信号为"呼吸"。

2) 放开颈总动脉上的动脉夹,将压力换能器连接到 BL-410 生物信号采集系统的通道 2,设定输入信号为"压力"。

(4) 切开一侧腹股沟处的皮肤,分离出股动脉、股静脉,穿线,以备插管测量血压和输入液体。左侧胸部第 4~5 肋间横向切开皮肤,分离肌肉。用开胸器撑开胸腔切口暴露心脏,开动呼吸机行正压人工呼吸。

(5) 纵向剪开心包膜,做心包床。仔细分离升主动脉根部并放置适宜内径的电磁流量计探头。

(6) 心电图连接: 四肢连接心电导联电极: 右上肢—负极(蓝)、左下肢—正极(红)、右下肢—地线(黑)。记录Ⅱ导联心电图。心电图连接入第 3 通道,选择"心电"。

(7) 连接换能器和心电导线等,并按实验要求设置相应的数据采集参数及其他实验参数。

(8) 观察

1) 手术全部结束 10~15 min 后,记录呼吸、心电图、血压、左室内压、左室内压的微分和主动脉流量,作为正常对照。

2) 静脉注射 1∶10 000 肾上腺素 0.1 mL/kg,观察上述指标的变化。

3) 肾上腺素作用消失后,再次记录上述指标,作为下一个观察项目的前对照。

4) 静脉注射 1∶10 000 去甲肾上腺素 0.1 mL/kg,观察上述指标的变化。

5) 重复步骤 3。

6) 吸入纯 N_2 气,观察上述指标的变化,待缺氧出现时停止吸入纯 N_2 气。

7) 重复步骤 3。

8) 静脉注射 1∶1 000 心得安,0.3 mL/kg,观察上述指标的变化。

9) 实验观察结束后，使用 BL-420 生物信号采集处理系统处理实验结果，整理实验数据。

【注意事项】

(1) 手术要仔细、柔和，尽量不要损伤小血管，若发生出血要迅速止血。分离动物的股静脉时，更要细心柔和，否则静脉塌陷，难以插管。狗的皮肤易出血，可用电烧灼器止血。

(2) 呼吸对血压影响很大，应注意呼吸量和呼吸频率，狗呼吸频率为 20～24 次/min。

(3) 导管及换能器的腔体内空气必须排尽，微小气泡的存在都将影响到血压及室内压波动图。测量之前必须确定换能器的参考零点，常以大气作为参考零点。

(4) 当导管插入过深，管口碰在左室壁上时则出现低平方波或直线，应将导管退出少许。当通道显示动脉血压波形，但导管不能顺利通过主动脉瓣时，可快速抖动右手所持导管并向前插，往往可获得成功。

(5) 应选择钩形探头。选择直径适当的钩形探头是用电磁流量计法取得准确结果的重要条件。必须保持探头与血管紧密接触，结果才准确。故实验一般选用比血管外径小 5%～10%的探头。

(6) 探头的浸泡：为保证探头有良好的传导性，应用前应将选好的探头浸泡在生理盐水中至少 30 min，新探头必须浸泡 2 h。

【讨论与思考】

影响心输出量的因素有哪些？评价心肌收缩性能与舒张性能的指标有哪些？

（杨 拯）

实验六十三 肝药酶的诱导剂、抑制剂对小鼠肝脏的影响

【实验目的】

掌握肝脏匀浆中细胞色素 P_{450} 含量的简易测定方法；了解肝药酶的诱导剂、抑制剂的作用。

【实验原理】

药物在体内的代谢方式最重要的有氧化、还原、水解和结合，主要在肝脏内进行。在肝细胞微粒体内有 1 个氧化还原的酶系统，由多种水解酶和结合酶组成。这个酶系统在生理情况下，可以促进生理活性物质的灭活和排泄，另一方面也可以促进药物代谢，所以又叫药酶，酶是一种蛋白质，它在体内起催化作用，生物体内的任何代谢都离不开酶的参与。而肝药酶是生物体内一种重要的代谢酶，能代谢药物与高酯溶性食物的酶系统。大多数药物都是经肝药酶代谢的。所以对肝药酶有影响的药物，也会影响到药物的代谢。凡能诱导肝药酶，促使药酶的活性和数量提高，加速代谢，使血药浓度下降，作用与毒性都下降的称肝药酶诱导剂，如巴比妥类(苯巴比妥为最)、卡马西平、乙醇(嗜酒慢性中毒者)、氨鲁米特、灰黄霉素、氨甲丙酯、苯妥英、格鲁米特、利福平、磺吡酮(某些情况下起酶抑作用)等；凡能抑制肝药酶，促使药酶的活性和数量下降，抑制代谢，使血药浓度升高，作用与毒性都增加的称肝药酶抑制剂，如别嘌醇、乙胺碘呋酮、氯霉素、氯丙嗪、西咪替丁、环丙沙星、右丙氧芬、地尔硫卓、乙醇(急性中毒时)、红霉素、丙米嗪、异烟肼、酮康唑、美托洛尔、甲硝唑、咪康唑、去甲替林、口服避孕药、羟保泰松、奋乃静、保泰松、伯氨喹、普萘洛尔、奎尼丁、丙戊酸钠、磺吡酮、磺胺药、硫利达嗪、甲氧苄啶、维拉帕米等。其临床意义是如果酶促剂或酶抑剂与可被肝药酶代谢的药物合用时，剂量应适当的加减。

细胞色素 P_{450} 是肝脏混合功能氧化酶系(MFO)的主要成分，在内源性和外源性化合物的生物转化中起重要作用。细胞色素 P_{450} 是药酶中的一种多功能氧化还原酶，它可以使药物的烃基及芳香基羟化，使硝基及偶氮化合物还原成氨基，因它的一氧化碳结合物的吸收光谱高峰在 450 nm 处，故叫 P_{450}。P_{450} 属于血红素蛋白，其还原型与 CO 结合后，在波长 450 nm 处出现吸收峰。因此，可以应用分光光度计测定其含量。肝脏匀浆样品中通以 CO 后，加还原剂连二亚硫酸钠($Na_2S_2O_4$)，然后在 450 nm 和 490 nm 处测定光吸收值，其差值代入公式，即可计算出细胞色素 P_{450} 的含量。

【实验材料】

实验动物：小鼠(昆明种)。

实验器材：玻璃匀浆器，漏斗，10 mL 试管数只，滤纸，10 mL 移液管数只，冰盒，扭力天平，分光光度计，制冰机等。

药品与试剂：生理盐水(NS)，0.75%苯巴比妥钠，5%四氯化碳，0.8%氯霉素，蔗糖溶液 0.25 M，Tris-HCl(三羟甲基氨基甲烷/盐酸)缓冲液，花生油(或玉米油)连二亚硫酸钠。

【实验方法与步骤】

(1) 取体重相近的小鼠 4 只，分组，称重，编号。

(2) 在实验前 48 h，1～3 号鼠分别依次腹腔注射生理盐水 10 mL/kg、0.75%苯比妥钠 0.1 mL/10 g、5%四氯化碳 0.1 mL/10 g。

(3) 实验前 1 h，第 4 只小鼠腹腔注射 0.8%氯霉素溶液 0.1 mL/10 g。

(4) 断头放血：于第 3 天(实验当日)将小鼠断头放血(须放净，因血红素会影响实验结果)。

(5) 制备肝匀浆：将 0.25 mol/L 的蔗糖溶液和 0.05 mol/L Tris-HCl 缓冲液置于冰块中预冷；剪下肝脏(不得少于 400 mg；勿破坏胆囊；以滤纸吸去血迹)；扭力天平称重(垫锡纸；每次加样或加减法码时必须关上天平)；将肝组织置于匀浆器中，加入预冷后的 0.25 mol/L 蔗糖，0.5 mL/100 mg 肝组织；冰浴下研磨，直至组织变为淡粉色匀浆；取此匀浆液 1 mL，加入预冷后的 0.05 mol/L Tris-HCl 缓冲液 9 mL，充分混匀；冰浴下充以 CO，1～2气泡/s，通气 2 min。

(6) 通气完毕的溶液，倾入 2 个比色杯中，一个作为参照杯，另一个作为样品杯。向样品杯中加入连二亚硫酸钠 5 mg，充分混匀。参照杯调零后，在 450 nm 和 490 nm 处测定样品杯的吸光度。

(7) 实验结果

1) 计算 P450 含量。

P450(nmol/g 肝脏)=[(A450−A490)/ E×L] ×50 000

(A=E×C×L)

E：P450 表示从 490 nm 到 450 nm 波长范围，本实验中 E=104/(cm · mmol · L)

L：比色杯厚度(光路长度)1 cm

C：溶液浓度

A：吸光度：1)根据所测得的 OD 值计算 P450 的含量。将结果填入下表，并计算均数。

表 12-16 细胞色素 P_{450} 含量

四氯化碳			生理盐水			苯巴比妥钠			氯霉素		
A450	A490	P450	A450	A490	P450	A450	A490	P450	A450	A490	P450
	Mean±SD			Mean±SD			Mean±SD			Mean±SD	

2) 计算 P450 升高百分率：(Pheno−N. S.)/ N. S. ；或 P450 降低百分率：(N. S. − A. D.)/ N. S. 。

【注意事项】

(1) 操作要快(为了保护酶的活性)。

(2) 冰浴(为了保护酶的活性)。

(3) 血要放尽(P450 为血红素蛋白；血红素影响 P450)。

(4) 胆红素会影响 P450 的测定。

(5) 通 CO 的速度不能过快或过慢。

(6) 肝组织研磨到由血红色变成粉白色为止。

(7) 分光光度计上比色时，先测 A. D. ，再测 N. S. ，最后测 Pheno。

【讨论与思考】

(1) P450 在药物代谢转化中的作用是什么?

(2) 肝药酶诱导剂与抑制剂的临床意义是什么?

(3) 药物的耐受和交叉耐受与肝药酶有何关系?

(4) 联合用药应注意哪些问题?

(杨 拯)

实验六十四 心血管活动调节及尿生成的影响因素

【实验目的】

观察和验证心血管活动的神经体液调节机制,了解和掌握哺乳动物急性实验技术以及动脉血压的直接测量方法。通过兔尿生成影响因素的观察,加深对尿生成过程及其调节机制的理解。

【实验原理】

动脉血压受心输出量、外周阻力、大动脉管壁弹性以及循环血量等因素的影响,其中尤以前两个因素最为重要。体内外许多因素通过神经和体液途径调节心输出量和外周阻力,致使血压发生改变。神经调节主要通过各种心血管反射而实现,其中较重要的反射是颈动脉窦和主动脉弓压力感受性反射即降压反射。心血管活动的体液调节中,主要有肾上腺素(E)和去甲肾上腺素(NE)。它们对心血管的作用既有共性,又有不同。前者主要作用于心脏,后者主要作用于血管,二者均有升压作用。

尿液的生成过程包括肾小球滤过、肾小管和集合管重吸收和分泌,凡影响上述过程的因素都可引起尿量的改变。对滤过功能的调节,主要是控制肾血流量,由自身调节、神经和体液调节完成。凡是影响肾小球滤过膜、有效滤过压和肾血浆流量的因素都会影响肾小球滤过率,影响尿量。对于重吸收和分泌的调节,由神经、体液和自身调节,特别是体液调节完成,参与体液调节的激素主要有抗利尿激素(ADH,又称血管升压素、垂体后叶素)和醛固酮。血糖浓度超过肾糖阈,即可出现糖尿。小管液浓度增加,渗透压增加,可引起渗透性利尿。

【实验材料】

实验动物:家兔,1.5～2.5 kg,雌雄不限。

实验器材:兔手术台,手术器械(手术刀、镊子 2 个、止血钳 4 把,其中蚊式止血钳 1 把)、粗剪刀、手术剪、眼科剪,玻璃分针,气管插管,动脉夹,塑料动脉插管,三通管,注射器(1 mL、5 mL、20 mL),静脉输液装置,试管,试管夹,试管架,酒精灯,小烧杯,瓷碗,丝线,纱布,棉球,细绳 5 根,保护电极及刺激引导连线,压力换能器,记滴装置,导尿管(或膀胱漏斗,或细输尿管插管),BL－420 生物信号采集处理系统。

药品与试剂:3%戊巴比妥钠(或 20%乌拉坦),肝素生理盐水(500 U/mL),1∶10 000 肾上腺素(E),1∶10 000 去甲肾上腺素(NE),20%葡萄糖液(G. S.),垂体后叶素,速尿(呋塞米),班氏试剂,液体石蜡,生理盐水(N. S.)。

【实验方法】

(1) 实验装置:将带有动脉插管的压力换能器与 BL－420 生物信号采集处理系统的输入通道相连。接有保护电极的刺激引导连线插入"刺激"插孔。记滴装置的引导连线插入"记滴"插孔(图 12－2)。

(2) 麻醉与手术

1) 称重、麻醉与固定:取家兔一只(注意正确捉拿方法:一手抓住颈背部皮肤,轻轻提起,另一手托其臀部,使兔呈坐立姿势,切忌捉拿双耳),称重。用 3%戊巴比妥钠按 1 mL/kg 体重(或 20%乌拉坦5 mL/kg 体重)经耳缘静脉缓慢注入(注意观察麻醉深浅,掌握给药量和给药速度。方法:快速推注一半麻药后稍停,然后减速缓慢推注,并注意观察动物呼吸、角膜反射和痛反应。防止麻醉过深致死。如呼吸停止时应立刻做胸

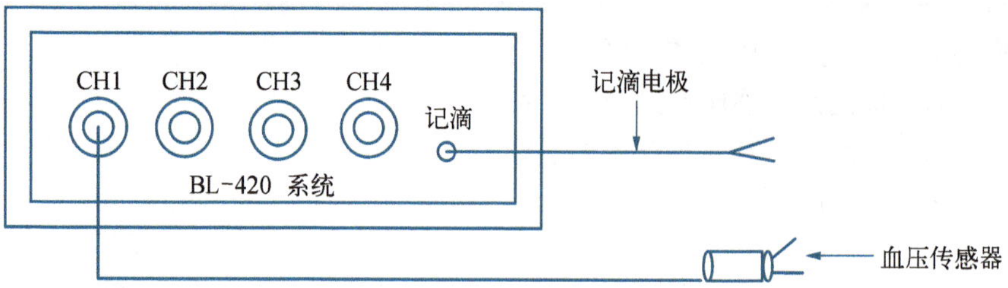

图 12-2 尿液记滴装置连接示意图

部挤压人工呼吸抢救)。取出针头时用干棉球压迫止血。仰卧位固定动物于兔手术台上。

2) 气管插管：剪去颈前部兔毛，于颈前部正中切开皮肤 6～8 cm。用止血钳配合手逐层钝性分离皮下组织及胸舌骨肌，暴露气管。分离气管旁结缔组织，在甲状软骨下约第四或第五环状软骨水平做倒"T"形切口，向心方向插入气管插管，结扎并将扎线残端固定在插管的分叉上，以免滑脱。

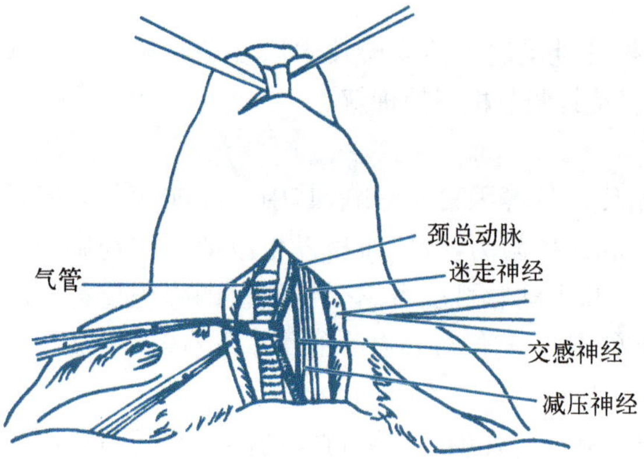

图 12-3 兔颈部神经、血管的解剖位置

3) 分离右侧颈总动脉、颈迷走神经和减压神经：用左手拇指和食指捏住一侧切口的皮肤和肌肉，其余三指从皮肤外面略向上顶，使颈部气管旁软组织外翻，便可暴露出与气管平行的动脉鞘，鞘内包括有靠前的颈总动脉和紧贴在后的迷走神经、交感神经和减压神经(图 12-3)。用玻璃分针，轻轻地纵行分离开鞘膜，并将颈总动脉移向一旁，就可见到三条平行排列的神经：迷走神经最粗、规整、明亮；交感神经较细，光泽较暗；减压神经最细，在颈中部水平多位于前二者之间并紧挨交感神经并行，于各条神经和颈总动脉下各穿一线备用。

4) 颈总动脉插管：分离左侧颈总动脉(尽量分离长一些，注意勿伤及颈总动脉的甲状腺分支)，其下穿 2 根丝线，在尽量靠远心端处作两次结扎，保留结扎线残端。用动脉夹夹住近心端，阻断血流。用眼科剪于靠近结扎处做一斜形剪口，将已充满抗凝剂的动脉插管向心脏方向插入动脉，用丝线作两次结扎固定插管并将扎线残端固定在插管的胶布上方，以免滑脱。所有手术全部完成后，缓慢移去动脉夹，此时可见血液注入塑料动脉插管前端，并有搏动，如有出血，可将线再扎得紧些。

5) 尿液收集方法

方法一，尿道插管导尿法：将用液体石蜡油润滑头端的导尿管，从尿道外口经尿道插入膀胱，可见尿液流出。用胶布固定，并将导尿管连接到记滴装置上。

方法二，膀胱漏斗导尿法：于耻骨联合上缘向上沿正中线作 5 cm 皮肤切口，切开腹白线直至腹腔，沿盆腔方向找到膀胱，将其轻轻提至腹腔外，找出两侧输尿管，在其下方穿一线，将膀胱向头端牵拉，将所穿的线向后方结扎，由此将尿道结扎。在膀胱血管较少且远离输尿管开口处剪一小口，插入膀胱漏斗，用线结扎固定。等待片刻，可见尿液徐徐流出。

方法三，输尿管导尿法：找出输尿管，将其与周围组织轻轻分离，穿线结扎输尿管近膀胱端，在结扎线上部剪一斜口(切口约为管径的一半)，将充满生理盐水的细输尿管插管向肾脏方向插入输尿管内，穿线结扎固定。术毕用温热(38℃左右)生理盐水纱布将腹部切口盖住，以保持腹腔内温度。

(3) 静脉输液：经耳缘静脉输入生理盐水(20～30 滴/min)，以维持动物正常生理状态，并建立静脉给药通道。

【观察项目】

(1) 记录正常血压曲线及尿液滴数(图 12-4)：选择"实验项目"→"泌尿实验"→"影响尿生成的因素"实验模块，软件将自动设置实验参数，并开始实验，即可在屏幕上观察到正常的血压曲线及记滴图形(或选择"输入信号"→选择通道→"压力"→点击"开始"实验按钮 ▼)。

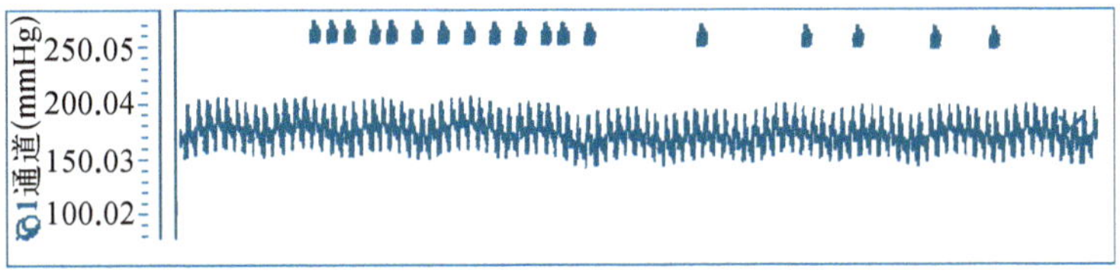

图 12－4　血压、尿滴记录曲线

(2) 用动脉夹夹闭一侧颈总动脉 10 s 左右，观察记录血压。

(3) 结扎、剪断并电刺激减压神经中枢端(连续单刺激，频率：16～32 Hz，强度：10～20 V)，观察记录血压。

(4) 结扎、剪断并电刺激右侧颈迷走神经外周端(连续单刺激、频率：32 Hz、强度：10～20 V) 使血压降至 50 mmHg(6.7 kPa)左右，并维持约 1 min，对照观察记录尿液滴数。

(5) 静推 1∶10 000 肾上腺素 0.5 mL，观察记录血压。

(6) 静推速尿(5 mg/kg)后对照观察记录尿液滴数。

(7) 静推 1∶10 000 去甲肾上腺素 0.5 mL 后对照观察记录血压和尿液滴数。

(8) 取尿液 2 滴作尿糖定性实验，然后静推 20%葡萄糖液 5～10 mL，尿量增加后再取 2 滴尿液作尿糖定性实验。

(9) 静推垂体后叶素 2 U 后对照观察记录血压和尿液滴数。

(10) 静推 37℃生理盐水 20 mL 后对照观察记录血压和尿液滴数。

【实验结果】

表 12－17　心血管活动调节及尿生成的影响因素

实验项目	尿量		血压		结果分析
	对照	处理	对照	处理	
正常					
夹闭颈总 A					
刺激减压神经					
刺激迷走神经					
静推 E					
静推速尿					
静推 NE					
静推 20% G.S.					
静推 ADH					
静推 0.9% N.S.					

【注意事项】

(1) 实验前多给动物食菜叶及水。

(2) 注射麻醉剂要缓慢，以防造成动物死亡。

(3) 保护耳缘静脉，注射时应从耳尖部进针，若不成功，再向耳根部移位。注射前一定要排气泡。

(4) 手术过程中应尽量避免出血。分离神经时应特别仔细，操作要轻，勿过度牵拉，以免损伤神经。

(5) 气管插管不宜过深。

(6) 动脉插管前必须先充满肝素生理盐水，排出气泡。

(7) 注意三通管之开闭方向。

(8) 在整个实验过程中，均需保持动脉插管与血管平行，以免刺破血管。

(9) 手术操作应轻柔，以免发生损伤性尿闭，若作腹部切口，切口不宜过大，剪开腹膜时要避免伤及内脏。手术完成后，应用温热盐水纱布盖住腹部切口，以保持腹腔温度。

(10) 膀胱插管或输尿管插管时注意勿插入黏膜层，膀胱插管后切忌扭曲膀胱，以免阻塞输尿管口，影响尿液流出。

(11) 每项实验前后均应有对照记录，且待前一项药物作用基本消失后，再做下一步实验。

(12) 注意动物的保温。

(13) 实验结束时，先结扎颈总动脉再取动脉插管以防大出血。

【讨论与思考】

(1) 试述减压神经在血压调节中的作用。

(2) 肾上腺素和去甲肾上腺素的作用有何不同，为什么？

(3) 凡能提高全身血压的因素，是否都可引起尿量增加？

(4) 本实验中有哪些因素是通过肾小管的功能来改变尿的质与量的？为什么？

【附注】

尿糖定性实验：取班氏试剂 1 mL 于试管中，再加入尿液 2 滴，在酒精灯上加热煮沸，加热时应不断振荡试管，防止试液煮沸时溢出管外。冷却后观察溶液和沉淀颜色。随尿中糖的浓度不同，会出现试管内溶液颜色的改变：蓝色(－)、绿色(＋)、绿黄色(＋＋)、黄色(＋＋＋)、砖红色(＋＋＋＋)。

(杨　拯)

实验六十五　药物对动物学习和记忆的影响

【实验目的】

通过本实验学习、了解、观察药物对学习与记忆影响的动物实验研究方法。

学习与记忆是脑的重要功能，学习与记忆与中枢神经递质如乙酰胆碱、去甲肾上腺素、多巴胺、5-羟色胺、组胺等有关，若这些递质传递障碍，可损伤学习与记忆功能。研究学习与记忆的实验方法的核心是条件反射，各种方法均由此衍生而来，一般以人或动物学习的速度或学会后间隔一定时间后的重新操作的成绩或反应速度为评估指标。在研究学习与记忆的药效学实验中，常用的方法有跳台法、穿梭法、迷津法和避暗法等。但是，用这些方法不易观察到药物对正常动物的药效作用，因而一般先制造学习与记忆损伤模型，在这些模型基础上观察药物对学习与记忆的改善作用。东莨菪碱可用于制作记忆获得障碍模型；电休克、缺氧和环已酰亚胺等可用于制作记忆巩固障碍模型；酒精常用于制作记忆再现缺失模型。

(一) 小鼠跳台实验

【实验原理】

跳台实验属一次性刺激回避反应实验(one trail avoidance test)。跳台法的实验装置一般为一长方形反射箱，其长径被黑色塑料板隔为若干区间，底部铺以间距为 5 mm 的铜栅，可通适当的电流。每个小的区间有一个高和直径均为 4.5 cm 的小平台。实验时，首先将小鼠放在铜栅上，当铜栅通电时，跳在铜栅上的小鼠受到电击，其正常反应是躲避电击跳上平台，大多数鼠有可能再次或多次跳下平台受到电击，受到电击时又会迅速跳回平台。如此训练 5 min，并记录每只鼠受到电击的次数(错误次数)，以此为学习成绩。24 h 后重新测验，此次测验时，首先将鼠放在跳台上，记录第一次跳下的时间(潜伏期)、受电击的动物数和 3 min 内的错误次数，以此反映记忆保持情况。

该方法的优点为：操作简便易行，一次可同时观察多只动物，能较客观地反映动物经过一次刺激后记忆获得的情况，尤其适用于药物筛选实验。因为不同的药物引起记忆障碍的机制不同，因而通过观察益智药物对这些模型的药效可分析益智药物的作用机制。缺点：动物的躲避性反应的个体差异较大。

东莨菪碱为胆碱 M 受体阻断药，进入中枢可阻断神经系统胆碱能神经通路，引起记忆获得障碍。东莨菪碱所致的记忆获得障碍动物表现为潜伏期缩短，实验期间错误次数增加。加兰他敏是胆碱酯酶抑制药，对神经细胞的胆碱酯酶有高度选择性，可拮抗东莨菪碱作用。

本实验拟观察加兰他敏对东莨菪碱引起的记忆获得功能障碍的改善作用。

【实验材料】

实验动物：小鼠。

实验器材：小鼠跳台仪，鼠笼，天平。

试剂与药品：加兰他敏，东莨菪碱，0.9%氯化钠注射液(NS)。

【实验方法与步骤】

(1) 分组给药：取 3 只小鼠，称重，编为甲、乙、丙。甲鼠在实验前 30 min 腹腔注射加兰他敏5 mg/kg。乙鼠为模型对照，腹腔注射等量生理盐水(NS)。实验前 15 min 甲、乙两鼠均腹腔注射东莨菪碱1 mg/kg。丙鼠为空白对照，腹腔注射等量生理盐水。

(2) 训练：先将跳台仪与可变变压器相连，将 3 只小鼠放入跳台仪底部电栅上，然后通电(AC，36 V)。小鼠受到电击后跳上跳台，躲避电击。训练 5 min 后，小鼠获得记忆，表现出在跳台上的时间延长，受到电击的次数减少。

(3) 测试：实验时，将动物放入仪器内的跳台上，底部电栅通电(AC，36 V)，实验时间设置 5 min，分别记录潜伏期和 5 min 内小鼠跳下跳台受到电击的次数，即错误次数。其结果记录在表 12－18 中。

表 12－18　小鼠跳台实验结果

组　别	腹腔注射用药	潜伏期	错误次数
空白对照	NS+NS		
模型对照	加兰他敏+NS		
给药组	加兰他敏+东莨菪碱		

将更多实验小组的实验结果汇总起来，算出平均值，进行组间比较。

【注意事项】

尽量避免给小鼠额外刺激，保持实验室安静，光线不宜过强。实验中应及时清除铜栅上的粪便等杂物，以免影响刺激鼠的电流强度。

【讨论与思考】

东莨菪碱和加兰他敏的作用机制是什么？

(二) 大鼠穿梭实验

【实验原理】

此实验在大鼠穿梭箱中进行，常见的大鼠穿梭箱分为安全区和电击区，中间有一高 1.2 cm 的挡板隔开，穿梭箱底部为可通电的不锈钢棒，实验时安全区不通电，电击区通电。箱内顶部有光源或(和)一定的声音。训练时，将大鼠放入箱内电击区，先给条件刺激如灯光或(和)一定声音，紧接着给电击(非条件刺激)。受到电击时，大鼠会逃向安全区躲避电击，这样一有条件刺激接着就发生电击，反复多次大鼠就会出现条件反射，即灯光或(和)一定声音一出现时立即逃避到安全区。经过数次训练后，大鼠可逐渐形成主动回避性条件反射，从而获得记忆。大鼠在条件刺激期间逃向安全区为主动回避反应，在电击后逃向安全区为被动回避反应。东莨菪碱可抑制条件反射的形成，造成记忆获得障碍，加兰他敏可拮抗东莨菪碱的作用。

【实验材料】

实验动物：大鼠 300～450 g。

实验器材：大鼠穿梭程序自动控制仪，鼠笼，天平。

试剂与药品：加兰他敏，东莨菪碱，0.9%氯化钠注射液。

【实验方法与步骤】

(1) 分组给药：取 3 只大鼠，称重，编为甲、乙、丙。甲鼠在实验前 30 min 腹腔注射加兰他敏5 mg/kg，乙鼠腹腔注射等量生理盐水作为模型对照。于实验前 15 min 甲、乙两鼠均腹腔注射东莨菪碱1 mg/kg，丙鼠腹腔注射等容量 NS 作为空白对照。训练将大鼠置于大鼠穿梭实验箱电击区。先给予条件刺激(灯光)15 s,在亮灯 10 s 时开始通电 5 s(电击强度为 30 V,50 Hz)。如果在亮灯 10 s 内大鼠逃向安全区为主动回避反应,电击后才逃向安全区为被动回避反应。每次训练 15 s,共训练 30 次,即设定循环次数为 30 次。

(2) 测试：做实验时,将大鼠置于穿梭箱电击区,记录遭受电击的次数(被动回避的次数),该值与设定循环次数之差即为主动回避次数;刺激时间(指动物在被动回避过程中受到电刺激的时间和),该值越小,说明动物主动回避反应越迅速。其结果记录在表 12-19 中。

表 12-19 大鼠穿梭实验结果

组 别	腹腔注射用药	被动回避次数	主动回避次数	刺激时间	主动回避时间
空白对照	NS+NS				
模型对照	加兰他敏+NS				
给药组	加兰他敏+东莨菪碱				

将更多实验小组的实验结果汇总起来,算出平均值,进行组间比较的统计学分析。

【注意事项】

同小鼠跳台实验。

【讨论与思考】

从本实验的观察结果中,你了解到东莨菪碱和加兰他敏对动物的学习和记忆功能各有什么影响?

(杨 拯)

实验六十六 实验性高钾血症及其药物治疗

【实验目的】

本实验通过静脉滴注或推注不同浓度氯化钾,使血钾浓度增高造成高钾血症,通过观察心电图变化,了解高钾血症对心脏的影响及高血钾症的抢救治疗措施。

【实验原理】

钾代谢紊乱通常主要是指细胞外液特别是血浆[K^+]的异常变化,包括低钾血症和高钾血症。钾代谢紊乱可引起多种功能代谢变化,尤其是对神经肌肉和心脏的影响常造成严重后果。高钾血症是指血清[K^+]>5.5 mmol/L。高钾血症对机体的危害主要表现在心脏。高钾血症可使心脏有效不应期缩短。兴奋性和传导性呈双相变化。轻度高钾血症心脏的兴奋性、传导性均增高,急性重度高钾血症,可导致心脏严重传导阻滞和兴奋性消失,导致心跳停止。同时高钾血症可使心脏自律性和收缩性均下降。

【实验材料】

实验对象：健康家兔,体重 2.0～2.5 kg,雌雄不拘。

实验器材：手术器械 1 套,5 mL、10 mL、20 mL 注射器,兔手术台及兔头固定器,小儿头皮针 1 只,静脉输液装置,5 mL 抗凝试管,离心机,BL-420 生物信息采集与处理系统,分光光度计。

药品与试剂：20%乌拉坦,肝素生理盐水溶液(125 U/mL),2%、4%、5%、10%氯化钾生理盐水溶液,10%氯化钙溶液,4%碳酸氢钠溶液,葡萄糖胰岛素溶液(50%葡萄糖 4 mL 加 1 单位胰岛素)。

【实验方法与步骤】

(1) 麻醉和固定 ：家兔称重后,用 20%乌拉坦溶液(4～5 mL/kg)从耳缘静脉缓慢注入。注射时注意观察动物张力、呼吸频率和角膜反射的变化,防止麻醉过深。将动物仰卧位固定在兔手术台上。

(2) 分离颈总动脉：按家兔颈总动脉分离法剥离血管,插入导管用于取血。取血 1 mL 测定实验前的血浆钾浓度。

(3) 心电描记：将针型电极分别插入四肢近心端内侧皮下插入针灸针，连接心电图电极(右上肢，红色；左上肢，黄色；左下肢，蓝色；右下肢，黑色。)，打开循环实验全导联心电模块观察正常心电图(Ⅱ导联)，并记录存盘。

(4) 复制高钾血症模型及其抢救

1) 复制高钾血症模型：氯化钾溶液注入方法可任选下列两种方法之一注入。

① 耳缘静脉推注法：将充盈有肝素生理盐水的头皮针沿耳尖部的耳缘静脉走行刺入，见到回血后推注少量液体，用胶布固定针头，以每分钟 0.5 mL 的速度缓慢推注 2%氯化钾溶液 1 mL/kg，间隔 5 min 再推注同剂量氯化钾共 3 次。然后每间隔 5 min 推注 5%氯化钾溶液 1 mL/kg 共 3 次。最后按同样方法推注 10%氯化钾。

② 耳缘静脉滴入法：4%氯化钾每分钟 15～20 滴由耳缘静脉滴入。

上述方法给氯化钾的过程中，观察心电图波形的变化规律。出现 P 波低平增宽、QRS 波群低压变宽和高尖 T 波时，记录存盘，同时取血 1 mL 测定血钾浓度。

2) 高钾血症抢救：用 10%氯化钾(3 mL/kg)由耳缘静脉推入，出现心室扑动或颤动波形后立即停止注入氯化钾；迅速准确地由另外一侧耳缘静脉注入已预先准备好的抢救药物(10%氯化钙 2 mL/kg，或 4%碳酸氢钠 5 mL/kg，或葡萄糖-胰岛素溶液 7 mL/kg)。如果 10 s 内无法输入抢救药物，救治效果不佳。

待心室扑动或颤动波消失，心电图基本恢复正常时，再次由颈总动脉取血 1 mL，测定救治后的血浆钾的浓度。

3) 注入致死量的 10%氯化钾(8 mL/kg)，开胸观察心肌纤颤及心脏停跳时的状态。

(5) 观察项目：动物精神神经状态(兴奋、躁动、昏迷、痉挛)、呼吸(频率、幅度、节律)、心电图变化、血钾浓度、动物致死后心脏的停跳状态。

【注意事项】

(1) 麻醉深浅要适度。麻醉过深易抑制呼吸，过浅动物疼痛则易引起肌肉颤动，心电图记录造成干扰。

(2) 标本切忌溶血。因红细胞内钾含量高。

(3) 保持动、静脉导管的通畅。① 每次由颈总动脉取血后，均用肝素生理盐水溶液 2 mL 冲洗管道内的余血，防止导管内血液凝固。② 连接小儿头皮针硅胶管的注射器以塑料型的为宜，因为塑料注射器的拉栓很紧，能防止回血所造成的导管内凝血。

(4) 心电干扰波的处理。电极刺入部位要对称，位于皮下，导线避免纵横交错；实验台上的液体要及时清除，保持干燥。

(5) 给氯化钾速度应缓慢，尤其是高浓度氯化钾时应更慢。若速度太快，极易造成动物死亡。

【讨论与思考】

(1) 高钾血症时，家兔心电图的变化特征是什么？请解释相关实验现象。

(2) 最后出现室颤时，心脏停搏在何种状态？为什么？

(3) 你设计了几种抢救治疗方案，理论依据是什么？效果如何？

(章 乐)

实验六十七 循环、呼吸和泌尿功能影响因素的综合观察

【实验目的】

(1) 熟悉并掌握哺乳类动物手术操作。

(2) 学习同步记录和观察血压、呼吸、尿生成的方法。

(3) 加深理解机体对内外环境变化是以有机整体方式完成的。

【实验原理】

生物体是一个极为复杂的有机整体，体内各器官、系统的功能各异，但彼此之间并不是相互孤立的。体内各器官、系统在神经系统和体液因素的调节和控制下，相互联系，相互制约，相互协调，相互配合，共同完成统一的整体生理功能。当某种刺激因素作用于机体后，不仅只是对一个器官的功能产生影响，而是对多个系统的功能同时发挥影响。

本实验以血压、呼吸和尿量为观察指标，了解神经、体液及其他因素对有机整体下的心血管系统、呼吸系统和泌尿系统功能活动的影响。

心血管活动受神经、体液因素的调节。心脏接受心交感神经和心迷走神经的双重支配。血管平滑肌主要接受交感缩血管神经支配。交感神经节后纤维通过释放去甲肾上腺素，副交感神经节后纤维通过释放乙酰胆碱对心血管系统发挥调节作用。

在不同生理状态下，呼吸运动所发生的适应性变化有赖于神经系统的反射性调节，其中较为重要的有化学感受器反射和肺牵张反射性调节。因此，体内外各种刺激可以通过中枢或外周感受器反射性地影响呼吸运动。

尿生成的过程可分为肾小球滤过，肾小管和集合管的重吸收和分泌三步。凡能影响尿生成过程的任何一环节都可引起尿量的改变。

【实验材料】

实验对象：家兔，2.5～3 kg，雌雄不拘。

实验器材：BL－420 生物信号采集与处理系统，哺乳动物手术器械一套，动脉夹，眼科剪，动脉插管，保护电极，兔手术台，血压换能器，三通管，马利氏气鼓，记滴装置，输尿管插管，二氧化碳气囊，50 cm 的长橡皮管，试管和试管架，酒精灯，烧杯，纱布，注射器(1 mL 五支，2 mL 一支，10 mL 一支，20 mL 一支)，输液器。

药品与试剂：20%乌拉坦，生理盐水，肝素生理盐水[1 000 mL 生理盐水中加入 2～3 支肝素(12 500 单位/支)]，呋塞米(速尿)2 mL/支，0.1‰肾上腺素，0.1‰去甲肾上腺素，0.1‰乙酰胆碱，20%葡萄糖溶液，垂体后叶素，班氏试剂(或尿糖测试纸)。

【实验方法与步骤】

(1) 麻醉、固定：称量兔体重，用 20%的乌拉坦 5 mL/kg 耳缘静脉缓慢注射，随时注意观察动物呼吸、角膜反射和痛反应，防止麻醉过深致死动物。将动物仰卧位固定于兔解剖台上。

(2) 气管插管：剪去颈部兔毛，于颈前部正中剪开皮肤约 8～10 cm。用止血钳钝性分离皮下组织及胸舌骨肌，暴露气管。分离气管旁结缔组织，在甲状软骨下约第三或第四环状软骨水平做倒“T”形切口，向肺脏方向插入气管插管(注意：插管斜面向上)，结扎并将扎线端固定在插管的分叉上以免滑脱。

(3) 分离右侧颈部迷走神经、减压神经、颈总动脉：用左手拇指和食指捏住一侧切口的皮肤和肌肉，其余三指从皮肤外面略向上顶，使颈部气管旁的软组织外翻，便可暴露出与气管平行的动脉鞘，鞘内包括有靠前的颈总动脉和紧贴在后的迷走神经、交感神经和减压神经。用玻璃分针轻轻地纵向分离开鞘膜，并将颈总动脉稍移向一旁，就可见到三条平行排列呈白色的神经：迷走神经最粗，规整，明亮；交感神经较细；减压神经最细如发丝，在颈中部水平，减压神经多位于前两者之间并紧挨交感神经并行。于迷走神经、减压神经和颈总动脉下各穿一线，在远离血管神经处将线打一个活结备用。

(4) 左侧颈总动脉插管：按上述方法分离左侧颈总动脉，尽量分离长一些 (注意不要损伤颈总动脉的甲状腺分支)，在动脉下穿两根丝线，尽量靠近头端作第一道结扎(一定要结扎紧，此处结扎线残端要短些)，在第一道结扎线下方约 5 mm 左右处作第二道结扎(要扎紧，此处的结扎线残端要留长一些，用于后面牵拉)。用动脉夹夹住近心端暂时阻断血流(动脉夹有保护作用，不能用止血钳)，在靠近第二道结扎线约5 mm 处用眼科剪做一斜形(V 形)剪口，将与压力换能器相连的已经充满肝素抗凝剂的动脉插管向心脏方向插入颈总动脉，丝线结扎，并将其固定在插管上，至此颈部手术全部完成。将压力换能器置于心脏水平且固定牢固。

(5) 膀胱插管，记录尿滴：膀胱(bladder)插管法：在兔下腹部摸到耻骨联合，在其上将兔毛剪干净，沿正中线做一个约 3 cm 的皮肤切口(注意腹部切口不要太大)，找到腹白线(此处血管较少，剪开时出血少)，沿腹白线剪开腹壁肌肉组织直至腹腔，剪口长 1～2 cm(作此步时可以在切口处伸入一把止血钳分开腹壁肌肉与内脏，剪开时剪刀刀尖上挑，避免伤到内脏)，沿着盆腔方向找到膀胱，用手将其轻轻提起至腹腔外，找到膀胱三角，仔细辨别并分离输尿管，在两侧输尿管下方穿一丝线，将膀胱向头端牵拉，将所穿的线向后方结扎，将膀胱到输尿管的出口结扎，以免刺激膀胱时使膀胱收缩而尿液流失。用两把止血钳将膀胱提起，在膀胱底部血管较少的部位，沿纵向做一个切口，插入膀胱插管(注意膀胱插管不要插入太深)，用丝线结扎固定，等待片刻，可见尿液从膀胱插管流出。手术完毕，用温热(38～39℃)生理盐水纱布将腹部切口盖住，以保持腹腔内温度。将与膀胱插管相连的输出管道连于受滴装置，通过记滴输入线与电脑记滴插孔相连，记录尿滴。

(6) 记录呼吸运动：将马利氏气鼓(Marey's tambour)与气管插管用橡皮管相连，将马利氏气鼓上的橡皮膜通过连线与张力换能器相连，调节连线于合适的张力。

也可通过记录膈肌肌电观察呼吸运动变化。

(7) 静脉输液：将输液器与灌有生理盐水的输液瓶相连，排尽输液器中的空气，行耳缘静脉穿刺，将生理盐水于耳缘静脉缓慢滴入(20～30 滴/min)，以维持动物正常的生理状态，并建立静脉给药通道。

(8) 仪器及其参数

1) 将压力换能器连于 1 通道，张力换能器连于 2 通道，记滴输入线插入记滴输入插孔。

2) 开启主机与显示器电源开关，启动 BL－420 系统，显示图形用户界面与主菜单，进入监视状态。

3) 选择输入信号：1 通道为压力，2 通道为张力，调节两个通道的速度相同。进入记录状态后点击“设置”选项，在下拉列表中选择“记滴时间”在对话框中选择时间 10 s(也可使用默认值 30 s)，确定，此时可在 1 通道的右上角显示每 10 s 的尿滴数。

4) 选择刺激参数：点击“打开刺激器设置对话框”按钮(右下角Ⅱ键)，再点击“设置”(模式：粗电压；方式：连续单刺激；延时：0.05 ms；波宽：1.00 ms；频率：30～50 Hz；强度 3.0～5 V)，点击“非程控”。

【观察项目】

(1) 缓慢取下夹在左侧颈总动脉的动脉夹，记录正常血压和呼吸波动曲线，分析血压波动与呼吸间的关系，记录尿滴数(等待滴出的尿滴数稳定，规律时再记录作为对照)。血压的波形包括一级波和二级波。一级波是由于心脏的搏动引起的，心脏收缩时血压升高，心脏舒张时血压下降，波峰和波谷之间的差值为脉压差。二级波与呼吸有关，是由于呼吸时胸内压的变化对血压的影响造成。

(2) 夹闭右侧颈总动脉：用止血钳挑起右侧颈总动脉，使其良好暴露，待血压稳定后再用动脉夹夹住右侧颈总动脉 15～20 s，观察正常血压、呼吸和尿滴变化(图 12－5)。

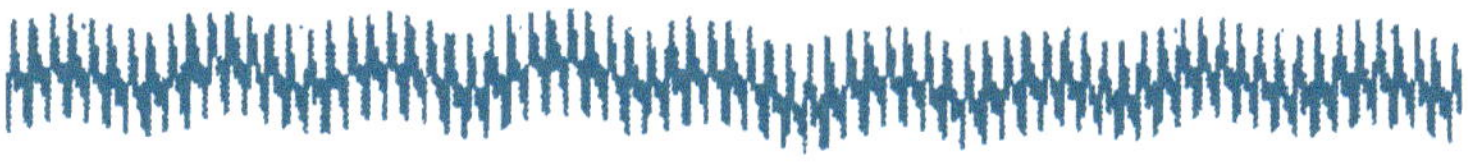

图 12－5　家兔正常血压曲线

(3) 牵拉左侧颈总动脉头端：在左侧颈总动脉头端的第二道结扎线和动脉插管间剪断颈总动脉，顺颈总动脉的长轴快速波动式牵拉左侧颈总动脉头端 15～20 s，观察血压、呼吸和尿滴变化。

(4) 增加吸入气体中二氧化碳的浓度：将装有二氧化碳球囊的输出口置于气管插管的一个端口附近(另一端已接有马利氏气鼓，所以不能将二氧化碳球囊的输出口直接插入气管内给二氧化碳)给予适量的二氧化碳刺激(以呼吸有明显改变为度)。观察血压、呼吸和尿滴变化。注意给二氧化碳时量不可过大，有效即可，以防止损伤动物。

(5) 增加无效腔：将 50 cm 的长橡皮管连于气管插管的一个端口，观察血压、呼吸和尿滴变化。

(6) 静脉快速注射 37℃生理盐水 20 mL：用 20 mL 注射器抽取 20 mL 温生理盐水，通过耳缘静脉输液管的针头快速推注 20 mL 生理盐水，观察血压、呼吸和尿量变化。

(7) 静脉注射 0.1‰肾上腺素 0.3 mL：通过输液管的针头注射 0.1‰肾上腺素 0.3 mL(后面的药物注射均以此法进行)，观察血压、呼吸和尿量变化。

(8) 静脉注射呋塞米 5 mg/kg(20 mg/支，2 mL)：观察血压、呼吸和尿量变化。

(9) 静脉注射 0.1‰去甲肾上腺素 0.3 mL：观察血压、呼吸和尿量变化。

(10) 静脉注射 20%葡萄糖 10 mL：(注射前以及尿量增加后做尿糖定性实验)，观察血压、呼吸和尿量变化。

(11) 静脉注射 0.1‰乙酰胆碱 0.3 mL：观察血压、呼吸和尿量变化。

(12) 静脉注射垂体后叶素 0.3 mL：观察血压、呼吸和尿量变化。

(13) 电刺激减压神经 15 s：观察血压、呼吸和尿量变化。

(14) 结扎并剪断右侧迷走神经，注意呼吸(剪断前后计数每分钟呼吸次数)，血压的变化。

(15) 电刺激右侧迷走神经外周端 15 s(参数同前)，观察血压、呼吸和尿量变化。

将实验结果填入表 12-20。

表 12-20 循环呼吸和泌尿功能影响因素的综合观察

处理项目	血压(mmHg)		呼吸(次/min)		尿量(滴/min)		解释
	对照	处理	对照	处理	对照	处理	
1. 夹闭右侧颈总动脉							
2. 牵拉左侧颈总动脉头端							
3. 增加吸入气体中 CO_2 浓度							
4. 增加无效腔							
5. 静脉注射 37℃生理盐水 20 mL							
6. 静脉注射 0.1‰肾上腺素 0.3 mL							
7. 静脉注射呋塞米 5 mg/kg							
8. 静注 0.1‰去甲肾上腺素 0.3 mL							
9. 静脉注射 20%葡萄糖 10 mL							
10. 静脉注射 0.1‰乙酰胆碱 0.3 mL							
11. 静脉注射垂体后叶素 0.3 mL							
12. 电刺激减压神经 15 s							
13. 结扎并剪断右侧迷走神经							
14. 电刺激右侧迷走神经外周端							

注：静脉注射 20%葡萄糖前及尿量增加后做尿糖定性实验。

【注意事项】

(1) 颈总动脉插管前一定要准备好充满抗凝剂的压力换能器，插管前要用抗凝剂冲洗一下颈总动脉切口处(1～2 滴)。操作时照明灯不要直接照在插管侧，防止凝血，插管时注意三通管处于正确的方向。实验结束后拔插管前要先将颈总动脉结扎再将动脉插管拔出。

(2) 膀胱提出腹腔外时，避免损伤膀胱。结扎尿道时注意不要将输尿管结扎，手术操作应该轻柔，操作过程中不要用止血钳钳夹输尿管，以免造成输尿管损伤及痉挛造成无尿。

(3) 一项处理过后，须等血压呼吸尿量等都恢复到正常的状态再进行下一项处理。每一步操作结果都要有一段正常的对照。

(4) 通过输液管进行注射时，要注意防止注入空气。

【讨论与思考】

夹闭颈总动脉后，动脉血压有何变化？产生的机制如何？

肾上腺素和去甲肾上腺素对循环和泌尿系统有何影响，机制是什么？

静脉注射 20%葡糖糖引起尿量增多的机制是什么？

静脉注射速尿后尿量有何变化？为什么？

(陆　杰)

第四篇

实验设计篇

第十三章

专业设计

实验性研究(experimental study)是将来自同一总体的研究对象进行随机分组后，分别给予不同的处理措施，比较接受不同处理措施的对象之间实验效应的差别及其大小，从而考察处理因素效果的研究方法。从其定义不难发现，实验性研究有三个基本要素，即处理因素(study factor)、受试对象(study object)和实验效应(experimental effect)。例如，格列本脲对糖尿病大鼠心肌磺脲类药物SUR1受体mRNA表达的影响研究中，糖尿病大鼠为受试对象，降血糖药物格列本脲为处理因素，心肌磺脲类药物SUR1受体mRNA的表达为实验效应。实验研究根据研究目的和受试对象的不同，可以分为实验研究、临床实验和现场实验。本章将主要对在医学机能实验研究中常用的实验研究进行介绍。

第一节 处理因素

实验性研究与观察性研究的根本区别即在于研究者在研究开始时人为设置处理因素，通过与对照的比较，揭示处理因素的真实效应。处理因素是指本次研究所关注的、能对受试对象产生一定效应的处理或干预措施，也称为研究因素，实验研究中的处理因素可以是生物性的、化学性的或者是物理性的因素。

在实验研究中，根据处理因素数量的不同，可分为单因素实验研究和多因素实验研究。同时，每个因素在量或状态的具体设置上可有不同，这种不同称为水平。例如，格列本脲对糖尿病大鼠心肌磺脲类药物SUR1受体mRNA表达的影响研究中，降血糖药物格列本脲为处理因素，高、中、低不同剂量或是否使用就是不同水平。

依照研究因素与水平的不同，可产生四类实验：① 单因素单水平：即只考察一个处理因素，且所有动物接受的剂量或状态均相同，如观察有机磷酸酯类农药中毒对动物的影响，就属于这类实验。② 单因素多水平：这是机能实验中最常见的实验类型，即只考察一个处理因素，且所有动物接受的剂量或状态不同，如比较某药物不同剂量的疗效，便属于这类实验。③ 多因素单水平：如比较不同的实验方法，在某一实验中的作用通常需要采用这类实验。④ 多因素多水平：例如探讨壳聚糖吸附废水中Cu^{2+}的最佳实验条件，考察pH、温度、吸附时间3个实验因素，每个实验因素又分为3个具体的不同状态。

一、确定处理因素要注意的问题

1. *抓住实验的主要因素* 任何实验效应往往是多种因素相互作用的结果，我们不可能在一次或几次研究中，得到所有相关因素的作用。例如，寻找神经干细胞的最佳培养方法，与其有关的因素很多，如温度、营养、气体、湿度等，其中每个因素又可分为若干个水平。若选定这5个因素，各取10个水平，将出现$10^5=100\,000$次不同因素、不同剂量的组合，一般的实验设计很难达到要求。因此，一个最优的实验设计，首先要抓住主要的几个处理因素。

2. *确定处理因素的水平* 处理因素的水平是处理因素量的大小或状态的不同，即不同的水平，如电刺激的强度，药物的高、中、低剂量等。实验研究中常常通过处理因素不同水平效应的比较来说明处理因素的作用，但是，处理因素的水平也不要过多，过多不仅浪费实验资源，而且使研究设计变得复杂，使研究分析困难。

3. 确定处理因素与非处理因素 实验选择什么作为处理因素，取决于研究的目的。例如，研究刺激强度与骨骼肌反应的关系，刺激是处理因素；研究利多卡因对心律失常的疗效作用，利多卡因是处理因素。除处理因素的作用外，其他的因素也会影响实验观察的效应和结果，因此，在确定处理因素的同时，还必须明确哪些是非处理因素。

对于非处理因素，应当作为实验误差的来源加以严格控制。例如，在进行异搏定对大鼠室性心动过速影响的研究中，异搏定是处理因素，血钾的含量、pH 和温度等非处理因素也可以影响异搏定的活性。

因此，在实验设计中实验组与对照组除处理因素以外，其余非处理因素应当相同，使实验具有可比性或均衡性，这是在不同水平的处理因素进行比较的前提条件。只有实验的非处理因素具有可比性，最终由处理因素的不同水平效应得到的实验结果的比较才能归于处理因素。

4. 处理因素标准化 处理因素标准化就是指在整个实验的过程中处理因素始终保持一致，包括处理因素的强度、频率、持续时间及施加方法等。通过查阅文献和预实验找出实验的最适条件，然后制订有关实验方案和措施。一旦进入正式实验，不允许轻易改变实验的处理因素。例如，在研究多巴胺在帕金森综合征中的作用，处理因素是多巴胺药物，在研究的全过程中应当使用同一批药物，以防止药物批次间的差异干扰实验效应。

二、确定处理因素中常见的问题

在处理因素中常见的问题是只进行单一处理因素的科研验证。在医学机能实验中，人们习惯于对单一处理因素的定性研究，例如，某药物作用机制的实验观察，结论只局限于此药是否有作用。为了提高科研实验的水平，应该进行多因素和定量的实验研究，例如，某种药物的不同剂量对不同机能指标的影响。这种实验设计的对照只有一个，根据处理因素的多少和剂量水平分成几个实验组，其实验结果不仅仅局限于此药对机体是否有影响，还可得出某药有效的剂量是多少、疗效的高低等实验结论。

第二节 受试对象

受试对象即处理因素的承担者，正确选择实验对象在医学设计性实验中十分重要。依据不同的研究目的，对受试对象的要求也不一样，受试对象选择得当，能够为实验成功创造有利的条件。例如，遗传学家摩尔根用只有四对染色体的果蝇作为实验对象，因为基因结构简单的特点，发现了基因的连锁与互换规律的遗传特性，在遗传学上取得了举世瞩目的成就，这在实验动物学上称为“易化原则”。另外，还应当注意同一药物对不同动物的同一器官系统的效应可不同，例如，吗啡对人、猴、犬、兔的中枢神经系统产生抑制效应，而对虎、猫、小鼠则引起兴奋效应。因此，正确选择受试对象对于实验的成功具有重要的意义。

一、受试对象的条件

在医学机能实验中，作为受试对象的前提是所选择的对象必须同时满足两个基本条件：第一，对处理因素敏感。第二，反应比较稳定。例如，小鼠气管及支气管腺不发达，只有喉部有气管腺，支气管以下无气管腺，因此，小鼠不适用于研究体温变化方面的问题，不适宜做慢性支气管炎模型及祛痰平喘药的疗效实验。存在以下情况之一者，不宜作为一般设计性实验的受试对象：存在影响反应结果的病症，机体反应性和致病因素与一般情况不同。

二、受试对象的确定

受试对象的确定取决于实验研究的目的，医学机能设计性实验的受试对象绝大多数是动物。根据不同的实验目的可采用整体作为受试对象，在体内(in vivo)进行实验；也可采用器官、组织、细胞、亚细胞或分子作为受试对象，在体外(in vitro)进行实验。另外，还可采用先体内后体外的方式进行实验，这类实验属半体内(ex vivo)实验。一般来说，整体实验反映动物的实际情况，实验结果对临床医学参考意义较大。然而，体内影响因素十分复杂，需要采用适当的体外实验或者半体外实验。

三、受试对象的纯化

受试对象的动物模型一般应是标准的，如果动物模型不标准，死亡率很高，不易反映处理因素的疗效，难以区分不同处理因素的优劣。在医学机能实验设计中，依据实验目的的要求，可以选择使用近交系动物，使动物的遗传背景一致，消除受试对象之间存在的物种差异。

四、受试对象的依从性

受试对象的依从性是指动物按预定计划接受处理因素的合作程度。绝对的依从只有在麻醉动物实验才能实现。在实验过程中，可能出现忘记给药和实验动物换组等问题，其次，由于动物在饲养过程中出现病情急剧恶化，必须中途退出实验。这些实验动物非依从性的问题必然干扰实验计划的实施。因此，在实验中必须认真、细致，才能提高依从性。

五、受试对象选择中常见的问题

机能实验中常用的受试对象是动物，为了减少经费开支，研究者愿意选择价格较低的小白鼠和大白鼠，但这时要考虑动物的生理解剖特点是否适于做此种实验。如大白鼠只在喉部有气管腺，故不宜做支气管炎模型或祛痰平喘药实验；猫减压神经行走于迷走或交感干中，不适于观察减压神经对心脏等的作用；狗不易形成动脉粥样硬化病变，不宜做动脉粥样硬化实验研究。另外，考虑到动物的种系差异，有时应重复做几种动物，以保证由动物实验类推到人的安全性。因此，合理地选择受试对象，才能得出正确的科研结论。

第三节 实验效应

实验效应是处理因素作用于受试对象所引起的反应，医学机能实验成功与否，往往通过具体的实验指标来反映，因此，效应指标的正确选定是非常重要的。

实验指标是指在实验观察中用于反映研究对象中某些可被检测仪器或研究者感知的特征或现象标志，又称观测指标。实验指标的选择要具备以下基本条件：

一、关联性

关联性(relevance)是指选用的指标必须与所研究的题目具有本质性联系，而且能正确反映处理因素的效应。一般来说，功能性指标应与所反映的功能存在本质联系。比如以心电图作为心脏收缩力的指标，这显然是不正确的。若要了解心脏泵血功能，就应选择心输出量或心脏指数作为指标。对于血糖测定，若用班氏实验，易受体内还原物质影响，读数往往偏高，应该采用特异性高的葡萄糖氧化酶方法。

二、特异性

特异性(specificity)是指实验指标能反映某一特定的现象，不与其他实验现象相混淆。例如，研究高血压病应该使用动脉压作为实验指标，收缩压观察心脏的功能状态，舒张压观察大动脉的功能状态；急性肾炎以尿液和肾功能改变作为实验指标；有机磷中毒用测定胆碱酯酶的活性作为特异性的指标。特异性低的指标容易造成“假阳性”，使本不应出现的现象出现。因此，特异性高的指标能揭示事物的本质，不易受其他因素的干扰，而非特异的指标容易受其他因素的干扰，使效应结果不准确。

三、灵敏度

灵敏度(sensitivity)是由该实验指标所能正确反映的最小数量级或水平来确定。在形态学方面，光学显微镜可判断组织和细胞水平的改变，电子显微镜则可判断亚细胞超微结构的改变。在实验研究中，要求灵敏度能正确反映处理因素对受试对象所引起的反应，不是灵敏度越高越好。例如，测定小鼠体重，以感应量为0.5 g的药物天平即可，若采用感应量为0.1 mg的分析天平，显然是不必要的。灵敏度高的指标能使处理因素引起的微小效应显示出来，灵敏度低的指标可使本应出现的变化不出现，造成“假阴性”结果。

四、精确度

精确度(accuracy rating)包括实验指标的精密度与准确度双重含义。精密度是指各次测定值集中的程度，就是在相同条件下多次取样测定时，观察值与其均值的接近程度，其差值属于随机误差，精密度强调实验结果的可重复性。准确度是测定值与真实值接近的程度，也就是说，准确度是测定正确性的量度，主要受系统误差的影响。

五、客观性

实验指标分为主观性(subjectivity)指标和客观性(objectiveness)指标，指标数据由观察者或受试对象根据主观感受程度判定的，称为主观指标。指标数据由仪表指示和判定的，称为客观指标。在实验中，尽可能选用具体数字或图形表达的客观指标，如心电图、脑电图和血压等客观指标，避免受主观因素干扰造成较大误差；由于个体差异的原因，疼痛、饥饿和全身不适等感觉性指标的客观性和准确性较差，应尽量少用。

(张　晓，梁　楠)

第十四章

统计设计

统计设计(statistical design)是保证医学科学实验成功的关键环节,是提高医学机能设计性实验教学质量的重要保证。统计设计要解决科研的结果是否可靠,怎样获得资料和统计处理资料,利用资料获得科学可靠地结果。

例如,某科研工作者欲研究神经生长因子是否对胚胎干细胞的分化具有作用,首先他应该从专业的角度了解神经生长因子对胚胎干细胞的分化具有什么作用,目前还存在什么问题,确定研究的思路和目的,根据研究目的提出一个合理的假设。为了验证假设,获得科学可靠的结果,必须进行实验设计,以便在研究的全过程中采取有力的措施,控制各种干扰因素,保证该实验取得较为客观的结果。同时,还要了解影响胚胎干细胞分化的因素,因为除了研究假设中规定的实验因素(神经生长因子)以外,实验还可能会受到许多非实验因素的影响,如实验动物的来源、实验方法的选择、实验室的环境等。所以,在进行实验之前,应经过周密的思考,做出一个合理的设计,其中包括采取何种措施控制实验因素和非实验因素对实验结果的干扰、选用何种统计方法分析实验数据等。只有这样,才能使实验因素(神经生长因子)的效应充分显示出来,保证实验取得预期的结果,回答研究假设提出的问题。一项良好的实验设计能为科研工作节省大量资金和人力、物力资源,达到有效收集数据、少走弯路的目的,取得较为满意的结果。此外,还应注意实验统计的各种分析方法都要求资料遵循随机化原则,并要求数据可靠,具有重复性和可比性;在阅读文献和借鉴他人的经验时,也应当运用医学科研设计的基本原理,分析和检验文中结论的正确性。因此,本章以医学实验设计的基本原理和步骤为主线,介绍统计设计的基本概念、原理、步骤和方法。

第一节 统计设计的基本原则

一项好的实验设计必须遵循以下 3 个原则,以便有效地控制非处理因素,保证研究工作的顺利进行。

一、随机化原则

1. 随机抽样　随机抽样(randomization sampling)是在实验过程中,使每一个受试对象有同等机会被抽出来,并且被分配到各实验组中去,以抵消处理因素对实验效应的影响。有许多非实验因素研究者在开始设计时并不完全知道,随机误差的干扰在所难免,因此,在实验设计中必须贯彻随机化的原则。

2. 随机分配　随机分配(randomized allocation)是指把有限总体的实验对象随机分配进入实验组和对照组,以增强实验的可比性。当总的受试对象数固定,各组的受试对象数相等时,实验效率最高。实验设计中所指的总体不是泛指的无限总体,而是指符合研究假设要求规定的纳入和排除标准的那一部分观察单位,即本次实验的有限总体。

3. 随机顺序　随机顺序(randomized order)不等于随便顺序,而是借助计算机或者随机分配工具加以实现,例如,采用随机数字分配表。研究者只有认真贯彻随机化原则,做到真正随机才能达到预期的目的。

二、对照的原则

对照，就是在实验中设立相互比较的实验组和对照组，对各组给予相同的处理，然后观察各组的结果。实验研究的目的是验证研究假设是否正确，只有经过比较才能鉴别其真伪，设立对照是比较的基础，没有对照很难说明研究假设是否正确；设立对照也是控制实验过程中非实验因素影响的一种有力措施。其正确的方法是将适宜纳入的研究对象随机地分入实验组和对照组，并保证受试对象间具有可比性，即对照组中的观察对象除了实验因素不同以外，实验过程中的实验条件和辅助措施都应相同，这样有利于反映出所比较的总体之间存在的真实差异，研究者可以根据上述设立对照的原则和实验的需要，设立多种对照，常见的对照方式有：

1. 空白对照　空白对照(blank control)是不对受试对象作任何处理。例如，观察盐酸苯肼造成溶血性黄疸的作用，实验组的动物给一定剂量盐酸苯肼，对照组的动物给生理盐水，处理因素完全空白。追踪观察4～5 d后，比较两组动物溶血性黄疸的发生率。

2. 假处理对照　假处理对照(dummy treatment)是指实验动物经过同样的麻醉、注射，甚至进行假手术等，但是不用药或者不进行实验的关键处理。在做药物实验时，常将疾病的实验动物模型给予用药和不用药的处理，这种对照对于评价药物的作用是必需的。

3. 标准对照　标准对照(standard control)是指用公认的有效的标准方法或常规方法作对照，如在免疫组织化学实验中用已经知道的某种组织和抗体作为标准对照，又称为阳性对照。当前在新药临床实验中常用已知有效药物作为标准对照。

4. 自身对照　自身对照(self-control)是指对照和实验措施都在同一实验对象上实施，但是，应当注意实验对象在实验期间可能受到诸多干扰因素的影响，直接影响到实验结果。一般不宜提倡实验前后对照，除了少数目前尚无有效的治疗方法或者尚无理想的对照措施外，而应当采用特殊的自身对照，如交叉实验设计取代。

5. 相互对照　相互对照(mutual control)是不设立对照组，而是几种处理(或水平)互为对照。这种对照要做到同期平行进行。例如，将条件基本相同的高血压病人分成三组，分别应用三种方案进行治疗，比较各组的治疗结果。

三、重复的原则

重复(replication)是指可靠的实验应能在相同条件下重复出来(重现性)，这就要求实验要有一定的例数(重复数)。因此，重复的含义是实验的重现性与重复数。每次实验必须有足够的样本例数，若例数太少，则难以反映出实验因素的真实效应，应当保证有足够的样本含量，否则很可能把某些偶然现象当做真实结论。因此，确定一个合适的受试对象数至关重要。

那么，重复数(n)的多少由哪些因素决定呢？一般而言，以下情况例数可以较少：生物差异较小，处理因素的强度较大，实验技术较先进，高效实验设计(如拉丁方设计)，大动物等，反之则要较多例数。另外，采用计量指标所需 n 小于计数指标；确定的显著性水准高要求 n 大，如 $P(0.01)$高于 $P(0.05)$，则$P(0.01)$所需 n 大；把握度高要求 n 大；单侧检验比双侧检验节省 n；两个样本率或两个样本均数相差大，标准差小所需 n 就小。具体到某一课题，根据不同的设计类型和以上数据，应该由计算和查表求得 n 的多少。当样本例数较大时，即可认为样本均数的分布呈正态而不必作正态性检验；当样本例数较少时，可应用简易方法迅速做出判断，以便决定是否可以应用这些假设检验方法。机能实验设计中常用的实验动物基本例数如表 14-1。

表 14-1　常用实验动物的基本例数表

	计量资料	计数资料
小动物(小鼠、大鼠、蛙)	≥50	≥50
中等动物(豚鼠、兔)	≥30	≥30
大动物(猫、猴、犬)	≥20	≥30

第二节 统计设计的基本步骤

医学科学研究是人类用科学的方法探索与疾病的发生和发展有关的未知的事物，正确反映事物的本来面目和本质规律，这一活动的基本步骤大体相近，故这里以实验设计为主线介绍设计中通用的基本步骤，并说明其中各个步骤自身的特点。

一、建立研究假设

在实验设计中，研究假设一般表达为研究问题的形式，包括主要问题（primary question）和辅助问题（secondary question）。主要问题就是本次科学研究工作的假设，辅助问题是进一步补充说明和完善本次研究工作的假设。例如，在研究利多卡因对心律失常的作用时，主要问题是利多卡因治疗心律失常是否有效，治愈率实验组是否高于对照组？辅助问题是不同性别的动物对利多卡因治疗心律失常的治愈率是否相同？不同体重的动物对利多卡因治疗心律失常的治愈率是否相同？

由此可见，主要研究问题是本次实验的研究目的，实验的结果应对此做出确切的回答。因而在实验设计的各个环节中，研究者都应围绕此问题进行周密的安排，采取有效的措施，控制各种非实验因素的干扰，保证本次研究取得满意的结果。辅助问题是对主要研究问题的补充说明，必须紧紧围绕主题进行安排，不宜将与此无关的问题作为辅助问题列入该实验的内容，作为本次实验的副产品。

二、明确研究范围

根据研究目的建立研究假设之后，应当明确实验对象所组成的研究总体，例如，在研究某种药物对糖尿病的疗效时，每个患糖尿病的动物都应当是实验对象，这是一个无限大的群体，我们不可能获得无限多的实验动物。在实际工作中，必须明确规定本次实际研究的总体范围，用有限的实验样本去推断无限大的总体。因此，研究者可以通过规定适宜进入实验对象的标准，简称适宜选入标准确定研究总体，此标准又可分为纳入标准（inclusion criteria）和排除标准（exclusion criteria），并用这些标准选择适宜本次实验的对象。

纳入标准主要是使纳入的对象符合研究的目的，如动物实验应按研究目的控制动物的体重、年龄和性别，以符合实验的要求。在确定纳入标准的时候应当注意纳入那些对处理因素的效应反应灵敏的动物作为研究对象，避免无反应对象的干扰。如研究过敏和抗感染实验，则应选择豚鼠作为实验对象，因为豚鼠容易被抗原物质所致敏，应激反应灵敏。另外，纳入标准和排除标准应当用条文明确规定成为书面形式，让所有参与研究的实验人员都知道，以便认真执行。

三、确立处理因素

实验中的处理因素是根据研究目的而施加的特定实验措施，如实验中给予的某种实验药物。为了增强可比性，实验通常设立对照措施，应当强调对照也是一种处理措施。在确定处理因素时应当注意以下几点：

1. *处理因素应当标准化* 应当使处理因素在整个实验过程中始终如一、保持不变，如在实验过程中实验药物的批号、剂量应当一致，实验方法应当保持恒定，否则将会影响实验结果的准确性。

2. *分清处理因素和非处理因素* 研究神经生长因子是否对胚胎干细胞的分化有效果，处理因素为神经生长因子。实验中实验环境的温度，培养液的浓度等也可能对实验结果造成影响，是非处理因素。研究者应采取各种措施，尽可能使某些非处理因素在所比较的各组中基本相同，以便充分显示处理因素的作用。

四、明确观察指标

实验中的实验效应主要是通过实验中的观察指标显示出来，因此，观察指标的选择是实验设计中应当认真解决的问题。

1. 选用客观性较强的指标　最好选用易于量化，即经过仪器测量和检验而获得的指标。在一般情况下，应该选用定量的指标作为判断效果的观察指标更为客观可靠，如果实验难以用定量指标描述而必须选用定性指标时，应当选择易于量化的方法加以表达，如表示免疫组化阳性的指标，应当分级描述免疫组化阳性细胞的程度。

2. 选用灵敏度较高的指标　应当选择对处理因素反应较为灵敏的指标，使处理因素的效应能较好地显示出来。例如在盐酸苯肼造成溶血性黄疸的实验中，可以选用临床症状、体征及比色法测定血中黄疸。也可选用分光光度计检测光密度值的变化作为观察指标，前者作为观察指标不够灵敏，只有在黄疸较为明显的情况下才会出现变化，若选用分光光度计检测光密度值的变化作为观察指标，则可敏锐地反映出处理因素的效应。

3. 选用精确性较强的指标　指标的精确性应当包括准确度（accuracy）和精密度（precision）两个方面。准确度是观察值与真实值的接近程度。精密度是在重复观察时，观察值与其平均值的接近程度。选择指标时应同时考虑指标的准确度和精密度，两者有着密切的关系，当然准确度更为重要。在实际工作中，应根据研究目的来权衡两者的重要性。总之，所确定的指标应当灵敏、准确地反映处理因素的效应，经过对观察指标的比较分析，能够较为圆满地回答研究假设中提出的问题。观察指标应当精选，与研究目的无关的指标不宜列入，否则将会冲淡主题，影响研究的真实结果。

4. 明确指标的变量类型　医学统计资料一般可分为定量变量和定性变量两大类。

(1) 定量变量：定量变量是对每个观察对象的观察指标用定量方法测定该项指标的数值大小所得的资料，一般用度量衡单位表示。如身高（cm）、体重（kg）、浓度（mg/L）、脉搏（次/分）、血磷（mg%）、血红蛋白（g%）等。

(2) 定性变量：定性变量是先将观察对象的观察指标按性质或类别进行分类，然后计数各组该观察指标的数目所得的资料。比如，用“生脉散”治疗脑血管病，其疗效可分为治愈、显效、有效、无效，那么其对应的人数将是计数资料。又如，调查某人群的血型分布，按照 A、B、AB、O 四型分组。计数所得该人群的各血型组的人数也是计数资料。

等级变量可以认为是定性变量的特殊类型，是指在医学实践中，有些资料具有计数资料的特性，同时又兼有半定量的性质，被称为按等级分组资料。如临床化验中，将化验结果按－、＋、＋＋、＋＋＋等级分组，计数得每组病人数，就是等级分组资料。

根据分析的需要，计量资料、计数资料和等级分组资料可以互相转化。例如每个人的血红蛋白，原属计量资料；若按血红蛋白正常与异常分为两组，得出各组的人数，是计数资料；若按血红蛋白含量的多少分为五个等级：<6（g%）（重度贫血）、6（g%）中度贫血、9（g%）轻度贫血、12.5（g%）血红蛋白正常、>16（g%）血红蛋白增高，计算各等级人数，就是等级分组资料。

五、考察数据

检查数据是否有错误。在统计描述和统计推断时，首先要找出过大或过小的数据，它们可能是错误数据。数据错误可能是由于错误而造成的误差，如抄错的数据或仪器失灵记录的数据，也可能是奇异数据（outlier）。比如利用探索性分析（explore），要求其列出五个最大和最小的数据，看是否在可能的范围内。其次，要分析原因。最后，要决定是否从分析中剔除：对错误数据，要坚决剔除；对奇异数据，要根据统计学方法决定是否保留。考察数据的分布特征：许多统计分析方法对数据的分布有一定的要求，例如配对设计的两个小样本比较的 t 检验，就要求样本来自正态总体，要求两样本的总体方差相等。为此，要考察数据是否近似服从某种分布，如正态分布、二项分布或指数分布等。对两组或多组间数据的差异性做分析时，要考察其总体方差是否相等。观察数据的规律，通过初步观察尽可能找出内在的一些规律。例如两个变量间是否存在线性相关的关系。在机能实验设计中，计量资料的统计方法主要涉及计量资料的描述，两组样本均数实验统计方法的选择，多组样本均数实验统计方法的选择。

六、选用统计学方法

不同的统计资料应采用不同的统计分析方法。统计方法的选用要考虑实验的目的、实验设计类型、资料类型、实验因素与水平数、数据分布特征和样本量大小等，同时，应当根据专业知识与资料实际情况，结合统计学原则，灵活地选择统计分析方法。统计设计的核心问题不在于如何进行数据处理和计算，而在于如何选择合理的统计方法。

第三节　实验研究中统计学的基本思想

医学科学实验统计设计的主要任务是通过事物的表面现象去揭示隐藏在事物背后的客观规律，从表现为偶然性的大量数据中，分析出其中带有必然性的规律。医学机能实验的特点是研究者可以根据研究目的设置不同的处理因素，主动加以干预措施，控制非实验因素的干扰，观察分析总结，回答研究假设所提出的问题。因此，医学机能实验的研究是一种在严格的实验条件下，随机选择实验对象，随机分组，随机给各个实验组施加不同的干预措施，观察实验效应，获得正确的科学结论的方法。

医学机能实验从统计学的角度看是一种抽样研究。抽样研究是人们对从总体中随机抽取一定的样本进行研究，用样本的信息去推断总体的特征。例如，我们要研究高血压药物雅施达对高血压的治疗作用，研究的对象是实验动物。从理论上讲，我们要了解事物必然性的客观规律，应该研究世界上所有的患高血压的实验动物，对整个群体中的所有样本进行研究，但是，在实际工作中这是做不到的，因为这是一个无限大的群体。在实际工作中，我们只能选择一部分高血压实验动物进行研究，用这一部分实验动物的信息去反映整体的信息，即通过观察一定数量的实验动物样本，获得高血压药物雅施达是否有效的结果。因此，我们通常是从总体中随机抽取一定数量的样本，对抽取的样本进行统计描述，然后用样本推断总体，最后从统计学的角度判断和回答研究假设所提出的问题，这就是抽样研究。

一、统计描述

在医学机能实验中，我们对获得的数据如身高、体重、血压的平均值和红细胞数等要进行统计分析，了解观察数据的特征。用于定量资料统计描述的两个重要特征指标是集中趋势(central tendency)和离散趋势(dispersion)，也是描述正态分布的两个重要指标，描述集中趋势的主要指标是平均数，描述离散趋势的主要指标是方差或标准差。

(一) 资料的统计描述

1. 平均数　平均数(average)是描述一组观察值集中位置或平均水平的统计指标，它常作为一组数据的代表值，用于描述观察指标的平均水平，用平均数反映一组观察值的集中趋势。平均数包括多种指标，常用的有均数、几何均数、中位数等。其中最常见的平均数的直接算法是将所有的观察值 $X_1, X_2, \cdots, X_n$ 直接相加再除以观察例数。

均数：将所有的观察值 $X_1, X_2, \cdots, X_n$ 直接相加再除以观察例数，本例为 109 cm。

$$\overline{X} = \frac{(\sum x)}{n}$$

2. 标准差　变异程度(standard deviation)是用来衡量一批数据的变异大小的指标。用标准差反映一组观察值的变异程度，如果观测值平均数相同，但是标准差不同，提示观测值的变异程度大，为了说明这一问题，看下面的例子。

例如对甲、乙两组身高的测量，测得的数值分别为：

甲组(cm)	95	99	108	109	110	119	123	($\overline{X}$=109)
乙组(cm)	106	107	108	109	110	112	121	($\overline{X}$=109)

从列出的数据可以看出，两组身高的均数没有差别，但是甲组的身高变化比较大，在 95～123 cm 之间变化，而乙组的身高变化相对比较小，在 106～121 cm 之间变化。观察值 95 与平均数 109 的差值是 14，观察值，106 与平均数 109 的差值是 3，显然前者的变异程度比后者大。由此，可以看出一组观察值变量，虽然平

均数相等，但是，离散或变异的情况不相等。

怎样衡量均数变异程度大小？在统计学中是通过计算各观察值(X)偏离平均数(μ)的平均差值来表达。为了避免正负抵消，就将每个观察值与均数之差的绝对值相加，然后取平均，称作平均偏差(mean difference)，它可以表示为：

$$\frac{\sum |X-\mu|}{N}$$

离均差平方和(sum of squares of mean deviation)：平均偏差是一个很直观的变异量度，但由于用了绝对值，在数学上不便于继续处理，使它在应用上受到很大的限制，实际中很少使用。为了克服平均偏差使用绝对值不便于进一步运算的缺点，可以不通过取绝对值，而是通过取平方来避免正负抵消，即使用离均差平方和，其公式为：

$$\sum (X-\mu)^2$$

离均差平方和描述了每个观察值相对于集中位置 X 的变异程度。

$$\sum (X-\mu)^2 = \sum x^2 - \frac{\left(\sum x\right)^2}{n}$$

方差(variance)：如果将离均差平方和再取平均，其结果称作均方差，简称方差。需要注意的是，对于样本资料，在对离均差平方和取平均时分母用 $n-1$ 代替 n，把分母 $n-1$ 称为自由度(degree of freedom)，意思是在所有的 n 个离均差平方项中，只有 $n-1$ 个是独立的，即由于样本均数 $\overline{X}$ 的限制，在所有的离均差平方项中只要有 $n-1$ 个已知，最后 1 个离均差平方项便自动确定。

$$s^2 = \frac{\sum (X-\mu)^2}{n-1}$$

式中，s^2 为样本方差，方差越大说明数据的变异越大。方差有时也表示为 MS。

标准差：方差是用取平方后的单位来表示的，如果原始数据用毫米汞柱表示，则方差就是毫米汞柱的平方。在统计分析中为了方便，通常将方差取平方根，还原成与原始观察值单位相同的变异量度，计算公式如下：

$$s = \sqrt{\frac{\sum (X-\mu)^2}{n-1}}$$

s 称为标准差。显然，一组观察值的标准差越大说明每一个数据与它们的平均数相减所得差数越大，各观察值偏离平均数的平均差距越大，其变异程度越大。

（二）数据的正态分布

1. 正态分布　正态分布(normal distribution)是高峰位于中央（均数所在处）、两侧逐渐降低，而且左右对称、不与横轴相交的钟形光滑曲线，也叫高斯分布（图 14－1），它是许多统计方法的基础。

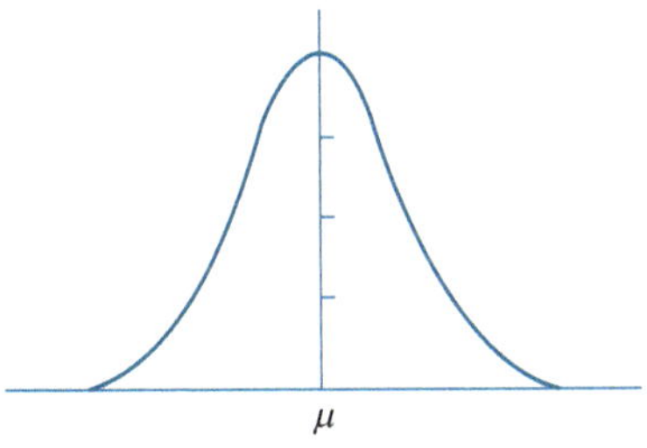

图 14－1　正态分布图

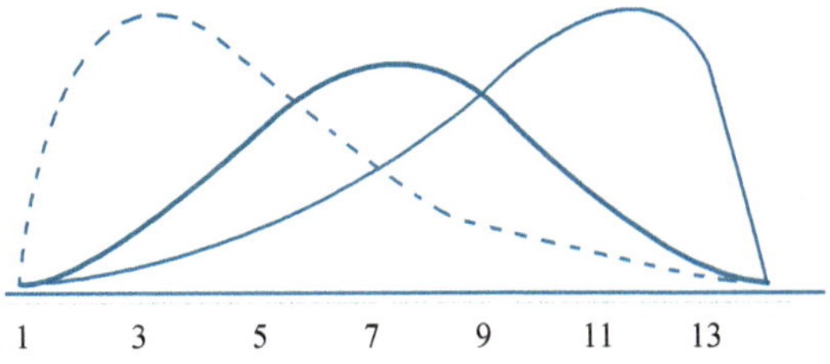

图 14－2　正、偏态分布图

其实，正态分布仅仅是各种不同分布类型的一种，只不过就其重要性而言，正态分布是一种最为重要的分布而已。对于连续型的计量资料的频数分布而言，常见的分布类型还有正偏态分布与负偏态分布。正偏态分布（如图 14－2 虚线）与正态分布相比，高峰偏左，曲线右侧拖着一个较长的尾巴；负偏态分布（如图

14-2细实线)与正态分布相比,高峰偏右,曲线左侧拖着一个较长的尾巴。由于资料的分布类型不同,所采用的描述指标与统计分析方法也不同,故了解资料的频数分布类型和特点是必要的。

正态分布是统计学中最为重要的一种分布。原因有如下几点:第一,在实验科学中,许多现象的频数分布都是服从正态分布或近似正态分布,可以直接应用正态分布的规律对其加以描述,例如动物血压的正常值范围、重量、心率等。第二,根据数理统计中的"中心极限定理"的原理,对于计量资料而言,当样本例数足够大(譬如大于 50 或大于 100)时,无论总体属于何种类型的分布,从总体做随机抽样时得到的样本均数的分布都服从正态分布,这是我们学习许多假设检验方法的理论基础。第三,统计学中的其他一些重要分布,譬如 t 分布、F 分布、χ^2 分布等,都是在正态分布的基础上推导出来的;某些分布譬如 t 分布、二项分布、泊松分布等的极限形式又成了正态分布,在一定条件下,都可按正态分布处理。因此,我们要知道正态分布是最重要的一种分布,是用于了解一组变量值分布的指标,是一种频数分布。

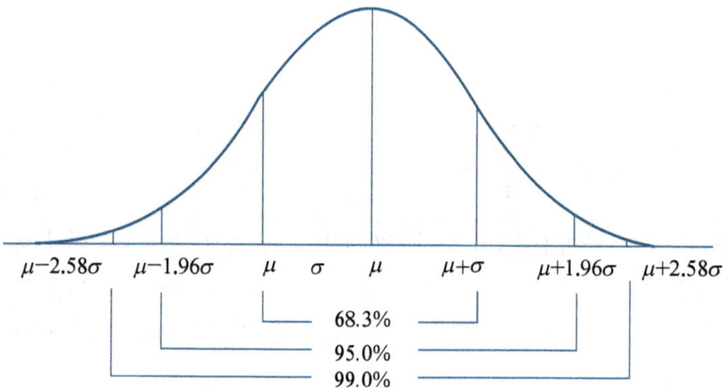

图 14-3 正态曲线下常用的面积分布规律图

2. *正态分布曲线面积的分布规律* 正态分布的正态曲线是一条中间高、两侧完全对称并逐渐下降且永远不与横轴相交的钟形光滑曲线。正态分布曲线下的面积分布具有一定的规律。统计学上常用均数(μ)与标准差(σ)相结合来反映正态分布的分布规律(图 14-3)。

(1) $\mu\pm1.645\sigma$ 区间的面积占总面积(或总观察例数)的 90%;

(2) $\mu\pm1.96\sigma$ 区间的面积占总面积(或总观察例数)的 95%;

(3) $\mu\pm2.58\sigma$ 区间的面积占总面积(或总观察例数)的 99%;

(4) 总面积(或总观察例数)100%。

例如,上例中 120 名 5 岁女孩所在的总体的身高平均数为 109 cm,标准差为 5 cm,则通过计算可知:

正态曲线下 $\mu\pm1.96\sigma$ 区间的面积是从 $\mu-1.96\sigma$ 至 $\mu+1.96\sigma$,即 99.5~119.7 cm 之间的数据所围成的面积,占曲线下总面积的 95%。剩余 5%的面积,99.5 cm 左侧的面积与 119.7 cm 右侧的面积是相等的,各占总面积的 2.5%(图 14-4)。

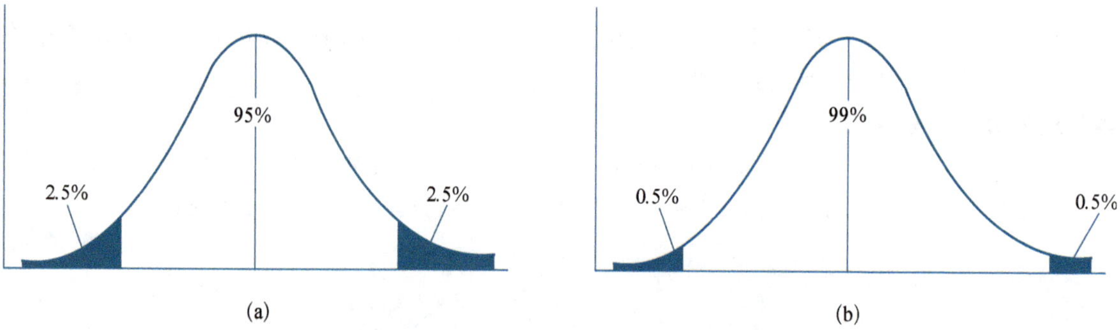

图 14-4 正态曲线下面积分布示意

正态曲线下 $\mu\pm2.58\sigma$ 区间的面积从 $\mu-2.58\sigma$ 至 $\mu+2.58\sigma$,即 96.1~121.9 cm 之间的数据所围成的面积占曲线下总面积的 99%,96.1 cm 左侧的面积与 121.9 cm 右侧的面积是相等的,各占 0.5%(图 14-4)。

在正态分布中,总体均数 μ 决定了正态分布在横轴上的位置,称为位置参数;标准差 σ 决定了其"胖瘦",称为变形参数。当 σ 一定后,μ 增大,曲线沿横轴向右移动;反之 μ 减小,曲线沿横轴向左移动。σ 越大,曲线的形状越"矮胖",表示数据分布越分散;σ 越小,曲线的形状越"瘦高",表示数据分布越集中(图 14-5)。但是所有正态分布的面积的分布规律是相同的,都可以转换成一样"高矮"、一样"胖瘦"的标准正态分布。固定面积(如 95%或 99%)的界值不是一个常量,而是随自由度的大小而变化。

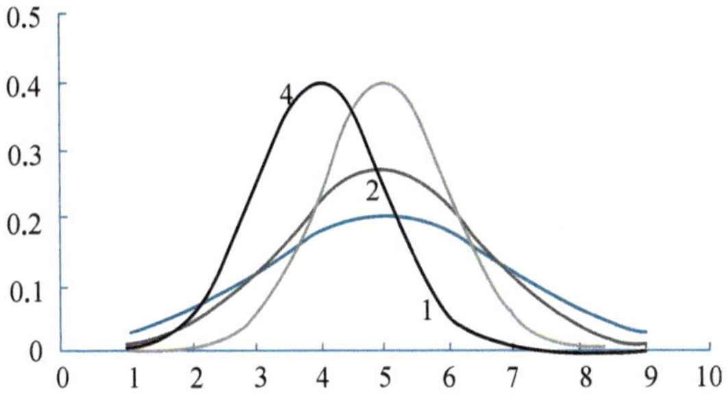

图 14-5

3. 概率与小概率事件　概率(probability)是描写某一事件发生的可能性大小的一个量度。用 A 表示某一事件，P 表示该事件可能发生的概率，可记为 $P(A)$。大小在 0 到 1 之间，即 $0 \leqslant P \leqslant 1$，常用小数或百分数表示。$P=1$，表示为必然事件；$P=0$，表示不可能事件，它们是确定性的，可看成随机事件的特例，大部分事件的概率都是 $0<P<1$，也就是说具有一定的不确定性，对于某一次观察来讲可能发生，也可能不发生。在实验设计中常用的是统计概率，即对某一随机现象进行大量观察后得到的一个统计百分数 f/N，此处 N 为观察总数，f 为发生数或频数。

在数理统计中，正态分布与概率之间具有相关联系，表现为正态分布的面积与概率密度之间的联系，通常把出现在正态分布总面积 95%以外的概率记为 $P(0.05)$，即出现在 $\mu \pm 1.96\sigma$ 区间面积以外的部分，联系图 14-5 和图 14-6，即是 95%以外左右两边的部分，各占 2.5%，两侧相加为 5%。

把出现在正态分布总面积 99%以外的概率记为 $P(0.01)$，即出现在 $\mu \pm 2.58\sigma$ 区间面积以外的部分，联系图 14-5 和图 14-6，即是 99%以外左右两边的部分，各占 0.5%，两侧相加为 1%。在医学科研实验中，把 $P \leqslant 0.05$ 作为判断统计数据的差别有统计学意义的指标，$P \leqslant 0.01$ 作为判断统计数据具有显著统计学差别意义的指标。

小概率事件是指某事件发生的可能性很小，在单次观察或单次实验中可以认为不发生的事件，称为小概率事件。在统计学中，习惯上将小概率事件发生的界值定为 $P \leqslant 0.05$ 或 $P \leqslant 0.01$。在单次实验或观察中可以认为是不发生的事件，但是，一定要注意的是小概率事件不等于不可能事件，小概率事件只是统计学上认为不可能发生，是可能犯错误的，而不可能事件是肯定不发生。比如买彩票，中奖概率是 1/10 万，是一个小概率事件，此时可以认为不会中奖，但还是有人在中奖。

从数理统计的角度，正态分布的面积密度与概率密度具有相互对应的关系，正态分布的面积(5%)与概率密度 $P(0.05)$ 相对应，正态分布的面积(1%)与 $P(0.01)$ 相对应，并把它们当做是出现小概率事件的判定界线，进行统计推断。

二、统计推断

实验设计是科学实验中最重要的一个环节，实验设计的目的就是通过设置合理有效的对照，来揭示所要研究的某个因素是作用或效应。例如，要研究高血压药物雅施达对高血压的治疗作用，研究者要设置实验组和对照组，观察给药和不给药时血压值的变化。统计设计的主要任务就是要回答在比较的实验组和对照组之间是否存在差异，由样本信息推断总体是否有差异？其次，要回答这种差异有多大，是否具有统计学意义？因此，要了解总体与样本之间存在的差异是否具有统计学意义就要进行假设检验，所采用的方法是统计推断。要理解抽样研究中统计推断的原理，需要了解抽样误差与抽样分布。

（一）抽样误差和抽样分布

在抽样研究中，实验研究的结果可能受到以下三个方面因素的影响：① 在实验中，采用不同的处理因素而产生的差异；② 由于抽样误差而产生的差异；③ 由于各种系统误差的干扰而产生的误差。因此，用样本信息推断总体的特征时，要了解样本和总体之间差异是怎样产生的，这种差异是否具有统计学意义。

1. 抽样误差　抽样误差(sampling error)是在抽样研究中，由于抽样本身的随机性而造成的样本指标与总体指标之间的误差。抽样时之所以会产生这种误差，是因为每次抽得的样本仅包括总体中的一部分个体，而个体之间又存在着差异，故由样本计算出的统计指标与总体相应的统计指标的大小是不一致的。由于总体的统计指标通常是不知道的，故直接比较样本统计指标与总体统计指标接近程度来表示抽样误差的大小是行不通的，只能用另外的指标来度量抽样误差的大小，这一指标就是统计学中又一重要的概念——标准误。

2. 标准误　从正态分布的总体中进行随机抽样，得到的样本均数与总体均数之间存在差异，这种变异程度可以用标准误(standard error)来衡量。为了有别于一般观察值的标准差(S),将样本均数的标准差称为标准误(表 14-2)。

表 14-2 标准差和标准误的区别

	标　准　差	标　准　误
计算公式:	$S=\sqrt{\dfrac{\sum(X-\overline{X})^2}{n-1}}$	$S_{\overline{X}}=\dfrac{S}{\sqrt{n}}$
含义:	表示观察值的变异程度	反映样本均数抽样误差的大小
用途:	计算变异系数 确定医学参考值范围 计算标准误	估计总体均数可信区间 进行假设检验

3. *数理统计的中心极限原理* 从正态分布 $N(\mu,\ \sigma^2)$ 中,以固定 n 抽取样本,样本均数的分布仍服从正态分布;即使是从偏态分布总体抽样,只要 n 足够大,样本均数的分布也近似正态分布;样本均数的总体均数仍为 μ,样本均数的标准差为标准误。

4. *抽样分布* 根据中心极限定理可知,从正态分布的总体中随机抽样,样本均数的分布也呈正态分布,当 n 足够大时,则无论总体呈什么样的分布,样本均数的分布也呈正态分布或近似正态分布。

假设从某一正态总体(已知 μ、σ)中采用相同的随机抽样方法,抽取了很多个含量相等的样本,分别计算出各个样本的均数,然后将这些样本均数看成是新的观察值,编制成频数分布表就可以发现,这些样本均数的频数分布(如 t 分布)也服从正态分布。

因此,所谓抽样分布是指所有样本均数的频数分布,该分布的中心即所有样本的均数,其数值等于总体均数 μ 的分布。由图 14-6 可看出,样本均数的均数反映了这些样本均数的平均水平或集中趋势,标准误反映了这些样本均数的变异程度或离散趋势。显然,标准误是衡量样本均数变异程度的指标,它的本质是观察样本均数与总体均数的平均偏差:标准误越大,表明样本均数的分布越分散,用样本均数估计总体均数的误差越大;标准误越小,表明样本均数越接近总体均数,用样本均数估计总体均数的误差越小。

5. *t 分布曲线下面积的规律* 根据前面的叙述,将样本均数进行 t 转换,用 t 分布来说明抽样分布,可使一般的正态分布 $N(\mu,\ \sigma^2)$ 变换为标准正态分布 $N(0,\ 1)$。样本均数 $\overline{X}$ 的分布服从正态分布 $N(\mu,\ \sigma_{\bar{x}}^2)$。同理,对正态变量 $\overline{X}$ 进行 u 变换($u=(\overline{X}-\mu)/\sigma_{\overline{X}}$)后,也可使正态分布 $N(\mu,\ \sigma_{\bar{x}}^2)$ 变换为标准正态分布 $N(0,\ 1)$。由于实际工作中,σ 往往是未知的,常用 S 作为 σ 的估计值,这时对样本均数 $\overline{X}$ 进行的不是 u 变换而是 t 变换了,即

$$t=\frac{\overline{X}-\mu}{S_{\overline{X}}} \qquad \nu=n-1$$

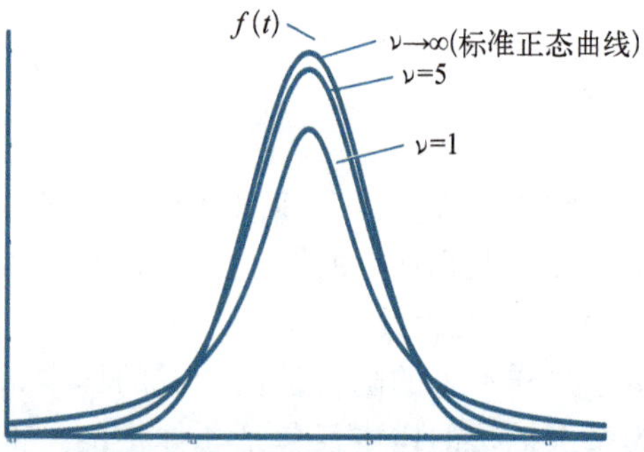

图 14-6 不同自由度的 t 分布曲线

式中,ν 为自由度(degree of freedom)。统计量 t 的分布称为 t 分布。t 分布与自由度有关,每个自由度都对应一条分布曲线,见图 14-6。

t 分布有两个特征:第一,t 分布是以 0 为中心,左右对称的单峰分布;第二,t 分布曲线是一簇曲线,其形态与自由度 ν 的大小有关。自由度 ν 越小,则 t 值越分散,曲线越低平;自由度 ν 逐渐增大时,t 分布逐渐逼近 u 分布(标准正态分布);当 ν 趋于 ∞ 时,t 分布即为 u 分布。

由于 t 分布是一簇曲线,故 t 分布曲线下面积为 95%或 99%时对应的界值不是一个常量,而是随自由度的大小而变化。为便于应用,编制了 t 界值表。

该表的横标目为自由度 ν,纵标目为尾端概率 P,表中数值为其相应的 t 界值,记作 $t_{\alpha,\nu}$,其中 α 为预先规定的尾

端概率。因 t 分布对称于 0，故 t 界值表只列出正值，若计算的 t 值为负值时，可用其绝对值查表。t 界值表左上附图的阴影部分表示 $t_{\alpha,\nu}$ 以外尾部面积的概率，如单侧 $t_{0.05,30}=1.697$，表示 $\nu=30$ 时，$t\geqslant 1.697$ 的概率或 $t\leqslant -1.697$ 的概率为 0.05，记作 $P(t\leqslant -1.697)=0.05$ 或 $P(t\geqslant 1.697)=0.05$，$t_{0.05/2,30}=2.042$，表示 $\nu=30$ 时，$t\geqslant 2.042$ 的概率和 $t\leqslant -2.042$ 的概率之和为 0.05，记作 $P(t\geqslant 2.042)+P(t\leqslant -2.042)=0.05$。

- 其通式为：单侧：$P(t\leqslant -t_{\alpha,\nu})=\alpha$　或 $P(t\geqslant t_{\alpha,\nu})=\alpha$
  双侧：$P(t\leqslant -t_{\alpha/2,\nu})+P(t\geqslant t_{\alpha/2,\nu})=\alpha$
- 图中非阴影部分面积的概率为：$P(-t_{\alpha/2,\nu}<t<t_{\alpha/2,\nu})=1-\alpha$

由 t 界值表还可以看出，双侧概率 P 为单侧概率的两倍，如 $t_{0.10/2,30}=$ 单侧 $t_{0.05,30}=1.697$。

t 检验是以原始数据符合正态分布为前提的，这是因为 t 检验所依赖的 t 分布是在正态分布的基础上推导出来的。根据中心极限定理，只要遵循随机抽样原则，而且样本的例数不是很小时，则无论总体的分布为何分布，样本均数的分布均呈正态分布或近似正态分布。因此，在进行假设检验时，由样本均数得出的 t 值的分布呈正态分布。

t 分布与小概率事件的相互关系是我们理解假设检验的核心思想。统计学中的其他一些重要分布，譬如 t 分布、F 分布、χ^2 分布等，如果符合正态分布，在一定条件下，都遵循这一假设检验的核心思想。

（二）计量资料的假设检验

1. 假设检验的基本思想　假设检验采用小概率反证法，小概率反证法的基本思想是：在假设检验中，假设事件 A 成立，如果出现了小概率事件，就认为事件 A 的假设不成立，应予拒绝或否定，并接受它的对立面（图 14－7）。

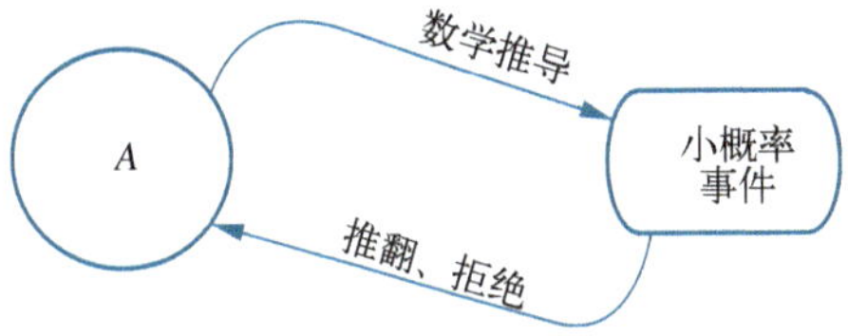

图 14－7　小概率反证法

2. 计量资料的假设检验　我们通过一个实例来说明计量资料的假设检验的原理。根据大量实验资料，已知健康成年家兔血压的均数为 109 mmHg，某同学在医学机能休克实验中随机抽取了 40 只实验家兔，得到其血压的平均数为 98 mmHg，标准差为 18 mmHg，能否据此认为实验组家兔血压的平均数与正常组家兔的血压平均数不同？

（1）分析：在这次实验中，实验组家兔的血压平均数与正常家兔的血压平均数的不同有两种可能性：一是实验组家兔的血压平均数与正常的血压平均数相同，即两总体均数相同，均数之间出现的差异是由于抽样误差造成的；二是除了抽样误差以外，更主要的原因是失血性休克造成实验组家兔的血压平均数与正常的血压平均数不同。因此，我们采用反证法的逻辑推理进行假设检验，来判断 109 mmHg 与 98 mmHg 之间的差别是否具有统计学意义。

在这次抽样研究中，我们先假设事件 A 成立，即实验组家兔的血压平均数与正常家兔的血压平均数相同，均数之间的差异仅仅是由于抽样误差所致。如果所做的这种假设是对的，则根据如前所述的抽样分布的理论可知，由于抽样误差的原因，每次抽样计算得到的 t 值有 95％的可能性落在 $-t_{0.025,39}\sim t_{0.025,39}$ 之间，落在该范围以外的可能性仅有 5％或 $P(0.05)$。若这次的 t 值落到了 95％范围之内，则表明我们所做的实验组家兔的血压平均数与正常家兔的血压平均数相同的假设是正确的。如果 t 值落到了 5％或 $P(0.05)$ 区域外，则属于小概率事件，即仅由抽样误差的缘故导致这样大差别的可能性是很小的，由于推理过程是严密的，就只能认为事件 A 的假设不成立，应予拒绝或否定，并接受它的对立面，因此推断可能是失血性休克造成实验组大鼠的血压平均数与正常大鼠的血压平均数不同。

当然，做出这种结论是会冒一定风险的，即使出现了小概率事件，也存在犯错误的可能，犯错误的概率一般最大 α 为 0.05(5％)，即原先所做的假设是对的，现在仅根据 t 值落到了 5％区域而否定所做的假设是否正确，因为在所做的假设成立的前提下，t 值落在 5％区域内的可能性虽然很小，但毕竟还是有可能的，这种风险率就是人为规定的允许犯错误的概率 α 用统计学术语来说即检验水准或显著性水平。

（2）假设检验的程序：明白了以上假设检验的原理，才能使我们对假设检验的结果有较为深刻的理解，才能对检验结果作出合理的解释。至于假设检验的过程，尽管有的简单，有的复杂，但思路大体上是一致的。

1）建立假设：首先确定检验水准是双侧或单侧，检验水准 α 一般定为 0.05。然后进行假设，假设有两种，一种为无效假设，如假设总体均数与样本均数相等，因为这种假设设立的目的一般都是为了否定它，故称无效假设，即所观察到的差异还不能排除是由于抽样误差所致。检验假设的符号为 H_0；另一种为备择假设，该假设与检验过程无关，仅仅是预备着在 H_0 被拒绝时才接受的一种假设，故称为备择假设，用符号 H_1 表示。

2）选定检验方法　计算出所需的统计量：应根据研究设计的不同类型和统计推断的不同目的选用不同的检验方法，计算出相应的统计量，如 t 检验中计算 t 值。

用公式计算 t 值

$$t=\frac{\overline{X}-\mu_0}{s\sqrt{n}}$$

$$t=\frac{98-109}{18\sqrt{40}}=3.865$$

本例 $t=3.865$。

3）确定自由度，查相应的 t 界值表（见附表 4）。表中最上几行表示的是单、双侧概率 P 的数值，第一列为自由度，表中的数字是自由度为不同数值时，与某一概率 P 的值相对应的 t 的界值，简记为 $t_{\alpha,\nu}$，让我们利用附表 4 查 t 值，看看各符号的含义。从附表 4 的第一列查到 $\nu=39$ 这一行，再从双侧概率 P 的数值这一行中找到双侧概率 $P=0.01$ 这一列，从行、列交叉点处可查到 t 为 2.708，记作 $t_{0.01,39}=2.708$，读作自由度为 39 时，t 的 1%界值等于 2.708，意思是说从正态的总体做随机抽样 $n=40$（即 $\nu=40-1$）时，可得到许多样本，进而可计算得到许多 t 值，在这些 t 值中，$t\leqslant-2.708$ 及 $t\geqslant2.708$ 的各占 0.5%，见图 14－4 中即 99%以外部分，合计为 1%。

4）做出推断性结论：因为 $t=3.865$，$t_{0.01,39}=2.708$，$t>t_{0.01,39}$，$P<0.01$，所以按 $\alpha=0.05$ 水准，拒绝 H_0，接受 H_1。

对推断性结论的理解：先看假设检验的第一种情况，即均数之间的差异仅仅是用于抽样误差所致。如果所做的这种假设是对的，则根据如前所述的抽样分布的理论可知，由于抽样误差的原因，每次抽样计算得的 t 值有 99%的可能性落在 $-t_{0.01,39}\sim t_{0.01,39}$ 之间，落在该范围以外的可能性仅有 1%。若这次的 t 值落到了 99%范围之内，则现在这种情况与所做的这种假设是一致的。在我们不知所做的这种假设究竟是对还是错的情况下，若让我们从中做一抉择的话，显然我们不能判断说原先所做的假设是不对的。再看假设检验的第二种情况，如果 t 值落到了 1%区域内，则由抽样误差的缘故导致这样大甚至更大的差别的可能性是很小的，属于小概率事件，按照小概率事件原理，在单次观察或实验中可以认为其不发生，即否定差异是由于抽样误差所致这种情况。

在上述例子中，因为得到的 t 统计量 3.865 大于 $t_{0.01,39}$（2.708），其分布在拒绝域，即分布在 $2.58\sigma_{\overline{x}}$（1%）之外，对应于 $P<0.01$，因此，我们可以判断它是一个小概率事件，得出拒绝 H_0，接受 H_1 的统计结论。表明在抽样研究中，假设的总体均数与样本均数不相等，总体均数与样本均数之间的差异不是由于抽样误差造成的，而是由于总体均数与样本均数之间本身的差异造成的，差异具有统计学意义。

（三）计数资料的假设检验

用于分类计数资料的假设检验方法很多，这里仅介绍 χ^2 检验。在比较按二分类定性变量的两个率的时候，例如阳性率与阴性率、有效率与无效率等，由于抽样误差的存在，不能仅凭样本率值的大小就下结论，而必须经过假设检验，其中最常用检验方法之一就是 χ^2 检验。检验两个（或多个）率或构成比之间差别是否有显著性；检验配对计数资料的差异是否有显著性及两种因素或特征之间有无相关的关系。

1. **χ^2 检验的基本思想**　χ^2 检验的基本思想是检验实际频数（actual frequency）和理论频数（theoretical frequency）的差别是否由抽样误差所引起的。χ^2 检验的统计量基本公式为：

$$\chi^2=\sum\frac{(A-T)^2}{T} \tag{1}$$

这里 R 是 Row（行）的字头，C 是 Column（列）的字头，A_{RC} 是位于 R 行 C 列交叉处的实际频数，T_{RC} 是位

于 R 行 C 列交叉处的理论频数。

$$T_{RC}=\frac{n_R n_C}{n}$$

n_R 是 A_{RC} 所在的行的合计，n_c 是 A_{RC} 所在的列的合计，n 是多个样本例数的合计。$(A_{RC}-T_{RC})^2$ 反映实际频数与理论频数的差距；除以 T_{RC} 为的是考虑相对差距。由此可看出，χ^2 值反映了实际频数与理论频数的吻合程度。χ^2 值永远是正值。χ^2 值大，说明实际频数与理论频数的差距大。但 χ^2 值大于多少才认为差别有统计学意义，要与 χ^2 界限值相比较才能加以判断。一般来说，$\chi^2<\chi^2_{0.05(\nu)}$，则 $P>0.05$，说明实际频数与理论频数的差别由抽样误差所引起的可能性很大，因而接受无效假设；如 $\chi^2\geqslant\chi^2_{0.05(\nu)}$，则 $P<0.05$，说明实际频数与理论频数的差别由抽样误差所引起的可能性很小，因而拒绝无效假设。这里 ν 是自由度。χ^2 值的大小除与实际观察频数和理论频数的差值大小有关外，还与它们的组数有关。因此，在考虑 χ^2 值的大小时，要同时考虑组数的多少，也就是要考虑自由度的大小，自由度的大小因具体问题而异。

自由度的计算公式为： $\nu=(\text{行数}-1)(\text{列数}-1)$

在同一自由度下，χ^2 值越大，相应的概率 P 值越小；χ^2 值越小，相应的概率 P 值大。

2. 计数资料的假设检验 我们用一个例子来说明。某药品检验所随机抽取 574 名成年人，研究某抗生素的耐药性。其中 179 例未曾使用该抗生素，其耐药率为 40.78%；而在 395 例曾用过该药的人群中，耐药率为 45.57%，结果见表 14-3，试问两种人群的耐药率是否一样？

表 14-3 某抗生素的人群耐药性情况

用药史	不敏感	敏感	合计	耐药率(%)
曾服该药	180	215	395	45.57
未服该药	73	106	179	40.78
合　计	253	321	574	44.08

本例两个样本是从总体中随机抽取的，其目的是要由两个样本耐药率来推断两种人群对某抗生素的耐药率是否一样。

如果将表 14-3 用符号表示，则变成表 14-4 形式：

表 14-4 2×2 表格式

	B1	B2	合计
A1	a	b	$a+b$
A2	c	d	$c+d$
合计	$a+c$	$b+d$	$n=a+b+c+d$

在这个表中，a、b、c 和 d 是四个基本的数据，组成二行二列：

a	b
c	d

对其进行 χ^2 检验，又称为四格表 χ^2 检验（χ^2 test for fourfold）。计算四格表 χ^2 统计量的公式可用式：

$$\chi^2=\sum\frac{(A-T)^2}{T}$$

1）建立检验假设并确定检验水准

H_0：两种人群对该抗生素的耐药率相同，即 $\pi_1=\pi_2$

H_1：两种人群对该抗生素的耐药率不相同，即 $\pi_1 \neq \pi_2$

$\alpha=0.05$

2）计算检验统计量：无效假设是假定两种总体耐药率相等，即曾用过该抗生素和未用过该抗生素的人群的耐药率是一样的。也就是说，耐药率与是否用过该药无关，那么在 H_0 假设条件下，用 χ^2 检验公式计算理论值。

曾用过该药的不敏感例数　　$T_{12}=174.10$

曾用过该药的敏感例数　　$T_{11}=220.90$

未曾用过该药的不敏感例数　　$T_{22}=78.90$

未曾用过该药的敏感例数　　$T_{21}=100.10$

计算 χ^2 值：$\chi^2=1.15$

3）查表及统计推断

$$\text{自由度 } \nu=(2-1)(2-1)=1$$

查 χ^2 界值表（附表 8），确定 P 值，作出统计推断。

$\chi^2_{0.05(1)}=3.84$，$\chi^2<\chi^2_{0.05(1)}$，所以，$P>0.05$，在 $\alpha=0.05$ 的检验水准下，不拒绝 H_0，认为两种人群对该抗生素耐药性的差异没有统计学意义。

在上述例子中，因为得到的 χ^2 值是 1.15，χ^2 检验值没有分布在拒绝域，$\chi^2<\chi^2_{0.05(\nu)}$，则 $P>0.05$，所以，我们不能判断它是一个小概率事件，不能得出拒绝 H_0 的统计结论。说明实际频数与理论频数的差别由抽样误差所引起的可能性很大，因而目前的样本信息尚不能拒绝无效假设；假设的实际频数与理论频数的差别还不能排除是由于抽样误差所引起，差异不具有统计学意义。

需要注意的是，在 χ^2 检验中要求研究的总例数 $n\geqslant 40$，且每个格子的理论频数 $T\geqslant 5$，否则应改用确切概率法。

总之，当我们在进行总体均数和样本均数的统计推断（双侧检验）时，假设总体均数与样本均数相同，如果得到的总体均数与样本均数的差异（t 值）对应 P 值小于 5%，就把它判断成为一个小概率事件，拒绝假设，接受它的对立面，认为总体均数与样本均数不相同。

同时，否定了它们之间的差异是由于抽样造成的，肯定了它们之间的差异是由于总体均数与样本均数本身的差异造成的，由此判断总体均数与样本均数之间的差异具有统计学意义，结合专业知识我们可以推断是由于实验中的处理因素的作用而产生的差异。

第四节　常用的实验设计方案

常用的实验设计统计方法有以下几种主要类型：完全随机设计、配伍设计与多个样本均数间的两两比较等，统计数据的资料类型应该与相应的统计分析法相匹配。

一、完全随机设计

完全随机设计是把实验动物完全随机地分配到各个处理组及对照组中去，仅涉及一个处理因素，又称单因素设计或完全随机设计（completely random design）。也可分为 2 组或 2 组以上，各组例数可相等，也可不等，但相等时检验效率更高。本法设计及处理简单易行，但只能处理一个因素，效率较低。

例 14.1　为探讨解磷定在有机磷中毒后对血压的作用，将 36 只兔子随机等分 3 组给予不同处理后，测得血压数据见表 14-5。试问各组血压水平是否不同？

1. *随机抽样的方法*　将雌兔 16 只分为 2 组，2 组例数相同，编上动物号（体重由小至大）。从随机数字表中取一段数字。先以随机数字奇数编为甲组，偶数编为乙组，得甲组 9 只，乙组 7 只。因需将甲组 1 只调为乙组，再取随机数字表中的一个大于 9 的数字(如 76)，将该数字除以 9(即甲组 9 只兔有均等的归入乙组的机会)得余数(4)，故将甲组的第 4 只归入乙组。

兔　号	1	2	3	4	5	6	7	8	9	10	11	12	13	14	15	16
随机数字	93	22	53	64	39	7	10	63	76	35	87	3	4	79	88	8
组　别	甲	乙	甲	乙	甲	甲	乙	甲	乙	甲	甲	甲	乙	甲	乙	乙
组别调整						乙										

如将动物分为 3 组，过程相似，其中将随机数字被 3 除，余数为 1、2、0 者分别归入甲、乙、丙组。

2. 数据的收集与分析　数据收集的基本格式如表 14-5，13-5 所示。

表 14-5　完全随机设计数据收集的基本格式

实验序号	观 测 指 标					
	实验因素 A:	A_1	A_2	A_3	……………	A_n
1		x_1	x_1	x_1	……………	x_1
2		x_2	x_2	x_2	……………	x_2
3		x_3	x_3	x_3	……………	x_3
⋮		⋮	⋮	⋮	……………	⋮
n		x_n	x_n	x_n	……………	x_n

注：表内“x”处填写定量的实验数据，若因素 A 的某些水平下数据较其他水平下少，则用“.”表示缺失数据。

表 14-6　家兔在有机磷中毒前后及中毒后解救的血压值(mmHg)

序号	正常对照组	有机磷中毒 5 分钟组	有机磷中毒后应用解磷定组	合　计
1	102	42	104.4	248.4
2	108	44	109.2	261.2
3	103	42.5	103.1	248.6
4	110	48	109.8	267.8
5	100	41.2	103.5	244.7
6	104	47	105.5	256.5
7	105	39	104.9	248.9
8	107	56	107.6	270.6
9	99	45	108.8	252.8
10	115	36	110.2	261.2
11	108	53	98.6	259.6
12	102	41	106.1	249.1
n_i	12	12	12	36
$\sum X$	1 263	534.7	1 271.7	3 069.4

3. 完全随机设计数据的分析　可按单因素方差分析法(F 检验)，如果只有两组数据，用成组比较 t 检验；如果采用计数资料数据，常采用 χ^2 检验法。

(1) 建立检验假设

H_0：$\mu_1=\mu_2=\mu_3$(各组家兔血压值总体均值相等)

H_1：μ_1、μ_2、μ_3 不等或不全相等，$\alpha=0.05$。

(2) 计算统计量：完全随机设计方差分析按照表 14-7 计算，利用统计学专业软件 SPSS 做 One-way ANOVA 分析：

表 14-7 完全随机设计方差分析计算表

变异来源	SS	v	MS	F
总变异	$\sum X^2 - C$	$N-1$		
组间(处理)	$\sum_{i=1}^{c}\frac{(\sum_j X_{ij})^2}{n_i} - C$	$c-1$	SS_{TR}/ν_{TR}	MS_{TR}/MS_e
组内(误差)	$SS_T - SS_{TR}$	$N-c$	SS_e/ν_e	

表中总变异 $\sum X^2 - C$ 是 $\sum_i \sum_j X_{ij}^2 - C$ 的简略形式。其中校正数 C 为

$$C = \frac{(\sum_i \sum_j X_{ij})^2}{N}$$

下文中简记为 $C = (\sum X)^2/N$。

结果如表 14-8。

表 14-8 完全随机设计方差分析计算结果

	SS	v	MS	F
组间(处理)	29 824.044	2	14 912.022	687.515
组内(误差)	715.762	33	21.690	
总变异	30 539.806	35		

(3) 查 F 值表，确定 P 值，得出结论。

按 $v_1=2$，$v_2=33$ 查附表 7，方差分析用 F 界值表，得 $F_{0.01,2,33}=5.32<687.515$，$P<0.01$，在 $\alpha=0.05$ 水准拒绝 H_0，接受 H_1，可以认为 3 组血压水平不全相同。

二、配伍设计

配伍设计(随机区组设计，randomized block design)是配对设计的扩大，每一配伍组的动物数目在 3 或以上，各配伍组的例数即为组数。本设计涉及 2 个处理因素，又称为双因素设计。

例 14.2 为比较不同浓度的肾上腺素对家兔血压的影响，取体重 1.5～2.0 kg 的雌性家兔 20 只，将年龄相同、体重相近的 4 只分为一组。每组的 5 只动物随机分别接受不同浓度的肾上腺素处理后，用生物信号采集系统观察不同浓度的肾上腺素对血压影响是否相同？

1. *随机抽样的方法* 先按小鼠体重分成四个配伍组，每个配伍组各有 5 只体重基本相同的小鼠，依次编号，第一配伍组 5 只小鼠编为 1、2、3、4、5 号，第二配伍组编为 6、7、8、9、10 号，余类推。将已分成 4 个配伍组的 20 只动物随机分配到甲、乙、丙、丁、戊五个组。取随机数字，1～5 号鼠随机分配到各处理组的方法是：固定 A、B、C、D、E 五种处理的顺序号，在随机数字表(附表 2)上任意指定一个起点，假定指定第 35 行、第 1 列数字为起点，向右查，依次抄录五个互不相同的两位数，如 69、92、6、34、13，排序后得顺序号 $R=4、5、1、3、2$，则第一个区组内的分配结果是 D、E、A、C、B。同理，再读五个互不相同的两位数的随机数，如 59、71、74、17、32，排序后得顺序号 $R=3、4、5、1、2$，则第二个区组内的分配结果是 C、D、E、A、B。其他配伍组小鼠按同样方法进行分配，结果见下表。

动物编号	1	2	3	4	5	6	7	8	9	10	11	12	13	14	15	16	17	18	19	20
随机数字	69	92	6	34	13	59	71	74	17	32	27	55	10	24	19	23	71	82	13	74
序　号	4	5	1	3	2	3	4	5	1	2	4	5	1	3	2	2	3	5	1	4
组　数	D	E	A	C	B	C	D	E	A	B	D	E	A	C	B	B	C	E	A	D

以上的随机分组结果整理见表 14-9。

表 14-9　随机分组表

配伍组	(1)	(2)	(3)	(4)
A 组	3	9	13	19
B 组	5	10	15	16
C 组	4	6	14	17
D 组	1	7	11	20
E 组	2	8	12	18

2. 数据的收集与分析　配伍设计的数据可用双因素方差分析，其基本格式如表 14-10：

表 14-10　随机区组设计数据收集的基本格式

区组因素	观测指标(单位)					
	实验因素 A:	A_1	A_2	A_3	⋯⋯⋯⋯	A_n
1		x_1	x_1	x_1	⋯⋯⋯⋯	x_1
2		x_2	x_2	x_2	⋯⋯⋯⋯	x_2
3		x_3	x_3	x_3	⋯⋯⋯⋯	x_3
⋮		⋮	⋮	⋮	⋯⋯⋯⋯	⋮
n		x_n	x_n	x_n	⋯⋯⋯⋯	x_n

注：区组因素通常是动物的窝别、体重等重要的非处理因素；当同一行上的数据重复测自同一个受试对象时，称为具有一个重复测量的单因素设计，可近似看作配伍组设计的特例。

表 14-11　经不同浓度的肾上腺素处理后家兔血压的变化(mmHg)

区组号(因素 b)	不同浓度的肾上腺素(因素 a)				合　计
	0.025%	0.05%	0.1%	0.2%	
1	105.6	139.5	175.3	180.7	
2	110.2	146.7	174.6	180.5	
3	98.6	148.2	168.3	193.1	
4	120.5	150.3	164.2	194.6	
5	106.7	120.6	172.1	176.8	
$\sum x$	541.6	705.3	854.5	925.7	3 027.1

3. 数据的分析

(1) 建立检验假设

1) H_0：不同浓度肾上腺素处理家兔后血压的变化总体均数相等，即 $\mu_1=\mu_2=\mu_3=\mu_4$。

　H_1：μ_1、μ_2、μ_3、μ_4 不等或不全相等，$\alpha=0.05$。

2) H_0：不同动物的血压值总体均数相等。

　H_1：不同动物的血压值总体均数不等或不全相等，$\alpha=0.05$。

(2) 计算检验统计量

表 14-12　计算检验统计量结果

	离均差平方和	自由度	均方差	F 值	显著性水平 P 值
1. 校正模型	17 784.200 0	7	2 540.600	37.254	0.000
2. 误差	818.350		1 268.196		

续表

	离均差平方和	自由度	均方差	F 值	显著性水平 P 值
3. 总计	18 602.550		19 979.082		
4. 区组	17 407.157	3	5 802.386	85.084	0.000
5. 样本例数	377.042	4	94.260	1.382	0.298

(3) 查 F 值表，确定 P 值，得出结论。

本例　按 $\nu_{处理}=3$，$\nu_{误差}=12$ 查附表，方差分析用 F 界值表，得 $F_{0.01(3,12)}=5.95<85.084$，$P<0.01$，在 $\alpha=0.01$ 水准处拒绝 H_0，接受 H_1，可以认为不同浓度的肾上腺素对血压的影响水平不同或不全相同。

本例　按 $\nu_{处理}=4$，$\nu_{误差}=12$ 查附表，方差分析查 F 界值表，得 $F_{0.01(4,12)}=5.41>1.382$，$P>0.01$，在 $\alpha=0.01$ 水准处不拒绝 H_0，可以认为不同动物的血压值总体均数相等。

结论：在 $\alpha=0.01$ 水准处，可以认为不同浓度的肾上腺素对血压的影响水平不同或不全相同但不同动物的血压值总体均数相等。

三、多个样本均数间的两两比较

多个样本均数的比较一般分为两种情况：一种是在设计阶段就根据研究目的或专业知识而决定的某些样本均数间的两两比较，常见于事先有明确假设的证实性实验研究(confirmatory research)，例如多个处理组与对照组的比较，处理后不同时间与处理前的比较等；另一种是在研究设计阶段预先未考虑或未预料到，经数据结果的提示后，才决定的多个均数间的两两比较，常见于探索性分析(exploratory research)，这类情况下往往涉及每两个均数的比较。多个样本均数间的比较又称多重比较(multiple comparison)，由于涉及的对比组数 k 大于 2，若采用两样本均数差别的 t 检验对每两个样本均数间的差别都作 t 检验，可作 $k!/2!(k-2)!$ 次比较，每个样本均数都重复比较了$(k-1)$次，由于这些比较并非都是独立的，因此会使第一类错误的概率增大，即可能将本来无差别的两个总体均数判为有差别。例如有 7 个样本均数，可以比较 $C^{27}=7!/2!(7-2)!=21$ 次，即可有 21 个对比组，若每次比较的检验水准 $\alpha=0.05$，则每次比较不犯第一类错误的概率为$(1-0.05)$，那么 21 次比较均不犯第一类错误的概率为$(1-0.05)^{21}=0.34$，这时犯第一类错误的概率，也就是总的检验水准变为 $1-(1-0.05)^{21}=0.66$，远远超过 0.05。故多重比较不宜采用两样本均数比较的 t 检验分别作两两比较，这时结合我们的实验可采用几种最常用的多重比较方法，如 LSD 检验法、Dunnett′ 检验法和 SNK 检验法。

1. LSD 检验　LSD 检验即最小显著差异(least significant difference)t 检验。用于多个样本均数间每两个比较，其目的是比较 k 组中一对或几对在专业上有特殊意义的均数之间有无差别，检验统计量为 t 值。

检验步骤为：

(1) 建立假设及确定检验水准 α

以 μ_i、$\mu_j(i\neq j)$代表比较的任何两组的总体均数。

H_0：$\mu_i=\mu_j(i\neq j)$。

H_1：$\mu_i\neq\mu_j$。

$\alpha=0.05$。

(2) 求检验统计量(t 值)

$$t_{LSD}=(\bar{x}_A-\bar{x}_B)\Big/\sqrt{MS_e\left(\frac{1}{n_A}+\frac{1}{n_B}\right)}$$

$$\nu=\nu_e$$

式中，$\bar{x}_A$，$\bar{x}_B$ 为两个对比组的样本均数；MS_e 是方差分析中算得的误差均方；n_A，n_B 分别为两对比组的样本例数；ν_e 为方差分析中误差均方的自由度。

(3) 查 t 界值表,得 P 值,作出结论。

查 t 界值表时所用自由度为 $\nu_{误差}$。

用这种方法可以进一步说明例 14.2 中 0.05%和 0.1%的肾上腺素对血压的影响是否有差异。方法见上。

2. Dunnett 检验　用于指定的对照组与其他各处理组的比较,此方法适用于 $k-1$ 个实验组与一个对照组均数差别的多重比较,检验统计量为 t。

检验步骤为:

(1) 建立假设及确定检验水准 α:

以 μ_i 表示第 i 个实验组的总体均数,μ_0 为对照组的总体均数。

H_0: $\mu_i=\mu_0$。

H_1: $\mu_i\neq\mu_0$。

$\alpha=0.05$。

(2) 计算检验统计量(t 值):

$$t=\frac{|\bar{x}_i-\bar{x}_j|}{S_{\bar{x}_i-\bar{x}_j}}$$

$$S_{\bar{x}_i-\bar{x}_0}=\sqrt{MS_{误差}}\sqrt{\left(\frac{1}{n_i}+\frac{1}{n_0}\right)}$$

这里,x_i,n_i 为第 i 个实验组的样本均数及样本例数;x_0,n_0 为对照组的样本均数及样本例数。

(3) 查 t 界值表,确定 P 值,下结论。查表时所用自由度为 $\nu_{误差}$。

用这种方法可以说明例 14.2 中 0.05%、0.1%和 0.2%浓度的肾上腺素对血压的影响与 0.025%浓度的肾上腺素对血压的影响是否有显著性的差异。方法见上。

3. SNK - q 检验　SNK(Student — Newman-Keuls)检验,亦称 q 检验,是应用最广泛的两两检验法,检验统计量为 q 值。当方差分析结果为多组间差异具有统计学意义时,再用 SNK 检验进行两两之间均数差别的多重比较。在利用 SNK 检验进行多重比较之前,须先将要比较的各组均数从小到大依次排列,检验步骤如下。

(1) 建立假设及确定检验水准 α: 以 μ_i 表示第 i 个实验组的总体均数,μ_j 表示第 j 组的总体均数。

H_0: $\mu_i=\mu_j$。

H_1: $\mu_i\neq\mu_j$。

$\alpha=0.05$。

(2) 计算检验统计量(q 值):

$$q=\frac{|\bar{x}_i-\bar{x}_j|}{\sqrt{\frac{MS_e}{2}}\sqrt{\left(\frac{1}{n_i}+\frac{1}{n_j}\right)}}$$

这里,x_i,n_i 为第 i 组的样本均数及样本例数,x_j,n_j 为第 j 组的样本均数及样本例数。

(3) 查 q 界值表,确定 P 值,下结论。

查表时所用自由度为 $\nu_{误差}$,所用组数 α 为两组秩次之差的绝对值加 1。

用这种方法可以比较 11.2 中 5%、0.05%、0.1%和 0.2%浓度的肾上腺素对血压的影响两两间是否有显著性的差异。

四、常用统计学方法的选择

(一) 计量资料统计方法的选择

计量资料的统计方法主要涉及计量资料的描述,两组样本均数实验统计方法的选择,多组样本均数实验统计方法的选择(表 14 - 13)。

1. 统计描述　统计描述是初步的统计方法，了解变量值的平均水平或集中趋势。

集中趋势：采用的指标和方法：描述集中趋势的统计量主要有算术均数、几何均数和中位数。应用：选择何种统计量来描述其平均水平(即集中趋势)，取决于数据的分布类型，判断其是否更适用，要看计算出来的统计量是不是更靠近其集中位置的变量值，即某组数据最中间的变量值。

离散趋势：了解变量值的离散趋势。采用的指标和方法：描述离散趋势的统计量主要有极差、四分位数间距、标准差、方差、变异系数以及标准误。应用：统计量的选择主要与资料的分布类型和研究目的有关。

一般来讲，要全面描述一组数据的分布特征，既要描述其集中趋势，又要描述其离散趋势。如果我们选择均数作为描述某组数据集中趋势的统计量，那么一般可以选择标准差或方差作为描述其离散趋势的统计量；如果选择中位数作为描述集中趋势的统计量，那么一般选择四分位数间距作为描述其离散趋势的统计量；如果选择几何均数作为描述集中趋势的统计量，那么一般选择对数标准差(变量值取对数后再计算标准差)作为描述其离散趋势的统计量。

2. 统计推断　统计推断是进一步的统计方法，属于估计性统计。估计总体中个数的频数分布，用正态分布法；估计总体均数的大小，用点值估计、可信区间估计。

3. 统计比较　统计比较属于推断性统计，用于样本均数的比较。采用的指标和方法：

(1) 单组实验统计检验方法的选择：单组实验主要包括自身前后配对设计和自身左右配对设计。自身前后配对设计是以受试对象在被试因素前的变量值作为对照值，将被试因素作用后的变量值作为实验值，然后对被试因素作用前后效应指标的差值进行统计检验。如果这些差值来自正态分布，我们就选择配对 t 检验，否则，就选择符号秩和检验(用于资料配对设计计量差值的比较和单一样本与总体中位数的比较)。自身左右配对设计时，一般选择方差分析。自身左右配对设计，是考虑到绝大多数情况下同一个体左右两侧器官或组织是对称的，它们的效应也是相近的。如四肢、眼、耳、脑、肾、肺等，对一侧施加被试因素，另一侧给予对照物，然后比较两侧的效应。

(2) 两组样本均数实验统计检验方法的选择：计量资料的异体配对设计是将受试对象按照一定的条件(专业知识)，将条件相同的个体配成对子，然后在对子内部按照随机方法，将一个分配到实验组，另一个分配到对照组，最后将其结果以配对分析的统计方法加以处理。两组样本均数完全随机设计，是将受试对象完全按随机原则分配到实验组和对照组，然后分别给予被试因素和对照物，对它们的效应进行同期平行观察，最后对实验结果做出组统计分析。其统计检验方法的选择，主要取决于资料类型、数据分布类型、方差是否齐性和样本含量大小。如果样本来自正态分布的总体，两组的总体方差相等，一般选择配对 t 检验，否则，选择符号秩和检验。

(3) 多组样本均数统计检验方法的选择：不同设计的多组实验统计检验方法是不完全相同的。完全随机实验统计检验方法的选择，基本上都是采用方差分析，只是变异来源有所不同而已，它是将总变异按设计的类型和需要分为两个或多个组成部分，每个部分的变异可由某因素的作用来解释，通过比较可能由某因素所致的变异与随机误差，即可了解该因素对测定结果有无影响。

表 14-13　计量资料统计分析方法

统计分析的类型	分析目的	可采用的指标和方法
描述的方法(初步统计分析)	了解变量值的平均水平或集中趋势	均数、几何均数、中位数、众数
	了解变量值的变异情况或离散趋势	极差、四分位数间距、标准差、方差、变异系数
	反映某种现象的动态变化过程	发展速度、增长速度
	综合分析	平均分析法
估计的方法(进一步的统计分析，属推断性统计)	估计总体中个数的频数分布	正态分布法、百分位数法
	估计总体均数的大小	点值估计、可信区间估计
	由过去与现在的情况预测未来	动态数列分析
比较的方法(进一步的统计分析，属推断性统计)	样本均数与总体均数的比较	t 检验、u 检验
	两个样本均数的比较	t 检验、u 检验(秩和检验)

续表

统计分析的类型	分析目的	可采用的指标和方法
	配对样本均数的比较	配对 t 检验(秩和检验)
	两个以上样本均数的比较	F 检验(秩和检验)
	两个以上样本均数间的两两比较	q 检验(秩和检验)
关联的方法(更深层的描述)	了解客观事物或现象间相互关系的密切程度与方向	简单相关分析 多元相关分析
	了解某一变量随着其他变量的变化而变化的数量关系	简单回归分析 多元回归分析

（二）计数资料统计方法的选择

1. 统计描述　初步的统计方法，了解变量值的特征。采用的指标和方法：率，反映某种随机事件发生的频繁程度。

2. 统计推断　进一步的统计方法，由样本率推断总体率。采用的指标和方法：由样本率推断总体率的主要方法有点值估计、期间估计和动态数列分析。

3. 统计比较　属于推断性统计，用于样本率和总体率的比较。采用的指标和方法：计数资料的配对设计原理与计量资料的配对设计原理是一致的，只不过其结果为计数数据。样本率与总体率的比较：选用 u 检验、二项分布和泊松分布。两个样本率比较：选用 u 检验、四格表 χ^2 检验；多个样本率或构成比的比较：选用行×列表的 χ^2 检验；配对样本的比较，选用配对 χ^2 检验(表 14－14)。

表 14－14　计数资料统计分析方法

统计分析的类型	分　析　目　的	可采用的指标和方法
描述的方法(初步统计分析)	反映某种随机事件发生的频率程度	率
	反映某一指标是另一指标的多少倍或百分之几	相对比
	反映某一事物内部各组成部分所占的比重或分布	构成比
描述的方法(初步统计分析)	反映某现象的动态的变化过程	发展速度与增长速度
	反映人口的生存与死亡的动态过程	现时寿命表、定群寿命表
估计的方法(进一步的统计分析，属推断性统计)	由样本率推断总体率	正态分布法、百分位数法
	由过去与现在的情况估计(预测)未来	动态数列分析
比较的方法(进一步的统计分析，属推断性统计)	样本率与总体率的比较	u 检验，二项分布或泊松分布的直接概率法
	两个样本率的比较	u 检验、四表格 χ^2 检验
	多个样本率或构成比的比较	行×列表的 χ^2 检验
	配对样本的比较	配对 χ^2 检验
	内部构成不同的两个或多个样本率的比较	标准化率的假设检验
关联的方法(更深层的描述)	了解分类变量间有无联系	四格表或行×列表的 χ^2 检验
	了解分类变量间关联程度	列联系数 C

（张　晓，梁　楠）

第十五章

实验动物设计

第一节 选择实验动物应注意的问题

实验动物对外界刺激的反应存在着个体差异，为了减少实验误差，在实验动物的选择上应注意动物的年龄、体重、性别、生理状态、健康状况及动物的品系和等级等因素。

一、年龄与体重

实验动物的机体反应性随着年龄的增长而有明显的变化，不同年龄的动物，对药物的毒性反应亦有差异。大多数机能实验都应该选择成年实验动物，因为幼年动物敏感性高，其实验结果常与成年动物不一致；而老年动物，则因代谢功能降低，反应不灵敏，如非特殊需要亦不宜选用。因此，急性毒性实验规定小鼠体重在18～22 g，大鼠体重在200～280 g，其目的在于减少由体重、年龄差距造成的影响。急性毒性实验选择的动物种类，最好与药效学、药物动力学以及长期毒性实验一致。但也有例外，如慢性实验或长期毒性实验，由于实验周期长，大多选择幼年和体重较小的实验动物，而老年医学研究，则多选用老年实验动物。

动物的体重，在同一实验中应尽可能一致，若相差悬殊，易增加动物反应的个体差异，影响实验结果的准确性。

二、性别

实验动物对药物的毒性反应有性别差异，并主要表现在成年动物。一般而言，雌性动物对药物的敏感性高于雄性，但因受试动物的性别不同而有差异。如雌性小鼠对巴比妥酸盐类、四氧嘧啶和士的宁等药物的敏感性高于雄性小鼠；但雄性小鼠对肾上腺素、乙醇、氨基比林和烟碱等药物的敏感性则明显高于雌性小鼠。一般认为，动物对激素的依存性，是其药物毒性反应性别差异的主要原因。研究发现小鼠对氨基比林和氯仿，大鼠对巴比妥类，犬对地高辛等药物的毒性反应的性别差异与性激素有关。

在实验动物设计时，通常选择雌雄各半的实验动物。若发现有明显的性别差异时，则应分别测定不同性别实验动物的 LD_{50} 值。

三、生理功能状态

在实验动物设计时，要考虑实验动物不同的生理功能状态对实验的影响。例如，在怀孕和哺乳时，实验动物的体重及某些生理生化指标将有所不同，许多酶的活性降低，肝微粒体单胺氧化酶对某些外来物的代谢作用减弱。此时，它们对外界环境因素作用的反应与非怀孕的实验动物有着较大差异。因此，一般不宜采用怀孕和哺乳的实验动物进行实验研究。另外，实验动物的功能状态不同，对药物的反应也有影响。如：体温升高时对解热药较敏感，体温不高时就对解热药不敏感；血压高时对降压药较敏感，血压较低时，对降压药就不敏感。

四、健康状况

动物的健康状况直接影响实验结果的正确与否，患病动物对药物的耐受性较健康动物小，因而患病动物容易在实验过程中中毒死亡。在食量不足，体重下降10%，麻醉时间显著延长等条件下，动物可以因为饥饿和创伤等原因而导致休克。因此，为确保实验动物健康，要做好实验前的动物健康检查和病原学检查工作。

五、品系与等级

在实验动物设计时，要选用相匹配的品系和等级。品系表示实验动物按遗传学控制的条件进行标准化处理的程度。一般情况下，近交系动物的生物反应稳定性和实验重复性都较封闭群好；F1代动物生命活力强，带有两个亲代品系的特性，个体间的遗传型和表型都是一致的，应用时能获得正确的结论。封闭群动物和杂种动物在实验的重现性上有较大的误差。

等级是指实验动物的微生物标准化控制程度。各级动物具有不同特点，分别适用于不同的研究目的。无细菌动物是一种超常生态模型，既能排除微生物对实验结果的干扰，又能减少免疫功能的影响。无特殊病原体动物是正常的健康无病模型，能排除疾病或病原的背景性干扰。普通动物具有价廉、易获得、饲养设施简便、容易管理等特点，但选用时应考虑微生物对实验结果有无影响，同时特别注意已标准化的等级动物由于各种原因重新污染。

第二节 疾病动物模型复制

动物模型是在动物身上制造或模拟疾病的状态，它既可以全面地反映疾病的发生、发展全过程，也可以体现某个系统或局部的特征性变化。疾病模型可分为病因模型和病症模型，病因模型是为了验证病因的基础性研究，是病因学研究的关键性步骤。它既明确病因，又充分地体现了疾病的形态和功能变化，可以说是一个完整地反映疾病本质的模型；病症模型，主要是体现疾病的某些形态或功能上的特征性变化，不一定全面、系统地反映疾病的本质。这类模型常用于评价药物疗效。为了更深刻地认识人体正常的生理功能、疾病的发生和发展以及药物的治疗作用，本章选取了一些具有代表意义的疾病与病症的动物模型复制方法，旨在使同学们对动物模型复制有所了解，适应探索实验的需要。

实验一 动脉粥样硬化模型的复制

一、复制机制

动脉粥样硬化是在动脉内膜中因胆固醇、胆固醇酯及磷脂等类脂质物质沉着和纤维组织增生，形成局限性黄白色的斑块，使动脉壁增厚变硬。由于沉积在斑块内的类脂质呈淡黄色粥糜样，故名为动脉粥样硬化。

动脉粥样硬化动物模型复制采用的方法是在动物饲料中加入过量的胆固醇和脂肪，饲养一定时间后，其主动脉及冠状动脉内膜逐渐形成粥样硬化斑块。

二、复制方法

1. *动物的选择* 选用年龄4～8周的莱航鸡；选用家兔体重应该在1.5 kg以上者，性别不受限制，但同一批实验动物性别应一致或雌雄分布均匀。

2. *饲料的配制和用法* 动脉粥样硬化斑块形成的快慢直接与饲料中加入的胆固醇和脂肪量的多少有关，一般来说，加入的胆固醇和脂肪量多，斑块形成就快。但是，如果加入胆固醇和脂肪量过多，常常影响动物健康；加入过少又往往不容易形成斑块，因此，胆固醇和脂肪的加入量要适当。胆固醇价格昂贵，不易获得，可用富含胆固醇的食物代替，如用蛋黄粉。饱和脂肪酸与动脉粥样硬化的发生关系更为密切，动物油如猪、牛、羊油主要为饱和脂肪酸，比植物油为好，因植物油含有较多未饱和脂肪酸。几种饲料的配方、用法和效果如下：

(1) 鸡动脉粥样硬化饲料：配方 1：2%胆固醇、10%猪油、88%基础饲料(即鸡原来吃的饲料)。饲养 5 周，斑块发生率较低；饲养 6 周，鸡胸主动脉斑块发生率达 100%，血清胆固醇含量高达 4 000 mg/mL 左右。

配方 2：1%胆固醇、10%猪油、89%基础饲料。饲养 6 周，胸主动脉斑块发生率 50%；饲养 8 周，斑块发生率可达 100%，血清胆固醇升高至 3 000 mg/mL 左右。若饲料中掺入 0.25%胆固醇，饲养 10 周，主动脉斑块发生率亦可达 100%。

配方 3：15%蛋黄粉、5%猪油、80%基础饲料。饲养 10 周，胸主动脉斑块发生率 100%，斑块发生率可达 100%，血清胆固醇升高至 1 000 mg/mL 左右。蛋黄粉中总脂含量约 19%，胆固醇含量 2.7%左右。

(2) 家兔动脉粥样硬化饲料：配方 1：15%蛋黄粉、5%猪油、80%基础饲料，外加 0.5%胆固醇。喂食 3 周，待血清胆固醇升高至一定水平后，可不再加胆固醇，用蛋黄粉和猪油饲料继续喂 3 周，共 6 周。主动脉粥样硬化发生率为 100%，血清胆固醇升高至 2 000 mg/mL 左右。

配方 2：每天喂基础饲料外，加喂胆固醇 0.5 g(装入胶囊内直接喂给)，1 次/d，每周 6 次。16 周可复制成实验性动脉粥样硬化模型。

3. *斑块分级标准及方法*

(1) 主动脉：将自心脏至髂动脉分叉处的主动脉取出编号，沿背侧面纵行剪开，肉眼检查斑块情况，或将动脉上的脂肪组织剔除，用苏丹红染色后再判定斑块的情况，染色后斑块显红色。斑块可应用如下分级标准：

0 级：内膜表面光滑无奶油色变化，即无斑块。

0.5 级：内膜有广泛的奶油色或乳白色变化，但未见凸出于表面的斑块。

1 级：有凸起的奶油色斑块，面积小于 3 mm^2。

2 级：斑块面积大于 3 mm^2。

3 级：有许多大小不等的斑块，有的融合成片，大的斑块面积超过 3 mm^2。

4 级：动脉内膜的表面几乎全为融合的斑块所覆盖。

也可用求积仪计算主动脉粥样硬化斑块面积进行分级。将主动脉自心脏主动脉瓣根部及主动脉下端髂动脉分叉处切断，仔细剥离主动脉壁外膜及周围脂肪，沿主动脉弓内缘纵形剪开，再在主动脉上端切断处与主动脉第一分支开口处之间做纵形切口。将剖开的主动脉平铺于玻璃板上，用福尔马林固定，再用苏丹红染色，主动脉壁斑块即清晰可见。然后在主动脉上覆以透明玻璃纸，用绘图笔描绘主动脉及斑块的轮廓，再将其复制于描图纸上。最后用求积仪法计算出斑块面积和整个主动脉的总面积，根据斑块面积占主动脉总面积的百分比来分级。其分级标准为：0 级，无病变；1 级，病变为 1%～25%；2 级，病变为 26%～50%；3 级，病变为 51%～76%；4 级，病变为 76%～100%。采用此法比较准确。

(2) 心脏：用 10%福尔马林固定后，将每个心脏横切成 3 小块，每个小块至少取冰冻切片两片，用苏丹红及苏木精染色。每个切片一般都观察 10 个动脉断面，并以下列标准分级：0 级，动脉内膜无脂质浸润；0.5 级，内膜有轻度脂质浸润；1 级，内膜斑块约占血管腔面积 25%；2 级，斑块占管腔面积 50%；3 级，斑块面积大于管腔面积 50%；4 级，斑块几乎堵塞整个管腔。

三、注意事项

1. *注意动物种类对复制模型的影响* 兔、鸡、鸽和猴较易形成动脉粥样硬化病变，单用含胆固醇的饲料即可引起血清胆固醇的升高。大鼠、小鼠及狗则不易形成，除喂给胆固醇外，尚需加入胆酸盐或抑制甲状腺功能的药物如甲硫氧嘧啶，方可引起血清胆固醇升高。

2. *注意动物饲养管理*　实验性动脉粥样硬化研究是一项慢性实验，动物的饲养管理很重要，应认真仔细。用小鸡作实验时，室温不可低于20℃，否则容易死亡。另外，鸡的消化力很强，饲料和水应在每日上、下午分别供给1次，给予的饲料量既要充足，又应各组相等。用兔作实验时，饲料可每日供给1次，其量以吃饱尚有余为原则，每日还需添加少许青菜。

3. *注意饲料的配制方法*　猪油加热融化，将胆固醇溶于猪油内，然后倒入饲料中。蛋黄粉可直接加在饲料中，搅拌均匀。

4. *注意影响因素*　动物动脉粥样硬化斑块的形成快慢，直接与饲料中加入的胆固醇和脂肪量的多少有关。饲料中同时加胆固醇和脂肪的，斑块形成要比单纯加胆固醇的为快。为了加快模型的形成，有时可附加一些因素，如注射肾上腺素或去氧皮质醇等。

实验二　心肌梗死模型的复制

一、复制机制

心肌梗死是指冠状动脉血供减少或中断，引起了冠状动脉血液循环受阻，产生局部心肌严重而持久的缺血，以致造成心肌局部坏死。

心肌梗死的范围取决于阻塞动脉的大小和侧支循环的状况，心肌梗死区的边界不规则，与正常心肌有明显区别，其失去原有光泽而显暗灰色或淡黄色边界且常有出血带，质地较正常心肌微软。心肌梗死早期变化为心肌纤维变性、坏死，数小时后出现嗜中性粒细胞浸润。如果心肌梗死的范围大且波及心肌全层，可以发生心脏破裂，血液流入心包腔，引起心包填塞而死亡。

二、复制方法

常采用结扎狗的冠状动脉分支的方法复制心肌梗死模型。具体步骤如下：

1. *暴露心脏*　在1.5%戊巴比妥钠30 mg/kg体重静脉注射麻醉下，气管内插管给氧。从左侧第四肋间开胸，于膈神经前约1 cm将心包切开，边缘固定，以充分暴露心脏左侧壁。

2. *辨别冠状动脉各分支解剖特点*　狗冠状动脉的分布与人的不同，其左冠状动脉占优势，左回旋支粗大且分布较广，3个冠状动脉分支之间的吻合支丰富，侧支循环发达。

3. *结扎方法*　除将狗冠状动脉的左回旋支的钝缘支及左前降支第一分支、第二分支结扎外，还分别结扎与钝缘支相连的各侧支及吻合支，包括前降支第三分支、第四分支在内。为了减少和避免在结扎过程中动物因心律失常而死亡，可采用两步结扎法。先在钝缘支的近端套两根4号线，在近端线中先缚一个5.5号针头，再进行结扎，10 s后拔去针头使该区血管缩窄至针头粗细的口径，过30 min后，以远端线进行第二次结扎，随后分别结扎小侧支、前降支各小分支以及吻合支，采用此法可成功地复制成左心室前侧心肌梗死模型。

4. *急性心肌梗死的典型变化*　结扎后心肌梗死区（较大，平均为4 cm×5 cm）局部呈青紫色，膨突，收缩力降低或消失，心电图上S－T段抬高，Q波出现和加深，冠状动脉型T波倒置以及血清谷丙转氨酶、磷酸肌酸激酶升高等变化。

三、注意事项

1. *冠状动脉的结扎部位影响心肌梗死模型的复制*　一般来说，左冠状动脉前降支的阻塞引起近心尖的左室前壁、心室间隔前部和前外乳头肌的梗死；左回旋支的阻塞引起左心室侧壁和近心底部左室后壁的梗死；右冠状动脉的阻塞引起左室后底部、心室间隔后部和房室结的梗死。梗死多发生在左心室，右心室则极少发生。心肌梗死最初多发生于心肌的内层和中层，以后可波及心肌全层。在左冠状动脉的3个分支中，以结扎前降支时的死亡率最低，但仍有相当高的心律失常发生率和死亡率。结扎部位离冠状动脉起源处愈远，所结扎的冠状动脉血管愈细，狗的死亡率愈低，因而有些作者采用结扎左冠状动脉前降支的中部，即离前降支起源 20 mm 处或其某一小分支。

2. 不同的动物品种的冠状动脉解剖特点不同　狗冠状动脉由于吻合支丰富和侧支循环发达，故难于复制成透壁性心肌梗死，梗死区内也常有散在的岛样正常组织。

兔冠状动脉的解剖特点是兔心有独立的室中隔动脉，多发自冠状动脉主干分叉处，为室中隔主要的血液供应来源。前降支短小，左旋支的主要分支-左室支走行于心左缘，特别发达，供应范围大。左右冠状动脉在心后面分布范围以均衡型占多数。

实验三　急性心肌缺血模型的复制

一、复制机制

脑垂体后叶素使心脏冠状动脉发生痉挛性收缩，造成人工急性心肌供血不全，复制出急性心肌缺血模型。当动物注射脑垂体后叶素后，可出现心肌供血不全、心肌损伤以及一系列典型心电图的改变，其变化可分为二期：

第一期：注射后 5～20 s，T 波显著高耸，S－T 段抬高，甚至可出现单向曲线。

第二期：注射后 30 s 至数分钟，T 波降低、平坦、双相或倒置，S－T 段无明显改变，有时伴有心律不齐，心律减慢，P－R 间期及 Q－T 间期延长，持续数分钟或十几分钟。其中以 T 波改变最为突出。注射垂体后叶素所致的 T 波高耸及 S－T 段降低，一般认为是冠状动脉痉挛性收缩引起心肌缺血的表现，与临床上人的冠状动脉供血不足所致心绞痛相似。

该急性心肌缺血动物模型有以下的优点：① 复制方法简便有效，可以看做是冠状动脉痉挛急性发作的简单模型(实验性心绞痛)，利用这个模型可进行实验性治疗。② 可以用不同剂量造成各种不同程度的障碍，即从短时的冠状动脉痉挛直至明显的心肌梗死。③ 剂量不大时，可以迅速恢复，因此可反复在同一动物进行多次实验。因此，采用上述急性心肌缺血动物模型来筛选治疗心绞痛药物和研究急性心肌缺血时的功能、代谢等变化是一个简便而实用的方法。

二、复制方法

1. 家兔　将家兔仰卧绑缚在兔固定板上，用针状电极插入动物四肢皮下和左、右胸骨肋间近胸骨处，电极连于心电图机上，记录Ⅱ导、左胸前、右胸前各导联心电图作为正常对照，然后由耳缘静脉注入垂体后叶素 2 U/kg 体重，容积为 0.2～0.3 mL/kg 体重，30 s 注射完毕。注射后，于 1、2、5、10、15、25、30 min 时，分别记录上述导联心电图变化，特别注意观察心率、S－T 段、T 波的变化。

2. 大鼠　将大鼠轻度麻醉后，仰卧固定在固定板上，将针状电极插入皮下，用 BL－420 生物信息采集系统观察心电图。自尾静脉或舌下静脉快速注射垂体后叶素 0.5～1.0 U/kg 体重(容积为 1～1.5 mL/kg 体重)。注射后的 1 min 内，每 5～10 s 记录 1 次心电图，以后每 1～3 min 记录 1 次心电图，一直记录到注射后 10 min。观察心率、S－T 段、T 波的变化，一般以注射后 30 s 出现 S－T 段升高或 2 min 后 T 波低平作为心肌缺血的指标。

三、注意事项

(1) 实验动物在实验前须做心电图检查，选择心电图正常的动物做实验，特别是用兔做实验时更应注意，因表面看来正常者常出现异常心电图。

(2) 各种动物注射垂体后叶素后，引起心电图改变的持续时间不一样，兔比大白鼠要长，一般大白鼠需要 10 min 左右，而兔需要 15～30 min 左右。

实验四 局部脑缺血模型的复制

一、大鼠永久性大脑中动脉阻断局部脑缺血模型

1. 复制机制 脑卒中病人以局部脑缺血为多见。永久性大脑中动脉阻断局部脑缺血模型(MCAO)模型能模拟临床脑缺血病人，且重复性好，因此已被广泛应用。该法为切除后 1/2 颧骨，暴露卵圆孔，在其前、外侧开一小颅窗，在走向鼻皮层和外侧纹状体分支之间阻断大脑中动脉(MCA)，引起尾核外侧和前脑皮质梗死。后来详细地研究了 MCAO 的精确阻断部位，发现用 SD 大鼠结扎较长一段 MCA，即从 MCA 的始端延伸至大脑下静脉，或从嗅束近端 2 mm 至大脑下静脉处予以阻断，所有大鼠均产生严重神经学缺损及基底节和皮质梗死。在颈内动脉出口处阻断窄段 MCA，梗死范围很小，而在大脑下静脉外侧阻断很窄一段 MCA，则不产生梗死。用 Wistar 大鼠(250～350 g)，MCAO 部位在嗅束近端至大脑下静脉一长段，梗死范围包括基底节和皮质，术后 24 h 全部动物均出现脑梗死和神经学缺损，且重复性好。

2. 复制方法

(1) 实验材料：手术显微镜，高频电刀，光学显微镜，恒温水浴装量。

(2) 试剂：氯代三苯基四氮唑(红四氮唑或 TTC)白色粉末，用蒸馏水配制成 4%溶液备用。

(3) 实验动物：Wistar 或 SD 大鼠，雄性，体重为 250～350 g。

(4) 实验方法：1) 大鼠局灶性脑缺血模型的制备方法：取雄性 Wistar 大鼠，按 Tamura 的方法进行右侧近端大脑中动脉电凝术。动物以 12%水合三氯乙醛麻醉(350 mg/kg，腹腔注射)，侧卧位固定在手术台上，沿右外耳道与右眼外眦连线的中点，垂直于连线切开皮肤约 2 cm，然后在手术显微镜下沿颞肌中线，依次切断颞肌和咬肌，将这些肌肉向两侧分开，暴露出颞弓，操作时注意保护面神经和腮腺。用咬骨钳除去颧弓，并沿颅骨剪开筋膜，从而暴露出颞前窝。用小牵张器将颧弓和下颌骨的距离撑大，暴露鳞状骨的大部分，然后在颧骨和鳞状骨前联合的前下方约 2 mm 处钻孔，开一直径约 2 mm 的小颅窗，此时透过硬脑膜就可见一条较直且分支少的小血管，即为大脑中动脉(MCA)。它几乎垂直路过嗅束向上而行，在显微镜下用细针刺破硬脑膜，分离血管周围的软脑膜和蛛网膜组织，使之游离。然后用细分针在嗅束与大脑中动脉交界处轻挑起大脑中动脉，将电刀置双极电凝位置，选择 3～4 挡电凝开关，电凝烧灼嗅束内 1 mm 至大脑下静脉之间的一段大脑中动脉。电凝时为避免电凝不完全所致的出血，尽量将大脑中动脉挑起，使血管内血量减少。另外为保护周围组织免受灼伤，可用湿棉球保护，阻断大脑中动脉后用小块肌肉组织轻敷于颅窗上，然后逐层缝合伤口，术后回笼饲养。以上过程均在室温恒定(24～25℃)情况下进行，以利于评价脑缺血程度。

2) 大鼠局灶性脑缺血行为评分法：待 MCAO 大鼠麻醉清醒后，进行行为学检测。方法为：在 MCAO 后 4～8 h 以及 24 h，按以下标准进行评分：首先提鼠尾离地面约 30 cm，观察前肢情况。正常大鼠两前肢对称地伸向地面，有左肩内旋，左前肢内收者，评为 4 分，否则 0 分。其次将动物置平滑地板上，分别推左(或右)肩向对侧移动，检查抵抗推动的阻力。正常大鼠双侧阻力明显对称。右肩向左侧移动时，发现阻力下降者，根据下降程度的不同，评为 1～3 分。然后将动物两前肢置一金属网上，观察两前肢的肌张力。正常大鼠两前肢肌张力明显对称。发生左前肢肌张力下降者，根据肌张力下降的多少，评为 0～3 分。根据以上标准评分，满分 10 分，分数越高，说明动物的行为障碍越严重。评分最好用单盲法。

3) TTC 染色测量梗死面积：MCAO 后 24 h 断头取脑，在显微镜下进一步确证右侧大脑中动脉已在嗅束与大脑下静脉之间烧断，且脑实质无损害者，将脑置冰冷的生理盐水中(2～3℃)10 min，去除嗅球、小脑和低位脑干后，冠状切 4 刀，切成 5 片。第一刀在脑前极与视交叉连线中点处；第二刀在视交叉部位；第

三刀在漏斗柄部位；第四刀在漏斗柄与后叶尾板之间。然后迅速将脑片置入 5 mL 含有 4% TTC 及 0.1 mL K_2HPO_4(1 mol/L)溶液中，避光，37℃温孵 30 min，其间每隔 7～8 min 翻动 1 次。经染色后，正常脑组织呈玫瑰红色，而梗死组织呈白色，且界限分明。温孵完毕后将脑片置 10% 甲醛溶液中避光保存，然后根据由"重量求面积法"，分别计算出 5 个脑片共 10 个平面的总面积和梗死区域的面积，求出梗死区域面积占半球总面积的百分比，可用计算机 Imaging System 分析结果或用照相法剪下红白颜色区称重计算之。

将 TTC 染色后的脑片置 10% 甲醛溶液中固定 7 d 以上，然后经过脱水、透明、浸蜡、包埋、切片等步骤后制成 8 μm 厚的脑片，常规甲苯胺蓝染色后，在光学显微镜下观察并进行细胞计数。计数的具体方法是：选择每只大鼠视交叉与漏斗柄连线中点处的病理切片，以固定范围的皮层下基底节为观察对象，以细胞核消失、细胞体暗染的坏死神经元为计数对象，用细胞计数器，计算坏死神经元占总神经元数的百分比。本法手术成功率为 99%，根据每批动物 MCA 的侧支丰富程度不同，产生梗死面积约在 15%～24%。

实验五 肾性高血压模型的复制

一、复制机制

高血压是由于全身小动脉，主要是内径约 100 μm 的小动脉痉挛，从而引起外周血管阻力增高所致。小动脉痉挛与精神因素、肾脏缺血、肾上腺皮质的作用以及钠的作用有关。肾型高血压的形成原理是用手术结扎肾动脉，造成肾动脉狭窄，从而引起肾小球旁器分泌肾素增多。肾素能使血浆中 a_2 -球蛋白(血管紧张素原)变为血管紧张素Ⅰ，后者又经转换酶(主要存在于肺脏)的作用变为能使血管收缩的血管紧张素Ⅱ。这时，由于血管紧张素Ⅱ的参与，加重了全身小动脉的痉挛，血压也就更高而持续，形成较持久、恒定的高血压。复制肾型高血压动物模型有很多优点：① 血压升高较明显、持久和恒定，较易反映出药物的降压作用。② 形成高血压所需时间较短，工作量较小。③ 如果注意护理，高血压狗可存活几年，因此在同一狗身上可以反复观察各种药物的降压作用。④ 与临床降压效果比较一致。复制肾性高血压动物模型，常选用狗和大白鼠，其中又以狗为多用。

二、复制方法

(1) 将体重 12 kg 以上的狗(雌雄均可)，用戊巴比妥钠麻醉，固定在手术台上，取背向上的半侧卧位。如做右侧肾动脉狭窄手术，则右侧肾区向上向右。在腹部肾区部位下垫一棉垫，将肾脏托起，便于手术。

(2) 距脊椎 2～3 cm 处，从肋骨下缘往下切开皮肤，切口长 6～7 cm。

(3) 切开皮下组织和腰背筋膜，并在内斜肌筋膜与外斜肌筋膜连接处切开内斜肌筋膜，即可见肾周围组织。用手摸到肾脏及肾盂部位的肾动脉，分离出肾动脉。

(4) 用线将肾动脉结扎，造成肾动脉部分狭窄。为了便于控制狭窄程度，结扎时在血管表面放置一相当于肾动脉直径 1/2 的铁丝，结扎后将铁丝抽出。结扎的松紧程度是形成高血压的关键，如结扎太紧，紧缺血过度，血压急剧上升，动物将出现恶性高血压而死亡；如结扎过松，血压不升高或升高不明显。根据实验证明，第一次手术(右侧)结扎程度以肾动脉管腔变窄约 1/3～1/2 为宜。结扎后血压逐渐升高，大部分动物在 2～6 周后血压逐渐下降，少数动物只需结扎一侧肾动脉即可形成高血压。

(5) 当第一次手术引起的血压升高下降到正常或接近正常以后，进行第二次手术(左侧)。第二次手术的结扎程度，根据第一次手术后血压升高的程度和肾动脉及肾脏代偿性肥大的程度而定。如第一次结扎较紧，血压升高较明显，维持时间较长，左肾有较明显的代偿性肥大，则左肾动脉的结扎程度可以松些(肾动脉腔狭窄 1/3)，否则结扎程度可以稍紧，但不能超过动脉管腔的 1/2。结扎后，靠近肾脏一端的肾动脉搏动明显减弱，但肾脏颜色不能有改变。做结扎手术的动作宜迅速、准确，以免肾缺血过久。手术后血压上升

20 mmHg(2.7 kPa)以上,并维持 2 min 以上,即认为已形成高血压。手术后血压一般升高 30 mmHg(4.0 kPa)以上,血压通常维持在 160～250/110～160 mmHg(21.3～33.3/14.7～21.3 kPa)。

实验六 实验性肥胖及糖尿病大鼠模型的复制

一、复制机制

给大鼠注射小剂量链脲霉素(STZ),造成胰岛 β 细胞轻度损伤,使多数动物产生糖耐受量异常,在此基础上,给动物喂高热量饲料,引起动物肥胖,同时伴有高血脂,高胰岛素血症及胰岛素抗性,造成类似Ⅱ型糖尿病的动物模型。

二、复制方法

选用雄或雌性 Wister 大鼠,体重 250 g 左右,注射 STZ 25～30 mg,2～3 周后测定葡萄糖耐受量,挑选糖耐量异常者,喂以高热量饲料(基础饲料加蔗糖、猪油、鲜鸡蛋等混合而成,含蛋白质 15%～18%,碳水化合物 51%～54%,脂肪 22%～25%,热量为 20.08 kJ/g),动物单个喂养,以保证每个动物的进食量,喂 10～18 周。

实验中定期记录动物体重,测定葡萄糖耐受量,实验结束时,禁食 4～6 h 后处死动物,收集血液测定血胰岛素水平,血脂(三酰甘油、胆固醇及游离脂肪酸等),测定红细胞或肝细胞胰岛素受体数及亲和力,称体内脂肪重量(肾周围及腹膜后脂肪)并计算脂肪与体重的比值,对肝、肾及胰岛进行病理切片观察。实验开始时设同批动物的正常对照组,以便在实验全过程中进行实验组与对照组的对比观察。

实验组(STZ+高热量饲料,以下同)的体重明显高于正常对照组,实验组无论在实验早期(3 周)、中期(7 周)或后期(13 周),都表现明显的糖耐受量异常,见表 15-1。

表 15-1 高热量食物对 STZ 大鼠糖耐量的影响($n=5, X\pm S$)

周	组 别	血糖(mmol/L)			
		0	30 min	60 min	120 min
3	对照组	4.9±0.6	7.8±1.8	7.0±2.6	5.5±1.9
	实验组	5.5±0.4	16.1±4.4***	15.8±3.0***	12.5±40**
7	对照组	5.0±1.5	9.4±3.9	7.8±4.1	6.4±3.3
	实验组	5.7±1.2	18.4±4.4***	17.6±4.5***	13.6±4.9**
13	对照组	5.1±0.5	9.8±2.1	8.3±2.4	6.6±1.7
	实验组	5.6±0.9	15.1±4.2***	14.6±3.4***	13.2±3.1**

注:与对照组比 ** $P<0.01$, *** $P<0.001$

肾脏形态学观察,实验组部分肾小球毛细管基底膜明显增厚,管腔狭窄,说明动物已出现糖尿病性肾小球硬化。胰岛的形态学观察显示,实验组动物有大量胰腺外分泌腺泡上皮化生成 β 细胞的现象,此外还观察到胰岛 β 细胞肥大,这种变化与自发性糖尿病 KK 小鼠的胰岛所见相似。

对于要做药效学或治疗学研究的,可以选取葡萄糖耐受量异常、血糖升高、血胰岛素升高、血三酰甘油升高、血胆固醇升高的动物,作为实验对象。

三、注意事项

用小量 STZ 引起大鼠糖耐受量异常时,如喂正常饲料,则 STZ 大鼠的体重增长比同批正常大鼠慢。不给大鼠注射 STZ,只喂高热量饲料,饲养 6 周后,大鼠的体重及体内脂肪虽明显增加,但糖耐受量仍正常。若加大 STZ 用量在 50 mg/kg 以上，大鼠产生高血糖，此时喂高热量饲料，动物病情加重，迅速死亡。因此小量 STZ 及高热量喂养是形成本实验大鼠模型的必需条件。

四、常见的胰岛素抵抗型自发性糖尿病动物

这类动物多数肥胖，有高胰岛素血症及胰岛素抗性，因此类似人类Ⅱ型糖尿病特点。我国虽有引进，但饲养条件要求高，动物价格贵，尚难被广泛应用。但在探讨糖尿病病因、病理生理学、分子生物学等及抗糖尿病新药的进一步评价时，选用这类动物是有意义的。

（一）肥胖小鼠(obese mouse, ob/ob mouse)

这种动物属常染色体隐性遗传(autosomal recessive inheritance)，纯合体(homozgous)动物表现为肥胖、高血糖及高胰岛素血症。症状的轻重取决于遗传背景，ob/ob 与 C57BL/KsJ 交配的子代症状严重，而 ob/ob 与 C57BL/6J 交配的子代症状则较轻，后者是杂合体(heterozygotes)。动物龄在 10～14 d 时，体内脂肪组织增加，脂肪细胞变大，数目也增加，体重约为 30 g，成年动物体重可达 90 g，超重中 90%为脂肪。肥胖动物有胰岛素抗性，肾、肝、脂肪及淋巴细胞膜的胰岛素受体数减少，但体内的胰岛素分子的生化性质正常。ob/ob 小鼠出生后 2 周就表现活动少，即使减少其进食量使其体重相应下降后，仍然很少活动。

（二）糖尿病小鼠(diabetic mouse, db/db)

db/db 小鼠发生于 C57BL/KsJ 近亲交配株中，是常染色体隐性遗传，但已完全外显。动物在 1 个月时已开始贪食及发胖，继而产生高血糖、血胰岛素及胰高血糖素也升高，发展至严重糖尿病时，血糖很高，一般在 10 个月内死亡。动物发病早期，胰岛组织学观察，有渐进性 β 细胞脱颗粒，DNA 合成增加，随后 β 细胞消失，但 A 及 D 细胞数增加。早期若以等量食物同时喂养 db/db 小鼠及非肥胖对照小鼠 6 周，db/db 小鼠比对照小鼠重 42%，超重部分均为脂肪，晚期可并发肾病。

（三）KK 小鼠

KK 小鼠是由日本学者培育的一种轻度肥胖型糖尿病动物，后来与 C57BL/6J 鼠杂交，并进行近亲繁殖，称为 Toronto (即 T-KK)小鼠。如将肥胖 KK 基因，即 Yellow-KK(A)基因转至 KK 小鼠，即产生黄-KK(Yellow-KK)。研究指出，黄-KK 小鼠的显性基因受隐性基因阻碍，显性率仅 25%。黄-KK 及 T-KK 小鼠在 2 月龄时即出现葡萄糖耐受量异常和贪食，4～9 个月时，有明显的高血糖及胰岛素抗性，有的动物血中胰岛素水平可高达 4 000 μU/mL 以上，这些动物血中肾上腺皮质激素也增高，并有肾上腺增生等。KK 小鼠给予高热量食物后，才出现上述异常症状。KK 与黄-KK 3 月龄以上可能并发肾病。

中国医学科学院动物研究所曾于 1983 年引进日本 KK 小鼠，采用亲兄妹交配繁殖，并修饰单线保种，通过遗传监测，证明小鼠在 Es-1、Es-2、Hbb、Mod-1 和 Trf 5 个生化位点已有分型，与文献报道一致，说明 KK 小鼠在我国的生长是良好的。

（四）NZO 小鼠(new zealand obese mouses)

这种动物可能为多基因遗传，表现超体重、轻度高血糖及血高胰岛素水平，早期有胰岛素抗性，其中雄性动物的高血糖比雌性明显，随着年龄的增长，肥胖及糖耐受量异常可能缓解。长期以磺脲类药物治疗 NZO 小鼠，可使血糖下降，因此这种动物对于研究某些降血糖药的药效学等比较适宜。这种小鼠肥胖时体重高达 100 g，体内脂肪细胞增生。NZO 小鼠 6 月龄以后可并发肾病变。

（五）Zucker fa/fa 大鼠

这种动物具有的病理基因为常染色体隐性基因，名称为 fa，纯合体大鼠从 4 周时即有贪食，肥胖，皮下及腹腔脂肪堆集，同时伴有轻度高血糖，糖耐受量异常，高胰岛素血症，胰岛素抗性，但无酮症表现。该鼠胰岛细胞肥大、增生，β 细胞分泌胰岛素增加，但胰岛无损害。雌及雄性鼠均存在生育力低下，后者注射睾丸酮或肾上腺切除可以缓解。

实验七 肝硬化模型的复制

一、复制机制

实验动物由于炎症、中毒、营养不良等不同原因，使肝脏受到长期、反复而且广泛的损害时，可引起肝细胞变性和坏死，继而由于肝细胞的再生和纤维组织增生，使肝脏组织结构破坏，质地变硬，发生肝硬化。常采用复合因素(低蛋白、高脂肪膳食、乙醇饮料、四氯化碳注射)或单用四氯化碳来复制肝硬化的动物模型，通常以复合因素复制的效果较好。

二、复制方法

1. 复合因素复制肝硬化 取体重 180～220 g 雄性大鼠，在实验室喂养 2 周后开始实验，实验第一天皮下注射四氯化碳(40%棉籽油溶液)0.5 mL/100 g 体重，后每隔 4 天皮下注射四氯化碳 0.3 mL/100 g 体重，共 10 次。以单纯玉米面为饲料(前 2 周为 100%玉米面、20%猪油)，并混以0.5%胆固醇，另以 30%乙醇为饮料。在这些复合因素作用下，大鼠于实验第 6 周末即 42 d 时，全部形成肝硬化。

根据动物实验观察，肝硬化的发生发展过程大体可分为三期。第一期变性坏死期：在实验第一周，肝实质细胞出现气球样变、脂肪性变、坏死和间质轻度的炎症反应，实验第二周以严重的脂肪变性为其特征。第二期纤维增生期：在实验第 3～4 周，以弥漫性纤维增生为其特点。第三期假小叶形成期：在实验第 5～6 周，特点是结节形成，肝小叶改建。

2. 单用四氯化碳复制肝硬化

(1) 小鼠：每只小鼠每周灌胃 0.04 mL 40%四氯化碳橄榄油溶液，共 2～3 周，即可复制成小鼠肝硬化模型。

(2) 大鼠：将大鼠放入盛有 10 mL 四氯化碳的玻璃容器内，使其每天吸四氯化碳饱和气体 10 min，持续 10～31 d，大白鼠即发生肝硬化或肿瘤。

(3) 狗：每周口服 1 次纯四氯化碳 10～25 mL，连续 5～12 周，狗便发生肝硬化。

实验八 急性中毒性肝炎、肝坏死模型的复制

一、复制机制

本模型常采用化学药物中毒(如四氯化碳等)的方法复制。四氯化碳(CCl_4)进入动物体内后，可直接进入肝细胞，经肝细胞细胞色素 P_{450} 激活，生成三氯甲基自由基(CCl_3)，通过氢吸附而攻击内质网上的磷质分子，引起膜脂质过氧化、蛋白质大分子的共价结合及膜结构和完整性的破坏，CCl_3 还可抑制细胞膜和微粒体膜上钙泵的活性，使 Ca^{2+} 离子内流增加，从而引起细胞中毒，影响线粒体的结构和功能，使酶蛋白合成减少，造成酶的破坏及释出的障碍，影响细胞代谢及能量的生成，使肝细胞发生变性、坏死。采用此种动物模型可观察到急性肝炎时的糖、脂肪、蛋白质、色素等方面的代谢障碍，肝脏解毒功能降低以及迅速出现的营养不良、脂肪变性、肝坏死等形态学改变。

二、复制方法

四氯化碳复制中毒性肝炎、肝坏死的方法见表 15－2。

表 15－2 四氯化碳复制中毒性肝炎、肝坏死方法

动 物	剂 量	用 法	结 果
大鼠	CCl_4 0.05 mL/100 g 体重	皮下注射	脂肪肝、肝硬化
	CCl_4 0.2 mL/100 g 体重		肝细胞变性、缺氧
	CCl_4 矿物油 0.33 mL/100 g 体重	(腹腔注射)	脂肪肝、肝小叶中央坏死
	CCl_4 0.5～1.0 mL/只	一次口服	肝小叶中央坏死
兔	CCl_4 0.5 mL/100 g 体重	一次口服	急性中毒性肝坏死
	CCl_4 1.2 mL/kg 体重	一次口服	肝小叶中央坏死
	CCl_4 1.0 mL/kg 体重	一次口服	急性中毒性肝坏死

三、注意事项

(1) 四氯化碳剂量要选择合适。如家兔采用纯 CCl_4 1.2 mL/kg 体重剂量时，虽能复制成功，但在口服四氯化碳后 2～3 d 内，有 20%～30%因剂量过大而造成急性中毒死亡，故兔服用纯四氯化碳的剂量，以 1.0 mL/kg 体重较为合适，实验结果也较满意。从肝病理切片中可见到肝小叶中心区有明显的肝细胞坏死以及肝细胞排列紊乱。

(2) 四氯化碳采用口服方法给药时，必须防止误入气管而使动物迅速死亡。

(3) 四氯化碳常配成乳剂使用。如要配成 10%乳剂，可取 5 mL 植物油和 5 g 阿拉伯胶，放在乳钵中研匀，再加纯 CCl_4 10 mL 研匀，然后加蒸馏水 10～15 mL 调成粗乳状，最后加蒸馏水，使总量达到 100 mL，使用时摇匀。

实验九 心律失常模型的复制

在研究药物的抗心律失常作用时，利用多种动物实验性心律失常模型进行治疗观察是很重要的。同时，实验性心律失常模型对探讨心律失常的发病机制也很重要。

引起实验性心律失常的方法很多，概括起来有：① 药物诱导心律失常；② 电刺激引起心律失常；③ 外科手术法。

实验性心律失常的类型包括：① 房性心律失常模型，如心房局部应用乙酰胆碱、乌头碱引起心房颤动，电刺激心房引起房颤等。② 室性心律失常模型，如氯仿-肾上腺素引起的室性心律失常，强心苷、乌头碱、氮化钡引起的室性心律失常，电刺激心室引起心室颤动，冠状动脉结扎引起室性心律失常等。③ 对心肌自律性、不应期、传导性及兴奋性的实验模型等。

用作抗心律失常药的实验动物种类较多，但各有其特点。常用的动物有小鼠、大鼠、豚鼠、兔、猫及狗等。大鼠、豚鼠、兔和猫心室颤动有自发恢复的可能，而狗的室颤则很难恢复，故各种动物常有不同的用途，如小鼠可用氯仿致心室颤动作初筛药物之用，而大鼠对强心苷不敏感，不宜用哇巴因诱发心律失常。豚鼠、家兔除作整体实验外，还适宜用其离体心脏做心律失常模型，豚鼠心脏对心血管药物的敏感性与人相近。兔耳静脉注射较方便，可在不麻醉条件下进行实验。猫体格较健壮，适宜开胸手术、固定电极等实验。狗可用结扎冠状动脉引起心律失常等。

该类实验常以Ⅱ导联心电图记录以观察其心律失常发生时间、心律失常类型、持续时间等，其用药方法可以预防给药和治疗给药。当诱发心律失常持续时间较短暂时，可采用预防性给药观察其保护作用；当诱发的心律失常时间较长时，可在心律失常发展相对稳定阶段，给予研究的药物进行治疗，以观察其治疗作用。

一、药物诱发心律失常模型

1. 氯仿引起小鼠的心室颤动法 实验取体重 25～30 g 以上的小鼠若干只，随机分组，然后逐一将小鼠

放入含有3～4 mL氯仿棉球(以后每换1只小鼠加入1 mL氯仿)倒置的600 mL烧杯内,至呼吸停止立即取出剖开胸腔,肉眼检查心室颤动发生率。各组实验结果可用统计学处理以确定疗效。该方法简便,不需特殊设备。氯仿引起室颤发生率18～22 g为40%～60%,25～30 g为80%,36～45 g可达80%～90%,甚至100%。每批动物在实验前应预筛,心室颤动发生在80%以上的为合格动物。

对此模型比较敏感的拮抗药有α或β受体阻滞剂、阿托品、奎尼丁以及钙拮抗剂等。

2. *氯仿-肾上腺素引起心律失常法* 取体重2～3 kg健康家兔,仰位固定于兔板上,将针电极刺入四肢皮下并与心电图机、心电示波器相连。用麻醉口罩罩住嘴和鼻部,将氯仿慢慢滴在麻醉口罩上进行吸入麻醉,注意观察其角膜反射。当角膜反射刚消失时,记录正常心电图Ⅱ导联后,立即由耳缘静脉快速注入0.01%肾上腺素溶液0.5 mL/kg,注射完毕后立即记录心电图,以后每隔30 s记录1次,直至心律恢复正常为止。当静脉快速注入肾上腺素后可迅速出现一源性或多源性室性早搏、阵发性室性心动过速,甚至出现心室颤动。通常持续4～7 min左右,少数可超过10 min。本法的优点为同一动物可反复多次形成心律失常(两次实验应间隔1 d以上)。

3. *氯化钡诱发室性心律失常法* 氯化钡有与Ca^{2+}相似的作用,首先可使心肌收缩力增强,继之引起心律失常,可产生室性早搏、心动过速和颤动,最终导致心脏停止跳动。其原因是由于抑制K^+的流出,增加Na^+内流,因而提高舒张期自动去极化速度,提高心房传导组织和房室束-浦肯野氏系统等快反应细胞的自律性。

取体重200～300 g大鼠,用3.6%水合氯醛腹腔麻醉(1 mL/100 g)后仰位固定,颈静脉插管供注射药物之用。描记正常心电图Ⅱ导联后,由颈静脉注入2～4 mg/kg的10%氯化钡溶液,观察心电示波器并记录出现心律失常的时间和持续时间。

4. *哇巴因诱发心律失常法* 强心苷中毒时可出现多种类型的心律失常,其原理一般认为是由于强心苷抑制心肌细胞膜上Na^+、K^+-ATP酶,从而减少K^+向细胞内的主动转运,这样就导致细胞内Na^+高K^+低,使心室自律性升高,传导减慢,使浦氏纤维与心室肌接合部引起单向传导阻滞而引起折返。低中毒剂量的强心苷可引起暂时性去极化,导致振荡性后电位而引起异位节律,出现室性早搏,此中毒现象与Ca^{2+}有关,故抑制Ca^{2+}内流药物维拉帕米有效。诱发心律失常的强心苷多用哇巴因。

取300 g左右健康豚鼠,以乌拉坦腹腔注射麻醉(1.2 g/kg)后仰位固定,切开颈部皮肤。分离两侧颈外静脉,插入套管固定之。一侧套管与盛有0.03%哇巴因恒速注射器的输出端相连。描记实验前正常心电图Ⅱ导联。3 μg/min速度滴注哇巴因,用心电示波器连续监视,分别记录出现室性早搏、室性心动过速、心室颤动及心跳停止时的哇巴因剂量(通常当哇巴因剂量为110±22 μg/kg时出现室性早搏;164±36 μg/kg时出现室速;179±22 μg/kg时出现室颤),另一侧颈外静脉套管作为给药途径。

5. *乌头碱诱发心律失常法* 乌头碱能加速心肌细胞Na^+内流,促使细胞膜去极化,诱发异位节律点,缩短心肌不应期,而导致心律失常。常采用麻醉动物静脉注射乌头碱诱发心律失常。

实验动物可用家兔、大鼠或小鼠,用乌拉坦(1.0～1.2 g/kg)或戊巴比妥钠(25～30 mg/kg)静注或腹腔注射麻醉,背位固定于手术台上。记录Ⅱ导心电图,并连接心电示波器,以观察心电图的变化。记录正常心电图后(纸速50 mm/s,兔或大鼠心率300/min以上,小鼠心率500～700/min),即可静注乌头碱形成心律失常。静注乌头碱诱发心律失常有两种方法:

(1) 一次静注法:家兔经耳缘静脉注射100～150 μg/kg,大鼠经股静脉插管、尾静脉或舌下静脉注射30～50 μg/kg,可以反复多次注射,小鼠尾静脉注射5 μg/4 min。静注乌头碱的速度不同,形成心律失常的速度及持续时间也不完全相同。实验时可采用治疗给药,也可作预防给药。

乌头碱诱发的心律失常发展过程是:首先出现室性早搏,渐发展成二联律或三联律,短阵发性室速,进而为连续性室速,室性过速维持一定时间后,又以相反的顺序逐渐恢复。

(2) 连续恒速静注法:通常用200 g左右的大鼠,麻醉后记录正常心电图,以含10 μg/mL乌头碱溶液(用生理盐水配制)用蠕动泵恒速(0.08 mL/min)舌下静脉注射(将针头插入舌下静脉后,以套有橡皮管的止血钳或动脉夹夹住)。通常4～5 min出现室性早搏或二联律,7～9 min出现短阵发性室性过速或连续性室性过速,10～13 min出现室性纤颤,14～15 min心跳停止。实验可采取预防用药,观察给药后不同心律失常出现时间和心跳停止时的乌头碱用量。

二、电刺激诱发心律失常模型

电刺激心脏诱发心律失常是一较古老的方法。适度电刺激完全是可逆的，不损伤心肌，比其他方法更接近自然的异位冲动。因刺激电极所放置位置的不同，可诱发房性或室性心律失常。随刺激强度的不同可引起早搏、心动过速、扑动或纤颤。

1. *诱发在位心房颤动法* 实验以狗或猫进行，用1.5%戊巴比妥钠麻醉后仰位固定，气管插管进行人工呼吸，开胸暴露心脏。用细软带钩的电极钩入心房，两电极相距2～3 mm，另一端连接方波刺激器。用低强度高频率(参数根据实验动物及刺激器型号不同而异)直流电刺激，用心电示波器监视心律变化，并随时记录Ⅱ导联心电图。描记未用药引起房颤持续时间，然后再由股静脉注射药物，再重复上述刺激以观察是否产生房颤或房颤持续时间是否缩短。

2. *诱发在位心室颤动法* 实验用体重1.5～2.5 kg家兔，1.5%戊巴比妥钠静脉麻醉后(30～45 mg/kg)，仰位固定，气管切开接人工呼吸器，开胸切开心包膜并固定之。然后将做电极用的钢制小夹子正极连接于心尖部，负极连接于右心底部，两极距离约为2.5 cm，将电极的另一端接于方波刺激器，刺激参数约为频率5 400次/min，波宽0.28 ms，刺激持续时间为10 s。用心电示波器监视心律变化，并及时记录Ⅱ导心电图。在用药前先测定能诱发心室颤动的恒定阈值电压(简称致颤阈)，继之静脉注射药物后，再测量其致颤阈有无改变，并以此来评价该药有无抗室性颤动作用。

(张　晓　杨　拯)

第十六章

实验设计指南

机能学实验教学是医学院校基础医学教育中极其重要的部分，其教学内容主要包括以下三方面：① 基本知识与基本技能的训练：主要向学生介绍机能实验的基础知识、实验动物的特点，进行一些基本操作技能训练（如动物的抓取、给药，血管的分离、插管等操作），以及 BL-410、BL-420 等生物机能实验系统和常用手术器械及仪器的正确使用。② 基础与综合性机能实验：在保留了一些生理学、病理生理学、药理学三门学科经典传统实验基础上，进一步将三学科实验方法相似、理论知识相关联的实验有机地结合起来，通过正常动物整体实验、建立实验动物疾病模型以及用药物进行实验性治疗等方法，观察和探讨疾病的发生以及药物对机体各系统功能的影响。③ 机能学实验设计：由教师介绍实验设计的目的、意义及如何选题、进行设计等方面知识，然后在教师的指导下，学生自己查文献、选课题，写出实验设计方案，并通过开题答辩，确定实验的可行性后，先进行预实验，再做正式实验，最后通过分析、总结，写出论文。

为了满足当今培养高级医学人才的需求，把学生培养成为应用型、综合型的人才，我们在做好前两个教学内容的基础上，把重点放在了设计性实验和探索性实验的教学上，并根据我校机能实验室具体情况，制定了机能学实验设计的学习指南。

一、教学目标

1. 总体目标　提高学生进行实验设计的兴趣，激发和培养学生的创新思维，不断提高教学质量，充分体现自己的特色，达到本科教学的标准。

2. 具体目标　通过机能实验学设计课程，使学生掌握进行医学科学研究的基本程序和方法，提高学生实验设计的能力，使学生掌握实验设计方面的相关知识；通过实验操作及论文的写作，使学生掌握实验论文的写作方式，并在论文的写作过程中，提高学生对实验结果进行分析的能力。

二、机能学实验设计的主要研究方向和鼓励探索的范围

1. 研究方向

(1) 感染性休克的机制和解救的基础研究

(2) 弥散性血管内凝血的机制和解救的基础研究

(3) 糖尿病机制的基础研究

(4) 不同类型黄疸模型的机制和解救的基础研究

(5) 急性中毒性肝炎的机制和解救的基础研究

(6) 肝坏死的机制和解救的基础研究

(7) 肝硬化的机制和解救的基础研究

2. 鼓励探索范围

(1) 神经系统发育的基础研究

(2) 脊髓损伤修复的基础研究

(3) 神经生长因子的基础研究

(4) 干细胞的相关研究基础研究

(5) 生物信息学中新理论、新技术和新方法研究

三、学习要求

(1) 凡是必修机能学实验课的本科生，都要参加实验设计的教学活动。

(2) 设计实验的内容由学生自由选择。

(3) 实验设计以小组为单位进行的，参加实验设计的每组成员不得超过五个；每个组员都要积极、主动，配合小组完成好实验设计。

(4) 每位学生都要写出一份机能实验设计大纲和相关方面的综述材料；在实验结束后，以组为单位写一篇实验论文。

四、时间安排

从机能学实验课的第二次课开始，最后一次课结束。

五、工作程序

首先由教师在第一次课时以专题讲座的形式讲述有关实验设计的相关内容，如介绍实验设计的目的与意义、如何选题、设计的步骤、注意事项、教研室现有的仪器设备、实验设计书的书写格式及如何进行课堂答辩等。其次，学生查阅文献，拟订立题报告，写出机能学实验设计大纲→经教师初步审核，修改设计大纲→以组为单位，随机抽一位同学进行答辩，筛选实验，确定实验内容→进行预实验，根据预试结果，调整或修改设计方案，正式进行实验→收集、整理实验资料并进行统计分析和结果分析→总结和完成论文。

（张　晓，王　英）

第十七章

探索实验概述

第一节　医学科研概论

医学科学研究工作由三个部分组成：科研设计、科研实施、观察与分析结果并得出结论。科研设计是医学科学研究工作中关键的一步，确定一个创意新颖、设计周密、指标合理、科学性强、切实可行的研究方案是取得科研成果的根本保证。

一、医学科研的任务

医学科研工作的基本任务在于了解人体的结构、功能与理化机制，开发促进人民身心健康的科学技术，揭示疾病与健康的转化规律及其影响因素，探索环境与健康的联系，提出有效的防治措施，改善人类生存的环境，提高人民的生命质量。

1. *发现生命科学领域中的未知事物及其内在规律*　在客观世界中始终存在着大量的未知现象和未知事物的发展过程及规律，医学客观世界是无限的，人们对医学客观世界的认识是有限的。例如，克隆技术，特别是器官克隆，虽然发展迅猛，但是从全局观察与分析，所走过的道路仅为前进中的第一步，胚胎干细胞怎样诱导分化为各种有临床价值的细胞和组织还存在很多问题，还有大量的工作要做。再如，当人们攻克了结核、天花和鼠疫等传染病之后，SARS 和禽流感等又成为新的危害人类健康的疾病，这些问题等待着我们去探索。

2. *寻找生命科学领域中已知事物的未知规律*　科研的重要任务之一，就是揭示已知事物外在表现的本质与内在的联系，即事物内部的客观规律。因为只有了解事物的本质，掌握了它的规律性，才有可能对它进行利用、干预或改造。例如人们已经认识到恶性肿瘤给人类健康造成巨大的损害，但其发病机制至今尚未阐明。虽然恶性肿瘤的发生与癌基因和抑癌基因被活化有关，但是对这两类基因抑制和活化的规律尚不了解，人类对癌症的防治还未取得根本性突破。

3. *探索人类生存环境与人类身心健康的联系*　现代医学是由生物医学模式向生物—心理—社会医学模式转变而发展起来的。医学科研工作也朝着这一模式转轨，无论是从宏观观察还是从微观分析都需要注重这个目标。现代医学的许多难题和疑点，必须结合生命科学中各学科综合解决，深入探讨生存环境对人类身心健康的影响，全方位寻找保护和增进健康、防治疾病的新途径。

二、医学科研的分类

医学科研可以分为以下几类。

1. *按照医学中各专业的属性*　医学科研可分为：基础医学科研、临床医学科研、预防医学科研和社会医学科研（包括医学心理学科研）。

2. *按照研究对象的属性和实验场所不同*　医学科研可分为：实验性科研、临床实验性科研、社区干预实验性科研和调查性科研。

(1) 实验性研究：实验性研究是一种在人为严格控制条件下观察和分析客观事物的研究方法。其特点是对研究对象进行有目的的人为的干预，而排除了外界因素的各种干扰，因而可以获得较为可靠的科学数据。此类研究大多在实验室进行，研究对象一般是动物，但有一部分研究对象是社区人群。

(2) 临床实验研究：临床实验研究是一种对研究对象的身心健康进行无伤害的实验研究方法。观察分析期限可分为短期、中期或远期跟踪。临床实验研究的目的通常是观察防治措施的效果。由于临床科研的实验条件不易严格控制，影响因素相对较多，因此通常将临床实验研究称为临床实验(clinical trial)。对临床实验应理解为已经通过有关的实验室研究，即将走向人群进行现场的流行病学实验。其研究对象是患者(研究治疗效果)，也可以是“非病人”(研究预防措施)。在某些医学科研中，根据选择的课题和研究目的，需将实验室研究与临床实验研究结合起来进行。

(3) 社区干预实验研究：社区干预实验研究是在某一特定人群中通过干扰某些致病因素或施加某些保护性措施，观察其对人群产生的效果。例如观察疫苗对预防某传染病发病的效果，观察某些食品对儿童身体发育的作用等。由于社区干预实验难以将研究对象进行随机分组，因此又称为半实验性研究(quasi-experiment)。

(4) 调查性科研：又称横断面研究、横断面调查或现况研究，是根据研究目的，通过横断面调查，了解某一特定时间断面上特定人群中疾病或卫生服务的现状及与之相联系的各种因素，如某病的患病率、人群中各种生理、生化指标或病理指标、卫生资源状况等的分布情况。主要特点是研究过程中没有人为地施加干预措施，而是客观地观察记录某些现象的现状及其相关特征。

三、医学科研假说

在医学科研中，人们通过实验和观察积累了一定的实验资料之后，依据已有的理论知识对研究的问题的某些现象和规律做出假定性的说明和推断。这种根据已知的科学事实和科学理论，对研究的问题提出的假定性说明和推测就是假说(hypothesis)。

(一) 假说的特征

1. *科学性*(characteristic of science)　假说的科学性表现在，它来源于已有的事实材料，是以一定的科学理论为依据，绝不是随意的幻想和毫无根据的猜测。例如哈维(Harvey)提出的血液循环假说，是根据他多年的实验结果，即半小时内通过心脏的血液，已经达到人体血液的全部。他认为人体不可能在半小时内产生这么多血液，血液是沿着一条封闭的管道不断地在全身循环。因此，他提出了血液循环假说，并预言了连接动脉和静脉的毛细血管的存在。

在这里也可看出，假说的两个条件——事实和科学理论中，事实更为重要。科学理论虽然也是假说的科学依据，但科学理论不是真理，它只是相对完成的认识，需要随着新事实的发现而完善其内容，理论要服从事实，假说必须能解释事实。

2. *假定性*(characteristic of suppose)　假说虽然有一定的科学依据，但毕竟是对未知的研究问题及其规律的猜测和推断，它是在观察和实验材料不足的情况下，凭借思维活动做出的有待于实践检验的问题，将来有可能被实验证实而进一步发展成为理论，也有可能被证伪而被淘汰。假说的假定性，意味着科学探索活动需要发挥人的主观能动性，尤其是当旧的科学理论与新的科学事实之间发生矛盾时，作为科研工作者既要实事求是，更要大胆假设，只有这样，才能开阔思路，找出解决问题的突破口。

(二) 假说的作用

1. *假说是科研创新的起点*　科学研究的目的就是创新，就是形成新思想、新理论，实际上它们都是科研假说被验证后的具体体现形式。假说本身就是人类创造性的高度表现，它显示的是一种伟大的洞察力。因此，提出假说的能力，往往被认为是科学创造性的重要标志，也就是说，假说的提出是创新性工作的开始。

2. *假说是科研工作的方向*　科研是一个探索未知事物的发展变化规律的过程，如果没有假说，就会在科研工作中迷失方向。因此，我们必须依靠假说的引导，避免盲目的、无方向的科研活动。也就是说，假说能够为科研设计提供清晰的思路，进行有目的、有计划的研究。

科学领域中的许多重大发现都是在不同假说的引导下获得的。例如，预防白喉免疫法的发明，就很好地说明了这一问题。德国药物学家贝林在白喉的早期研究中发现，实验动物注射白喉杆菌死亡时，细菌仍留在注射点周围。那么动物是什么原因引起死亡的呢？他提出细菌毒素是其原因的假说。根据这一假说，他做了大量的实验。最后，他不但查明了白喉杆菌的毒素是实验动物死亡的原因，而且发现细菌培养液中的毒素与细菌的培养时间有直接关系，培养时间不够，产生毒素就不足，增加培养时间，则能制成毒性很大的滤液。这一发现产生了预防白喉免疫的方法，并使抗血清用于治疗。可见，如果没有细菌毒素致使动物死亡的假说，就不会有关于细菌毒素的进一步研究，也不可能发明预防白喉的免疫方法。

3. *不同假说的争论有利于科学的发展*　假说不仅能够指导人们去进行各种科学实验和观察，而且能够引起不同学说的争论，有利于学术的繁荣和科学的发展。对于同一问题的解决，需要多途径多方法的探索，每个途径甚至方法都可能提出一个假说。假说的相互争论，有利于揭露各种假说中存在的问题，取长补短，相互补充，乃至发展出新的假说，促使科研向更广、更深的方向发展，从而推动科学技术的进步。

（三）假说的建立

建立假说，在医学上常见的方法有以下几种。

1. *差异法*　差异法(method of difference)是根据观察到的事物的差异提出假说。例如，宫颈癌是妇科常见癌症，但是在尼姑、修女和终生未婚妇女中极少发生宫颈癌，她们与普通妇女的差异在于性生活。所以怀疑性生活中的某些因素可能与宫颈癌的发病有关。随后的研究表明：宫颈癌与性交引起的第Ⅱ型疱疹病毒感染有关。

2. *共变法*　共变法(method of concomitant variation)是根据某种现象往往总与另一现象伴随发生，提出两者间可能有因果关系的假说。例如，根据大量流行病学调查，肺癌患者往往大量吸烟，因而提出吸烟可能是肺癌的危险因素的假说。

3. *类推法*　类推法(method of analogize)是根据已知事实或事物规律推论未知事物的方法。例如，阿托品具有扩张血管的作用，可以改善微循环，并已知阿托品(atropine)属于 M 胆碱能受体阻滞剂。山莨菪碱也属于 M 受体阻滞剂，因此推断它也具有改善微循环的作用。这种作用已被大量实验与临床实验所证实。

4. *类同法*　类同法(method of agreement)是根据事物发生的一致性提出假说。例如，大量的流行病学调查发现冠心病多有高血压，因而提出冠心病与高血压具有共同的危险因素(高血脂、吸烟、肥胖)的假说。

5. *剩余法*　剩余法(method of residues)是在逐一排除可能影响某结果的各因素后，剩下的不能排除的因素就是可能的原因，从而提出假说。例如，弗莱明(Fleming)发现青霉素的过程，运用的就是剩余法。弗莱明长期从事溶菌酶的研究，曾发表多篇有关溶菌酶的文章。葡萄球菌不易发生溶菌现象，但有一次，他的培养皿里发生了葡萄球菌被溶解的现象，培养皿的营养成分和各种实验条件与前几次完全一样，不同因素就是培养皿中发现了青霉素，因此，他提出青霉素很有可能是这次葡萄球菌发生溶菌原因的假说。

（四）假说的验证

假说提出后，医学上最常用的验证(validation)方法是通过实验或观察，即根据研究目的，经过周密的研究设计，收集有关信息与数据，对所获得的数据进行统计学分析，结合专业知识，对假说的真实性进行验证。

第二节　探索实验的基本步骤

在基础医学阶段开展的探索性实验与验证性实验有着本质上的区别，验证性实验是在医学机能实验学学习的基础上，按照书本上的要求去验证某个生了或病理生理现象，就可以达到学习的目的；探索性实验是在借助前人的工作和经验积累的基础上，通过对研究对象进行积极的思考与归纳，对未知因素进行大胆设计，进行探索的一种研究式学习方式。设计性、探索性实验是一项要求较高、难度较大的实验教学工作，对于学生来说是一种全新的学习方式，对于教师也提出更高的要求。

如何开展探索性实验？开展探索性实验的基本思路见图 17－1，设计探索性实验的基本步骤丝丝入扣、紧密相关，基本程序包括：

(1) 查阅文献、提出问题、拟定研究题目。探索性实验首先要从提出问题开始。问题从哪里来呢？我们可以通过临床观察，课堂学习和阅读文献去发现问题和提出问题。在这个过程中，阅读和学习文献最重要，在阅读文献时，我们要了解所研究的问题的历史和现状，思考目前还存在什么问题，确定所提出的问题是否具有研究价值。下一步的工作是立题，立题就是确立要研究的对象和问题，根据我们自己掌握的知识，提出解决问题的思路，提出可能的假说，确定研究的内容。

(2) 实验设计：立题以后最重要的是进行合理的实验设计，包括专业设计、统计设计、动物设计和方法设计等几个方面。通过实验设计，确立实验所需的观察指标，确立实验所需的统计学方法，确立复制动物疾病模型的方法，制定实验研究方案和实验技术路线，写出实验设计大纲。

(3) 实验的实施、认真完成实验。

(4) 准确、全面地记录实验结果；收集相关的实验文献资料，分析实验工作，得出结论。

(5) 实验数据资料的统计分析，得出结论，撰写实验论文。通过探索性实验教学，力求使学生初步掌握医学科学实验的基本程序和方法，培养学生独立进行科学研究的能力。

一、实验选题

设计探索性实验的选题或立题就是确定所要研究的方向和内容，选题的关键是发现问题和提出问题。

(一) 准备工作

在探索性实验设计前必须查阅大量的参考文献，认真搜集和阅读与本课题有关的研究资料。科学文献是人类智慧的结晶，是人们增长知识提高业务水平的重要工具，也是制定科研规划、决定科研题目的重要依据。只有通过全面了解国内外发展趋势，使您提出的问题得到进一步的深化、系统和完善，让其具有新颖性、科学性和可行性，才能有效地防止低水平、重复性选题的弊端。

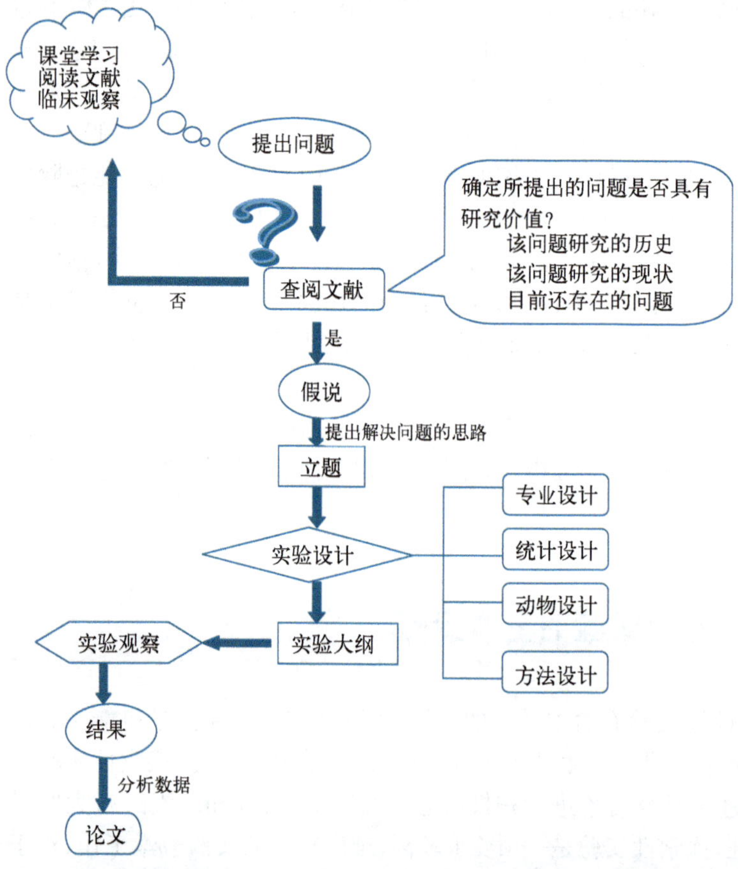

图 17-1 探索实验的基本步骤示意图

科学文献的来源：教科书、专著、期刊、会议文件和内部资料。目前，我们主要通过互联网和光盘检索系统查阅中外文参考文献。在阅读科学文献时我们要把握以下几个问题：本研究领域的历史发展过程，以往解决了哪些问题，还有哪些问题未解决，未来的发展趋势。对所拟研究内容的科学价值、社会效益、经济效益、技术性问题和解决的技术路线等都应做到心中有数(图 17-1)。

(二) 选题原则

选择确定一个优秀的课题，必须遵循选题原则，即要具有创新性、先进性、科学性和可行性四项基本原则，其中创新性是科研工作最主要的特征。创新是指别人没有研究和涉及的问题，是本学科的空白点；或者是别人虽对此研究过，但你的研究将会在理论或应用上有新的发展和补充；或者是别人过去对这类问题仅有一些零星报道，而你选择了有特色的系统性研究。在深思熟虑科学性的同时兼顾创新性、先进性和可行性，选题时必须根据具体情况全面分析和考虑，使四项基本原则达到有机的统一。

(三) 选题范围

医学机能设计性实验有大量研究课题可供选择，但是，对在本科生而言，主要是培养学生的科学思维和科学精神，更加注重基本理论、基本知识和基本技能的掌握，其选择范围不宜太宽，条件要求不宜太高。主要应该围绕在生理学、病理生理学及药理学中所学的理论知识和相关文献，在教师的指导下，按照选题具有可行性、科学性、创新性的原则进行选题。现将其选题参考方向简述如下。

1. 对机体的生理和病理机制进行探讨 随着科学的发展，医学的很多原理可以进行再认识，再探索。例如，神经递质、生物介质、抗原和抗体等物质在调节机体正常功能及参与疾病演变过程中均有着重要的作用。而新的体液因子又不断被发现，因此，研究这些体液因子的作用机制和生物功能是机能探索实验的重要课题。

2. 对某种药物的体内过程或作用机制进行研究 基础医学研究的根本目的是预防和治疗疾病，保证人类生存的质量和身体的健康。研究药物的作用机制是预防和治疗疾病的重要手段。利用我们在生理学、病理生理学及药理学中学习到的知识和实验技能，对新型药物和改良型药物进行药物的机制和可靠性研究，是机能实验选题的重要内容。因此，从不同的角度研究一种药物的作用是探索实验永不衰竭的课题。

3. 对原有的实验方法进行改进 认真学习生理学、病理生理学及药理学中的实验方法和原理，对以往的实验方法进行改进。设计改进的思路和方法，并在实验中加以证实其可行性、实用性和科学性。例如，在复制高钾血症动物模型时，前人的经验是用 3 种不同浓度（1.0%、2.0%、3.0%）的氯化钾进行动物高钾血症模型的复制，是否还有另外一种不同于以往浓度的氯化钾溶液呢？如果在实际工作中确认还有另外一种浓度对复制的动物模型效果更好、更可靠，就可以列为研究题目，进行探索性研究。

4. 对动物模型进行探索 对原有的动物模型进行探索时，要注意如下原则：① 该动物模型的实验结果好，稳定可靠；② 该动物模型的可重复性好；③ 该动物模型的方法更简单和实用；④ 该动物模型解决了一些具体的实际问题，而且有推广使用的价值。

二、实验设计

在机能实验过程中，怎样从不确定的偶然事件中发现隐藏在事物现象背后的发生发展规律？怎样从复杂纷繁的事物中搜集数据？怎样将这些资料进行统计分析？怎样通过合理的统计分析得出正确的结论？要解决这些问题必须懂得科研设计。这些问题是我们遇到的最常见和最困难的问题，我们要进行的实验设计就是要解决这些问题。通过实验设计对科学实验研究的具体内容与方法进行计划安排，完善的探索性实验设计包括医学专业设计、统计学设计、实验方法设计和实验动物设计四部分。

（一）医学专业设计

医学专业设计是从专业角度科学地安排医学实验，考虑处理因素的来源和施加方法，选择受试对象，确定效应的指标和影响因素，设计记录表格等，其设计水平能反映科研结果的有用性的大小。

（二）统计设计

在医学研究领域中，实验或观察的结果往往是不确定的偶然现象，怎样从不确定的偶然事件中发现隐藏在事物现象背后的发生或发展的规律性，是科研工作中要考虑的重要问题。应用统计学方法设计实验，通过随机分组，重复观察，对比观察差异的大小，推论这种不确定差异是否具有统计学意义，以发现在不确定偶然现象背后隐藏的事物发生发展的客观规律。

在统计设计中，首先应考虑设立何种对照？选择多少受试对象？怎样做到随机化分组？保证专业设计的合理性和科研结果的可信性。

其次要确定资料的类型和资料分析的统计方法，计划搜集哪些资料？如何对原始资料进行整理和分析？实验数据的完整性和准确性是对实验研究的最根本要求，恰当、充分和可靠的数据分析则是建立在完整准确的实验数据基础之上的。因此，只有高质量的数据，才谈得上高质量的实验研究。改善实验的有效性和控制实验误差，这是保证专业设计的合理性和实验结论可信性的关键因素。

总之，正确掌握和运用统计方法是探索性实验中最重要的基本功之一，从探索性实验的选题、设计、实施、分析到总结成文的全过程中，统计方法已渗透到各个环节，因此，没有坚实的专业基础和统计学的知识，是不可能完成探索性实验设计的。

（三）实验动物设计

实验动物种类繁多，实验动物的选择是一个内容复杂的问题，不同的实验有不同的目的和要求，而各种动物又有各自的生物学特性和解剖生理特征，因而不能随便选一种动物来进行某项实验研究。所以，实验动物设计应该考虑选择什么样的动物，所选择的实验动物具有什么样的遗传背景和微生物学质量标准，怎样对实验动物进行标准化的饲养管理。事实上，每项科学实验都有其最适合的实验动物，如果选择得当，则可节约人力、物力和时间，以最小的代价最大限度地获得可靠的实验结果。否则，不仅会造成不必要的浪费，而且会影响实验结果的判断。

三、实验实施

探索性实验可以对研究对象施加某种处理因素，观察或观测由此引起的有机体的结构、功能、生化和疾病过程的变化，这种变化以效应指标表示，通过相应的效应指标揭示事物发生的原因和发展的规律性。

因此，探索性实验的特点是研究者能人为的设置处理因素。在实验实施时，研究对象接受何种处理因素或水平是经随机分配而定的，能使对照组与各处理组间具有较好的均衡性，即非处理因素对不同处理组的影响保持均衡，实验各组之间具有可比性，可以客观地评价处理因素的作用；实验设计能使多种处理因素和水平同时安排在较少实验的次数之中，更有效地控制误差，达到高效和精确的目的。

四、资料分析

在机能实验中，实验或观察的结果通常是不确定的偶然现象，怎样从不确定的偶然事件中发现隐藏在资料中的客观规律，是资料分析工作中要考虑的重要问题。在资料分析工作中要注意以下的问题，第一，以正确的方式搜集资料：正确应用统计方法的基本前提是正确搜集资料，这种“正确方式”须在科研统计设计时确定下来。第二，描述资料的统计特征：如数据归类简化、统计指标的选择与计算、统计结果的表达等。第三，统计判断并得出正确结论：如根据各种概率分布，对实验和观察结果存在的差异和关联做出统计推断，即得出由样本推断总体的结论。

五、总结归纳

总结归纳是科研过程中的最后一个步骤，即根据观察事实与统计分析结果，运用分析、综合、归纳与演绎方法，把感性认识上升为理性概念。在总结概括时应注意三点：

（1）要根据已有的研究数据来推理。在推理中既要不违背公理，又要不拘束于传统观念，应当在继承的基础上发展，推陈出新。

（2）按照本次实验研究的内容和范围做出结论，轻易外延推断往往会导致错误的结论。

（3）撰写研究论文：总结归纳的基本形式是撰写探索性实验的研究论文，要根据科学论文撰写的基本格式撰写。

总之，在探索性实验设计前要认真检索和阅读有关文献，全面了解本专业的过去与现在，确立正确的研究方向。选定一个好的研究题目，在专业设计上做到周密、严谨，在统计设计上做到随机、客观和科学，在方法设计上要可行、适当。探索实验的设计环环紧扣，结合严密。虽然医药科学分科较多，专业性强，各学科科研都有自己的专业特点，但是无论何种学科的科研，其研究过程、原理、原则和基本方法均具有一定的共性。

（张　晓，王　英）

第十八章

探索实验的教学与管理

探索性实验是指采用科学的逻辑思维，配合机能实验学的方法与技术，对拟定研究的目标或问题，进行有明确目的的探索性研究。

一、探索实验设计大纲

实验设计大纲要求包括以下内容。

（一）立题

简练、扼要地阐明实验设计的目的、意义，国内外研究现状，目前研究中存在的问题，拟解决问题的思路。根据同学们在生理学、病理生理学和药理学中所学的知识自由选题，选题时应注意科学性、先进性、可行性和实用性。

（二）专业设计

从专业的角度科学地选择受试对象，考虑处理因素的来源和施加方法，确定效应的观察指标和影响因素。

（三）统计设计

统计设计的主要任务是要解决数据的收集、整理和分析的问题，数据收集和分析的步骤。

（1）遵循对照、随机和重复三个基本原则。

（2）确定数据的类型。

（3）确定数据所采用的统计方法，确定样本含量的大小及抽样误差排除的方法。

（4）明确观察指标：必须明确观察指标，而且是最能说明所要研究问题的指标。指标测定的具体步骤，包括样本采集的时间、样本量、样本处理和测定方法。注意指标的特异性、客观性、重现性和灵敏性。

（5）设计数据收集的表格：实验原始记录表格包括两部分，一是常规数据，二是来源于观察指标的实验原始数据。常规数据应包括实验日期、室温、动物体重、性别、编号、麻药（麻醉药品）名称、浓度与剂量、实验参加者等。实验原始数据即所有一级实验观察指标，应该以表格形式表示。

（四）实验动物设计

（1）实验动物的标准化，包括实验动物遗传背景的标准化，微生物学质量的标准化和饲养环境条件的标准化。

（2）实验动物模型：包括疾病实验动物模型的复制和使用，注意基本实验动物模型的相似性、重复性与实用性原则。

（五）实验方法

简要阐述所采用的实验步骤和操作方法，实验技术路线和方法，可行性分析，实验设计工作时间安排。

（六）完成实验的条件

简要阐述实验中所采用的主要仪器设备的情况，注明所用仪器的型号、生产地、生产厂家，如果有必要可以附仪器装置简图。药品试剂的来源情况：药品和试剂的批号、规格及来源（生产厂家）；实验用药品和试剂的配制方法；实验用药品的数量。

二、探索实验报告的撰写

探索实验报告的撰写的基本结构通常包括四大部分，一般称之为“四段式”结构，即“前言”、“材料与方法”、“结果”、“讨论与结论”。这几部分并不是绝对、不变的，可以根据不同的情况或分或合，灵活运用，但这几部分所包含的内容是不可缺少的。按照编排格式的标准化和规范化要求，探索实验报告撰写的内容包括：文题、作者、作者单位、摘要、主题词、正文、参考文献。

实验报告大致包括以下内容。

(1) 实验报告的题目：包括实验名称、姓名和单位的一般情况说明。

(2) 摘要和关键词。

(3) 前言：主要说明实验设计的目的意义，国内外研究现状，目前研究中存在的问题，拟解决问题的思路。

(4) 实验方法和步骤：说明所采用的实验技术路线和方法。

(5) 实验结果：得出的实验结果。

(6) 实验结果分析与讨论：对实验结果进行分析与讨论。

(7) 结论：得出什么结论。

(8) 参考文献：列出所采用的参考文献。

(9) 附录：机能学实验设计大纲。

机能学实验设计大纲

实验名称：
课题来源：
设计班级：
设计人员：
设计日期：
指导教师：

××医学院
2012 年制

一、实验设计目的意义：实验设计的目的意义、国内外研究现状、存在的问题、解决问题的思路。
1. 实验设计的目的意义
2. 国内外研究现状
3. 存在的问题
4. 解决问题的思路
5. 参考文献：5～10 篇

二、实验设计方案
1. 实验设计目标、拟解决的主要问题
2. 实验专业设计
3. 实验统计设计
4. 实验动物设计
5. 实验技术路线和方法
6. 可行性分析
7. 实验设计工作时间安排
8. 预期结果

三、完成实验的条件
1. 主要仪器设备的情况
2. 实验动物的情况
3. 药品试剂的来源情况

四、教研室评审意见
1. 实验设计是否合理，可否达到预期目标
2. 实验设计和技术路线安排是否恰当
3. 实验条件是否具备

教研室审查意见　　　　年　月　日

三、机能探索实验课的组织与管理

探索实验由 4～5 名学生组成实验小组，经过查阅文献资料，调查研究，选择实验项目，写出实验设计方案并在小组会上进行开题论证，其方案经指导教师审查同意后进行预实验，继而转入正式实验，实验结束后写出总结论文并以教学班为单位组织论文总结与答辩。时间分配：调研选题、实验设计和开题论证共约 2 学时；预实验约 3 学时；正式实验约 8 学时；论文总结答辩约 2 学时。

四、医学机能实验设计课程考核办法

医学机能实验设计注重考核学生的自主学习能力、实践动手能力和创新思维能力，考核的合理和适当对于客观公正地评价学生的实践能力，引导学生重视自主学习，从而使学生得科学思维能力得到有效的锻炼，具有很重要的意义。该课程的考核内容、要求及标准如下所示。

1. *实验设计质量*(40%) 按照实验设计大纲的要求进行设计。实验设计体现个人查阅文献、发现问题和提出问题的能力，是个人科学思维、创新思维的完整体现。根据实验设计进行综合评分。

实验设计的目的意义明确，了解国内外研究现状，提出存在的问题和解决问题的思路，查阅文献量合理，附参考文献 5～10 篇，记 20 分。

设计思路清晰合理，设计规范完整，包括实验专业设计、实验统计设计、实验动物设计、实验技术路线和方法，和其他要求的项目，记 20 分。

2. *实验设计讨论*(10%) 设计者向同学陈述自己设计的理论依据、构思、存在的问题并回答同学的质疑。语言流利、表达清楚、回答问题正确者，记 5 分。在听取其他同学的设计时，勤于动脑、发言积极者，加 5 分。

3. *实验设计的实施*(15%) 根据实验操作是否熟练规范，实验结果是否准确可靠，实验技术难度的大小进行综合评定。在实施过程中，组内人员团结一致、群策群力，既分工明确，又互相帮助，在规定的时间内完成实验内容，实验结果准确、可靠者，组内集体得分，满分 15 分。实验时，操作积极、规范，特别优秀者，加 5 分。

4. *实验论文的质量*(20%) 论文书写格式正确、重点突出、语言流畅、讨论科学者，组内集体得分，满分 15 分。作为负责人的实验设计者，能组织、管理组内人员顺利完成实验，加 5 分。

5. *答辩表现*(10%) 由指导教师或其他组学生对其报告的论文提出问题，被评组的学生均应能对所提问题进行答辩。提问内容包括：文献准备与背景知识，设计思路与技术手段，操作环节与实验结果，分析讨论与存在问题等方面。数据处理、资料汇总，对论文书写起决定作用者，加 5 分。参加论文答辩，报告效果好，集体加 3 分，报告者个人另加 2 分。

6. *小组互评*(5%) 各小组成员在其他组进行论文报告和答辩时对其实验设计质量、实验结果、论文质量及论文报告答辩情况予以综合评定，现场按照优、良、中 3 个等级分别给出 5、3、1 分。各组评分的平均值即为被评小组学生的共同得分。

7. *在实验设计和论文中的排名得分* 学生在实验设计和论文中排名由小组根据个人贡献大小(内容包括文献调研、实验选题、方案设计、资料整理、结果分析及论文撰写等方面)民主评议确定并上报指导教师审定。

（杨 拯 张 晓）

主要参考文献

樊海涛. 2004. 无创血压测量技术. 中国医疗器械信息,10(5): 53-60.

冯志强,肖顺汉. 2008. 医学机能实验学实验分册. 北京: 人民卫生出版社.

冯志强,肖顺汉. 2008. 医学机能实验学实验分册. 北京: 人民卫生出版社.

高治平,胡弼. 2004. 现代实用医学机能实验技术与方法. 长沙: 湖南科学技术出版社.

龚永生,陈醒言. 2012. 医学机能实验学. 北京: 高等教育出版社.

胡还忠. 2002. 医学机能学实验教程. 北京: 科学出版社.

胡还忠. 2010. 医学机能学实验教程(第三版). 北京: 科学出版社.

金惠铭,王建枝. 2008. 病理生理学. 第七版. 北京: 人民卫生出版社,219-231.

李凡,韩毅等. 2012. 医学机能实验学. 北京: 高等教育出版社.

李玲. 2007. 机能学实验教程. 上海: 第二军医大学出版社.

陆源,夏强. 2004. 生理科学实验教程. 杭州: 浙江大学出版社.

单德红,柴纪严. 2008. 中西医结合实验教程. 沈阳: 辽宁大学出版社.

汪辉,吴基良. 2002. 药理学实验. 武汉: 湖北科学技术出版社,35-36.

王会平,林国华等. 2005. 新编生理学实验教程. 杭州: 浙江大学出版社.

徐叔云,卞如濂,陈修. 1994. 药理实验方法学. 北京: 人民卫生出版社.

徐叔云. 2003. 药理实验方法学. 北京: 人民卫生出版社,1311-1312.

杨芳炬. 2002. 机能实验学. 成都: 四川大学出版社.

杨洪艳. 2003. 病理生理学实验指导. 郑州: 郑州大学出版社.

姚泰. 2001. 人体生理学(第三版). 北京: 人民卫生出版社,1315-1317.

余学飞. 2009. 现代医学电子仪器原理与设计. 上海: 华东理工大学出版社.

张春军,司军强. 2008. 医学机能实验学. 乌鲁木齐: 新疆人民卫生出版社.

张春军,司军强. 2008. 医学机能实验学. 乌鲁木齐: 新疆人民卫生出版社.

张立生,刘小立. 1999. 现代疼痛学. 石家庄: 河北科学技术出版社.

张晓. 2006. 医学机能实验学. 北京: 科学出版社.

章元沛. 1996. 药理学实验. 北京: 人民卫生出版社.

郑先科. 2005. 机能实验科学. 北京: 北京大学医学出版社.

诸葛洪祥. 2005. 现代医学实验仪器及应用. 苏州: 苏州大学出版社.

Daniel Díaz-Gómez, María Jover, José Antonio del-Campo, et al. 2011. Experimental models for hepatic encephalopathy. rev esp enferm dig, 103 (10): 536-541.